Zebra 4

Didaktischer Kommentar zur Ausleihe

Autorinnen und Autoren:
Nina Alexy
Susanna Eckhoff
Karin Eschenbach
Katja Fresdorf
Andreas Körnich
Maren Labs
Sonja Liebner-Möller
Saskia Ruff
Karin Schramm

Ernst Klett Verlag
Stuttgart · Leipzig · Dortmund

Inhalt

1	**Die Zebra Konzeption: Jeder in seiner Gangart**	**3**	

1.1	Das Zebra-Konzept – Neuerungen im Bereich Sprache	3
1.1.1	Übergang	3
1.1.2	Orientierungshilfen	3
1.1.3	Kooperatives Lernen	3
1.1.4	Lernwortkonzept	4
1.1.5	Wörterliste	4
1.2	FRESCH-Methode und ihre Umsetzung in Zebra	4
1.3	Das Zebra-Konzept – Neuerungen im Bereich Lesen/Schreiben	4
1.3.1	Routinen	5
1.3.2	Hilfsmittel: Schreibblume und Lesestreifen	5
1.3.3	Silbendruck	5
1.3.4	Methoden und Arbeitstechniken	5
1.3.5	Sprachbildung	6
1.3.6	Medienkompetenz	6
1.3.7	Wiederholen und Üben	6
1.4	Differenzierung in Zebra	6
1.5	Zebra-Erklärfilme	6
1.6	Der Zebra Werkkranz	7
1.7	Zebra 4 digital	9
1.8	Übersicht der Werkteile	10

2	**Das Arbeitsheft Sprache 4**	**11**

3	**Das Arbeitsheft Lesen/Schreiben 4 und das Lesebuch 4**	**12**
3.1	Das Arbeitsheft Lesen/Schreiben 4	12
3.2	Das Lesebuch 4	13

4	**Medienkompetenz in der Grundschule**	**14**
4.1	Bildung in einer digitalisierten Welt	14
4.1.1	Welche Argumente sprechen für eine Nutzung digitaler Medien in der Grundschule?	14
4.1.2	Konsequenzen für die Grundschulbildung	15
4.1.3	Medienkompetenz – in Zukunft mehr unter diesem Zeichen	15
4.2	Mein Medienheft 3/4	15
4.3	Medienkompetenz in Zebra	18
4.3.1	Medienkompetenz im AH Lesen/Schreiben 4	19
4.3.2	Medienkompetenz im Lesebuch 4	19

Didaktische Kommentare 22

Arbeitsheft Sprache 4	22
Lern- und Schreibtipps	22
Kapitel 1: Ich wiederhole	25
Kapitel 2: Nomen (Substantive)	51
Kapitel 3: Verben	65
Kapitel 4: Adjektive	81
Kapitel 5: Sätze	92
Kapitel 6: Richtig schreiben	104
Kapitel 7: Wörter – Sätze – Texte	117

Arbeitsheft Lesen/Schreiben 4 und Lesebuch 4	126
Auftaktdoppelseite „Geistesblitze und Lerngewitter", Lesetraining und Methode „Lernen organisieren"	126
Kapitel 1	132
Auftaktdoppelseite „Hand aufs Herz", Lesetraining und Methode „Sich eine Meinung bilden und sie vertreten"	144
Kapitel 2	150
Auftaktdoppelseite „Einsam, zweisam, gemeinsam", Lesetraining und Methode „Ein Buch präsentieren"	162
Kapitel 3	168
Auftaktdoppelseite „Wundervoll natürlich", Lesetraining und Methode „Einen Sachtext planen und schreiben"	180
Kapitel 4	186
Auftaktdoppelseite „Märchen-Zauber-Zeitmaschine", Lesetraining und Methode „Ein Referat planen und vortragen"	198
Kapitel 5	204
Auftaktdoppelseite „Leseabenteuer und Medienrummel", Lesetraining und Methode „Einen Text szenisch umsetzen"	216
Kapitel 6	222
Auftaktdoppelseite „Von Winterfreuden und Sommerdüften" und Lese-Rallye 1–7	234
Kapitel 7	243

1 Die Zebra Konzeption: Jeder in seiner Gangart

„Es liegt nicht an den Kindern,
den Normen der Schule zu entsprechen,
es ist Aufgabe der Schule,
der Verschiedenheit der Kinder Rechnung zu tragen."

Célestin Freinet (1896–1966)

Diesem Leitgedanken entsprechend zielt das Zebra-Konzept darauf ab, …
- auf die Verschiedenheit der Kinder einzugehen und sie dort abzuholen, wo sie stehen.
- den Kindern individuelles Lernen zu ermöglichen und sie durch die Vermittlung von Erfolgserlebnissen in ihrer Lern- und Leistungsbereitschaft zu fördern.
- die einzelnen Kinder auf ihrem individuellen Lernweg zu unterstützen, selbstständig zu arbeiten, sich eigene Ziele zu setzen und eigene Lernfortschritte bewusst wahrzunehmen.

Diese Zielsetzungen unterstützt das Zebra-Konzept, durch …
- **Unterrichtsmaterialien**, die von Anfang an auch das selbstständige Lernen fördern.
- **flexible Materialien**, die jedem Kind stets ein Lernen passend zu seinem individuellen Lernentwicklungsstand ermöglichen.
- übersichtlich und gut strukturierte **Lernangebote sowie integrierte Lernstandsüberprüfungen**, die der Lehrkraft jederzeit einen angemessenen Überblick über den Lernentwicklungsstand der Kinder ermöglichen.

Die Unterrichtsmaterialien eignen sich sowohl für einen geöffneten Unterricht als auch für eine eher gebundene Unterrichtsform. Zudem kann Zebra jahrgangsübergreifend oder jahrgangsgemäß eingesetzt werden.

1.1 Das Zebra-Konzept – Neuerungen im Bereich Sprache

Das Zebra-Konzept erfüllt den Anspruch, selbstständiges und individualisiertes Lernen zu ermöglichen. Der strukturierte Aufbau sowie die häufig wiederkehrenden Aufgabenformate und Kennzeichnungen geben den Kindern eine sichere Orientierung. Ebenso helfen ihnen dabei die beispielhaft eingedruckten Lösungen und das durchdachte Verweissystem auf andere Werkteile.
Im Arbeitsheft Sprache (AH) der neuesten Zebra-Generation wurden zahlreiche Neuerungen umgesetzt, die den Umgang mit dem Heft nochmals vereinfachen und dadurch selbstbestimmte Arbeitsphasen ermöglichen.

1.1.1 Übergang

Nachdem sich die Kinder im zweiten Schuljahr grundlegend mit den Rechtschreibstrategien auseinandergesetzt haben und das AH Sprache 2 nach diesen eingeteilt war, erfolgte im AH Sprache 3 die weitere Einteilung der Kapitel bereits nach sprachkundlichen Aspekten. Diese Einteilung wird nun fortgeführt.
Das Kapitel „Ich wiederhole" fasst zu Schuljahresbeginn zunächst die wichtigsten rechtschriftlichen und sprachkundlichen Inhalte des dritten Schuljahres zusammen und dient deren Festigung. Dabei wurden bewusst Aufgabenformate des AH Sprache 3 aufgegriffen, sodass die Kinder sehr selbstständig arbeiten können.

1.1.2 Orientierungshilfen

Schreibhilfen zeigen den Kindern jeweils an einem Beispiel, wie der mit der Aufgabenstellung geforderte Hefteintrag gestaltet werden soll. Auf diese Weise lernen die Kinder im Laufe der Zeit, eher abstrakt formulierte Arbeitsaufträge in einem Hefteintrag übersichtlich darzustellen.

Das Zebra-Konzept baut auf **eine konsequente Kennzeichnung** durch gleichbleibende Symbole. Die Symbole für mündlich zu bearbeitende Aufgaben ⌣, für schriftliche 📝 und für Partnerarbeiten 👥 präzisieren den Arbeitsauftrag ohne Worte.

Auch das übersichtliche **Layout** mit farbig unterlegten, kindgerecht formulierten Merksätzen, Trennlinien und klar erkennbaren **Verweisen** zu den anderen Werkteilen wie dem Trainingsheft → TH oder den Zebra-Erklärfilmen 🌐 dient der einfachen Orientierung und leitet die Kinder dazu an, selbstständig nachzuschlagen oder sich weitere Informationen zu beschaffen.

Großes Augenmerk wurde auch auf möglichst leicht verständliche Aufgabenstellungen und wiederkehrende Formulierungen gelegt. So wurden Seiten, die ähnliche Aspekte erarbeiten, auch ähnlich aufgebaut, um den Kindern die Auseinandersetzung mit den Inhalten nicht durch unnötige Wechsel in der Aufgabenstellung zu erschweren. Dies ermöglicht den Kindern die selbstständige Arbeit mit dem Heft zum Beispiel im Rahmen eines Wochenplans.

1.1.3 Kooperatives Lernen

Das AH Sprache 4 enthält verschiedene Aufgabenformate, die **kooperatives Lernen** ermöglichen und fördern. Die Kinder werden zum gemeinsamen Austausch angeregt (z. B. gemeinsam über Rechtschreibung nachzudenken) und erfahren eine gegenseitige Unterstützung (z. B. als Lernpartner). Außerdem sollen sie ihren eigenen Lernprozess mit anderen reflektieren.

1.1.4 Lernwortkonzept

Eine weitere Ergänzung zu den Rechtschreibstrategien ist das **Lernwortkonzept**. Jeweils am Ende eines Kapitels befindet sich im neuen AH Sprache 4 die Seite „Wörter üben". Auf dieser Übungsseite trainieren die Kinder in verschiedenen Übungen schreibwichtige **Lernwörter**, die exemplarisch eine der bereits aus den Klassen 2 und 3 bekannten Rechtschreibstrategien vertiefen. Passend zu diesen Wörtern gibt es in jedem Kapitel einen **Zebratext**, mit dem die Kinder z. B. im Knick- oder Wendediktat die Lernwörter üben können. Weitere Übungen hierzu finden sich in den Kopiervorlagen, aus denen die Lehrkraft auch den Zebratext zur individuellen Anpassung entnehmen kann.

Bei der Auswahl der Lernwörter wurde vor allem berücksichtigt, dass diese in den gängigen Grundwortschätzen enthalten sind und zudem im jeweiligen Kapitel bereits an verschiedenen Stellen auftauchen.

1.1.5 Wörterliste

Die **Wörterliste** befindet sich im hinteren Teil des AH und besteht aus gebräuchlichen Funktions- und Modellwörtern. Alle Lernwörter sowie weitere für die Klasse 4 schreibwichtige Wörter wurden in die Wörterliste aufgenommen. Die Kinder erhalten hierdurch ein leicht zugängliches Nachschlagewerk und zugleich ein einfach zu handhabendes Instrument zur Selbstkontrolle.

1.2 FRESCH-Methode und ihre Umsetzung in Zebra

Ein zentrales Element des Lehrwerks ist der von Zebra weiterentwickelte FRESCH-Ansatz, der den Aufbau und die Anwendung von Rechtschreibstrategien zum Ziel hat. Das AH greift die Ideen der Freiburger Rechtschreibschule (FRESCH) auf und führt diese konsequent weiter. Die vier FRESCH-Strategien Sprechsilbe und Schwingen, rhythmisches Verlängern von Wörtern, Ableiten und Merkwörter werden bei Zebra um die Strategien „Wortbausteine", „Groß oder klein?" und „Nachschlagen" erweitert.

Diese Erweiterung hängt damit zusammen, dass sich FRESCH hauptsächlich mit der Rechtschreibung einzelner Wörter beschäftigt, grammatische Themen wie die Großschreibung am Satzanfang oder das Bilden von Wörtern aus Wortbausteinen jedoch nicht berücksichtigt werden. Außerdem wurde die Strategie „Nachschlagen" eingeführt, da es sich hierbei um eine unerlässliche Arbeitstechnik handelt, wenn andere Rechtschreibstrategien nicht zum Ziel führen.

Die Rechtschreibstrategien werden im AH Sprache 4 in die Behandlung sprachkundlicher Aspekte eingebunden.

FRESCH		Zebra-Strategien
Schwingen		Sprechen-hören-schwingen
Weiterschwingen		Weiterschwingen
Ableiten		Ableiten
Merkwörter		Merkwörter
		Nachschlagen
		Groß oder klein?
		Wortbausteine

1.3 Das Zebra-Konzept – Neuerungen im Bereich Lesen/Schreiben

Die Zebra-Generation 2020 geht den Weg, die Kinder zum selbstständigen Lernen und Arbeiten anzuleiten, konsequent weiter. In diesem Sinne sind die Neuerungen und Weiterentwicklungen sowohl im AH Lesen/Schreiben 4 als auch im Lesebuch 4 zu sehen. Zum einen ist da der hohe Wiedererkennungswert zu nennen, der durch Auswahl und Folge der Themen sowie Vertiefung bereits bekannter Methoden und Arbeitstechniken entsteht; zum anderen die Einführung weiterer Inhalte, die die Kinder befähigen, zuerst angeleitet, dann mehr und mehr selbstständig neue Methoden und Arbeitstechniken anzuwenden. In besonderem Maße ist die starke Korrelation zwischen Themen und Inhalten vom AH 4, dem Lesebuch 4, den zugehörigen Kopiervorlagen und dem Trainingsheft 4 gelungen.

1.3.1 Routinen

Lesebuch und AH verwenden **wiederkehrende Aufgabenformate**, die den Kindern bereits aus dem Zebra-Werk 3 bekannt sind. Sie geben kleinschrittige Anweisungen, deren Inhalt für die Kinder schnell zu erfassen ist. Daher ermöglichen es diese Aufgabenstellungen den Kindern, nach kurzer Zeit selbstständig zu arbeiten.

1.3.2 Hilfsmittel: Schreibblume und Lesestreifen

Die bereits im AH Lesen/Schreiben 3 **erweiterte Schreibblume** wurde für das AH 4 überarbeitet und noch einmal durch ein „Blütenblatt" ergänzt.
Auf den Vorderseiten der „Blütenblätter" findet man weiterhin die Schreibtipps in Kurzform. Die Rückseiten bieten die entsprechenden Erklärungen und, wenn hilfreich, auch Wort- oder Satzbeispiele.
Das Schreiben von Texten unter Einbeziehung der Leseerwartung und die Berücksichtigung der Merkmale besonderer Texte verlangen differenzierte Hinweise und Hilfen für die Kinder. Die Schreibblume enthält nun acht „Blütenblätter". Das neue „Blütenblatt" trägt diesem Anspruch Rechnung. Der Schreibtipp lautet:
Achte auf die Sicht, aus der eine Geschichte erzählt wird.
Die Rückseite erklärt: *Der Ich-Erzähler erlebt die Geschichte mit und schreibt aus seiner Sicht in der Ich- oder Wir-Form.*

Vorderseite **Rückseite**

Bekannte Schreibtipps wurden auf der Rückseite konkretisiert und/oder erweitert. Das blaue Blütenblatt *Überlege dir eine Überschrift* weist auf der Rückseite nun zusätzlich darauf hin, dass eine gute Überschrift neugierig machen soll. Das gelbe Blütenblatt zu den unterschiedlichen Satzanfängen zählt auf der Rückseite Beispiele auf. Beispiele sind auch auf dem Blütenblatt *Verwende treffende Adjektive und Verben* zu finden.

Auf der Umschlaginnenseite des AH wird weiterhin der **Lesestreifen** angeboten. Auf ihm gibt es Tipps zu **Lesestrategien**: „Vor dem Lesen", „Während des Lesens" und „Nach dem Lesen". Der Lesestreifen ist den Kindern bekannt. Die Anwendung wird sicherlich zunehmend automatisiert sein und somit einen wichtigen Schritt in die Eigenständigkeit der Kinder darstellen.
Die systematische Gliederung in der Herangehensweise an Lesetexte ist besonders den lernschwächeren Kindern eine gute Hilfe und Unterstützung, um unbekannte Texte zu verstehen.

Schreibblume und Lesestreifen sollten ausgeschnitten, geklebt (mittig durch einen Karton verstärkt), gelocht und mit dem Namen des Kindes versehen werden.

1.3.3 Silbendruck

Im AH Lesen/Schreiben 4 werden weiterhin alle Texte in der Lesestufe 1 (schwarz-grüner Silbendruck) angeboten. Das Lesebuch 4 beinhaltet **dreifach differenzierte Texte**. Alle Texte werden mit Hufen ausgezeichnet:

- **Lesestufe** 1: einfache Texte in schwarz-grünem Silbendruck. Diese Texte können von allen Kindern gelesen werden.
- **Lesestufe 2**: etwas schwierigere Texte, die aber ohne Silbendruck und in kleinerer Schrift geschrieben sind.
- **Lesestufe 3**: Texte, die von Inhalt oder Umfang her in einem noch höheren Niveau, aber gleicher Schriftgröße wie Lesestufe 2 angeboten werden. Diese Texte richten sich an lesestarke Kinder.

Das Erlernen weiterer Lesestrategien unterstützt den selbstständigen Zugriff auf Lesetexte.

1.3.4 Methoden und Arbeitstechniken

Dem selbstständigen Schreiben von Texten wird im AH 4 besondere Aufmerksamkeit geschenkt. Auf die Schreibtipps wurde bereits oben hingewiesen. Die Tipps werden im AH Lesen/Schreiben 4 wie schon in Klasse 2 und 3 als **Merk- bzw. Methodenkästen** hervorgehoben. Die schrittweise Beschreibung hilft beim Erlernen neuer oder der Vertiefung bekannter Methoden. Ebenso werden die Arbeitstechniken in Klasse 4 erweitert oder in einen größeren Rahmen eingebunden. So wird z. B. die Durchführung einer Umfrage (Klasse 3) zu *Eine Umfrage mit einem Diagramm auswerten* (Klasse 4) ausgebaut.
Neu im AH 4 ist der sich wiederholende Aufbau zum Planen, Schreiben und Überarbeiten von Texten. Diese Einübung der festen Abfolge findet man bei folgenden Textarten:

Gegenstandsbeschreibung (Kapitel 1), Reizwortgeschichte (Kapitel 2), Geschichte zu Bildern (Kapitel 3), Sachtext (Kapitel 4), Bericht (Kapitel 6). An allen Stellen wird die Schreibblume konkret herangezogen.

Das Erlernen von **Methoden**, die eher zur Präsentation arbeitender Gruppen (z. B. Schreibkonferenz) dienen, werden im AH Lesen/Schreiben 4 wiederholt und gefestigt, z. B. *Ein Referat planen und vortragen* und *Eine Aufführung planen*.

Im Lesebuch 4 ist jeweils einer Methode des AH 4 eine Doppelseite am Kapitelende gewidmet.

1.3.5 Sprachbildung

Auch in der neuen Zebra-Generation 4 wird dem Anspruch an Sprachbildung Rechnung getragen. Die Erweiterung der sprachlichen Kompetenz wird im Lesebuch 4 durch das Element **Wörtersonne** ☼ unterstützt. Es erscheint auf der rechten Seite einer jeden Kapitelauftaktseite. Auf der linken Kapitelauftaktseite werden um ein Thema (**Oberbegriff**) strahlenförmig Wörter angeboten. Die Nomen sind mit farbig unterschiedlichen **Artikelpunkten** versehen. Hinzu kommen Verben und Adjektive. Die Wörter können bereits bei der ersten Betrachtung des Bildes der Auftaktseite herangezogen werden. Ziel ist es, dass alle Kinder sicher über diese Wörter im aktiven Wortschatz verfügen. Sie sollten von den Kindern schriftlich übernommen und durch eigene Wörter, die zum Wortfeld passen, erweitert werden.

Unterstützend gibt es im AH Lesen/Schreiben 4 auf den Seiten 85–88 die Wörtersammlung **„Meine Wörter"**, die die Entwicklung der Sprach- und Schreibkompetenz unterstützt. Die Wörter sind kapitelweise, also themenbezogen, geordnet und ermöglichen viele **unterschiedliche Zugangsweisen** im Unterricht (vgl. LHB, S. 12).

1.3.6 Medienkompetenz

Neu im Zebra-Werk für die Klasse 4 ist die Ausweisung von Seiten, die zur Erweiterung der Medienkompetenz beitragen. Sowohl im Inhaltsverzeichnis des Lesebuches 4 als auch des AH Lesen/Schreiben 4 steht die Kennzeichnung MK vor den Themenseiten. Das neue Medienheft 3/4 (Digitale Medien) bietet zu allen entsprechenden Themen eine umfassende Einführung und weitere Übungsmöglichkeiten (vgl. LHB, S. 15–20).

1.3.7 Wiederholen und Üben

Methoden und Arbeitstechniken bedürfen fortwährenden Übens, um das Lesen und Schreiben der Kinder zu festigen, sodass sie sicher und eigenständig in ihrem Tun werden. Auch im Lesebuch 4 wird daher zum Ende eines jeden Kapitels die **Lesetraining**sdoppelseite angeboten. Diese bedient sich durchgängig der Niveaustufe 1.

Der Aufbau der Seiten erfolgt von „leicht" (Wortübungen) über „schwieriger" (Satzebene) bis hin zu ganzen Texten, die inhaltlich zum Kapitel passen. Die letzte Übung ist immer ein Text, der im Tandem gelesen werden soll.

Am Ende des Lesebuches finden die Kinder wieder die bekannte **Lese-Rallye**, die Aufgaben zu den Kapiteln stellt. Ihre Aufgaben sind sehr motivierend, da sie in Teilen einen spielerischen Umgang mit den Kapiteln zulassen (z. B. Bildausschnitte suchen).

Im AH Lesen/Schreiben 4 können die Kinder mithilfe der **„Das-kann-ich-schon"-Seiten** ihre Fortschritte überprüfen. Es finden sich dort die wichtigsten inhaltlichen Punkte des Kapitels. Die Erledigung dieser Seite sollte auf freiwilliger Basis geschehen.

1.4 Differenzierung in Zebra

Innerhalb einer Klasse gibt es große Entwicklungsunterschiede. Deshalb wird bei Zebra **in allen Unterrichtsmaterialien** Wert auf ein differenziertes Lernangebot gelegt. Zebra will den Kindern Lernwege öffnen, die sich ihren individuellen Fähigkeiten und ihrem Lerntempo anpassen. Außerdem sollen die Kinder befähigt werden, die eigenen Fähigkeiten einzuschätzen, um sich schließlich auf ihrem Niveau kontinuierlich weiterzuentwickeln. Hierbei wurden flexible Formen der Binnendifferenzierung eher starren Formen der äußeren Differenzierung vorgezogen.

Die Arbeitshefte enthalten **Aufgaben auf drei Niveaustufen**. Diese orientieren sich an den Anforderungsbereichen der nationalen Bildungsstandards (vgl. Bildungsstandards im Fach Deutsch für den Primarbereich 2004). Die jeweiligen Anforderungsbereiche sind durch Symbole wie folgt gekennzeichnet:

○ **AB I – Reproduzieren:**

Die Kinder wenden grundlegende Verfahren an. Sie geben bekannte Informationen wieder und führen Routinen aus.

◐ **AB II – Zusammenhänge herstellen:**

Die Kinder bearbeiten vertraute Sachverhalte, indem sie erworbenes Wissen und bekannte Methoden miteinander verknüpfen und dabei Zusammenhänge erkennen.

● **AB III – Verallgemeinern und Reflektieren:**

Die Kinder bearbeiten für sie neue Problemstellungen. Dabei entwickeln sie eigene Lösungsstrategien und bringen eigene Beurteilungen ein.

1.5 Zebra-Erklärfilme

Kompliziertes einfach erklärt: Nach diesem Motto widmen sich die Zebra-Erklärfilme Phänomenen aus dem Bereich Sprache sowie Methoden zum Bereich Lesen/Schreiben. Alle Erklärfilme sind auf www.klett.de (Lehrwerk-Online) per Code aufrufbar.

1 Die Zebra Konzeption: Jeder in seiner Gangart

1.6 Der Zebra Werkkranz

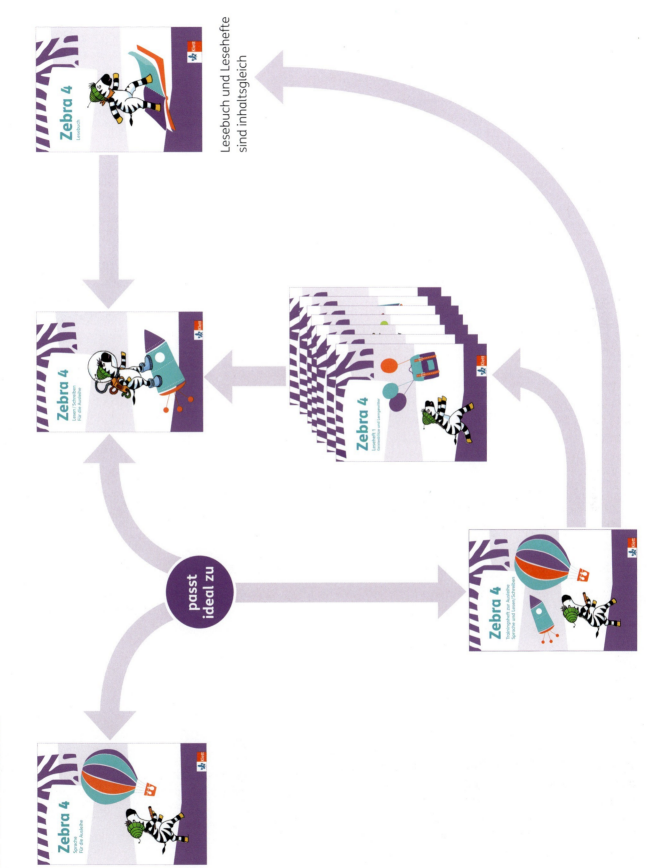

1 Die Zebra Konzeption: Jeder in seiner Gangart

Sprachförderung/DaZ

Lesen/Schreiben

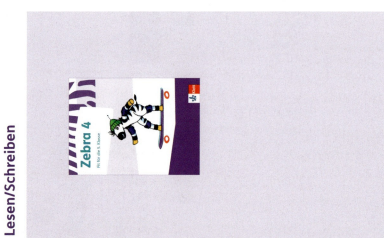

Ergänzend zur Differenzierung

Sprache

1.7 Zebra 4 digital

App

Deutsch Klasse 4 mit Zebra:
Die Zebra App beinhaltet attraktiv gestaltete Übungssequenzen, die die Kinder am Smartphone oder Tablet bearbeiten können.
- Aufbau orientiert sich an den Kapiteln 2 bis 6 des AH Sprache 4
- Einstieg in jedes Kapitel über Zebra-Erklärfilm
- viele kindgerechte Übungen auf verschiedenen Niveaustufen
- für bearbeitete Aufgaben Sterne und am Ende einen Pokal
- Bezug über verschiedene App-Stores

Weitere Informationen unter:
www.klett.de/digital

ebook

Das eBook ist identisch mit der gedruckten Fassung des Lesebuches 4.
Die Vorteile:
- zahlreiche Online-Links zu passgenauen Materialien im Internet
- viele nützliche Funktionen wie Suche, Markierung und Zoom
- mit interaktiven Übungen

Weitere Informationen unter:
www.klett.de/ebook

Zebra-Erklärfilme 4 auf Lehrwerk-Online

In den **Erklärfilmen** werden die Methoden zum AH Sprache 4 sowie zum Lesebuch 4 mithilfe animierter Darstellungen kindgerecht vorgestellt.
- Zugang über **Lehrwerk-Online** (www.klett.de)
- **Codes eingeben** (zu finden auf inneren Umschlagseiten der Zebra-Werke)

Klett-Lernen-App

Mit der kostenlosen Klett-**Lernen-App** können alle digitalen Angebote (ebooks, Digitaler Unterrichtsassistent) auch offline auf PCs, Tablets und Smartphones genutzt werden.
- erhältlich für Tablets und Smartphones in den App-Stores
- für die Offline-Nutzung auf PC oder Laptop entsprechende Desktop-Anwendung für Windows erhältlich

Weitere Informationen unter:
www.klett.de/digital

Zebrafanclub (Blog)

Der Zebrafanclub bietet kreative Unterrichtsideen für alle Zebra-Fans, Umsteiger und Neueinsteiger.
- interessante Artikel zu aktuellen Unterrichtsthemen
- nützliche Tipps und Hinweise zu Neuerscheinungen
- vielfältige und kostenlose Materialien für den Unterricht (Kopiervorlagen, Audio-Dateien, Videos)
- Erfahrungsaustausch im Forum mit anderen Zebra-Nutzerinnen und -Nutzern

Zu finden unter:
www.zebrafanclub.de

Der Digitale Unterrichtsassistent

Der **Digitale Unterrichtsassistent** 4 vereint das gesamte Zebra AH Sprache 4, das AH Lesen/Schreiben 4 und das Lesebuch 4. Inklusive
- Didaktischer Kommentar 4
- Lösungen zu AH Sprache und Lesen/Schreiben 4
- passgenauen Zusatzmaterialien wie Zebra-Erklärfilme
- Kopiervorlagen (Word und PDF)
- Hörtexten zum Lesebuch
- interaktiven Übungen

Mit einem Klick sehen Sie, welche Materialien Sie an welcher Stelle im Unterricht einsetzen können – und können diese in Ihrem Unterricht mit dem Whiteboard direkt aufrufen.

Weitere Informationen unter:
www.klett.de/digitaler-unterrichtsassistent

1 Die Zebra Konzeption: Jeder in seiner Gangart

1.8 Übersicht der Werkteile

ZEBRA 4 HAUPTTEILE

Das **AH Sprache 4** behandelt sprachkundliche Aspekte unter Einbeziehung der FRESCH Rechtschreibstrategien (vgl. auch LHB, S. 4, 11). Die Arbeit im **AH Lesen/Schreiben 4** und dem Lesebuch 4 kann parallel begonnen werden. Die Kinder sollten in der Lage sein, Sätze und kürzere Texte sinnerfassend erlesen zu können (vgl. auch LHB, S. 12). Das **Lesebuch 4** stellt in sechs Themenkapiteln sowie einem Jahreszeitenkapitel Lesetexte aller für die Grundschule relevanten Textarten auf drei Niveaustufen bereit (vgl. auch LHB, S. 13). Das Lesebuch gibt es alternativ aufgeteilt auf sieben **Lesehefte** mit deckungsgleichen Kapitelinhalten. Sie eignen sich vor allem für die Arbeit nach Lern- oder Wochenplänen. Das **Wissensbuch 4** ist das inhaltliche Konzentrat der Arbeitshefte und damit das kompakte Nachschlagewerk. Die **Testbögen 4** prüfen das Wissen der Kinder zu jedem sprachkundlichen Thema des AH Sprache 4 ab. Zeigen sich nach dem Test noch Defizite, können die entsprechenden Karteikarten der **Förderkartei 4** mit vertiefenden Übungen eingesetzt werden. Der **Didaktische Kommentar 4** bietet eine ausführliche Einführung in die Neuerungen und in die Konzeption von Zebra sowie didaktische Kommentare zu Einsatz und Handhabung der Arbeitsheftseiten. Im separaten **Materialband 4** befinden sich alle Kopiervorlagen. Diese werden auf dem Digitalen Unterrichtsassistenten (DUA) im modifizierbaren Word-Format angeboten.

Zebra 4 Werkteil	ISBN
AH Sprache 4 zur Ausleihe	978-3-12-270971-6
AH Lesen/Schreiben 4 zur Ausleihe	978-3-12-270970-9
Paket: Arbeitsheft Lesen/Schreiben und Arbeitsheft Sprache 4 zur Ausleihe	978-3-12-270980-8
Lesebuch 4	978-3-12-270977-8
Lesehefte 4	978-3-12-270978-5
Wissensbuch 4	978-3-12-270986-0
Trainingsheft zur Ausleihe	978-3-12-270984-6
Förderkartei 4 mit Testbögen	978-3-12-270969-3
Didaktischer Kommentar 4 zur Ausleihe	978-3-12-270975-4
Materialband 4	978-3-12-270976-1
Paket: Didaktischer Kommentar zur Ausleihe und Materialband 4	978-3-12-270974-7

ZEBRA 4 ERGÄNZENDE WERKTEILE

Materialien zum Fördern und Fordern sowie Vorlagen zur Diagnose- und Lernstandsmessung ergänzen das Zebra Angebot für einen differenzierten Unterricht.

Zebra 4 Ergänzende Werkteile	ISBN
AH Sprache Fördern 4	978-3-12-270983-9
AH Alphabetisierung und DaZ	978-3-12-300429-2 978-3-12-300428-5
Mein Inklusionsmaterial Deutsch	978-3-12-245559-0 (Handreichung) 978-3-12-270656-2 (Kopiervorlagen)
Forderblock 4 Fit für Klasse 5	978-3-12-270715-6
Lernzielkontrollen mit CD-ROM. Sprache untersuchen/Richtig schreiben – Texte verfassen – Leseverstehen	978-3-12-270737-8
Stempel FRESCH Strategien	978-3-12-270657-9
Strategiemagnete	978-3-12-270994-5

Die **Anoki-Übungshefte 4** aus dem Bereich Deutsch sind ebenfalls eine gute Ergänzung für den Förder- und Forderunterricht (im Internet unter: https://www.klett.de/lehrwerk/meine-anoki-uebungshefte/).

ZEBRA 4 DIGITAL

Die digitalen Lösungen zum Lehrwerk Zebra ermöglichen ein komfortables Vorbereiten der Stunden und ein zeitgemäßes multimediales Arbeiten und Gestalten des Unterrichtsgeschehens.

Zebra 4 digital	ISBN/ECN
Deutsch Klasse 4 mit Zebra (App)	ECN20003APA99
Digitaler Unterrichtsassistent 4	ECN20019UAA99 (online) 978-3-12-270968-6 (DVD)
Lesebuch 4 ebook	ECN20062EBA12 ECN20062EBD12 (PrintPlus Lizenz Schule zu 978-3-12-270977-8 und 978-3-12-270978-5)
Wissensbuch 4 ebook	ECN20063EBA12 ECN20063EBD12 (PrintPlus Lizenz Schule zu 978-3-12-270986-0)

Über das kostenlose Online-Portal **www.testen-und-foerdern.de** können Leistungen in verschiedenen Bereichen des Deutschunterrichtes getestet und automatisch ausgewertet werden.

2 Das Arbeitsheft Sprache 4

Lern- und Schreibtipps (S. 6–8)

Der Einstieg in die Arbeit mit dem Heft erfolgt mit den „Lern- und Schreibtipps". Es handelt sich hierbei um den Kapiteln vorgelagerte **Methodenseiten**, auf deren Hinweise die Kinder immer wieder zurückgreifen können: Die Seite „Rechtschreibgespräche führen" (S. 6) vermittelt wichtige Methodenkompetenzen in der Auseinandersetzung mit „Wörtern aus eigenen Texten" sowie einem „Satz des Tages". Die Kinder erhalten auf dieser Seite ein „Handwerkszeug" zum Umgang mit schwierigen Wörtern. Außerdem lernen sie die stufenweise Auseinandersetzung mit einem „Satz des Tages" kennen, durch den sie sich auch längere Texte strukturiert erschließen können. Die Seite „Arbeit mit einer Rechtschreibkartei" (S. 7) kann immer wieder herangezogen werden, wenn ein Übungswortschatz erarbeitet werden soll – sei es ein individueller, ein z. B. vom Sachunterricht inspirierter Klassenwortschatz, oder seien es die Übungswörter aus den Zebratexten. Auch die Seite „Zebratexte üben" (S. 8) kann auf verschiedene Texte oder einen individuellen Übungswortschatz angewendet werden. Im AH Sprache 4 finden sich immer wieder Anweisungen zum Schreiben eines Textes in der Form eines Knick- oder Wendediktates. Alternativ kann auch je nach Leistungsstand der Klasse oder einzelner Kinder auf die Diktatformen der AH Sprache 2 und 3 (Partner-, Schleich, Würfel- und Dosendiktat) zurückgegriffen werden.

Kapitel zu sprachkundlichen Aspekten (S. 9–109)

Den Übergang von Klasse 3 zu Klasse 4 schafft das AH Sprache durch das erste Kapitel „Ich wiederhole" **W** (S. 9–34), in dem die erlernten Grundlagen aufgegriffen und in Erinnerung gerufen werden. Analog zum AH Sprache 3 folgt die Einteilung der folgenden Kapitel sprachkundlichen Aspekten:

Nomen **N** (S. 35–48),

Verben **V** (S. 49–64),

Adjektive **A** (S. 65–75) und

Sätze **S** (S. 76–87).

Diese Kapitel helfen den Kindern, ihr sprachkundliches Wissen zu strukturieren. Viele rechtschriftliche Aspekte und Strategien fließen in diese Kapitel mit ein, während die Seiten des Kapitels „Richtig schreiben" **R** (S. 88–100) vor allem rechtschriftliche Sonderfälle wie Wörter mit ck, tz, ss/ß, silbentrennendem h, -ieh und -ieren sowie häufige Wörter und Merkwörter thematisieren.

Als letztes Kapitel im Heft schafft das Kapitel „Wörter – Sätze – Texte" **T** (S. 101–109) Anknüpfungspunkte zum Unterrichtsbereich „Texte verfassen".

Auf der vorderen Umschlagklappe innen befinden sich – analog der Tippkarten aus Klasse 2 und 3 – **Zusammenfassungen zu den wichtigsten sprachkundlichen Inhalten** entsprechend der Arbeitsheftkapitel. Diese können zum Nachschlagen und auch zum Lernen verwendet werden. Die bereits bekannten **Tippkarten** zu den **Rechtschreibstrategien** finden sich auch im AH Sprache 4 auf den äußeren ausklappbaren Umschlagseiten. Die Kinder können hier selbstständig nachschlagen und vernetzen das Wissen zu den Rechtschreibstrategien mit sprachkundlichen Inhalten.

Als Hilfestellung zur Lösung sind die **Strategiesymbole** als Piktogramme auch entsprechenden Aufgaben im Heft zugeordnet.

Kapitel 1–6 enden mit zwei farbig unterlegten **Sonderseiten**, der „Wörter-üben"-Seite und der „Das-kann-ich-schon"-Seite, welche in jedem Kapitel gleich aufgebaut sind. (Für Kapitel 7 stehen zwei „Das-kann-ich-schon"-Seiten zur Verfügung, da der Schwerpunkt dieses letzten Teils auf der Textebene liegt.)

Jede **„Wörter-üben"-Seite** enthält einen Zebratext, mit dem die erarbeiteten Rechtschreibstrategien wiederholt und mit einem entsprechenden Übungswortschatz verknüpft werden, der im Sinne eines Modellwortschatzes wiederum die jeweilige Strategie stützt. Die vorausgehenden Übungen helfen den Kindern, sich diesen Übungswortschatz einzuprägen. Die neutrale Bezeichnung „Zebratext" ermöglicht es der Lehrkraft, die Texte nach eigenen Vorlieben und Überzeugungen einzusetzen.

Die **„Das-kann-ich-schon"-Seiten** lenken den Fokus auf die sprachkundlichen Aspekte, die während der Auseinandersetzung mit dem Kapitel erarbeitet wurden. Auch sie können im Unterricht auf unterschiedlichste Weise zur Übung, Wiederholung und Festigung verwendet werden: als wiederholende Hausaufgabe, als „Teste-dich-selbst"-Seite oder als Diagnoseinstrument, um z. B. mit der Zebra 4 Förderkartei gezielt nach individuellen Fehlerschwerpunkten fördern zu können.

In der **Wörterliste** (S. 110–120) wird das Wortmaterial des AH, das auf den in vielen Bundesländern gültigen Grundwortschätzen basiert, zusammengefasst. Sie bietet somit eine verlässliche Orientierungshilfe für Lehrkraft, Kinder und Eltern. Im AH gibt es von Anfang an Aufgaben zum Umgang mit der Wörterliste, die die wichtige Kompetenz des Nachschlagens unterstützen.

3 Das Arbeitsheft Lesen/Schreiben 4 und das Lesebuch 4

3.1 Das Arbeitsheft Lesen/Schreiben 4

Das AH Lesen/Schreiben 4 besteht aus **sieben Kapiteln**, die inhaltlich mit denen des Lesebuches 4 übereinstimmen:

 Kapitel 1: Geistesblitze und Lerngewitter

 Kapitel 2: Hand aufs Herz

 Kapitel 3: Einsam, zweisam, gemeinsam

 Kapitel 4: Wundervoll natürlich

 Kapitel 5: Märchen-Zauber-Zeitmaschinen

 Kapitel 6: Leseabenteuer und Medienrummel

 Kapitel 7: Von Winterfreuden und Sommerdüften

Am Ende des AH schließen sich vier Seiten **„Meine Wörter"** mit themenbezogenem Wortschatz zur Sprachbildung an. Es ist eine Sammlung häufig gebrauchter Wörter, die nicht den Anspruch erhebt, den Grundwortschatz abzubilden. Ziel ist es, den aktiven Wortschatz der Kinder thematisch zu erweitern. Gleichzeitig kann mithilfe der Wörtersammlung die Bildung der Lese- und Schreibkompetenz der Kinder unterstützt werden. Auch Aufgaben zu dem Bereich „Sprache untersuchen" sind möglich. Hier eine Auswahl.

Sprechen und Zuhören:
- Wörter pantomimisch darstellen
- ein Kind erzählt eine Geschichte, in der Wörter der Wörterliste (oder Wörtersonne) vorkommen; die Zuhörer zeigen auf das genannte Wort
- Orientierung in der Wörterliste durch Labyrinth (*Ich starte bei dem Wort ..., gehe drei Wörter hoch ... Wie heißt das Wort, auf dem ich am Ende stehe?*)

Lesen und Schreiben:
- Blitzlesen und Schablonenlesen (bevorzugt als PA)
- Wörterdiktat (als PA)

Sprache untersuchen:
- Wortarten begründen (z. B. Nomenprobe)
- zu einem Wort einen Satz schreiben, der Partner sucht und markiert das Wort in der Liste
- Wörter nach deren Länge sortieren
- verwandte Wörter suchen

Auf der Innenseite des hinteren Umschlags sind die Auflistungen der Seiten des Arbeitsheftes (**Lernplaner**). Die Kinder tragen ein, was sie bereits erledigt haben.

Die ersten sechs Kapitel setzen sich jeweils aus zehn **Übungsseiten** zum Lesen und/oder Texte verfassen zusammen. Darauf folgt jeweils eine Seite **„Das-kann-ich-schon"**. Sie ist so konzipiert, dass die Kinder sie selbsttätig bearbeiten können. Das siebte Kapitel umfasst 14 Seiten. Die im Inhaltsverzeichnis mit dem Symbol MK gekennzeichneten Seiten beinhalten Aufgaben, die sich besonders für die Bildung der Medienkompetenz eignen. Für diese Aufgaben benötigen die Kinder in der Regel einen Internetzugang und/oder Sachbücher und Lexika.

Die **Arbeitsanweisungen** beinhalten schriftliche Aufträge, z. B. eine Lernkarte schreiben, und mündliche Aufträge, z. B. seine Meinung vortragen und begründen. Weiterhin wird auf Partner- und Gruppenarbeit verwiesen. Dies sind Vorschläge. Welche Sozialform gewählt wird, bleibt der Lehrkraft überlassen, da sie die äußeren Gegebenheiten und die Zusammensetzung der Lerngruppen am besten einschätzen kann. Das Piktogramm zeigt an, dass eine Aufgabe im Heft erledigt werden soll, z. B. den Höhepunkt einer Geschichte schreiben.

Neue **Methoden und Arbeitstechniken** werden oben auf den Seiten in einem lilafarbenen Merk- oder **Methodenkasten** aufgeführt. Die einzelnen Schritte der Methode werden im Anschluss geübt.

Die Aufgabenformate wiederholen sich, sodass sie von den Kindern recht selbstständig bearbeitet werden können. Die Seiten beginnen in der Regel mit Aufgaben aus den **Anforderungsbereichen** 1 oder 2. Der Anforderungsbereich 3 wird nur selten eingebracht.

Das Schreiben eigener Texte wird in Klasse 4 komplexer. Die **Schreibblume** (Umschlaginnenseite des AH) enthält daher im Vergleich zu Klasse 3 ein weiteres Blütenblatt (*Achte auf die Sicht, aus der eine Geschichte erzählt wird*) und differenziertere Rückseiten (vgl. LHB, S. 5). Jedes Blütenblatt wird nochmals einzeln bearbeitet und von Zebra Franz in einem Hinweiskasten vorgestellt.

Sollen die Kinder eigene Texte schreiben, wird mit dem Piktogramm auf alle Blütenblätter verwiesen.

Der **Lesestreifen** (ebenfalls Umschlaginnenseite des AH), der inhaltlich zu Klasse 3 gleichgeblieben ist, gibt den Kindern wertvolle Tipps zu **Lesestrategien** vor, während und nach dem Lesen (vgl. auch LHB, S. 5).

Zur Vernetzung der einzelnen Zebra-Werkteile enthält das AH Lesen/Schreiben 4 folgende **Verweise**:

→ **LE** Verweis auf einen Text im Lesebuch 4

→ **TH** Verweis auf eine Seite im Trainingsheft 4

 Verweis auf einen Zebra-Erklärfilm

3.2 Das Lesebuch 4

Das Lesebuch 4 besteht aus **sieben Kapiteln**. Alle Themen orientieren sich an den Erfahrungen der Kinder und ihrer Lebenswelten und entsprechen den Kapitelthemen des AH Lesen/Schreiben 4.

Die Kapitel haben einen analogen Aufbau:

1. Kapitelauftaktseite: Illustrationen oder Fotos mit Zebra-Werkstatt, Wörtersonne und kurzem Text (Doppelseite)
2. Leseseiten in verschiedenen Schwierigkeitsstufen
3. Lesetraining (Doppelseite; nicht im 7. Kapitel)
4. Methodenseite (Doppelseite; nicht im 7. Kapitel)

Kapitelauftaktseiten führen in das jeweilige Kapitel ein. Sie erzählen bildhaft eine Geschichte, die die Kinder an das Thema des Kapitels heranführt. Verstärkend wird dazu ein **Hörtext** angeboten, der als Audiodatei auf dem Digitalen Unterrichtsassistenten (DUA) enthalten ist (vgl. LHB, S. 9–10). Der Hörtext ist für die Lehrkraft auf der entsprechenden Seite im Didaktischen Kommentar nachzulesen. Der teilweise modifizierte Text und zugehörige Aufgaben werden außerdem als Leseverständnis-Kopiervorlagen im Materialband angeboten (vgl. LHB, S. 10).
Die Kinder können auf den Seiten mit der **Zebra-Werkstatt** arbeiten. Jede Kapitelauftaktseite enthält eine Auswahl aus folgenden Aufgaben:

 Wo möchtest du gerne dabei sein? Erzähle.
Es entsteht ein persönlicher Bezug zum Bild.

 Sucht euch einen Ausschnitt aus. Spielt nach.
Die Kinder arbeiten gemeinsam und setzen ihre Ideen szenisch um.

 Schreibe zum Bild/zu einem der Bilder.
Dieses Element der Werkstatt fordert die Kinder auf, zum Bild bzw. zu einem der Bilder zu schreiben und sich dadurch intensiv mit ihm auseinanderzusetzen.

 Suche im Internet nach weiteren Informationen.
Die Kinder können sowohl weiterführende Informationen zu den auf den Bildern dargestellten Sachverhalten suchen als auch erweiternd zu ähnlichen Themen.

☼ *Schreibe die Wörtersonne in dein Heft.*
Ergänze weitere Wörter zum Kapitelthema.
Mithilfe der Wörtersonne kann ein Wortfeld angelegt werden (vgl. auch LHB, S. 6).

Die Lesetextseiten schließen sich an. Sie bieten viele unterschiedliche Texte und Textsorten auf drei verschiedenen Lesestufen (vgl. LHB, S. 5). Die Texte sind zur Orientierung mit Hufen ausgezeichnet. Jedes Kapitel enthält Texte auf Niveaustufe 1. Diese werden in Silbendruck, mit einfacherem Wortmaterial und in einer größeren Schrift präsentiert.

Längere Texte sind mit **Zeilenzählern** versehen, um das Arbeiten, besonders das Belegen von Aussagen mit Textstellen, zu vereinfachen.

Schwierige Begriffe werden in der Fußzeile der Seite erklärt. Die Arbeitsanweisungen sind in den **Anforderungsbereichen 1 bis 3** gekennzeichnet (vgl. auch LHB, S. 6). Auf den Leseseiten werden bereits bekannte **Methoden und Arbeitstechniken** gefordert, um sie immer wieder üben zu können. Auf neue Methoden wird von der Leseseite auf die entsprechende Methodenseite am Ende des Kapitels verwiesen.

Jedes Kapitel beinhaltet mindestens einen Text, der **mit verteilten Rollen gelesen** werden kann. Die Rollen sind farblich gekennzeichnet. Über dem Text steht, welche Person welche Farbe hat.

Auf die Leseseiten folgt eine Doppelseite **Lesetraining**. Sie ist am lilafarbenen Fond zu erkennen. Die beiden Seiten haben das Leseniveau 1 und umfassen vier Aufgaben. Sie zielen auf eine Steigerung der Lesefähigkeit und Lesefertigkeit hin. Das in Klasse 2 eingeführte **Lesen im Lesetandem** bildet immer den Abschluss der Doppelseite.

Die beiden letzten Seiten der ersten sechs Kapitel sind ebenfalls auf lilafarbenem Fond und behandeln **wichtige Methoden**. Die Einführungen erfolgen schrittweise und an Beispielen. Jede Methode wird nicht nur hier geübt; es gibt Verweise auf Seiten im Lesebuch, um sie wiederholt anwenden zu können.

Folgende Methoden werden in Klasse 4 eingeführt:

Kapitel 1: Lernen organisieren
Kapitel 2: Sich eine Meinung bilden und sie vertreten
Kapitel 3: Ein Buch präsentieren
Kapitel 4: Einen Sachtext planen und schreiben
Kapitel 5: Ein Referat planen und halten
Kapitel 6: Einen Text szenisch umsetzen

Das **letzte Kapitel** enthält keine Sonderseiten, sondern Texte zu den **Jahreszeiten**. Hier werden Sachtexte, Gedichte, Beschreibungen und erzählende Texte in einer bunten Mischung angeboten. Die Auswahl bleibt den Lehrpersonen überlassen. Die Aufgabenstellungen bieten immer wieder die Möglichkeit, eingeführte Methoden und Arbeitstechniken zu üben. Daher empfiehlt es sich, das letzte Kapitel von Beginn des Schuljahres in die Planung mit einzubeziehen.

Den Abschluss des Lesebuchs 4 bildet die **Lese-Rallye**. Sie ist den Kindern bekannt und bietet einen motivierenden Rückblick auf die Kapitel.

Zur Vernetzung der Zebra-Werkteile werden im Lesebuch 4 folgende **Verweise** verwendet:

 Verweis auf das AH Lesen/Schreiben 4

 Verweis auf einen Zebra-Erklärfilm

4 Medienkompetenz in der Grundschule

4.1 Bildung in einer digitalisierten Welt
Anna Fröhlich, Solingen

Der heutige Alltag unserer Kinder ist geprägt durch die **Nutzung digitaler Medien**. Dadurch entsteht eine **Sozialisationsinstanz**, die sich konsequent auf die Persönlichkeits- und Identitätsbildung auswirkt.

Nehmen wir einem Jugendlichen zur Strafe sein Handy weg, kommt das einem Freundesentzug gleich. Viele unserer Kinder nutzen digitale Medien in erster Instanz zur Unterhaltung, zum Spielen und zum Lernen. Die **Kommunikation** tritt seit einiger Zeit in den Fokus der Nutzung und muss durch unseren **Bildungsauftrag** konsequent mitgedacht werden.

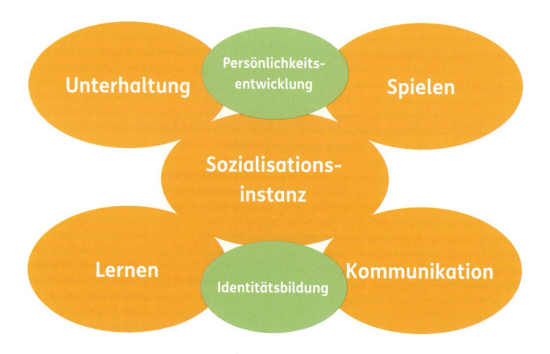

Abb.: Bildung in einer digitalisierten Welt, Anna Fröhlich, Solingen

4.1.1 Welche Argumente sprechen für eine Nutzung digitaler Medien in der Grundschule?

Prof. Thomas Irion führt in seinem Artikel „Wozu digitale Medien in der Grundschule" (Grundschule aktuell, 142, S. 3–7), Bezug nehmend auf Ausführungen des Schweizer Informatikdidaktikers Döbeli Honegger, vier Argumente für die Nutzung digitaler Medien in der Grundschule ins Feld.

Das Lebensweltargument

Das Lebensweltargument orientiert sich an der Welt unserer Kinder. Kindliche Erfahrungen sind Ausgangs- und Zielpunkt des Unterrichts und der damit verbundenen Erziehung.

Die Kinder sollen möglichst intrinsisch motiviert **lernen**, begreifen und erfahren.

Das **Zusammenspiel** von Sachunterricht, Mathematik und Deutsch bietet in erster Linie eine Unterstützung bei der Erschließung der Umwelt. Die kommunikativen **Handlungs- und Reflexionskompetenzen** werden erhöht und die Grundlage für mathematische Orientierung wird gelegt.

Das Lernargument

Das Lernargument stellt eine entscheidende Grundfrage: Welche pädagogischen und didaktischen Aufgaben/Probleme stellen sich in der Schule und welche Methoden und Medien können konkret zur Lösung beitragen?

Der Zugang zu und der Umgang mit digitalen Medien ist eine lernfördernde Ergänzung zu traditionellen Medien und Originalerfahrungen.

Das Effizienzargument

Für Lehrkräfte sind die digitalen Medien als eine Arbeitserleichterung bei immer höheren Leistungsanforderungen an Institutionen und Personal gedacht. Jedoch sollte jeder Anwendung die Frage entgegengebracht werden, inwieweit die Output-Verbesserung effizient zum leistenden Input steht.

Das Zukunftsargument

Kompetenzen für künftige Lebensaufgaben: Wir wollen durch unseren Bildungsauftrag „digital natives" und keine „digital naives" hervorbringen. Unsere Kinder sollen mit den digitalen Medien nicht nur umgehen, sondern auch **kritisch reflektiert** arbeiten können.

Eine kritische Durchdringung **digitaler Informations- und Kommunikationsangebote** muss angeregt werden. Eine systematische und altersgerechte **Vorbereitung auf zukünftige Anforderungen** ist unerlässlich und eines unserer Bildungsziele.

Unsere Kinder werden in 15 Jahren vielleicht nicht mehr jeden Tag ins Büro fahren und sich dort in Räumen mit anderen Kolleginnen und Kollegen treffen und beratschlagen. In Zukunft werden unsere Kinder überall auf der Welt digital vernetzt sein und zusammenarbeiten: Mia in Frankreich, Ben auf den Bahamas, Max in Marokko und Clara in Chile.

Bislang begegnen unseren Kindern **digitale Medien im familiären Rahmen**. **Sozialen Ungerechtigkeiten** sollen durch die Anschaffung und Nutzung von Tablets, Laptops, White- und Smartboards an unseren Schulen entgegengewirkt werden. Zumal die **Nutzungskompetenzen** in starker Abhängigkeit von den Einstellungen der Eltern stehen. Ein aktiver und begleitender Umgang im schulischen Kontext ist unerlässlich.

4.1.2 Konsequenzen für die Grundschulbildung

Aus diesen Argumenten ergeben sich vier Konsequenzen für die erfolgreiche Vermittlung einer Medienkompetenz in der Grundschule:
– Es muss eine Basis im Umgang mit digitalen Medien gelegt werden.
– Die Einführung eines kritisch-reflektierten Umgangs mit digitalen Medien steht im Fokus.
– Zugleich bedeutet das nicht einen Verzicht auf alters- und kindgerechte Lernmedien im Primarbereich.
– Die Aufwandsreduktion von Lehr-Lern-Anstrengungen ist entscheidend.

4.1.3 Medienkompetenz – in Zukunft mehr unter diesem Zeichen

Der Ernst-Klett-Grundschulverlag hat auf das Thema „Medienkompetenz" auf verschiedene Weise reagiert.

Im **Zebrafanclub** existieren viele Materialien und praxisnahe Beiträge zum Thema „Medienkompetenz".

Zum **„Medienkompetenzrahmen NRW"** gibt es im Zebrafanclub Synopsen im Fach Deutsch u. a. auch zu Zebra.

Zur leichteren Orientierung und thematischen Zuordnung sind zudem Seiten in Arbeitsheften, aber auch Blogbeiträge, Links und Tipps zukünftig mit dem neuen Medienkompetenzsymbol – den Buchstaben MK auf blauem Grund – versehen.

Alle Stoffverteilungspläne lassen sich in die jeweiligen Medienkompetenzpläne einordnen und sind somit in den Kompetenzbereichen der Kultusministerkonferenz fest verankert.

Literaturnachweis:
Thomas Irion (2018): „Wozu digitale Medien in der Grundschule". In: Grundschule aktuell, 142, S. 3–7.

4.2 Mein Medienheft 3/4
Vanessa Thiel, Köln

Die von der Kultusministerkonferenz 2016 verabschiedeten bundesweiten Bildungsstandards **„Kompetenzen in der digitalen Welt"** stellen das schulische Lernen vor neue Anforderungen. Die Aufgabe der Länder ist es nun, die **sechs Kompetenzbereiche** curricular einzubinden und zwar fachspezifisch, das heißt, dass die Umsetzung in allen Fächern erfolgen soll, sowohl für die **Grundschule** als auch für die Sekundarstufe I.

Aus den KMK-Kompetenzen hat das Bundesland NRW für die Neufassung seines Medienkompetenzrahmens zur **systematischen Vermittlung von Medienkompetenz** die folgenden sechs Kompetenzen ausgearbeitet:
– Bedienen und anwenden
– Informieren und recherchieren
– Kommunizieren und kooperieren
– Produzieren und präsentieren
– Analysieren und reflektieren
– Problemlösen und modellieren

Die Ausformulierung dieser Kompetenzen ist sehr ähnlich in den **Kompetenz- oder Orientierungsrahmen zur Medienbildung** anderer Bundesländer zu finden.

Mein Medienheft 3/4 hat sich daher mit seinem Kapitelaufbau an den obigen Kompetenzformulierungen orientiert. Das Arbeitsheft bietet also einen systematisch aufgebauten Leitfaden zum Erwerb der Medienkompetenz.

Mein Medienheft 3/4

4 Medienkompetenz in der Grundschule

Mein Medienheft 3/4 ist in **sieben Kapitel** unterteilt. Die ersten sechs entsprechen den oben aufgeführten Medienkompetenzen und beinhalten viele Übungsseiten, die die diversen Teilkompetenzen schulen. Das siebte Kapitel besteht aus **Projektseiten**, die den Kindern Anregungen zum Anwenden bieten. Das grafisch ansprechend gestaltete Heft beinhaltet pro Kapitel zwei **Methodenseiten**. Auf diesen Seiten werden wichtige Kompetenzen Schritt für Schritt vorgestellt. Ferner werden einige Methoden und Arbeitstechniken mittels der Klett **Erklärfilme** anschaulich und kindgerecht vorgestellt.

Ein **Lexikon** am Ende des Heftes vermittelt übersichtlich die wichtigsten Begriffe und dient dem unmittelbaren Nachschlagen. Im abschließenden **Portfolio** können die Kinder anhand von ausgewählten Aspekten bewerten, wie sie ihre erlangte Medienkompetenz einschätzen.

Bedienen und anwenden

„*... beschreibt die technische Fähigkeit, Medien sinnvoll einzusetzen und ist die Voraussetzung jeder aktiven und passiven Mediennutzung.*"
(Der Medienkompetenzrahmen NRW, 2018: S. 12)

In diesem Kapitel werden die **Grundkompetenzen** thematisiert und zusammengefasst. Einige dieser fast eher basalen Fertigkeiten bringen mittlerweile Erstklässler schon mit. Grundschulkinder kennen also und bedienen diverse Medien und Anwendungen, z. B. kennen sie bereits viele Teile des Computers und können sie benennen, oder aber sie haben schon mit einem **Textverarbeitungsprogramm** gearbeitet, im Internet gesurft oder ein Tablet bzw. Smartphone bedient.

Mein Medienheft 3/4, S. 7

Doch der **adäquate Umgang** muss geschult werden, oftmals entstehen nämlich die ersten Schwierigkeiten, wenn ein Textdokument gespeichert oder ausgedruckt werden soll. Wie speichere ich ab und wie finde ich mich in der Ordnerstruktur des PCs zurecht? Auch sich auf der Tastatur zurechtzufinden, erscheint für manche Kinder herausfordernd. Auf den beiden Methodenseiten des Kapitels wird der Fokus auf die Textproduktion am PC und deren Speicherung gelegt.

Informieren und recherchieren

„*... umfasst die sinnvolle und zielgerichtete Auswahl von Quellen sowie die kritische Bewertung und Nutzung von Informationen.*"
(Der Medienkompetenzrahmen NRW, 2018: S. 14)

Informationsrecherchen zielgerichtet in verschiedenen Medien durchzuführen ist eine Kompetenz, die Grundschulkinder schon in der Schuleingangsphase lernen. Die Printmedien, wie Sachbücher und Lexika, gehören weiterhin zu den klassischen Quellen. Doch auch Suchmaschinen können in Klasse 3 und 4 zur Informationsrecherche hinzugezogen und deren Ergebnisse für Präsentationen genutzt werden. Aber welche **Suchmaschinen** und Suchergebnisse sind geeignet? Die Gefahr, sich beim Recherchieren im Internet zu verlieren, kennen wir wohl alle. Wichtig für die Kinder ist es, zu wissen, wie sie vorgehen sollen und wo sie fündig werden.

Woher z. B. sollen die Kinder wissen, wie sie mit den vielen **Werbeanzeigen** und Pop-Ups umgehen sollen, wenn man dies nicht thematisiert? Wie sollen Kinder ihr eigenes Internetverhalten reflektieren können, wenn dies nie Thema war?

Mein Medienheft 3/4, S. 25

Das Kapitel beschäftigt sich insbesondere mit der **Internetrecherche** und damit, **geeignete Informationen zu filtern**. Diese beiden Teilkompetenzen stehen auch im Fokus der beiden Methodenseiten.

Kommunizieren und kooperieren

„*... heißt, Regeln für eine sichere und zielgerichtete Kommunikation zu beherrschen und Medien verantwortlich zur Zusammenarbeit zu nutzen.*"
(Der Medienkompetenzrahmen NRW, 2018: S. 16)

Für die Grundschulkinder in den Klassenstufen 3 und 4 werden mittlerweile **digitale Kommunikationswege** interessant oder sind sogar schon bei vielen präsent. Natürlich sollen die Kinder weiterhin lernen, wie ein Brief aufgebaut ist, und dessen Aufbau üben. Der elektronische Brief gewinnt jedoch heute enorm an Bedeutung und ist für den Arbeitsmarkt unerlässlich geworden. Die Möglichkeit, Anhänge mitzusenden, ist ein enormer Vorteil der E-Mail, ebenso die direkte Übermittlung an den Empfänger. Doch damit die E-Mail auch beim gewünschten Empfänger landet, muss auch Schritt für Schritt der Aufbau des E-Mail-Fensters erklärt werden. Wenn beim herkömmlichen Brief der Empfänger nicht korrekt notiert war, dann kam die Post einfach zurück, sofern der Absender angegeben war. Das Versenden einer E-Mail birgt, neben der Eingabe einer ungültigen E-Mail-Adresse, ferner noch die Gefahr, eine falsche Adresse einzugeben, womit der Inhalt quasi für jeden zu lesen ist.

Wie gehe ich also vor, wenn ich eine E-Mail verfasse? Wie gehe ich vor, wenn ich Messagingdienste nutze? Was sind Emojis und was können sie bedeuten? Auch die **Gefahren der sozialen Netzwerke** werden in diesem Kapitel für die Kinder aufbereitet. Was gibt man z. B. im Chat von sich preis? Was ist okay und was lieber nicht? Und ein sehr bedrückendes und stetig zunehmendes Problem ist das **Cybermobbing**. Was bedeutet das, welche Auswirkungen hat es und wie kann ich damit umgehen?

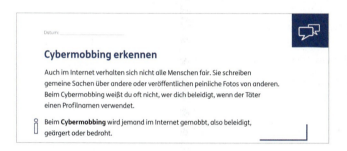

Mein Medienheft 3/4, S. 37

„... bedeutet, mediale Gestaltungsmöglichkeiten zu kennen und diese kreativ bei der Planung und Realisierung eines Medienproduktes einzusetzen."
(Der Medienkompetenzrahmen NRW, 2018: S. 18)

Dieses Kapitel ist bestimmt für viele am vertrautesten, denn einige **Präsentationsmöglichkeiten** haben die Schülerinnen und Schüler schon kennengelernt, wie z. B. das Erstellen eines Plakates. Nun geht es für die Kinder darum, **Medienprodukte** zu einem Thema zu erarbeiten, beispielsweise Foto-, Audio- oder Videoaufnahmen, Comics, Hörspiele oder Erklärfilme. Dabei ist es wichtig, den Kindern zu erklären, dass es z. B. ein Recht am Bild gibt und daher nicht alle Bilder aus dem Internet verwendet werden dürfen. Die beiden **Methodenseiten** stellen das Drehen eines Filmes und das Erstellen einer digitalen Präsentation in den Fokus.

Mein Medienheft 3/4, S. 50

„... ist doppelt zu verstehen: Einerseits umfasst diese Kompetenz das Wissen um die Vielfalt der Medien, andererseits die kritische Auseinandersetzung mit Medienangeboten und dem eigenen Medienverhalten. Ziel der Reflexion ist es, zu einer selbstbestimmten und selbstregulierten Mediennutzung zu gelangen."
(Der Medienkompetenzrahmen NRW, 2018: S. 20)

Dieses Kapitel führt im Grunde das zweite (Informieren und recherchieren) und dritte Kapitel (Kommunizieren und kooperieren) fort. Hier geht es insbesondere jedoch darum, das eigene **Verhalten zu analysieren und zu reflektieren**, also über die eigene **Mediennutzung** nachzudenken. Ferner wird noch einmal auf soziale Netzwerke eingegangen und auf deren Gefahren.

Die beiden Methodenseiten am Ende des Kapitels stellen das Führen eines Medientagebuchs sowie das Vorstellen digitaler Spiele in den Fokus.

„... verankert eine informatische Grundbildung als elementaren Bestandteil im Bildungssystem. Neben Strategien zur Problemlösung werden Grundfertigkeiten im Programmieren vermittelt sowie die Einflüsse von Algorithmen und die Auswirkung der Automatisierung von Prozessen in der digitalen Welt."
(Der Medienkompetenzrahmen NRW, 2018: S. 22)

Dieses Kapitel beabsichtigt, den Grundschulkindern einen Einblick in **algorithmische Muster und Strukturen** unserer digitalen Welt zu geben. Um das Verständnis von Algorithmen zu erlangen und zu verstehen, wie ein

Computer denkt, programmieren die Kinder beispielsweise erstmal analog und schreiben eine Anleitung. Sie lernen Codes kennen und erfinden logische Reihen. Mithilfe von einfachen **Programmiertools**, wie z. B. Roboter oder Programmier-Apps, schulen die Kinder ihre Fertigkeiten, selbst zu programmieren. Dabei beschreiben sie Probleme und entwickeln Strategien, diese zu lösen. Die beiden Methodenseiten am Ende runden das Kapitel ab, in dem das Denken wie ein Computer und das Erstellen eines Codes fokussiert wird.

4.3 Medienkompetenz in Zebra

Zebra hat das Ziel, allen Kindern die von den Bildungsstandards und den Lehrplänen geforderten Kompetenzen kindgerecht zu vermitteln, die es ihnen ermöglichen, sich zu stabilen Persönlichkeiten zu entwickeln. Dabei legt Zebra Wert auf die Beachtung der Verschiedenheit der Kinder. Zum Lebensalltag von Kindern gehören die digitalen Medien ganz selbstverständlich dazu. Wie bereits ausgeführt, ist es dabei wichtig, dass eine Basis im Umgang mit digitalen Medien gelegt wird und die Kinder zu einem kritischen-reflektierten Umgang mit digitalen Medien gelangen. Diese Basis ist für jede weitere Lernentwicklung der Kinder sinnvoll.

Für die Nutzung der digitalen Medien ist eine gute Einführung in gebundenen Unterrichtsformen durch die Lehrkräfte notwendig – die eigentliche Nutzung dieser Medien findet dann jedoch zumeist in geöffneten Unterrichtsformen statt.

Zebra legt dabei von Beginn an großen Wert darauf, den Kindern zu zeigen, wie sie eigene Texte planen, schreiben und überarbeiten können. Ab Klasse 2 findet hierzu eine Einführung zum Schreiben von Texten am Computer statt. Dies stellt eine Erweiterung des Schreibens von Texten mit dem Stift dar. Mit einem **Textverarbeitungsprogramm** umgehen zu können, gehört im heutigen Medienzeitalter zu einer Basiskompetenz. In der Grundschule muss diese bereits geübt werden. Dabei lernen die Kinder – gemäß den Lehrplänen der einzelnen Bundesländer – die Grundfunktionen eines Textverarbeitungsprogramms kennen und wenden die einzelnen Funktionen an ihren eigenen geschriebenen Texten an. Dabei lernen die Kinder, dass Computer nicht nur zum Surfen oder Spielen da sind, sondern dass mit einfachen Mitteln Texte ansprechend gestaltet werden können. Dies stellt wiederum eine große Motivation für die Kinder bei der Textproduktion dar.

Das Schreiben eigener Texte am Computer stellt dabei bereits eine **Differenzierung** in sich selbst dar, da lernschwächere Kinder in der Regel kürzere Texte verfassen. In Klasse 4 werden die Kenntnisse im Umgang mit der Textverarbeitung am Computer weiter vertieft. Kinder, die bereits über größere Erfahrungen im Umgang mit Textverarbeitungsprogrammen verfügen, können für andere Schülerinnen und Schüler zu Lernhelfern werden.

Die Kinder lernen mit Zebra, Texte genau zu lesen und die nötigen Informationen aus dem Text zu entnehmen. Sie lernen von Beginn an, Schlüsselwörter im Text zu erkennen und zu markieren. Diese Schlüsselwörter dienen dann wiederum als Grundlage für Steckbriefe, Sachtexte, Vorträge und Präsentationen. Diese erlernten Kompetenzen dienen den Kindern im Umkehrschluss bei der **Recherche von Informationen im Internet**. Die Kinder sind in der Lage, wichtige Wörter in einem Text zu erkennen und sich mithilfe dieser Wörter den gesamten Text zu erschließen.

Angeregt durch gestellte Fragen im Lesebuch 4 und dem AH Lesen/Schreiben 4, aber auch durch den hohen Aufforderungscharakter, den die Texte im Zebra Lesebuch an sich bereits bieten, können die Kinder ihre Antworten unter anderem im Internet finden. Sie sollten immer wieder angeregt werden, eigenen Fragen nachzugehen und hierauf hilfreiche Antworten zu finden.

Noch vor ungefähr 15 Jahren musste man sich Sachinformationen mit viel Mühe aus Büchern zusammensuchen. Dazu musste man Bibliotheken aufsuchen oder sich Bücher anschaffen. Diese Informationsbeschaffungsmöglichkeiten haben zwar immer noch ihre Berechtigung, jedoch werden sie nun ergänzt durch das Internet. Mit der Auswahl eines passenden Suchbegriffs in einer geeigneten, kindgerechten Internetsuchmaschine wird man auf eine große Zahl von passenden Seiten gelenkt. Hierbei kommt jedoch ein neues Problem auf. Das Finden von Informationen ist nicht mehr das Problem, sondern die **richtige Auswahl der passenden Information** zur Beantwortung von Fragen. Zebra lässt die Kinder hier nicht im Stich, sondern bietet auf vielen Seiten Hilfen und Anregungen zum Suchen, Finden und Auswählen von Informationen an.

Bei Zebra spielt die Beachtung der Vielfalt der Kinder eine entscheidende Rolle. Manche Kinder sind im Bereich des Umgangs mit dem Computer und dem Internet noch Anfänger, andere Kinder sind bereits Computerexperten und Surfprofis. Die Kinder mit großem Vorwissen können den Anfängern als Experten und Unterstützer dienen. Für die Recherchearbeit im Internet bietet sich die **Nutzung von Tablets** an, da diese schneller greifbar sind. Jedoch können die Aufgaben genauso im Computerraum umgesetzt werden. Ebenso können Medieninseln genutzt werden, wie sie in vielen Schulen vorhanden sind.

Bei der Nutzung der digitalen Medien spielt von vornherein die **kritische Prüfung von Rechercheergebnissen** eine große Rolle. Die Kinder sprechen über ihre gefundenen Ergebnisse miteinander in Partner- und Gruppenphasen und schildern dabei auch ihre Probleme im Rahmen der Recherche. Hier ist auch ein guter Ort für erste kritische Reflexionen zum Thema „Internet" und seinen Gefahren. Gerade das Kapitel „Leseabenteuer und Medienrummel" (Kapitel 6 im Lesebuch 4 und dem AH Lesen/Schreiben 4) hat hier seinen Schwerpunkt.

4 Medienkompetenz in der Grundschule

Aber auch andere Kapitel beinhalten Seiten mit für den Erwerb oder den Ausbau von Medienkompetenz geeigneten Inhalten. Alle diese Seiten sind in der neuen Zebra-Generation mit dem Medienkompetenzsymbol MK ausgezeichnet.

4.3.1 Medienkompetenz im AH Lesen/Schreiben 4

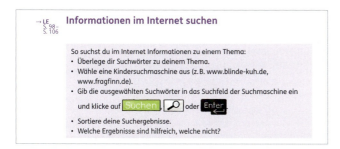

AH Lesen/Schreiben 4, S. 39

Die Kinder erhalten hier eine genaue Anleitung, wie sie bei einer **Internetrecherche Schritt für Schritt** vorgehen sollen. Zudem lernen sie Suchmaschinen kennen, die Suchergebnisse bereits so für die Kinder filtern, dass sie nur auf kindgerechte Internetseiten mit angemessenen Inhalten gelangen. Damit ist einer Überforderung der Kinder mit zu vielen Informationen vorgebeugt und es besteht zudem nicht die Gefahr, dass sie auf Seiten mit gefährlichen Inhalten kommen. Die Kinder können exemplarisch eine Recherche im Internet anhand von drei Fragen durchführen und im Anschluss mit ihrem Partner bzw. der Klasse über die gefundenen Ergebnisse sprechen.

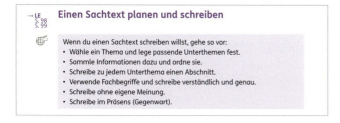

AH Lesen/Schreiben 4, S. 42

In der Folge nutzen die Kinder das Heraussuchen von Informationen aus dem Internet (und auch aus Sachbüchern) für das Schreiben eines Sachtextes, um weitere Informationen zum Rothirsch zu finden. Auch hierzu gibt es eine genaue Anleitung, mithilfe derer die Kinder Schritt für Schritt die bereits in den Vorjahren gelernten Kompetenzen zur Textproduktion nutzen können. Der **Sachtext** soll abschließend **am Computer geschrieben** werden.

AH Lesen/Schreiben 4, S. 44

Im Anschluss daran wiederholen die Kinder nochmals das **Formatieren von Texten** mithilfe eines Textverarbeitungsprogramms. Dabei nutzen sie die Inhalte eines Sachtextes und formatieren die Texte selbstentdeckend. Durch Ausprobieren verschiedener Formatierungsfunktionen wird die natürliche Neugier der Kinder genutzt, die gerne Dinge ausprobieren und ihre gewonnen Erkenntnisse dann an weiteren selbst geschriebenen Texten umsetzen.

Diese beschriebenen Schritte können die Kinder nun an verschiedenen anderen Themen umsetzen. Dabei nutzen sie auch die **Methodenseite im Lesebuch 4**, S. 120/121 als Orientierungshilfe oder sehen den entsprechenden **Zebra-Erklärfilm** zur Methode an.

4.3.2 Medienkompetenz im Lesebuch 4

Die erlangten Kompetenzen setzen die Kinder dann auf den Lesebuchseiten 98 und 99 um. Dort sind entsprechende **Anwendungsaufgaben** vorhanden. Auch an weiteren Stellen im Lesebuch gibt es entsprechende Aufforderungen, Informationen im Internet zu suchen.

> 2 Sammle Informationen zur Stieleiche im Internet und in Sachbüchern. Schreibe Schlüsselwörter auf.

Lesebuch 4, S. 99

Die Kinder sollen motiviert werden, ihre gewonnenen Kompetenzen auch an anderen Textformen anzuwenden. Zum Beispiel können sie Berichte am Computer schreiben, kleine Gedichte mit dem Computer formatieren oder eine Klassenzeitung digital schreiben.

Eine Textgattung, in der die Kinder das Gelernte ebenfalls anwenden können, ist das Schreiben eines offiziellen Briefes am Computer (AH-S. 69). Auch hierzu gibt es eine genaue Anleitung und es wird ein Musterbrief präsentiert. Mit ihrem bereits erarbeiteten Wissen im Bereich der Formatierung von Texten können die Kinder diesen Brief entsprechend am Computer schreiben.

4 Medienkompetenz in der Grundschule

Im Lesebuch behandelt in allen Schuljahren ein ganzes **Kapitel** das Thema „Medien" und den sinnvollen und konstruktiven Umgang mit ihnen. Das Kapitel **„Leseabenteuer und Medienrummel"** widmet sich ausführlich allen Medien (Schrift, Buch, Radio, Hörspiel, Film, Fernsehen, Computer, Internet u. v. m.). Wie für Zebra typisch, lernen die Kinder, selbstständig und kreativ mit den Medien umzugehen. Neben Informationen zur Geschichte der Verbreitung von Nachrichten regt das Lesebuch auch eine Beschäftigung mit dem Thema „fake news" an. Die Kinder erfahren zudem Interessantes zu verschiedenen Formen der Nachrichtenverbreitung.

Die Kinder können auch Print- und Onlinemedien miteinander vergleichen und Vor- und Nachteile abwägen. Dabei geht es niemals um eine pauschale „Medienschelte", sondern darum, die Kinder zu mündigen Mediennutzern zu machen. Hierbei erlernen die Kinder die **richtige Anwendung der Begrifflichkeiten**. Zu Begriffen im Zusammenhang mit dem Computer gibt es die AH-S. 63, mit deren Hilfe sie die Bedeutung der Begriffe kennenlernen. Die genaue Nennung von Begrifflichkeiten gehört zur Medienkompetenz dazu. Hierüber informiert auch die Lesebuchseite 162 und erklärt die Hintergründe und Wissenswertes zum Thema „Internet".

Lesebuch 4, S. 162

In den vergangenen Jahren hat das Thema des sicheren Umgangs mit dem Internet im schulischen wie auch im privaten Kontext mehr und mehr an Bedeutung gewonnen. Die Grundschule hat hier den Auftrag, eine nachhaltige Medienkompetenz anzubahnen. Wichtig ist hierbei eine Auseinandersetzung mit den **Gefahren und** den **Chancen des Umgangs mit dem Internet**. Die Kinder befinden sich innerhalb der Schule beim Surfen im Internet durch den Einsatz guter Filterprogramme in einem geschützten Raum. Diesen Schutz finden sie außerhalb der Schule zumeist nicht mehr vor. Die Kinder müssen zu einem kompetenten, eigenverantwortlichen und bewussten Umgang mit dem Internet geführt werden. Hierzu bietet die Lesebuchseite 163 viele Möglichkeiten der Auseinandersetzung. Die Seite klärt darüber auf, dass das Internet für Kinder ein nur schwer durchschaubarer Raum ist, in dem sie sich mit großer Vorsicht und unter Einhaltung von Regeln bewegen müssen. Dies soll die Kinder in ihrer Selbstständigkeit und ihrer Selbstbestimmung nicht gängeln, sondern sie vor seelischen und – unter Umständen – körperlichen Verletzungen schützen.

Lesebuch 4, S. 163

Neben den vielen Aspekten, die im Lesebuch 4 und im AH Lesen/Schreiben 4 thematisiert werden, gibt es noch weitere – zum Teil bereits genannte – Möglichkeiten, mit Zebra digital zu lernen. Mithilfe des Codes im Innentitel von Lesebuch sowie AH gelangen die Kinder zu den **Zebra-Erklärfilmen** im Internet. Hier finden die Kinder die sozusagen digital aufbereiteten Methodenseiten. Die Filme können entweder in Gruppenphasen zu Beginn der Erarbeitung der Methoden genutzt werden oder in Einzel- und Partnerarbeitsphasen, um sich nochmals die Methoden ins Gedächtnis zu rufen.

Zu den einzelnen Zebra-Jahrgängen gibt es zudem Zebra Lern-Apps, die für Übungsphasen im Bereich „Sprache" und „Lesen/Schreiben" genutzt werden können.

Seite 6

Lernziele/Kompetenzen

- Übungen zur Verbesserung der eigenen Rechtschreibung kennenlernen („Satz des Tages")
- mit den Übungen die eigene Schreibweise überprüfen und ggf. verbessern (schwierige Wörter, Lernwörter)
- die bekannten Rechtschreibstrategien anwenden
- über die eigene Rechtschreibung nachdenken
- Rechtschreibgespräche führen

Anregungen für den Unterricht

Hinweis: Da es insbesondere für leistungsschwächere Kinder oft schwierig ist, Falschschreibungen in ihren eigenen Texten auszumachen, bietet es sich an, mit der Methode „Satz des Tages" zu beginnen. Diese sollte regelmäßig, am besten zu Beginn jeder Deutschstunde, gemeinsam durchgeführt werden. So wird das Vorgehen schrittweise automatisiert und die Kinder können es einfacher auf ihre eigenen Texte anwenden. Der Satz sollte anschließend an der Tafel besprochen und schwierige Wörter sollten beispielsweise mit den Strategie-Magneten versehen werden.

- Einstieg: L wählt Satz zu aktuellem Thema mit angemessenen „Stolperstellen" aus; alternativ einen Satz aus den Zebratexten der „Wörter-üben"-Seiten nutzen
  - L diktiert den „Satz des Tages"
  - Kinder notieren den Satz und markieren schwierige Stellen
  - Kinder überlegen, welche Strategien ihnen jeweils zur richtigen Schreibweise verhelfen (Hinweis auf Strategiekarten im Umschlag des AH)
  - sich in PA über die Schreibweise austauschen
  - nach Wörtern mit ähnlicher Stolperstelle suchen (z. B.: *Floß*, ß wie bei *Fuß*: langer Vokal, also ß)
  - Satz mit der Vorlage vergleichen und ggf. verbessern
- gleiches Vorgehen bei eigenen Texten, Wörterliste oder Wörterbuch als Hilfe nutzen

Differenzierung

Fördern:

- gemeinsam mit L oder einem leistungsstärkeren Kind nach Fehlerstellen suchen und diese markieren, z. B. unterstreichen oder schwierige Stellen gelb färben
- Fehlerwörter bzw. schwierige Wörter herausschreiben und in einem Wörterheft oder einer Wörter- bzw. Lernkartei sammeln
- Wörter mit der Rechtschreibkartei täglich üben (vgl. AH-S. 7)
- Wörter als Grundlage für Schleich-, Partner-, Würfel-, Streifen-, Blitz- oder Dosendiktat nutzen

Fordern:

- Lernpartner für leistungsschwächere Kinder sein: Fehlerwörter markieren und beim Korrigieren helfen

Ideen für die Weiterarbeit

- AH-Seite in Farbe vergrößern und als Poster in der Kl aufhängen

Verweise

- Zebra 4 AH Sprache Fördern, S. 5

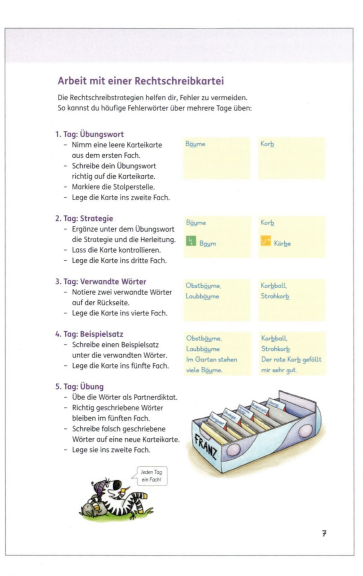

Seite 7

Lernziele/Kompetenzen

- handlungsorientierter, selbstständiger Umgang mit den Rechtschreibstrategien
- strategiegeleitet individuelle Fehlerschwerpunkte erkennen und trainieren

Anregungen für den Unterricht

Hinweis: Die Einführung einer Rechtschreibkartei sollte gleich zu Beginn des Schuljahres erfolgen und individuell erweitert werden. Dafür können sowohl Schwerpunkte (z. B. das Ableiten wie in *Zahn – Zähne*) im Unterricht gesetzt als auch individuelle Fehlerwörter geübt werden. So entsteht bei jedem Kind eine individuelle Rechtschreibkartei, die sich am Lernstand, den Unterrichtsinhalten und den Fehlerschwerpunkten orientiert. Grundlegend für die Arbeit mit der Rechtschreibkartei ist das Erkennen und Verwenden der Strategie-Symbole:

- Einstieg – Rechtschreibsymbole sind bekannt:
  - 1. Tag: je ein Beispiel für jede Strategie wählen, Wörter auf je einer Karteikarte notieren (z. B.: schw*i*mmen, Kor*b*, B*äu*me, *ver*kaufen, he*x*en)
  - 2. Tag: zu jedem Wort das entsprechende Symbol zeichnen, ggf. die Herleitung ergänzen
  - 3. Tag: verwandte Wörter auf Rückseite ergänzen
  - 4. Tag: einen Beispielsatz notieren
  - 5. Tag: Übung der Wörter als (Partner-)Diktat
- Einstieg – Rechtschreibsymbole sind nicht gefestigt: in diesem Fall möglichst mit einem Rechtschreibschwerpunkt beginnen, z. B. „Ableiten", dafür sechs Wortbeispiele wählen (z. B.: Z*ä*hne, w*ä*hlen, B*ä*lle, Schulgeb*äu*de, Z*äu*ne, aufr*äu*men)
  - 1. Tag: je ein Wort auf Karteikarte schreiben
  - 2. Tag: jeweils das Symbol für die Strategie „Ableiten" und die Herleitung notieren
  - 3. Tag: jeweils zwei verwandte Wörter auf der Rückseite aufschreiben
  - 4. Tag: einen Beispielsatz notieren
  - 5. Tag: Übung der Wörter als (Partner-)Diktat

Hinweis: Da in den Wörtern auch unterschiedliche Fehler auftreten können (z. B. *zeune statt Zäune), sollte der zu trainierende Schwerpunkt auf den Karteikarten in jedem Schritt auch immer markiert werden.

Differenzierung

Hinweis: Die Ausgangssituation der Kinder ist sehr unterschiedlich. Die Rechtschreibkartei bietet einen differenzierten Umgang mit Fehlerschwerpunkten und individuellen Rechtschreibkenntnissen, die den Fähigkeiten und dem Lerntempo der Kinder entsprechen. Ist die Arbeit mit der Kartei erst automatisiert, ergänzen die Kinder individuelle Fehlerwörter.

Fördern:

- Vorgabe von jeweils vier bis sechs Fehlerwörtern, die sich zunächst auf eine Rechtschreibstrategie konzentrieren

Fordern:

- Kinder wählen jeweils selbstständig und fächerübergreifend Wörter aus ihren Arbeiten aus, die sie mit der Rechtschreibkartei üben

Ideen für die Weiterarbeit

- kontinuierliche Arbeit mit der Rechtschreibkartei über das ganze Schuljahr als fester Bestandteil des Wochenplans, z. B. 20 Minuten jeden Montag
- Fehlerwörter auch als „Satz des Tages" möglich

Verweise

- Zebra 4 AH Sprache Fördern, S. 6
- Meine Anoki-Übungshefte, Richtig schreiben 4 und C 4 sowie Fördern und Inklusion

Seite 8

Lernziele/Kompetenzen
- Diktatformen zum Üben von Wörtern, Sätzen oder Texten kennenlernen
- Anleitungen für Diktatformen lesen und verstehen (Knick- und Wendediktat)
- Diktatformen an verschiedenen Beispielen umsetzen (z. B. Zebrawörtern und -texten)

Anregungen für den Unterricht

Hinweis: Nachdem im AH Sprache 2 die Diktatformen Schleich- und Partnerdiktat (AH Sprache 2, S. 8) und im AH Sprache 3 das Würfel- und das Dosendiktat (AH Sprache 3, S. 8) eingeführt wurden, werden nun die Diktatformen Knick- und Wendediktat vorgestellt und regelmäßig angewendet.

- Einstieg im Plenum – Knickdiktat:
  an Tafel oder in der Kreismitte Sätze notieren, z. B.:
  Zebras gehören zur Familie der Pferde.
  Jedes Tier hat ein eigenes Streifenmuster.
  Die Zebras einer Herde erkennen sich an ihren Streifen. Forscher haben herausgefunden, dass Insekten durch die Streifen abgelenkt werden und deshalb nicht so oft zustechen.
  - einzelne Schritte des Knickdiktates gemeinsam lesen und exemplarisch durchführen
  - nach dieser Vorentlastung in EA oder PA: Knickdiktat des Textes durchführen
  - im Anschluss im Plenum: Austausch über mögliche Schwierigkeiten, z. B. Probleme beim Freilassen der Linien und Knicken der Vorlage (ggf. eine Vorlage mit Text und freien Linien sowie vorgegebenen Faltlinien bereitstellen)
- Einstieg: im Plenum – Wendediktat:
  an Tafel oder in Kreismitte Sätze oder einzelne Wörter notieren (z. B. Textvorschlag zum Knickdiktat)
  - einzelne Schritte des Wendediktates gemeinsam lesen und exemplarisch durchführen
  - nach dieser Vorentlastung in EA oder PA: Wendediktat der Wörter oder Sätze
  - im Anschluss im Plenum: Austausch über mögliche Schwierigkeiten, z. B. Probleme beim Abschreiben (evtl. Hinweis auf Tipps zum Abschreiben AH Sprache 2, S. 7)

Differenzierung

Fördern:
- Knickdiktat:
  - Vorlage mit Wörtern oder Sätzen bereitstellen (liniertes Blatt mit Sätzen, darunter jeweils drei Schreibzeilen freilassen, auch Faltlinie einzeichnen)

Zebratexte üben
So kannst du Sätze oder Texte üben:

Knickdiktat
1. Schreibe die Sätze auf ein liniertes Blatt. Lass dabei immer drei Schreibzeilen frei.
2. Kontrolliere die Sätze mit der Vorlage.

3. Merke dir die erste Zeile.
4. Knicke die erste Zeile nach hinten.
5. Schreibe die Zeile aus dem Gedächtnis auf.

6. Knicke die Zeile zurück. Kontrolliere.
7. Arbeite so mit allen Zeilen.

Wendediktat
1. Schreibe den Text auf ein liniertes Blatt.
2. Kontrolliere den Text mit der Vorlage.

3. Merke dir den ersten Teil.
4. Drehe das Blatt um.
5. Schreibe den Teil aus dem Gedächtnis auf.

6. Drehe das Blatt wieder um. Kontrolliere.
7. Arbeite so mit dem ganzen Text.

- Wendediktat:
  - Vorlage mit Wörtern oder Sätzen auf liniertem Blatt bereitstellen (Vorderseite: Text auf Lineatur; Rückseite: Schreiblinien)
- Alternative für leistungsschwächere Kinder:
  - Text zunächst abschreiben (Tipps zum Abschreiben siehe AH Sprache 2, S. 7)
  - die aus AH 2 und 3 bekannten Diktatformen durchführen: Schleich-, Partner-, Würfel- und Dosendiktat (vgl. AH Sprache 2/3, jeweils S. 8)

Fordern:
- Diktatpartner für leistungsschwächere Kinder sein
- Knick- und Wendediktat: schwierigere Wörter oder Sätze anbieten

Ideen für die Weiterarbeit
- erweiterbare Klassen-Diktatsammlung mit eigenen Zebratexten entwickeln und für PA und GA nutzen:
  - ein Kind schreibt einzelne Sätze oder einen Text für einen Partner
  - Kontrolle der Sätze bzw. des Textes mithilfe der Wörterliste
  - abschließende Kontrolle durch die L
  - in PA oder GA: Text als Knick- oder Wendediktat üben
  - Vergleich mit Vorlage in EA, PA oder mit L

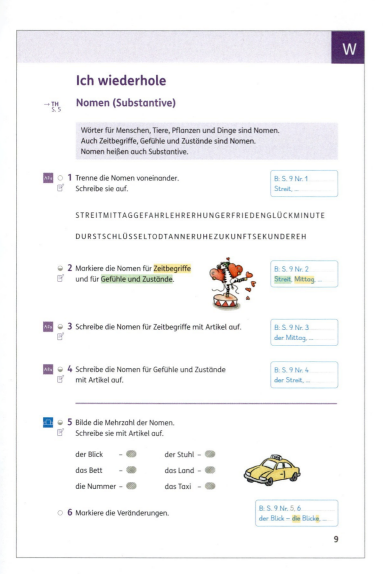

- auch als Bewegungsaufgabe möglich, wenn Körbchen an verschiedenen Orten aufgestellt werden
- zur Festigung und weiteren Übung im Trainingsheft auf S. 5, Aufg. 1–3 durchführen

Differenzierung

Fördern:

- Aufg. 1: für Kinder mit Deutsch als Zweitsprache Begriffe im Vorfeld erklären
- Zeichen vereinbaren, um Artikel (Begleiter) nonverbal mitteilen zu können, z. B. in Anlehnung an das Spiel „Schere – Stein – Papier":
„Stein" (geschlossene Faust) – „der",
„Schere" (Zeigefinger und Mittelfinger bilden Schere) – „die",
„Papier" (flache Hand) – „das"
- Aufg. 3–4: bei Problemen mit der Großschreibung der Nomen die großen Anfangsbuchstaben färben lassen

Hinweis zu Aufg. 5: Kinder mit Deutsch als Zweitsprache müssen die Mehrzahlform bei jedem Nomen lernen, deshalb sollten diese bei Lernwörtern immer mit notiert werden.

Fordern:

- Nomen-Akrostichon zum eigenen Namen erstellen, dabei den Namen senkrecht in Großbuchstaben notieren, zu jedem Buchstaben ein zum Kind passendes Nomen ergänzen

Ideen für die Weiterarbeit

- Spiel „Mensch – Tier – Pflanze – Ding-Gefühl/Gedanke – Zeitbegriff" nach den Regeln von „Stadt – Land – Fluss" spielen
- Gefühle pantomimisch darstellen, erraten, notieren
- Abc-Liste zu Gefühlen/Zuständen: im Klassenraum aufhängen, im Laufe einer Woche von allen Kindern als Gemeinschaftsarbeit ergänzen lassen

Verweise

- Zebra 4 Trainingsheft, S. 5
- Zebra 4 AH Sprache Fördern, S. 8
- Zebra 3 Materialien (Förderkartei, App „Deutsch Klasse 3 mit Zebra")
- Meine Anoki-Übungshefte:
  - Richtig schreiben 4, S. 28–33
  - Richtig schreiben C 4, Fördern und Inklusion, S. 26–30

Seite 9

Lernziele/Kompetenzen

- Nomen (Substantive) als Wörter für Menschen, Tiere, Pflanzen, Dinge, Gefühle und Zustände wiederholen
- Begriff „Artikel" kennen
- Rechtschreibstrategien anwenden: „Groß oder klein?" und „Wortbausteine"
- Mehrzahl von Nomen bilden

Anregungen für den Unterricht

- Einstieg: Schaumstoffwürfel mit Einstecktaschen mit Oberbegriffen versehen: *Mensch, Tier, Pflanze, Ding, Gefühl/Zustand, Zeitbegriff*
  - Kinder würfeln, nennen ein passendes Nomen
  - Vorwissen aktivieren und auf die genannten Wörter anwenden: *Nomen haben Artikel/Begleiter. Nomen können meist in der Einzahl und der Mehrzahl stehen. Nomen schreibt man groß.*
- Merksatz gemeinsam lesen
- Aufg. 1–6: eigenständige Bearbeitung
- Nachbereitung Aufg. 5: Mehrzahlform der Wörter mit der Wörterliste überprüfen
- mit Nomen beschriftete Wortkärtchen in sechs Körbchen sortieren (beschriftet mit: *Mensch, Tier, Pflanze, Ding, Gefühl/Zustand, Zeitbegriff*)

Seite 10

Lernziele/Kompetenzen

- zusammengesetzte Nomen mit und ohne Fugen-s erkennen
- Nomen zusammensetzen
- Rechtschreibstrategien anwenden: „Groß oder klein?" und „Wortbausteine"
- zusammengesetzte Nomen mit Artikel aufschreiben
- zusammengesetzte Nomen als Mittel zur genaueren Beschreibung nutzen

Anregungen für den Unterricht

Hinweis: Zusammengesetzte Nomen spezifizieren einen Begriff (nicht irgendein *Zimmer*, sondern das **Kinder**zimmer).

- Einstieg mit Wortkarten: *Liebling, Essen, Mittag, Zeit, Spiel*
  – Kinder nennen zusammengesetzte Nomen aus den vorgegebenen Wörtern, z. B.: *Lieblingsessen, Mittagessen, Mittagszeit, Spielzeit, Lieblingsspiel*
  – die gebildeten Nomen an der Tafel sortiert notieren (mit Fugen-s, ohne Fugen-s), Fugen-s markieren
- Merksatz gemeinsam lesen und wiederholen, dass sich der Artikel nach dem zweiten Nomen richtet
- Aufg. 1–5: eigenständige Bearbeitung
- Erkenntnis: *Mit zusammengesetzten Nomen kann ich mich genauer ausdrücken.*

Differenzierung

Fördern:

Hinweis zu Aufg. 2–3: Kinder mit Rechtschreibschwierigkeiten üben mit zusammengesetzten Nomen das Silbenschwingen und das Mitsprechen beim Schreiben, um keine Buchstaben zu vergessen.
- Aufg. 4: Wörter und Fugen-s als Wortkarten zum handelnden Ausprobieren/Tun bereithalten
- KV 1/1 verändern: Wörter so wählen, dass jeweils zwei Wörter ein zusammengesetztes Nomen bilden (keine Schlangen legen, stattdessen Paarspiel)

Fordern:

- Zusammensetzungen mit anderen Fugenelementen untersuchen, z. B. *Sonnenblumen*
- Zusammensetzungen mit anderen Wortarten erforschen, z. B.: *Rennpferd, Altstadt*
- Zusammensetzungen aus mehr als zwei Wörtern suchen, z. B. *Fußballplatz*
- Lernpartner für leistungsschwächere Kinder sein

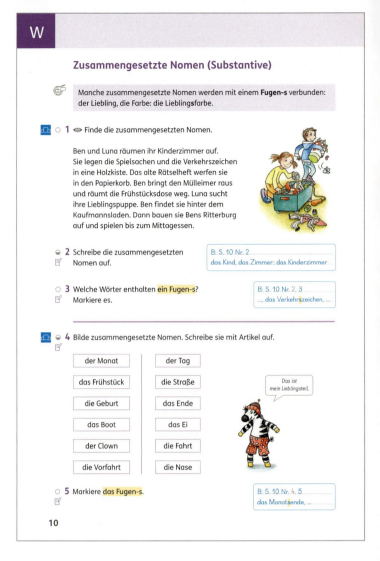

Ideen für die Weiterarbeit

- Nomenschlangen bilden (z. B. mit KV 1/1)
- als HA Zusammensetzungen zu einem geeigneten Nomen finden (z. B.: *Wetter, Vogel*)
- Nomen mit schwieriger Nahtstelle untersuchen (z. B.: *Winterruhe, Schifffahrt, Lieblingsspiel*)
- einen eigenen Text überarbeiten: *An welchen Stellen hilft dir ein zusammengesetztes Nomen, etwas genauer zu beschreiben?*
- Klassen-Bilderrätselkartei: jedes Kind zeichnet ein zusammengesetztes Nomen (z. B. *Brotkorb*: Brot und Korb zeichnen), Rückseite: Lösungswort

Verweise

- Zebra-Erklärfilm „Zusammengesetzte Nomen" (per Code unter Lehrwerk-Online, www.klett.de)
- KV 1 (Zusammengesetzte Nomen/Substantive; veränderbar)
- Zebra 4 AH Sprache Fördern, S. 9
- Zebra 3 Materialien (Förderkartei, App „Deutsch Klasse 3 mit Zebra")
- Meine Anoki-Übungshefte:
  – Richtig schreiben 4, S. 52
  – Deutsch für Profis 4, Fordern, S. 42–43
  – Richtig schreiben C 4, Fördern und Inklusion, S. 49

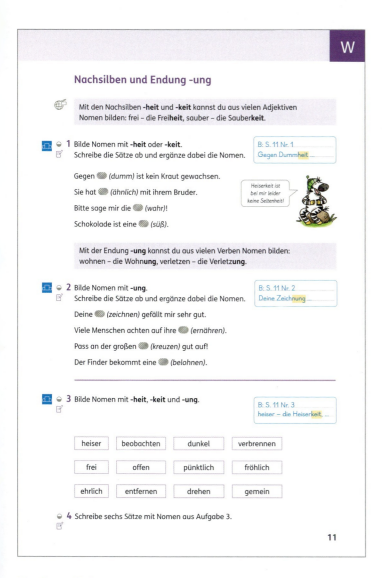

Seite 11

Lernziele/Kompetenzen

- mit den Nachsilben -heit und -keit aus Adjektiven Nomen bilden und verwenden
- mit der Endung -ung aus Verben Nomen bilden und verwenden
- Rechtschreibstrategien anwenden: „Groß oder klein?" und „Wortbausteine"

Anregungen für den Unterricht

Hinweis: Bei der Bildung eines Nomens mit der Endung -ung wird diese an den Wortstamm eines Verbs angehängt (z. B. *herstellen – Herstellung*). Die Silben -heit und -keit bilden Nomen, indem sie an das unflektierte Adjektiv angehängt werden (z. B. *klar – Klarheit*).

- Einstieg: Wortkarten durcheinander bereitstellen: *heizen, impfen, erwarten, gesund, sicher, frei, sauber, ähnlich, flüssig*
  - Kinder sortieren die Wortkarten nach Adjektiven und Verben
  - Impuls: *Aus diesen Wörtern können wir Nomen bilden.*
  - ggf. stummer Impuls: Tabelle mit Spalten „-heit", „-keit" und „-ung"
  - anschließend Wörter einsortieren, die entsprechenden Nomen daneben notieren: heizen – die Heiz**ung**
  - Erkenntnis: *Aus Adjektiven kann man Nomen mit den Nachsilben -heit und -keit bilden, aus Verben mit der Endung -ung.*
  - besprechen, dass die Schreibweise der Wörter sich nur geringfügig ändert, wenn sie zu Nomen werden (Großschreibung, Endung oder Nachsilbe, schwierige Stellen im Wortstamm bleiben erhalten, z. B. *ähnlich – Ähnlichkeit*)
- Aufg. 1–4: eigenständige Bearbeitung

Differenzierung

Fördern:

- Aufg. 2: handelnd Endung des Verbs von Wortkarte mit Schere abschneiden, Stamm mit -ung zusammensetzen, großen Anfangsbuchstaben aufkleben
- Aufg. 3–4: Kinder mit Deutsch als Zweitsprache arbeiten mit muttersprachlichem Partner, um Fehler bei der Zuordnung zu -heit, -keit oder -ung zu vermeiden
  - alternativ: Zuordnung auf kopierter AH-Seite durch Färbung der Wortkarten in Aufg. 3 vorgeben
- KV 2/3 verändern: für Kinder mit Deutsch als Zweitsprache Wörter über der passenden Nachsilbe bzw. Endung anordnen

Fordern:

- in der Wörterliste weitere Verben und Adjektive suchen, die mit -ung, -heit oder -keit zu Nomen werden
- KV 2/1–2 verändern: Aufg. verbinden, Sätze zu -heit, -keit und -ung vermischt anordnen, weitere Sätze ergänzen

Ideen für die Weiterarbeit

- Würfelspiel erstellen: würfeln, von Verb bzw. Adjektiv im Zielfeld zum passenden Nomen hüpfen

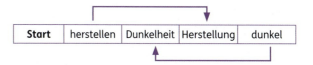

Verweise

- Zebra-Erklärfilm „Nomen – Nachsilben" (per Code unter Lehrwerk-Online, www.klett.de)
- KV 2 (Nachsilben und Endungen; veränderbar)
- Zebra 4 AH Sprache Fördern, S. 10
- Zebra 3 Materialien (Förderkartei, App „Deutsch Klasse 3 mit Zebra")
- Meine Anoki-Übungshefte:
  - Richtig schreiben 4, S. 56–57
  - Richtig schreiben C 4, Fördern und Inklusion, S. 51
  - Grammatik üben 4, S. 30–31

Seite 12

Lernziele/Kompetenzen
- Pronomen erkennen
- Nomen und Wortgruppen passenden Pronomen zuordnen
- Nomen und Wortgruppen durch passende Pronomen ersetzen
- Pronomen als Mittel zur abwechslungsreichen Textgestaltung verwenden
- Rechtschreibstrategie anwenden: „Groß oder klein?"

Anregungen für den Unterricht
- um das Vermeiden von Wiederholungen zu verdeutlichen, Einstieg über folgenden kurzen Text als stummen Impuls:

  Tim geht jeden Tag zum Fußballtraining.
  Tim spielt schon seit vier Jahren im Verein.
  Tim möchte später einmal Fußballprofi werden.

  – Kinder bemerken die Wiederholung und ersetzen „Tim" durch „er"
  Hinweis: Falls die Kinder die Wiederholung durch Umstellen vermeiden wollen, sollte diese Idee gewürdigt und anschließend darauf hingewiesen werden, dass auch durch den Austausch eines Wortes die Wiederholung vermieden werden kann.
  – in weiteren Sätzen die unterstrichenen Wörter durch Pronomen ersetzen:

  Tims beste Freundin heißt Lisa. Seine beste Freundin Lisa spielt auch Fußball.
  Endlich beginnt das Spiel. Das Spiel ist spannend.
  Tom und Lisa passen sich den Ball zu. Tom und Lisa sind ein gutes Team.

- auf den Unterschied von „sie" in der Einzahl und „sie" in der Mehrzahl aufmerksam machen
- Merksatz gemeinsam lesen
- Aufg. 1–5: eigenständige Bearbeitung (Sätze verbinden und im Heft notieren, Pronomen markieren; Nomen durch Pronomen ersetzen; passende Pronomen einsetzen)
- zur Festigung und weiteren Übung im Trainingsheft auf S. 5, Aufg. 4 durchführen

Differenzierung
Fördern:
- Aufg. 5: die passenden Pronomen zur Auswahl vorgeben
- ggf. mit L/Lernpartner arbeiten
- auf Gegenstände oder Personen im Klassenraum zeigen, Kind nennt das entsprechende Pronomen

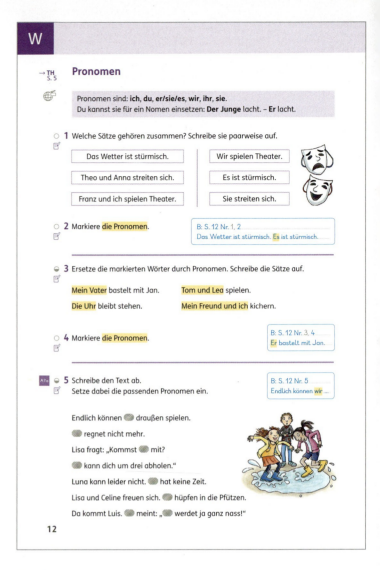

Fordern:
- eigene Sätze analog zu Aufg. 1 schreiben
- bei der Überarbeitung eigener Texte Pronomen für einen abwechslungsreichen Schreibstil nutzen, dabei auf einen eindeutigen Bezug von Nomen und Pronomen achten

Ideen für die Weiterarbeit
- mündlich kleine Rätsel formulieren, z. B.:
  Sie ist groß. Sie ist grün. (Tafel)
  Sie stehen im Regal. Wir ziehen sie an, wenn wir nach draußen gehen. (Schuhe)

Verweise
- Zebra-Erklärfilm „Pronomen"
  (per Code unter Lehrwerk-Online, www.klett.de)
- Zebra 4 Trainingsheft, S. 5
- Zebra 4 AH Sprache Fördern, S. 11
- Zebra 3 Materialien (Förderkartei, App „Deutsch Klasse 3 mit Zebra")
- Meine Anoki-Übungshefte, Richtig schreiben 4, S. 4–5

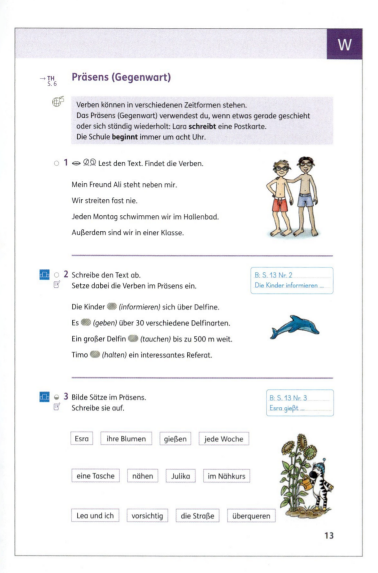

Seite 13

Lernziele/Kompetenzen

- Zeitform „Präsens" (Gegenwart) wiederholen
- Verben im Präsens im Satz erkennen
- Rechtschreibstrategien anwenden: „Groß oder klein?" und „Wortbausteine"
- die richtige Personalform in Sätze einsetzen
- Sätze mit Verben im Präsens bilden

Anregungen für den Unterricht

Hinweis: Das Präsens ist die im Deutschen am häufigsten verwendete Zeitform. Sie beschreibt, was gerade passiert (*ich schreibe*) oder sich ständig wiederholt (*Am Morgen geht die Sonne auf*). Das Präsens kann in Verbindung mit einer Zeitangabe auch für Zukünftiges stehen: *Morgen schreiben wir einen Mathe-Test.*

- Einstieg über folgende Sätze (anschreiben oder projizieren):

  Johanna isst ihren Apfel. Mia und Max unterhalten sich. Nils läuft auf Stelzen. Wir spielen Verstecken. Ich suche. Spielst du mit? Leider dauert die Pause immer nur 15 Minuten.

- Kinder unterstreichen die Verben
- auf Funktion der Verben eingehen: geben an, was jemand tut oder was geschieht
- anhand der Beispiele aus den Sätzen die Personalformen und Flexionsendungen im Präsens wiederholen
- überlegen, was gerade passiert (*Johanna isst*) oder sich ständig wiederholt (*die Pause dauert*)
- über die verschiedenen Zeitformen von Verben sprechen; ggf. über Impuls: *Was machten die Kinder gestern in der Pause?*
- Merksatz gemeinsam lesen
- Aufg. 1–3: eigenständige Bearbeitung (Verben finden, Text abschreiben, Verben im Präsens einsetzen, Sätze im Präsens bilden und notieren)
- zur Festigung und weiteren Übung Aufgaben im Trainingsheft auf S. 6 durchführen

Differenzierung

Fördern:

- einen Würfel mit den Personalformen, einen mit sechs verschiedenen Verben beschriften, würfeln und die entsprechende Personalform bilden

Fordern:

- Aufg. 2: eigene kleine Sachtexte zu verschiedenen Tieren aufschreiben
- zur heutigen Pause oder zum heutigen Tag Sätze im Präsens aufschreiben

Ideen für die Weiterarbeit

- Wegweiser für das Klassenzimmer basteln, im Verlauf der Wiederholung „Präteritum" und „Perfekt" ergänzen, später bei der Bearbeitung des Kapitels „Verben" das „Futur" hinzufügen:

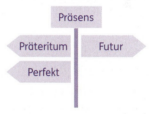

Verweise

- Zebra-Erklärfilm „Präsens" (per Code unter Lehrwerk-Online, www.klett.de)
- Zebra 4 Trainingsheft, S. 6
- Zebra 4 AH Sprache Fördern, S. 12
- Zebra 3 Materialien (Förderkartei, App „Deutsch Klasse 3 mit Zebra")
- Meine Anoki-Übungshefte:
  - Richtig schreiben 4, S. 50–51
  - Grammatik üben 4: S. 14–15, 18
  - Richtig schreiben C 4, Fördern und Inklusion, S. 45–48

Seite 14

Lernziele/Kompetenzen

- Zeitform „Präteritum" (einfache Vergangenheit) wiederholen
- Verben im Präteritum im Satz erkennen
- Rechtschreibstrategien anwenden: „Groß oder klein?" und „Nachschlagen"
- die Präteritumform starker Verben der Grundform zuordnen
- Verben im Präteritum in Sätze einsetzen
- die Wörterliste als Kontrollmöglichkeit nutzen (Präteritumformen)

Anregungen für den Unterricht

Hinweis: Das Präteritum wird meist beim Schreiben verwendet, das Perfekt hauptsächlich im mündlichen Sprachgebrauch. Die Trennung ist nicht strikt, jedoch sollte in Aufsätzen durchgängig im Präteritum geschrieben werden, um dessen Verwendung einzuüben und die schwierigen Formen zu verinnerlichen.

- Einstieg über Text (projizieren):

  Bastians Weg zum Fußballprofi
  Bastian begann bereits im Alter von vier Jahren mit dem Fußballspielen. Sein Vater übte jeden Tag mit ihm. Bald wurde Bastian Mitglied in einem Fußballverein. Er trainierte sehr hart. Einige Jahre später entdeckte ihn der Nachwuchstrainer eines Bundesligavereins. Bastian wechselte dorthin. Mit 17 Jahren unterschrieb er seinen ersten Vertrag.

  – Kinder unterstreichen die Verben
  – Verben in regelmäßige und unregelmäßige Verben sortiert herausschreiben
  – die Bildung der regelmäßigen Präteritumformen wiederholen
  – gemeinsam die unregelmäßigen Präteritumformen im Wörterbuch bei der Grundform nachschlagen

- Aufg. 1: eigenständige Bearbeitung, ggf. zur Vertiefung die Wortpaare aufschreiben lassen (*ich vergesse – ich vergaß*)
- Nachbereitung Aufg. 2: mit den Verben im Präteritum Sätze schreiben
- Aufg. 3–4: eigenständige Bearbeitung, ggf. die Seitenzahl aus der Wörterliste notieren lassen, damit alle Kinder wirklich nachschlagen, ggf. in PA
- zur Festigung und weiteren Übung Aufgaben im Trainingsheft auf S. 6 durchführen

Differenzierung

Fördern:

- Präteritumformen fortlaufend wiederholen (Paarspiele, Würfelspiele), dabei insbesondere Wörter berücksichtigen, die Kinder in Aufsätzen häufig verwenden (z. B. Verben aus den Wortfeldern „sprechen" und „gehen")

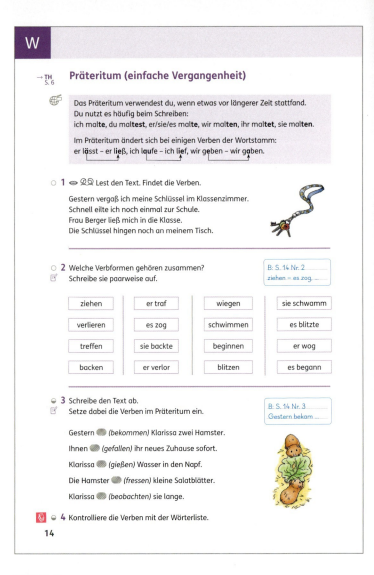

Fordern:

- Erlebniserzählung im Präteritum schreiben
- bei der Überarbeitung von Texten Lernpartner für leistungsschwächere Kinder sein

Ideen für die Weiterarbeit

- Wegweiser im Klassenzimmer ergänzen (vgl. LHB, S. 29)
- Präteritum-Trainer basteln: häufige unregelmäßige Verben in Tabelle eintragen, an der Mittellinie falten, zusammenkleben, Schieber mit Guckloch vorne und hinten basteln, in PA üben (Kind mit Präsens-Seite nennt die Präteritumform, das andere Kind kontrolliert)

Verweise

- Zebra-Erklärfilm „Präteritum" (per Code unter Lehrwerk-Online, www.klett.de)
- Zebra 4 Trainingsheft, S. 6
- Zebra 4 AH Sprache Fördern, S. 13
- Zebra 3 Materialien (Förderkartei, App „Deutsch Klasse 3 mit Zebra")
- Meine Anoki-Übungshefte:
  – Grammatik üben 4: S. 14, 16
  – Richtig schreiben 4, S. 51

Seite 15

Lernziele/Kompetenzen

- Zeitform „Perfekt" (zusammengesetzte Vergangenheit) wiederholen
- Verben im Perfekt im Satz erkennen
- Rechtschreibstrategien anwenden: „Groß oder klein?" und „Nachschlagen"
- Verben im Perfekt in Sätze einsetzen
- das Perfekt von Verben bilden
- die Wörterliste als Kontrollmöglichkeit nutzen (Perfektformen)
- Verben im Perfekt beim mündlichen Erzählen verwenden

Anregungen für den Unterricht

Hinweis: Das Perfekt ist vielen Kindern aus ihrem Alltag vertrauter als das Präteritum. Es wird gebildet aus einer konjugierten Form der Hilfsverben *haben* oder *sein* im Präsens und dem Partizip 2 eines Vollverbs (daher „zusammengesetzte Vergangenheit").

- Rahmenthema „Fußball" als Hörspiel oder durch zwei gute Leser (Requisite: Mikrofon) aufgreifen:

  Reporter: Bastian, wie haben Sie die letzten Spielminuten erlebt?
  Bastian: Für mich ist es sehr spannend gewesen. Immerhin haben wir mit 1:0 geführt. Leider hat es dann dieses unglückliche Foul im Strafraum gegeben. Zu Recht hat der Schiedsrichter auf Elfmeter entschieden. Zum Glück hat der gegnerische Spieler den Ball nicht richtig getroffen und dieser ist über das Tor geflogen. Von da an habe ich nur noch auf den Schlusspfiff gewartet.

- Austausch zum Textinhalt, anschließend Text in Sprechblasen präsentieren (Mündlichkeit betonen)
- Kinder unterstreichen die Verben, dabei die Zweiteiligkeit der Perfektform besprechen
- einige Perfektformen in der Wörterliste nachschlagen (Routine beim Nachschlagen bei der Grundform erlangen)
- Verwendung des Perfekts bei mündlichen Erzählungen betonen
- alternativer Einstieg über eine reale Erzählsituation, z. B. vom Wochenende: einige Sätze der Kinder in Sprechblasen notieren, dann analog wie oben
- Merksatz gemeinsam lesen
- Aufg. 1–2; 4: eigenständige Bearbeitung
- Aufg. 3: ggf. Seitenzahlen aus der Wörterliste notieren lassen
- Aufg. 5: darauf hinweisen, dass das Perfekt hier ausnahmsweise beim Schreiben verwendet wird

Differenzierung

Fördern:

- Trimino spielen: immer drei zusammengehörige Karten müssen aufgedeckt werden
- Verben in „Verben der Bewegung" (Perfekt mit *sein*) und „andere Verben" sortieren
- KV 3/3 verändern: Text als reinen Lückentext für das Perfekt anbieten

Fordern:

- KV 3/4 verändern: *Schreibe den Text nun im Präteritum auf.*

Ideen für die Weiterarbeit

- Kinder-Interviews zu einem vergangenen Erlebnis, ggf. als Tonaufnahme (zur Kontrolle der Zeitform)
- Wegweiser im Klassenzimmer ergänzen (vgl. LHB, S. 29)

Verweise

- Zebra-Erklärfilm „Perfekt" (per Code unter Lehrwerk-Online, www.klett.de)
- Zebra 4 Trainingsheft, S. 6
- KV 3 (Perfekt – zusammengesetzte Vergangenheit; veränderbar)
- Zebra 4 AH Sprache Fördern, S. 14
- Zebra 3 Materialien (Förderkartei, App „Deutsch Klasse 3 mit Zebra")
- Meine Anoki-Übungshefte:
  - Grammatik üben 4: S. 15, 17
  - Richtig schreiben 4: S. 18, 21, 51

Seite 16

Lernziele/Kompetenzen

- Bedeutungsveränderung von Verben durch Vorsilben erkennen
- Rechtschreibstrategie anwenden: „Wortbausteine"
- Verben mit passenden Vorsilben zusammensetzen
- Verben mit Vorsilben (trennbare und untrennbare Verben) in Sätzen verwenden

Anregungen für den Unterricht

Hinweis: Es ist wichtig, dass die Kinder die alleinstehende Vorsilbe im Satz als Teil des Verbs erkennen, um später bei der Behandlung der Satzglieder zweiteilige Prädikate zuverlässig bestimmen zu können.

- Einstieg: je eine Vorsilbe groß auf ein DIN-A4-Blatt schreiben (z. B.: *ab-, an-, auf-, aus-, ein-, mit-, weg-, vor-, ver-, be-, zer-, hin-, unter-*), Blätter im Raum verteilen
  - Kinder schleichen durch den Raum und ergänzen auf dem Blatt passende Verben (z. B. *abschließen* bei *ab-*)
- Unterrichtsgespräch ausgehend von der entstandenen Sammlung, Wiederholung folgender Aspekte:
  - Verben mit Vorsilben werden klein und zusammengeschrieben
  - schwierige Nahtstellen (z. B. *zerreißen*)
  - nur manche Vorsilben können vom Verb getrennt stehen (z. B. vorlesen: *Ich lese den Text vor.* Aber: *Ich verlese mich.*)
  - Vorsilbe ändert die Bedeutung des Verbs
  - Stammprinzip für die Rechtschreibung nutzen: schwierige Stelle im Wortstamm bleibt in den Zusammensetzungen erhalten (z. B. s*ä*gen – abs*ä*gen)
- Aufg. 1– 4: eigenständige Bearbeitung

Differenzierung

Fördern:

- Aufg. 1: Kinder mit Deutsch als Zweitsprache klären die Bedeutung der Verben mit L/Lernpartner (Voraussetzung für Bearbeitung der Aufg. 2)
- KV 4/1 verändern: nur passende Vorsilben anbieten
- Sprachförderung: Wortschatzarbeit analog zu Aufg. 1 und 2 zu verschiedenen häufigen Verben erstellen (z. B.: *fahren, nehmen, geben, gehen*)

Fordern:

- KV 4/5 verändern: zu Verb mit Vorsilbe eigenen Satz schreiben, in dem die Vorsilbe vom Verb getrennt steht
- Lernpartner für Kinder mit Deutsch als Zweitsprache sein

Ideen für die Weiterarbeit

- Ball-Vorsilben-Spiel: einfarbigen Wasserball mit wasserfestem Stift mit möglichst vielen Vorsilben beschriften, Ball zuwerfen, mit Vorsilbe, die oben zu lesen ist, ein Verb mit Vorsilbe bilden
- Freiarbeitsmaterial: Verbschieber, Drehscheibe, Vorsilben-Kreisel

Verweise

- Zebra-Erklärfilm „Vorsilben"
  (per Code unter Lehrwerk-Online, www.klett.de)
- KV 4 (Verben mit Vorsilben, veränderbar)
- Zebra 4 AH Sprache Fördern, S. 15
- Zebra 3 Materialien (Förderkartei, App „Deutsch Klasse 3 mit Zebra")
- Meine Anoki-Übungshefte:
  - Richtig schreiben 4, S. 60–61
  - Grammatik üben 4, S. 34–35

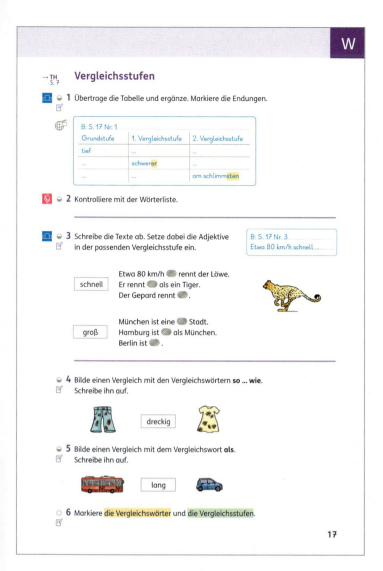

- Aufg. 1–6: eigenständige Bearbeitung
- Aufg. 2: ggf. Seitenzahl aus der Wörterliste notieren lassen
- Nachbereitung Aufg. 3: eigene Beispiele schreiben
- zur Festigung und weiteren Übung Aufgaben im Trainingsheft auf S. 7 durchführen

Differenzierung

Fördern:

- KV 5 verändern: nur Adjektive mit regelmäßig gebildeten Vergleichsstufen verwenden, Anzahl reduzieren

Fordern:

- in der Wörterliste nach Adjektiven suchen, die keine Vergleichsstufen bilden (z. B. *blind*)
- KV 5 verändern: *gern – lieber – am liebsten* einfügen

Ideen für die Weiterarbeit

- Adjektiv-Abc erstellen (ggf. mithilfe der Wörterliste oder eines Wörterbuchs): *alt – älter – am ältesten, bitter – bitterer – am bittersten, chaotisch …*
- zwei Tier-Figuren aus einem Säckchen ziehen, passenden Vergleich aufschreiben, z. B.:
  Das Pferd ist kräftiger als der Esel.
- für die Freiarbeit Satzstreifen erstellen, z. B.:

  | _____ ist stärker als _____. |

  | _____ ist so lang wie _____. |

- in PA entsprechende Vergleiche bilden
- aus dem Guinnessbuch der Rekorde Bestleistungen wählen und herausschreiben
- Literatur-Tipp:
  Guinness World Records 2020: Deutschsprachige Ausgabe
  ISBN: 9783473554676

Verweise

- Zebra 4 Trainingsheft, S. 7
- Zebra-Erklärfilm „Vergleichsstufen"
  (per Code unter Lehrwerk-Online, www.klett.de)
- KV 5 (Vergleichsstufen – Merkspiel; veränderbar)
- Zebra 4 AH Sprache Fördern, S. 16
- Zebra 3 Materialien (Förderkartei, App „Deutsch Klasse 3 mit Zebra")
- Meine Anoki-Übungshefte:
  – Richtig schreiben 4, S. 68
  – Grammatik üben 4, S. 20–23

Seite 17

Lernziele/Kompetenzen

- Vergleichsstufen von Adjektiven wiederholen
- Rechtschreibstrategien anwenden: „Wortbausteine" und „Nachschlagen"
- Vergleiche mit den Vergleichswörtern „so … wie" und „als" bilden
- die Wörterliste als Kontrollmöglichkeit nutzen (Vergleichsstufen)

Anregungen für den Unterricht

- Einstieg: Wortkarten mit Adjektiven und ihren Vergleichsstufen erstellen; bei der Auswahl darauf achten, dass damit später Vergleiche mit Kindern der Kl gebildet werden sollen (z. B.: *groß, klein, lang, alt, jung, schnell*)
  – Wortkarten an die Kinder verteilen
  – Kinder ordnen die Adjektive an der Tafel in eine Tabelle mit den Spalten „Grundstufe", „1. Vergleichsstufe" und „2. Vergleichsstufe" ein
  – Endungen markieren
  – das Nachschlagen der Adjektive bei der Grundform thematisieren
  – Vergleiche mit den Wörtern bilden:
  *Joel ist älter **als** Anton.*
  Sina ist am kleinsten.
  *Millas Haare sind **so** lang **wie** Zoes Haare.*

Seite 18

Lernziele/Kompetenzen

- Adjektivbildung durch das Anhängen der Endungen -ig und -lich an Nomen wiederholen
- Adjektive mit den Endungen -ig und -lich in Sätzen verwenden
- Rechtschreibstrategie anwenden: „Wortbausteine"

Anregungen für den Unterricht

Hinweis: Durch die Aussprache sind -ig und -lich nur schwer zu unterscheiden. Hier hilft die Strategie „Weiterschwingen", z. B.: *der fleißige Rechner*.

- Einstieg mit Wortkarten: *Mut, mutig, Ruhe, ruhig, Angst, ängstlich, Ende, endlich, Fleiß, fleißig*
  - nach Wortarten sortieren
  - Wortbildung besprechen: *Wie wurden aus den Nomen Adjektive?*
  - Rechtschreibstrategie „Wortbausteine" besprechen: schwierige Stellen im Wortstamm bleiben erhalten (*fleißig, ruhig, endlich*)
  - „Trick" zum Finden der richtigen Endung besprechen: Strategie „Weiterschwingen" (z. B.: *die mutige Prinzessin, der ängstliche Drache*)
  - bei leistungsschwächeren Lerngruppen für den Einstieg das Wortmaterial aus Aufg. 1 verwenden
- Aufg. 1–2: eigenständige Bearbeitung
- Nachbereitung Aufg. 2: einige Wortgruppen aus den Sätzen der Kinder herausschreiben, auf die Kleinschreibung des Adjektivs hinweisen, z. B.:

Der Nachbar schimpft.

Das Adjektiv drängt zwischen Artikel und Nomen!
  - die Kinder kontrollieren daraufhin noch einmal ihre Sätze und unterstreichen die Adjektive grün und die Nomen blau
- Aufg. 3–4: als HA möglich
- zur Festigung und weiteren Übung Aufgaben im Trainingsheft auf S. 7 durchführen

Differenzierung

Fördern:

- Lernkartei für Kinder mit Deutsch als Zweitsprache anlegen (Vorderseite: Nomen, Rückseite: Adjektiv mit -ig bzw. -lich)
- KV 6/1 verändern: anstelle des Suchsels Wortkarten mit den Nomen und den passenden Adjektiven zum Zu- und Einordnen (Aufg. 2) anbieten, z. B.: SALZIG SALZ

Fordern:

- Aufg. 4: mithilfe der Wörterliste weitere Wortpaare finden und notieren
- KV 6/1–2 verändern: Suchsel auf ganze Seitenbreite erweitern, weitere Adjektive verstecken

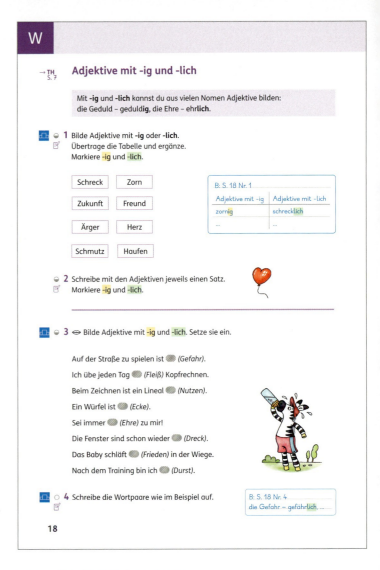

Ideen für die Weiterarbeit

- Spiel „Fliegenklatschen" für zwei Kinder und Spielleiter:
  - zwei DIN-A4-Blätter, beschriftet mit -ig und -lich, auf den Tisch legen
  - beide Spieler erhalten je eine Fliegenklatsche
  - Spielleiter zeigt eine Wortkarte mit einem Nomen, das mit -ig oder -lich in ein Adjektiv verwandelt werden kann, z. B. *Sonne*.
  - Spieler klatschen so schnell wie möglich auf die passende Endung
  - der schnellere Spieler erhält die Wortkarte

Verweise

- Zebra 4 Trainingsheft, S. 7
- KV 6 (Adjektive mit -ig, -lich und un-; veränderbar)
- Zebra 4 AH Sprache Fördern, S. 17
- Zebra Materialien (Förderkartei, App „Deutsch Klasse 3 mit Zebra")
- Meine Anoki-Übungshefte, Richtig schreiben 3, S. 56–57

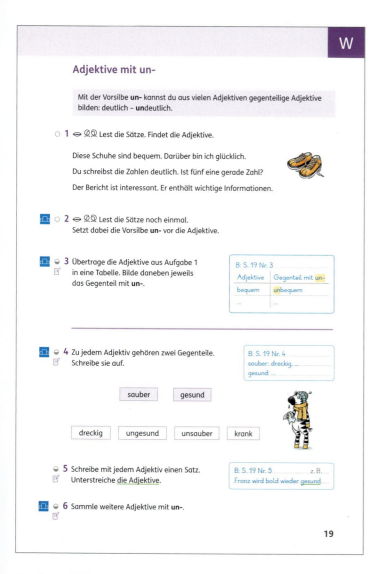

Seite 19

Lernziele/Kompetenzen

- Adjektive in Sätzen erkennen
- gegenteilige Adjektive durch das Voranstellen der Vorsilbe un- bilden
- die Bedeutung von Sätzen durch die Verwendung der Vorsilbe un- ins Gegenteil ändern
- Rechtschreibstrategie anwenden: „Wortbausteine"
- Erkenntnis nutzen, dass zu manchen Adjektiven zwei gegenteilige Adjektive mit unterschiedlicher Bedeutung existieren

Anregungen für den Unterricht

- Einstieg mit folgendem Text an der Tafel:

   Michi ist [ ] glücklich. Sie geht [ ] gern zum Basketballtraining. Ihr Trainer verbessert die Mannschaft [ ] freundlich. Deshalb ist er bei den Kindern [ ] beliebt. Fast alle Kinder spielen [ ] fair.

   – Kinder lesen den Text vor, kurzes Gespräch über den Inhalt
   – stummer Impuls: Wortkarte un- vor *glücklich* hängen, Kinder ergänzen un- in den anderen Lücken
   – herausarbeiten, dass mit der Vorsilbe un- von manchen Adjektiven das Gegenteil gebildet werden kann
- Merksatz gemeinsam lesen

- Aufg. 1–3: eigenständige Bearbeitung in PA, Partner lesen im Wechsel
- Vorbereitung Aufg. 4: Wortkarten *unscharf, scharf, mild* an die Tafel hängen
   – Sätze vorgeben:
     Das Essen ist scharf. Das Foto ist scharf.
   – gemeinsam gegenteilige Aussagen bilden:
     Das Essen ist mild. Das Foto ist unscharf.
   – Erkenntnis: *Von manchen Adjektiven können zwei Gegenteile gebildet werden, die sich in ihrer Bedeutung unterscheiden.*
- Aufg. 6: ggf. mithilfe der Wörterliste oder einem Wörterbuch bearbeiten

Differenzierung

Fördern:

- Aufg. 1–6: mit Lernpartner arbeiten
- Aufg. 6: Auswahl an Adjektiven bereitstellen

Fordern:

- Aufg. 1–3: Lernpartner für leistungsschwächere Kinder sein
- Aufg. 3: Sätze mit den Adjektiven mit un- bilden
- Aufg. 6: Sätze mit den gefundenen Adjektiven schreiben
- KV 6/3 verändern: *Schreibe Sätze mit den Gegenteilpaaren.* (Arbeitsauftrag ergänzen)

Verweise

- KV 6 (Adjektive mit -ig, -lich und un-; veränderbar)
- Zebra 3 Materialien (Förderkartei, App „Deutsch Klasse 3 mit Zebra")

Seite 20

Lernziele und Kompetenzen
- Begriffe „Wortfamilie" und „Wortstamm" wiederholen
- Wörter einer Wortfamilie zuordnen
- Rechtschreibstrategie anwenden: „Wortbausteine"
- Wörter nach Wortarten ordnen
- Wortstämme in Wörtern finden und markieren
- Wörter von Wortfamilien passend verwenden

Anregungen für den Unterricht

Hinweis: Die Begriffe „Wortfamilie" und „Wortstamm" sind den Kindern aus dem AH Sprache 2 und 3 bekannt, sollten aber wiederholt werden, da sie elementare grammatikalische Fachbegriffe und auch wichtig für die eigene Textproduktion der Kinder sind. Wortstamm und Wortfamilien beruhen auf dem morphologischen Prinzip: Ein gemeinsamer Wortstamm wird mit einem oder mehreren voran- bzw. nachgestellten Wortbausteinen kombiniert. Es entstehen neue Wörter, die verschiedenen Wortarten angehören können. Für die Kinder ist diese Art der Wortbildung eine Chance zur Wortschatzerweiterung. Neben dem Bilden eigener Begriffe sind sie auch in der Lage, unbekannte und/oder schwierige Wörter, die ihnen begegnen, aufgrund ihres Wortstamms und der angehängten Wortbausteine zu verstehen und richtig zu schreiben.
- Einstieg: Wiederholung, Merkplakat erstellen

> **Wortfamilie**: Gruppe von Wörtern mit dem gleichen Wortstamm
> **Wortstamm**: gleicher oder ähnlicher Teil von Wörtern einer Wortfamilie
> **Beispiel Wortfamilie**: fahren
> Fahrrad, fahren, er fährt, abfahren, Vorfahrt
> **Beispiel Wortstamm**: fahr/fähr

- Vorentlastung für Aufg. 1–4 im Kreis oder an Tafel:
  - Wortkarten den Wortfamilien „fahren" und „laufen" zuordnen, auch „Störer" (Wörter aus anderen Wortfamilien) identifizieren, z. B.: Fahrrad, fahren, er fährt, abfahren, Vorfahrt, fahrbereit (Auto, sie fängt); Laufrad, Läuferin, sie läuft, verlaufen, vorläufig (Laub, er geht)
  - nach Zuordnung und Identifikation der Störer: Wortstämme „fahr" bzw. „fähr" und „lauf" bzw. „läuf" umrahmen
  - den drei Wortarten zuordnen
- Aufg. 1–4: nach Vorentlastung in EA oder PA
- Vorbereitung Aufg. 5: Wörter an Tafel notieren, in einer Wortfamilie Wortstämme markieren
- Aufg. 5–6: in EA oder als HA möglich
  - im Plenum: Ergebnisse vergleichen

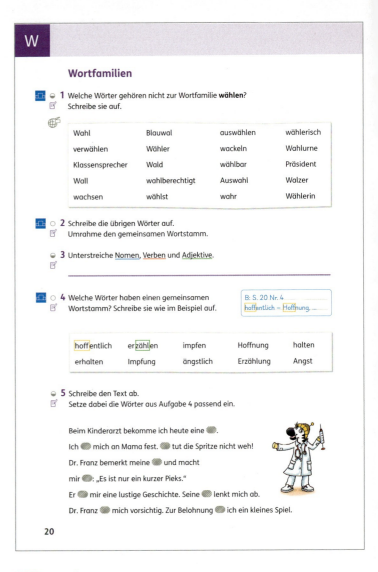

Differenzierung

Fördern:
- Merkzettel „Wortfamilie" und „Wortstamm" erstellen
- erweiterbare Wörtersammlung von Wortfamilien anlegen
- KV 7 verändern: Wortstämme markieren

Fordern:
- Partnerwettspiel: *Wer notiert die meisten Wörter einer bestimmten Wortfamilie?*
- KV 7 verändern: Wörter löschen, eigene Wörter zur Wortfamilie ergänzen

Ideen für die Weiterarbeit
- Kunst: Wortfamilien-Quartette herstellen

Verweise
- Zebra-Erklärfilm „Wortbausteine" (per Code unter Lehrwerk-Online, www.klett.de)
- KV 7 (Wortfamilien – Quartett; veränderbar)
- Zebra 4 AH Sprache Fördern, S. 18
- Meine Anoki-Übungshefte, Richtig schreiben 3, S. 42–48

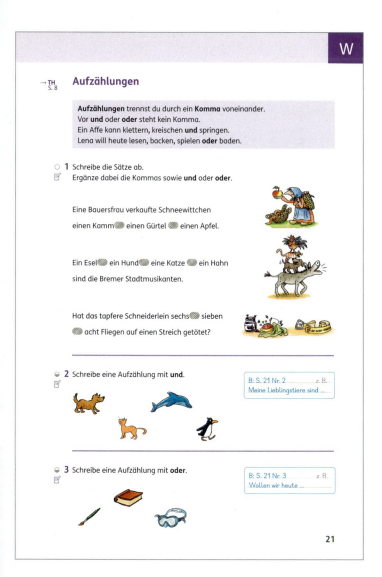

Seite 21

Lernziele/Kompetenzen

- Regeln der Zeichensetzung bei Aufzählungen wiederholen und anwenden
- Aufzählungen mit „und" und „oder" schreiben und Kommas setzen

Anregungen für den Unterricht

Hinweis Es gibt im Lehrplan der Grundschule nur wenige Regeln der Zeichensetzung. Dazu gehören die Satzzeichen am Satzende sowie die Kommas bei Aufzählungen und die auf der nächsten AH-Seite thematisierten Zeichen der wörtlichen Rede. Die Kommasetzung bei Aufzählungen wird auf dieser AH-Seite behandelt. Dass Kinder die Kommas häufig nicht setzen, kann auch an der Tatsache liegen, dass die Zeichen aufgrund ihrer geringen Größe von den Kindern als nicht so wichtig eingestuft werden. Sie gehören jedoch genauso zu einem richtig geschriebenen Text wie die Wörter und strukturieren diesen für die Leser. Deshalb sollte die L die Kinder auf Fehler konsequent aufmerksam machen.

- Einstieg im Kreis mit Spiel „Ich kaufe ...": Kataloge/Werbematerial liegen im Kreis, Kinder wählen drei Dinge aus und bilden dazu eine Aufzählung mit *und* (*Ich kaufe ____ ____ und ____.*)
  - L notiert Satz ohne Kommas an Tafel oder auf Plakat, danach Merksatz gemeinsam lesen
  - anschließend fehlende Satzzeichen ergänzen, Kommas und das Wort *und* markieren
  - abschließend: Aufzählung mit *oder* umformulieren, notieren und Kommas und das Wort *oder* markieren
- Vorbereitung Aufg. 1: zur Vorentlastung Sätze gemeinsam lesen
  - Impuls: *Welche Sätze werden mit „und" bzw. „oder" gebildet?*
- Aufg. 1: Bearbeitung in EA oder PA
  Hinweis zu Aufg. 2–3 in EA oder als HA: Die Kommas und die Wörter *und* bzw. *oder* sollten markiert werden.
- Aufg. 2: Tiere in Einzahl oder Mehrzahl notieren (*Meine Lieblingstiere sind Hunde, Katzen ... Meine Lieblingstiere sind Hund, Katze ...*)
- zur Festigung und weiteren Übung im Trainingsheft auf S. 8, Aufg. 1–2 durchführen

Differenzierung

Fördern:

- Aufg. 2–3: Kinder erhalten Wortmaterial zur Niederschrift der Aufzählungen (Aufg. 2: *Hund/e, Katze/n, Delfin/e und Pinguin/e*; Aufg. 3: *malen, lesen, schwimmen*)
- PA/Lerntandem: ein Kind nennt Aufzählung, das andere Kind notiert den Satz

Fordern:

- Lernpartner für leistungsschwächere Kinder sein
- eigene Aufzählungen bilden, z. B.:
  Am Wochenende werde ich ...
  Bekannte Persönlichkeiten sind ...
  Meine Freunde sind ...
  Ich esse gerne ...

Ideen für die Weiterarbeit

- Kreisspiel „Ich packe meinen Koffer":
  - Kinder nennen Dinge, die sie in ihren Koffer packen
  - zuerst die „eingepackten Dinge" der Vorgänger aufzählen, dann ein eigenes ergänzen
  - im Anschluss: einige Beispielsätze notieren und Kommas und das Wort *und* markieren

Verweise

- Zebra 4 Trainingsheft, S. 8
- Zebra 4 AH Sprache Fördern, S. 19
- Zebra 3 Materialien (Förderkartei, App „Deutsch Klasse 3 mit Zebra")

Seite 22

Lernziele/Kompetenzen

- Regeln der Zeichensetzung der wörtlichen Rede wiederholen und anwenden
- Begriffe „Begleitsatz", „wörtliche Rede" und „Redezeichen" wiederholen und anwenden
- passende Verben in Begleitsätze einsetzen
- Begleitsatz, wörtliche Rede und Redezeichen markieren
- Doppelpunkte und Redezeichen in Sätzen ergänzen
- Sätze mit wörtlicher Rede notieren

Anregungen für den Unterricht

Hinweis: Die Zeichensetzung der wörtlichen Rede ist ein weiteres Lernziel für den Deutschunterricht der Grundschule. Da die Regeln der Zeichensetzung bei wörtlicher Rede sehr fehleranfällig sind und die Kinder oftmals die Regeln der Zeichensetzung nicht korrekt anwenden, sollte die Einführung der Regeln schrittweise erfolgen. Im AH Sprache 3 wurden die Begriffe „Begleitsatz" und „wörtliche Rede" und die Zeichensetzung bei vorangestelltem Begleitsatz eingeführt und bei fremden und eigenen Texten angewendet. Im AH Sprache 4 erfolgt im Kapitel „Sätze" (Kapitel 5) die Erweiterung auf die Zeichensetzung der wörtlichen Rede bei nachgestelltem Begleitsatz. Vor dieser Erweiterung erfolgt auf dieser AH-Seite zunächst die Wiederholung und Festigung der Zeichensetzung bei vorangestelltem Begleitsatz.

- Einstieg im Kreis: Ausschnitt aus einem Comic oder einer Bildergeschichte mit überklebten Sprechblasen präsentieren
  – Kinder füllen die Sprechblasen
  – wörtliche Rede mit Begleitsatz aufschreiben
  – Wortkarten mit den Begriffen *wörtliche Rede, Begleitsatz, Doppelpunkt, Redezeichen* den entsprechenden Satzteilen zuordnen
  – Merksatz gemeinsam lesen
- Aufg. 1–3: nach Vorentlastung eigenständige Bearbeitung
- Aufg. 4: in EA oder als HA möglich
  – auf Markierung der Elemente der wörtlichen Rede wie in Aufg. 2 (als Kontrollmöglichkeit) hinweisen
  – in PA oder im Plenum: Ergebnisse vergleichen
- zur Festigung und weiteren Übung im Trainingsheft auf S. 8, Aufg. 3–5 durchführen

Differenzierung

Fördern:

- Schema der wörtlichen Rede gut sichtbar im Klassenraum oder auf Schülertisch geklebt bereitstellen:
  Begleitsatz „wörtliche Rede ./!/?"

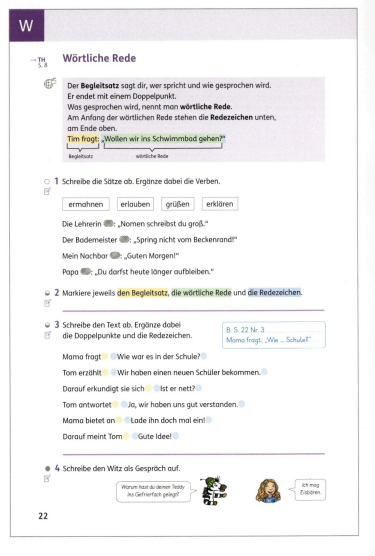

Fordern:

- eigene Witze in wörtlicher Rede notieren, Witzsammlung erstellen
- nachgestellte und eingeschobene Begleitsätze kennenlernen

Ideen für die Weiterarbeit

- Kunst:
  Comic oder Bildergeschichte malen, anschließend diese verschriften

Verweise

- Zebra-Erklärfilm „Wörtliche Rede vorn"
  (per Code unter Lehrwerk-Online, www.klett.de)
- Zebra 4 Trainingsheft, S. 8
- Zebra 4 AH Sprache Fördern, S. 20
- Zebra 3 Materialien (Förderkartei, App „Deutsch Klasse 3 mit Zebra")
- Meine Anoki-Übungshefte, Grammatik üben 4, S. 58–61

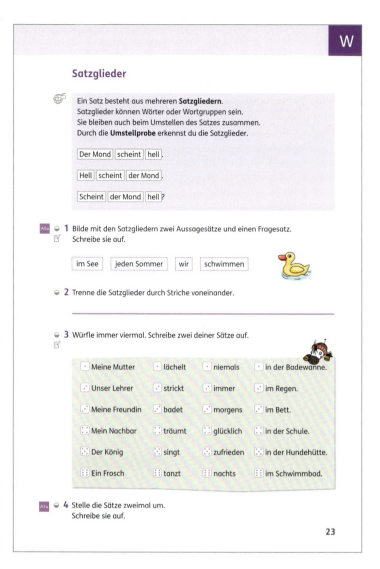

- alle möglichen Sätze mit dem Wortmaterial bilden:
  Der Mond scheint hell.
  Hell scheint der Mond.
  Scheint der Mond hell?
- Kinder prüfen, welche Wörter in den Sätzen immer zusammenbleiben
- Satzglieder durch Striche voneinander trennen
- Aufg. 1–2: in EA oder PA möglich
- Aufg. 3: Spiel in PA oder GA durchführen
- Aufg. 4: in EA oder als HA möglich
  - im Plenum: Ergebnisse vergleichen

Differenzierung

Fördern:

- Aufg. 1: Wortkarten mit Satzgliedern bereitstellen, durch Umstellprobe in PA Sätze bilden
- KV 8/1 verändern: Sätze schon richtig zuordnen, Sätze müssen nur richtig abgeschrieben werden

Fordern:

- Aufg. 1: (auch eigene) Sätze mit weiteren Satzgliedern notieren lassen, z. B.: *Wir gehen jeden Sommer **mittags/mit unseren Freunden** im See schwimmen.*
- Aufg. 3: eigenes Spiel erstellen
- KV 8/1 verändern: einzelne Satzglieder löschen, Kinder ergänzen eigene Beispiele

Ideen für die Weiterarbeit

- HA: zu einem langen Satz alle möglichen Umstellungen finden, z. B.:
  Jeden Sonntag singt mein Opa zufrieden in der Badewanne.

Verweise

- Zebra-Erklärfilm „Satzglieder"
  (per Code unter Lehrwerk-Online, www.klett.de)
- KV 8 (Satzglieder; veränderbar)
- Zebra 4 AH Sprache Fördern, S. 21
- Zebra 3 Materialien (Förderkartei, App „Deutsch Klasse 3 mit Zebra")

Seite 23

Lernziele/Kompetenzen

- Begriff „Satzglieder" wiederholen
- Satzglieder durch die Umstellprobe erkennen
- Rechtschreibstrategie anwenden: „Groß oder klein?"
- Sätze in Satzglieder gliedern
- aus Satzgliedern Aussage- und Fragesätze bilden

Anregungen für den Unterricht

Hinweis: Satzglieder sind die einzelnen Bestandteile eines Satzes, die beim Umstellen nur gemeinsam verschoben werden können (Umstellprobe). Ein Satzglied kann aus einem oder mehreren Wörtern bestehen.
Das Umstellen von Sätzen sollte auch in der Aufsatzerziehung immer wieder thematisiert werden, weil durch das Umstellen von Satzgliedern beispielsweise Wiederholungen am Satzanfang vermieden werden können.
Im AH Sprache 3 wurden folgende Satzglieder eingeführt und bestimmt: Subjekt, Prädikat, Zeitbestimmungen und Ortsbestimmungen. Diese Satzglieder werden auf den folgenden Seiten des AH Sprache 4 wiederholt und gefestigt.
- Einstieg im Kreis oder an der Tafel: in dreifacher Ausführung Wortkarten für einen Satz erstellen, z. B. den Satz aus dem Merksatz: Der Mond scheint hell

Seite 24

Lernziele/Kompetenzen
- Begriff „Subjekt" wiederholen
- passende Subjekte in Sätze einsetzen
- Subjekte erfragen und bestimmen

Anregungen für den Unterricht
Hinweis: Mit dem Subjekt und dem Prädikat werden auf den AH-Seiten 24 und 25 die beiden wichtigsten Satzglieder wiederholt. Während das Prädikat alleine bereits einen Satz bilden kann (*Komm!*), benötigt das Subjekt mindestens ein weiteres dazu, nämlich das Prädikat.
Das Subjekt gibt an, wer oder was etwas tut:
Franz *frisst Gras*. **Die Blume** *ist gelb*.
Es kann ein Nomen, Pronomen, Eigennamen, eine Nominalisierung (*das Schreiben*) oder Nominalgruppe (*der kleine Hund*) sein.
- Einstieg an der Tafel: zwei leere Wortkärtchen anheften und Punkt dahinter setzen
  - in PA: graphisch dargestellten Satz mit Wortmaterial füllen, dann Austausch und Vergleich im Plenum
  - L notiert Beispiele an Tafel
  - Begriffe „Subjekt" und „Prädikat" wiederholen, Subjekte in den Sätzen blau unterstreichen
  - Merksatz gemeinsam lesen und einen erweiterbaren Merkzettel für Satzglieder mit kennzeichnenden Fragen und Unterstreichungsfarben herstellen:

> **Subjekt**: *Wer oder was?* – blau
> Franz frisst Gras.
> Die Blume ist gelb.

- Aufg. 1: in EA oder PA Sätze lesen, dann Subjekte ergänzen und Sätze notieren
- Aufg. 2 in PA: ein Kind formuliert die Frage nach dem Subjekt, das andere Kind nennt dieses
- Aufg. 3: in EA oder als HA möglich
  - im Plenum: Ergebnisse vergleichen
- zur Festigung und weiteren Übung Aufgaben im Trainingsheft auf S. 9 durchführen

Differenzierung
Fördern:
Hinweis zu Aufg. 3: Sätze abschreiben, Subjekte unterstreichen; Wenn nur ein Teil des Subjekts unterstrichen wird (z. B. *Angler* statt *der Angler*), hilft es, zunächst durch Umstellen die Satzglieder bestimmen zu lassen.

Fordern:
- Sätze mit einer umfangreichen Nominalgruppe vorgeben, z. B.:

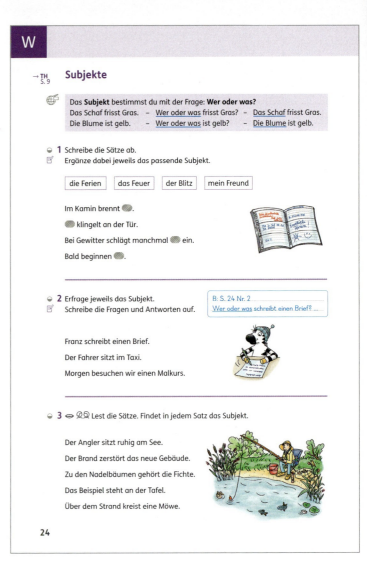

Meine herzallerliebste Cousine Klara und ihr goldiger kleiner Hund Karlo besuchen uns heute im Ferienhaus.
- in PA: ein Kind notiert einen Satz mit umfangreicher Nominalgruppe, das andere Kind bestimmt das Subjekt
- KV 8/2 verändern: *Unterstreiche die Subjekte.* (Arbeitsauftrag ergänzen)

Verweise
- Zebra-Erklärfilm „Subjekt – Prädikat" (per Code unter Lehrwerk-Online, www.klett.de)
- Zebra 4 Trainingsheft, S. 9
- KV 8 (Satzglieder; veränderbar)
- Zebra 4 AH Sprache Fördern, S. 22
- Zebra 3 Materialien (Förderkartei, App „Deutsch Klasse 3 mit Zebra")
- Meine Anoki-Übungshefte:
  - Grammatik üben 4: S. 44–47, 54–55
  - Deutsch für Profis 4 Fordern, S. 36–37

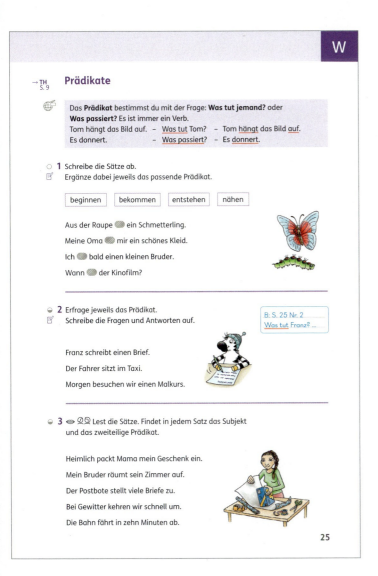

Tanta Lina eine Möhre./Nachts scheint der Mond hell über dem dunklen Wald./Jeden Morgen putze ich mir zwei Minuten lang die Zähne./Im Sommer fahre ich mit meinem Bruder jeden Tag ins Freibad.
- im Plenum: Ergebnisse vergleichen
- Merksatz gemeinsam lesen und Merkzettel erweitern:

> **Prädikat**: *Was tut jemand?* oder *Was passiert?* – rot
> Tom hängt das Bild auf.
> Es donnert.

- Aufg. 1: in EA oder PA Sätze erst lesen, dann das Prädikat ergänzen und Sätze notieren
- Aufg. 2 in PA: ein Kind formuliert die Frage nach dem Prädikat, das andere Kind nennt dieses
- Aufg. 3: in EA oder als HA möglich
  - im Plenum: Ergebnisse vergleichen
- zur Festigung und weiteren Übung Aufgaben im Trainingsheft auf S. 9 durchführen

Differenzierung

Fördern:

Hinweis zu Aufg. 3: Sätze abschreiben, Subjekte und Prädikate unterstreichen; Wurden Subjekte und zweiteilige Prädikate nicht vollständig oder falsch unterstrichen, kann der Hinweis gegeben werden, dass das Subjekt und das Prädikat aus einem Satz einen „Minisatz" ergeben müssen, z. B.:
Heimlich packt Mama mein Geschenk ein.
Minisatz: *Mama packt ein.*

Fordern:

- KV 8/2 verändern: *Unterstreiche die Subjekte und die Prädikate.* (Arbeitsauftrag ergänzen)
- Verben mit Vorsilbe in der Wörterliste suchen, mit diesen Sätze schreiben, mit Partner tauschen, jeweils Subjekt und Prädikat bestimmen

Verweise

- Zebra 4 Trainingsheft, S. 9
- Zebra-Erklärfilm „Subjekt – Prädikat" (per Code unter Lehrwerk-Online, www.klett.de)
- KV 8 (Satzglieder; veränderbar)
- Zebra 4 AH Sprache Fördern, S. 23
- Zebra 3 Materialien (Förderkartei, App „Deutsch Klasse 3 mit Zebra")
- Meine Anoki-Übungshefte:
  - Grammatik üben 4: S. 44–47, 54–55
  - Deutsch für Profis 4, Fordern, S. 36–37

Seite 25

Lernziele/Kompetenzen
- Begriff „Prädikat" wiederholen
- passende Prädikate in Sätze einsetzen
- Prädikate erfragen und bestimmen
- Subjekte und Prädikate in Sätzen bestimmen

Anregungen für den Unterricht

Hinweis: Bei dem Prädikat handelt es sich um das wichtigste Satzglied, das in keinem Satz weggelassen werden kann. Es beantwortet die Frage „Was tut …?" oder „Was passiert …?". Das Prädikat besteht immer aus mindestens einem Verb mit Personalendung (z. B. *trägt* oder *laufe*). Es legt fest, welche anderen Satzglieder im Satz außerdem vorhanden sein müssen, z. B. das Subjekt (*Ich schreibe.*), Subjekt und Objekt (*Ich besuche meine Tante.*) oder Subjekt und zwei Objekte (*Ich gebe dir einen Apfel.*). Auf dieser AH-Seite werden sowohl einteilige als auch zweiteilige Prädikate wiederholt und geübt.

- Einstieg in GA mit Sätzen aus Satzteilstreifen: jeweils zwei Gruppen bekommen die gleichen Satzteilstreifen und unterstreichen jeweils das Prädikat rot, z. B.:
Das Pferd wiehert./Die Sonne scheint./Ich heiße Klara./Der Igel baut sich ein Nest./Mama gibt mir einen Kuss./Der Traktor fährt nachmittags über die Wiese./Der Esel und das Pferd stehen im Stall./Der Bus kommt in zehn Minuten./Die freche Ziege klaut

Seite 26

Lernziele/Kompetenzen
- Begriffe „Zeitbestimmung" und „Ortsbestimmung" wiederholen
- Zeit- und Ortsbestimmungen erfragen und bestimmen

Anregungen für den Unterricht

Hinweis: Die wenigsten Sätze bestehen ausschließlich aus Subjekt und Prädikat. Neben den Objekten, die in der vierten Jahrgangsstufe neu eingeführt werden (AH-S. 82/83), haben die Kinder bereits die Zeit- und Ortsbestimmungen als Satzglieder kennengelernt. Bei beiden Ergänzungen ist die Schwierigkeit, dass zum Bestimmen mehrere Fragen zur Auswahl stehen. So müssen sich die Kinder bei der Zeitbestimmung die Möglichkeiten „Wann?", „Wie lange?" und „Wie oft?" und bei der Ortsbestimmung „Wo?", „Woher?" oder „Wohin?" merken.

- Einstieg mit Angebot eines Sportvereins an der Tafel oder auf Folie:

Kindersportschule sucht neue Mitglieder
Einmal in der Woche, nämlich donnerstags von 16 Uhr bis 17 Uhr, findet in der kleinen Turnhalle des TSV Grün-Blau das Kindersportprogramm statt. Wir machen tolle Spiele und haben viel Spaß. Wenn du vom Haupteingang kommst, musst du in den ersten Raum links gehen. Wann sehen wir dich?

- Text enthält Antworten auf alle sechs Fragemöglichkeiten der Zeit- und Ortsangaben
- als Dialog möglich (fragende Mutter, deren Kind die Sportschule besuchen möchte)
- je nach Leistungsstand der Kl gibt L Fragen vor oder lässt sie von den Kindern formulieren (*Die Mutter möchte Zeit und Ort der Veranstaltung wissen. Welche Fragen stellt sie?*)
- Antworten zur Verdeutlichung im Text unterstreichen und Begriffe „Zeitbestimmung" und „Ortsbestimmung" zuordnen
- Merksatz gemeinsam lesen und Merkzettel erweitern

> **Zeitbestimmung:**
> *Wann? Seit wann? Wie lange?* – grün
> Die Ferien beginnen am 1. Juli.
> Sie dauern sechs Wochen.
> **Ortsbestimmung:** *Wo? Woher? Wohin?* – gelb
> Ich liege im Bett. Franz läuft über die Wiese.

- Aufg. 1–2: in EA oder PA Sätze erst lesen, dann jeweils Zeit- und Ortsbestimmung ergänzen
  - ein Kind formuliert die Frage nach der Zeit- oder Ortsbestimmung, das andere nennt diese
- Aufg. 3: in EA oder als HA möglich
- zur Festigung und weiteren Übung Aufgaben im Trainingsheft auf S. 10 durchführen

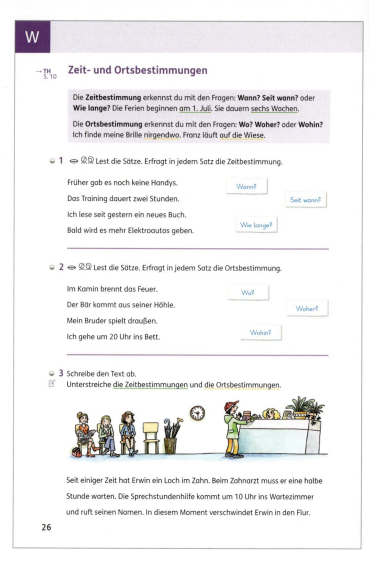

Differenzierung

Fördern:
- Aufg. 1–2: Fragen vorgeben
- KV 9/3 verändern: Sätze vorgeben, in denen Zeit- und Ortsbestimmung unterstrichen werden sollen

Fordern:
- Aufg. 3: auch Subjekte/Prädikate unterstreichen
- KV 9/1 verändern: bei Wortmaterial auch „Störer", z. B. Subjekte und Prädikate, einfügen

Ideen für die Weiterarbeit
- Mathematik: Uhrzeiten ablesen, Zeitspannen berechnen
- Sachunterricht: Orte auf Karten finden

Verweise
- Zebra 4 Trainingsheft, S. 10
- KV 9 (Zeit- und Ortsbestimmungen; veränderbar)
- Zebra 4 AH Sprache Fördern, S. 24
- Meine Anoki-Übungshefte:
  - Grammatik üben 4: S. 44–47, 54–55
  - Deutsch für Profis 4, Fordern, S. 36–37

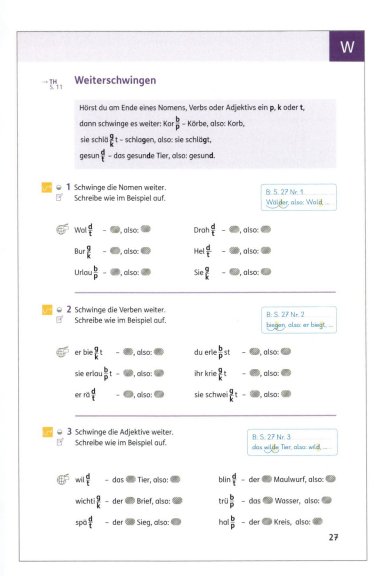

Seite 27

Lernziele/Kompetenzen

- Rechtschreibstrategie „Weiterschwingen" zur Überprüfung von Wörtern mit Auslautverhärtung wiederholen und sichern
- zur Verlängerung von Nomen die Mehrzahl bilden
- zur Verlängerung von Verben die Grundform bilden
- zur Verlängerung von Adjektiven eine Wortgruppe bilden

Anregungen für den Unterricht

Hinweis: Durch die Rechtschreibstrategie „Weiterschwingen" sind die Kinder in der Lage, bei Wörtern mit Auslautverhärtung die schwierige Stelle hörbar zu machen. Entscheidend ist jedoch, dass sich im Schreibprozess eine Zweifelsituation in Bezug auf die richtige Schreibung eines Wortes ergibt. Dafür müssen die Kinder nach und nach ein Gespür entwickeln. Deshalb ist es wichtig, dass die L immer wieder Situationen schafft, in denen die Kinder zur Anwendung des Weiterschwingens angeleitet werden. Kinder mit Schwierigkeiten bei der Unterscheidung ähnlich klingender Laute sollten auf folgende Lautbildungsübungen hingewiesen werden:
- Lautpaare b/p, d/t, g/k deutlich artikulieren
- auf Mund-, Lippen-, Zungenstellung und Luftausstoß achten
- sich bei Lautbildung im Spiegel beobachten, Hand vorhalten

Hinweis: Die Lautpaare lassen sich hauptsächlich über den Luftausstoß unterscheiden, der bei p/k/t viel deutlicher zu spüren ist.

- **Einstieg**: Weiterschwingen wiederholen
  - entsprechende Tippkarte an die Tafel heften
  - Kinder nennen passende Beispiele und erklären dazu die Strategie
  - in PA oder GA: Beispiele für Aufgabenformate der AH-Seite bearbeiten; mögliche Beispiele:
    Nomen: *Sieb/p, Hand/t, Burg/k*
    Verben: *er bleib/pt, es häld/t, sie sieg/kt*
    Adjektive: *halb/p, rund/t, sonnig/k*
  - im Plenum: Ergebnisse vergleichen, mithilfe des Merksatzes kontrollieren
- **Aufg. 1–3**: in EA oder PA möglich (Nomen weiterschwingen, verlängerte Form/Mehrzahl bilden, Verben und Adjektive weiterschwingen – Grundform bzw. Wortgruppe bilden)
  - ggf. auf Tippkarte oder Lautbildungsübungen hinweisen
- im Plenum: Ergebnisse vergleichen
- zur Festigung und weiteren Übung im Trainingsheft auf S. 11, Aufg. 1–2 durchführen

Differenzierung

Fördern:

- in PA: Herleitung verbalisieren (erklären):
  „Sieb" ist ein Nomen, ich schwinge weiter, indem ich die Mehrzahl bilde: „Siebe". In „Siebe" höre ich ein b, also schreibe ich „Sieb" mit b.
- KV 10/1 verändern: Verlängerungen eintragen

Fordern:

- zusammengesetzte Nomen, Verben und Adjektive weiterschwingen, z. B.: *Hand/tuch, er beschreib/pt, undeud/tlich* (vgl. AH-S. 88)
- zu KV 10/1 verändern: eigene Beispiele zum Weiterschwingen von Nomen, Verben und Adjektiven finden

Verweise

- Zebra-Erklärfilm „Weiterschwingen"
  (per Code unter Lehrwerk-Online, www.klett.de)
- Zebra 4 Trainingsheft, S. 11
- KV 10 (Weiterschwingen und Ableiten; veränderbar)
- Zebra 4 AH Sprache Fördern, S. 25
- Zebra 3 Materialien (Förderkartei, App „Deutsch Klasse 3 mit Zebra")
- Meine Anoki-Übungshefte:
  - Richtig schreiben 3, S. 26–35
  - Richtig schreiben C 4, Fördern und Inklusion: S. 2–5, 14–23
  - Richtig schreiben 4, S. 12–23

Seite 28

Lernziele/Kompetenzen
- Rechtschreibstrategie „Ableiten" zur Überprüfung von Wörtern mit ä/äu wiederholen und sichern
- Wörter in Wortbausteine zerlegen
- verwandte Wörter mit a/au finden (wortartübergreifend)
- Wörter mit ä/äu durch Ableitung richtig verschriften

Anregungen für den Unterricht

Hinweis: Die meisten Wörter mit ä/äu haben ein verwandtes Wort mit a/au. Ausnahmen bilden nicht ableitbare Merkwörter wie *Säge* oder *Käse*. Deshalb sollte diese Strategie, die bereits aus dem AH Sprache 2 und 3 bekannt ist, intensiv wiederholt und geübt werden.

- Einstieg mit Zuordnungsübung: Kinder erhalten Karten mit Wortpaaren mit Wörtern mit a und ä sowie au und äu, z. B.:
  Hände – Hand, Bände – Band, Säfte – Saft
  Läufer – laufen, Träume – Traum,
  Mäuerchen – Mauer
  wärmen – warm, nähen – Naht,
  er schlägt – schlagen
  schäumen – Schaum, er läuft – laufen,
  räuchern – Rauch
  jährlich – Jahr, zärtlich – zart, ängstlich – Angst
  bräunen – braun, säuerlich – sauer, häufig – Haufen
  – in GA: Wortpaare einander zuordnen
  – im Plenum: Ergebnisse vergleichen
  – Wortkarten mit Wörtern, die vor dem Ableiten in Wortbausteine zerlegt werden müssen, an die Tafel heften oder in die Kreismitte legen, z. B.:
  Sandsträ/ende, einräu/eumen, auswä/ehlen, anhäu/eufen
  – Strategie „Wortbausteine" wiederholen, ggf. mit Tippkarte; Wortkarten in Wortbausteine „zerschneiden" bzw. durch Striche zerlegen
  – den Wortstamm ggf. unter Zuhilfenahme der Tippkarte ableiten

Hinweis zu Aufg. 1–2: Durch das Markieren von a und äu wird die Aufmerksamkeit auf die für die Strategie entscheidende Stelle gelenkt.
- Aufg. 3 in PA: Aufgabenformat ist aus AH Sprache 2 und 3 bekannt
  – auf Kontrollmöglichkeit durch die Wörterliste hinweisen
- zur Festigung und weiteren Übung im Trainingsheft auf S. 11, Aufg. 3–4 durchführen

Differenzierung

Fördern:
- Lautbildungsübungen v. a. für Kinder, in deren Herkunftssprache keine Umlaute gebildet werden

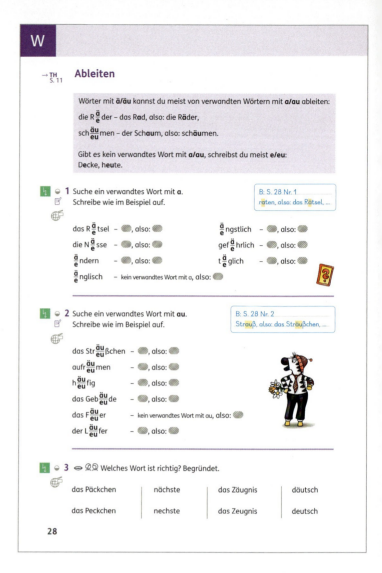

Hinweis: Wichtigste Unterscheidungsmerkmale zwischen ä und a sind die Mundstellung und die Lippenspannung.
- erweiterbare Wörtersammlung mit Wörtern mit a/ä und au/äu anlegen
- KV 10/2 verändern: Ableitungen schon eintragen

Fordern:
- Lernpartner für leistungsschwächere Kinder sein, gemeinsam Ableitungen durchführen
- KV 10/2: eigene Beispiele zum Ableiten aus Wörterliste finden

Ideen für die Weiterarbeit
- Dominos und andere Paarzuordnungsspiele mit Wörtern mit a/ä und au/äu herstellen und spielen

Verweise
- Zebra 4 Trainingsheft, S. 11
- Zebra-Erklärfilm „Ableiten"
  (per Code unter Lehrwerk-Online, www.klett.de)
- KV 10 (Weiterschwingen und Ableiten; veränderbar)
- Zebra 4 AH Sprache Fördern, S. 26
- Zebra 3 Materialien (Förderkartei, App „Deutsch Klasse 3 mit Zebra")

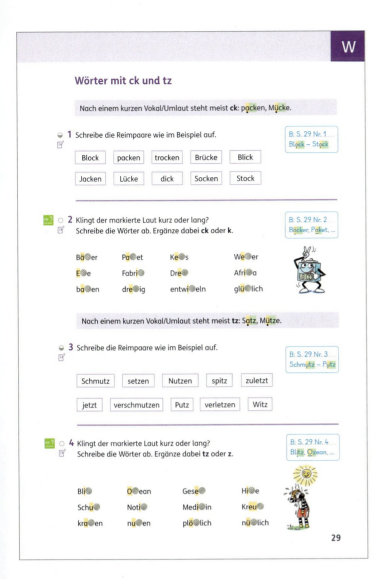

Seite 29

Lernziele/Kompetenzen

- Wörter mit ck und tz schreiben
- kurze und lange Laute unterscheiden
- Reimpaare von Wörtern mit tz notieren
- Rechtschreibstrategien anwenden: „Wortbausteine" und „Sprechen – hören – schwingen"

Anregungen für den Unterricht

Hinweis: Wörter mit ck und tz gehören eigentlich zu den Wörtern mit Doppelkonsonanten. Auch sie haben einen kurzen Vokal oder Umlaut vor der Merkstelle. Allerdings erfolgt in beiden Fällen keine Verdopplung des Konsonanten, sondern eine Verbindung mit einem anderen Konsonanten, nämlich mit c bzw. t. Dafür gibt es vermutlich folgende Erklärungen:

- ck: Im Lateinischen wurde [k] als c geschrieben, im Germanischen mit k. Das ck ist also eine Mischform.
- tz: Das z bildet den Laut [ts] ab. Die ursprüngliche Schreibung wurde hier beibehalten.

In Fremdwörtern und Eigennamen sind auch die Schreibungen kk und zz möglich, z. B. *Mokka* oder *Pizza*. Für die Kinder ist beim richtigen Schreiben der beiden Buchstabenverbindungen vor allem die Beachtung des kurzen Vokals wichtig. Da dies erfahrungsgemäß auch in der 4. Klasse noch einigen Kindern schwerfällt, ist es sinnvoll, die Unterrichtsstunde mit einer kurzen Hörübung zu beginnen.

- Einstieg mit Hörübung zu Vokallänge bzw. -kürze: L nennt Wörter mit kurzen oder langen Lauten in der ersten Silbe, z. B.: *Paket – packen, Laken – Lack, Wiese – Witz, müde – Mütze*
  - Kinder zeigen vereinbartes Zeichen für die Qualität des Vokals/Umlautes in der ersten Silbe (analog zur Markierung von Länge und Kürze auf der AH-Seite): bei langem Laut Hand quer halten, bei kurzem Laut Faust machen
- Vorbereitung Aufg. 1, 3: Reimpaare auf Wortkarten bereitstellen, Wörter deutlich sprechen, auf Kürze des Stammvokals hinweisen, gemeinsam ordnen, dann selbstständige Erarbeitung möglich
- Aufg. 2, 4 in EA oder PA: Wörter überdeutlich vorlesen und sich über Schreibweise austauschen

Differenzierung

Fördern:

- Aufg. 2, 4: sich die Wörter mit beiden Möglichkeiten langsam und überdeutlich mit vereinbartem Handzeichen (langer Vokal: flache Hand, kurzer Vokal: Faust) vorsprechen:
*Heißt es „Ecke" oder „EEEcke"? – „Ecke" wird kurz gesprochen, deshalb schreibe ich ck.
Heißt es „Blitz" oder „Bliiiitz"? – „Blitz" wird kurz gesprochen, deshalb schreibe ich tz."*

Fordern:

- Aufg. 1, 3: ein Gedicht mit den Reimwörtern der jeweiligen Aufg. schreiben
- Schreibspiel: *Wer notiert in drei Minuten die meisten Wörter mit ck/tz?*

Ideen für die Weiterarbeit

- Sport: Bewegungsspiel mit Wörtern mit kurzen und langen Lauten
  - L nennt Wörter mit kurzem/langem Laut in der ersten Silbe
  - bei langem Laut langen Schritt machen
  - bei kurzem Laut in die Luft springen
- Dominos, Paarzuordnungsspiele mit Wörtern mit ck und tz herstellen

Verweise

- Zebra 4 AH Sprache Fördern, S. 27
- Zebra 3 Materialien (Förderkartei, App „Deutsch Klasse 3 mit Zebra")
- Meine Anoki-Übungshefte:
  - Richtig schreiben 3, S. 39
  - Richtig schreiben C 4, Fördern und Inklusion, S. 6–7

Seite 30

Lernziele/Kompetenzen
- Wörter mit ie schreiben
- lange und kurze Laute unterscheiden
- Rechtschreibstrategie anwenden: „Sprechen – hören – schwingen"
- Wörter mit ss und ß schreiben

Anregungen für den Unterricht

Hinweis: Auch diese AH-Seite befasst sich mit der Vokallänge. Es geht um folgende Rechtschreibphänomene: Wörter mit ie und Wörter mit ss/ß.
Im Deutschen wird der lange i-Laut mit der Schreibweise ie realisiert. Das bedeutet, ie ist die regelhafte Schreibung, während Wörter mit einem langen i-Laut in der Schreibung i (z. B. *Tiger*) die Ausnahme darstellen.
Im Zuge der Rechtschreibreform wurden die Regeln zur Verwendung von ss bzw. ß vereinfacht. Nur noch die Länge des vorangehenden Vokals dient noch als Entscheidungskriterium. Grundsätzlich ist es sinnvoll, diese AH-Seite an zwei Tagen zu behandeln, um so die beiden Rechtschreibfälle (langer i-Laut und s-Laut) trennen zu können. Bei der Behandlung des langen i-Lautes werden an dieser Stelle die Ausnahmen in der Schreibung i nicht thematisiert. Für den Einstieg bietet sich wiederum eine Hörübung zur Vokalqualität an (vgl. dazu LHB, S. 45).

- Einstieg in GA: Wortkarten mit Wörtern mit langem und kurzem i im Stammvokal an Kinder verteilen
  - Kinder sortieren und notieren sie
  - L: *Schreibe bei langem i immer ie.*
  - im Plenum: Ergebnisse vergleichen
  - danach Merksatz gemeinsam lesen
- Aufg. 1 in EA oder PA: Kinder sprechen Wörter deutlich und notieren dann die Schreibweise
- Aufg. 2: in EA oder als HA möglich
- Vorbereitung Aufg. 3–4: zur Vorentlastung analoge GA zur Einführung der Wörter mit i und ie
- Aufg. 5: in EA oder als HA möglich
  - im Plenum: Ergebnisse vergleichen
- zur Festigung und weiteren Übung Aufgaben im Trainingsheft auf S. 12 durchführen

Differenzierung

Fördern:
- erweiterbare Wörtersammlung mit Wörtern mit ie bzw. ss/ß anlegen
- auf großformatiger Kopie der Wörterliste alle Wörter mit ie bzw. ss/ß markieren
- KV 11/1–2 verändern: Reimpaare richtig zugeordnet vorgeben (Abschreibübung)
- KV 11/3 verändern: Länge und Kürze markiert vorgeben

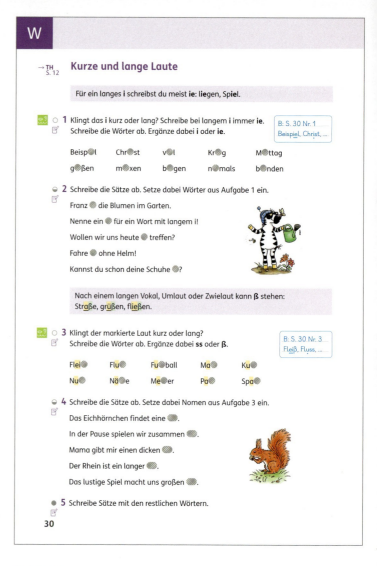

Fordern:
- Aufg. 1, 3: Reimwörter finden, mit Wörterbuch richtige Schreibweise kontrollieren
- KV 11/1 verändern: eigene Reimwörter finden
- KV 11/2, 4 verändern: Verse mit Reimwörtern schreiben

Ideen für die Weiterarbeit
- Wörter-Bingo-Spiel für die ganze Kl:
  - Spielpläne mit 3 x 3 Feldern erstellen, Lose mit Wörtern mit ie/i bzw. ss/ß erstellen
  - Kinder schreiben in jedes Feld ein Wort
  - L zieht Lose, Kinder streichen Wort durch, wenn sie es notiert haben
  - „Bingo" bei drei Wörtern in einer Reihe

Verweise
- Zebra 4 Trainingsheft, S. 12
- KV 11 (Kurze und lange Laute – 1; veränderbar)
- Zebra 4 AH Sprache Fördern, S. 28
- Zebra 3 Materialien (Förderkartei, App „Deutsch Klasse 3 mit Zebra")

Seite 31

Lernziele/Kompetenzen

- Wörter mit Dehnungs-h schreiben
- Rechtschreibstrategie anwenden: „Merkwörter"
- Vokal und Dehnungs-h sowie Folgelaut markieren
- Wörter nach dem jeweiligen Vokal vor dem Dehnungs-h ordnen
- Sätze mit Wörtern mit Dehnungs-h schreiben

Anregungen für den Unterricht

Hinweis: Im Deutschen werden lange Vokale auf verschiedene Weise realisiert:
- keine Auszeichnung, z. B. *Tor*,
- Doppelvokal, z. B. *Moor* (nur bei a, e und o),
- ie, z. B. *Tier* (gilt als regelhafte Schreibung),
- Dehnungs-h, z. B. *Ohr*.

Für das Vorhanden- bzw. Nichtvorhandensein des Dehnungs-h gibt es keine definitiven Regeln. Sicher ist lediglich, dass es nur vor l, m, n und r steht. Mehr müssen die Kinder dazu nicht wissen, sondern Wörter mit Dehnungs-h als Merkwörter lernen. In der Sprachwissenschaft wird im Übrigen die Ansicht vertreten, dass es sich beim Dehnungs-h nicht um die Auszeichnung der Vokallänge handelt, sondern um eine Lesehilfe, die die Vokallänge zusätzlich betont. Gleichzeitig erfolgt eine Abgrenzung zu einsilbigen Wörtern, die auf mehrere Konsonanten enden und bei denen der vorangehende Vokal kurz gesprochen wird (z. B. *Markt*).

Einstieg mit Nachschlagespiel in der Wörterliste oder einem Wörterbuch: L nennt jeweils ein Wort mit -ah-, -eh-, -oh- und -uh-, z. B. *Bahn* (S. 110), *fehlen* (S. 112), *hohl* (S. 114), *Kuh* (S. 115)
- Kinder suchen die Wörter, schreiben sie auf und notieren die Seitenzahl
- gewonnen hat am Ende, wer die richtige Summe aus den vier Seitenzahlen nennen kann (hier: 451)
- im Anschluss: L schreibt Wörter an die Tafel, Dehnungs-h und Laut davor gemeinsam markieren, mit Merksatz vergleichen
- Aufg. 2, 4: auf richtiges Markieren der Laute hinweisen, um Konzentration auf Merkstelle zu lenken
- Aufg. 3: Text auch als Abschreibübung oder Partner- bzw. Schleichdiktat möglich
- Aufg. 5 in EA oder als HA möglich
  - in PA oder im Plenum: Ergebnisse vergleichen
- zur Festigung und weiteren Übung Aufgaben im Trainingsheft auf S. 12 durchführen

Differenzierung

Fördern:

- erweiterbare Wörtersammlung mit Wörtern mit Dehnungs-h anlegen
- auf großformatiger Kopie der Wörterliste alle Wörter mit Dehnungs-h markieren
- KV 11/6 verändern: Wörter nur abschreiben

Fordern:

- Wettspiel: *Wer findet in drei Minuten die meisten Wörter mit Dehnungs-h?*
- KV 11/6 verändern: eigene Wörter mit ah, eh, uh und oh finden

Ideen für die Weiterarbeit

- Sport: Bewegungsspiel in der Turnhalle
  - Kinder bewegen sich frei in der Halle
  - L nennt einsilbiges Wort
  - bei kurzem Vokal „Froschsprung" nach vorne
  - bei langem Vokal langer „Giraffenschritt"

Verweise

- Zebra 4 Trainingsheft, S. 12
- KV 11 (Kurze und lange Laute – 1; veränderbar)
- Zebra 4 AH Sprache Fördern, S. 28
- Meine Anoki-Übungshefte:
  - Richtig schreiben 3, S. 48–49
  - Richtig schreiben 4, S. 76
  - Deutsch für Profis 4, Fordern, S. 18–19

Seite 32

Lernziele/Kompetenzen
- Merkwörter mit chs und x schreiben
- Rechtschreibstrategie anwenden: „Merkwörter"
- Merkwörter mit ai schreiben
- die Wörterliste als Kontrollmöglichkeit nutzen
- Sätze mit Wörtern mit ai schreiben

Anregungen für den Unterricht
Hinweis: Die unterschiedlichen Verschriftlichungen des ks-Lautes (x: *Hexe*, chs: *Fuchs*, ks: *Keks*, cks: *Klecks*, gs: *flugs*) lassen sich weder akustisch noch durch eine Regelanwendung herleiten. Wörter mit dem ks-Laut sind Merkwörter, die im Zweifelsfall nachgeschlagen und deren Schreibweisen geübt werden müssen. Im AH Sprache 3 und 4 werden nur die Verschriftlichungen chs und x behandelt.

Im Deutschen gibt es nur sehr wenige Wörter, bei denen die Lautverbindung /ai/ auch mit ai verschriftet wird. Diese Wörter sind Sonderfälle der deutschen Rechtschreibung und müssen als Merkwörter geübt werden.

- Einstieg: Bildkarten Wachs, Ochse, Fuchs, Luchs, Büchse, Taxi, Hexe, Mixer, Nixe, Boxer in Kreismitte legen oder an Tafel heften
  - Murmelgespräch: sich über die Schreibweise austauschen
  - dann Kontrolle durch Nachschlagen in der Wörterliste bzw. einem Wörterbuch
- Aufg. 1: in EA oder PA möglich
- Vorbereitung Aufg. 2–4: zur Vorentlastung Merksatz gemeinsam lesen, Beispiele sammeln, z. B.: *Laich, Hai, Mais, Kaiser, Taifun, Mai, Saite, Laib*
  - diese Wörter verschriften und ai markieren
- Aufg. 2–3: in EA oder PA möglich
  - ggf. Bedeutung der Nomen klären *(Laib, Taifun, Kaiser, Saite, Mai, Hai)*
- Aufg. 4: in EA oder als HA möglich
  - auf das Markieren von ai in den Wörtern hinweisen, um Konzentration auf Merkstelle zu lenken

Differenzierung
Fördern:
- Merkzettel mit ai-Wörtern erstellen
- Wörter regelmäßig durch Abschreibübungen, Partner-, Schleich-, Würfel- oder Dosendiktate üben (vgl. AH Sprache 2 und 3, jeweils S. 8)
- Aufg. 4: jedes Nomen dreimal notieren

Fordern:
- Aufg. 1–2: Reizwortgeschichte verfassen, in der alle Wörter dieser Aufg. vorkommen

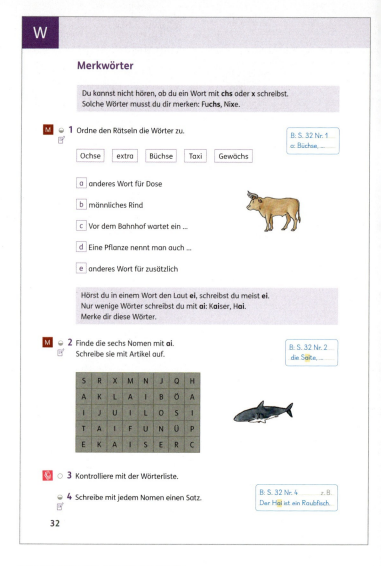

Ideen für die Weiterarbeit
- Wörter-Bingo-Spiel für die ganze Kl:
  - Spielpläne mit 3 x 3 Feldern erstellen, Lose mit Wörtern mit chs/x bzw. ai erstellen
  - Kinder schreiben in jedes Feld ein Wort
  - L zieht Lose, Kinder streichen Wort durch, wenn sie es notiert haben
  - „Bingo" bei drei Wörtern in einer Reihe

Verweise
- Zebra 4 AH Sprache Fördern, S. 29
- Zebra 3 Materialien (Förderkartei, App „Deutsch Klasse 3 mit Zebra")
- Meine Anoki-Übungshefte:
  - Richtig schreiben C 4, Fördern und Inklusion, S. 62
  - Richtig schreiben 4, S. ~~7~~7
  - Deutsch für Profis 4, Fordern, S. 11

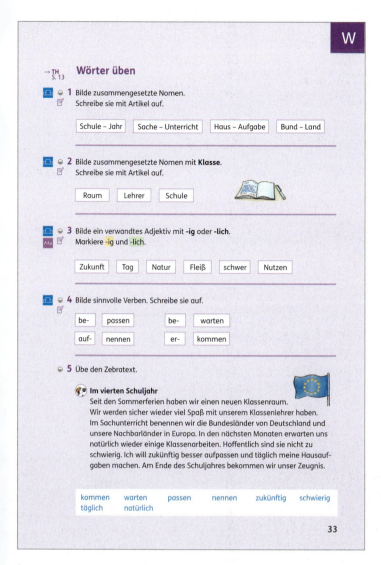

Seite 33

Lernziele/Kompetenzen

- Lernwortschatz und Strategiewissen als Säulen von Rechtschreibkompetenz erfahren (anhand des Zebratextes)
- Rechtschreibstrategie anwenden: „Wortbausteine" auf Wort- und Satzebene

Anregungen für den Unterricht

Hinweis: Die Aufgaben der AH-Seite wiederholen die Rechtschreibstrategie „Wortbausteine". Dabei werden viele Wörter aus dem Zebratext berücksichtigt (siehe Lernwörter am Ende der Seite).

- Einstieg: Rechtschreibgespräch über den Zebratext
  - ggf. auf mehrere Tage verteilen (jeden Tag einen ausgewählten Satz als „Satz des Tages")
  - Kinder bringen ihr Rechtschreibwissen ein und erklären die Schreibweise der Wörter durch die Rechtschreibstrategie „Wortbausteine"
- Vorbereitung Aufg. 1: Strategie „Wortbausteine" wiederholen
  - darauf hinweisen, dass beim Zusammensetzen von Nomen Buchstaben an der Nahtstelle entfallen können, z. B.: *Schule – Jahr: Schul[ ]jahr*
- Vorbereitung Aufg. 2: darauf hinweisen, dass beim Zusammensetzen Buchstaben an der Nahtstelle ergänzt werden müssen, z. B.: *Klasse – Raum: Klassenraum*
- Vorbereitung Aufg. 3: Wörter überdeutlich sprechen, auf Kontrollmöglichkeit in der Wörterliste hinweisen
- Vorbereitung Aufg. 4: ggf. Vorsilbe markieren
- zur Festigung und weiteren Übung Aufgaben im Trainingsheft auf S. 13 durchführen

Differenzierung

Fördern:

- Aufg. 1–2: Nomen auf Wortkarten schreiben und Zusammensetzungen bilden
- Aufg. 3: Adjektive mit -ig und -lich auf großformatiger Kopie der Wörterliste markieren
- Aufg. 4: Vorsilben und Verben auf Wortkarten schreiben und Zusammensetzungen bilden
- KV 12/1 verändern: Zebratext in größerer Schriftart oder in reduziertem Umfang anbieten

Fordern:

- Aufg. 1: eigene zusammengesetzte Nomen bilden
- Aufg. 2: eigene zusammengesetzte Nomen mit dem Wort *Klasse* bilden
- Aufg. 3–4: Sätze mit den Wörtern schreiben
- Aufg. 5: Text ohne Vorbesprechung diktieren, in PA oder GA Rechtschreibung mithilfe des Strategiewissens und der Wörterliste überprüfen und verbessern

Ideen für die Weiterarbeit

- Lernwörter aus dem Zebratext an Stationen trainieren:
  - Lupenwörter (Lernwörter in sehr kleiner Schriftgröße ausdrucken, eine Lupe hilft beim Lesen und fördert das genaue Hinsehen)
  - Geheimschrift (Lernwörter in Geheimschrift ausdrucken, diese sind bei Softwarepaketen für Schulschriften zu erhalten)
  - Zebratext als Grundlage für Schleich-, Partner-, Würfel-, Streifen-, Blitz- oder Dosendiktat

Verweise

- Zebra 4 Trainingsheft, S. 13
- KV 12 (Wörter üben: Ich wiederhole; veränderbar)
- Zebra 4 AH Sprache Fördern, S. 30
- Zebra 3 Materialien (Förderkartei, App „Deutsch Klasse 3 mit Zebra")

Seite 34

Lernziele/Kompetenzen

- sprachkundliche Aspekte wiederholen und festigen:
  - Wörter nach Wortarten ordnen (Nomen, Verben, Adjektive)
  - Verben in der Ich-Form im Präsens, Präteritum und Perfekt bilden
  - Satzglieder bestimmen (Subjekte, Prädikate, Zeit- und Ortsbestimmungen)
- Rechtschreibstrategien anwenden: „Groß oder klein?" und „Wortbausteine"

Anregungen für den Unterricht

Hinweis: Die „Das-kann-ich-schon"-Seiten des AH Sprache 4 bieten sich an als: „Zusatzfutter" auf freiwilliger Basis, als wiederholende Hausaufgaben, als Teste-dich-selbst-Seiten oder zur Leistungsüberprüfung.
- Ablauf:
  - Aufg. 1–5: eigenständige Bearbeitung ohne Vorbesprechung (Wortarten von Wörtern bestimmen, Wörter nach Wortarten ordnen; Verben in der Ich-Form im Präsens, Präteritum und Perfekt notieren; Subjekte und zweiteilige Prädikate bestimmen; Satzglieder bestimmen)
  - anschließend individuelle Fehleranalyse durch die L und Förderung nach Fehlerschwerpunkten, z. B. mit der Förderkartei, den KVs oder den Zebra-Erklärfilmen
- mögliche Fehler:
  Hinweis zu Aufg. 1: Bei Problemen bei der Zuordnung der Wortarten kann auf die Tippkarte hingewiesen (zuerst Nomen durch Nomenprobe finden) bzw. der Impuls gegeben werden: *Vor welche Wörter kannst du einen Artikel setzen?*
  - Aufg. 2: fehlerhafte Großschreibung (Hilfe: nur Nomen werden großgeschrieben)
  - Aufg. 3: Probleme bei Bildung der Personalformen (Hilfe: auf Kontrollmöglichkeit in der Wörterliste hinweisen)
  - Aufg. 4: Subjekt und zweiteilige Prädikate werden nicht korrekt unterstrichen (Hilfe: Subjekt und Prädikat aus einem Satz müssen einen „Minisatz" ergeben, z. B.:
  Tom wacht heute zu spät auf.
  Minisatz: *Tom wacht auf.*)
  - Aufg. 5: Probleme bei der Bestimmung der Satzglieder (Hilfe: Tippkarte)
- zur Festigung und weiteren Übung Aufgaben im Trainingsheft auf S. 13 durchführen

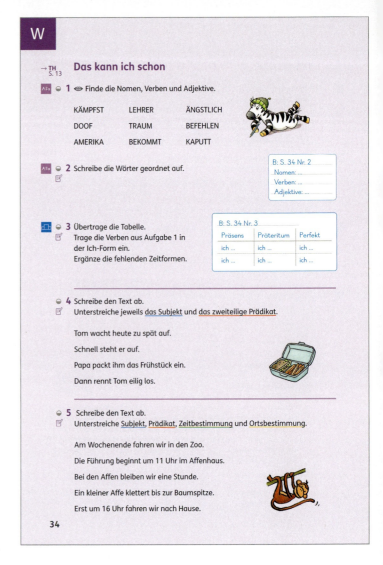

Differenzierung

Fördern:

- Aufg. 1–2: zu jeder Wortart ein Beispiel vorgeben
- Aufg. 3: in jeder Zeile ein Beispiel vorgeben
- Aufg. 4: Subjekt an Tafel vorgeben
- Aufg. 5: in jedem Satz schon ein Satzglied bestimmen und vorgeben

Fordern:

- Aufg. 1: Sätze mit den Wörtern schreiben
- Aufg. 2: jeweils ein Beispiel ergänzen
- Aufg. 3: weitere Verben aus der Wörterliste in der Ich-Form in den angegebenen Zeitformen notieren
- Aufg. 4: Sätze durch weitere Satzglieder erweitern
- Aufg. 5: Sätze für einen Partner schreiben

Verweise

- Zebra-Erklärfilme (per Code unter Lehrwerk-Online, www.klett.de)
- Zebra 4 Trainingsheft, S. 13
- Zebra 4 AH Sprache Fördern, S. 31

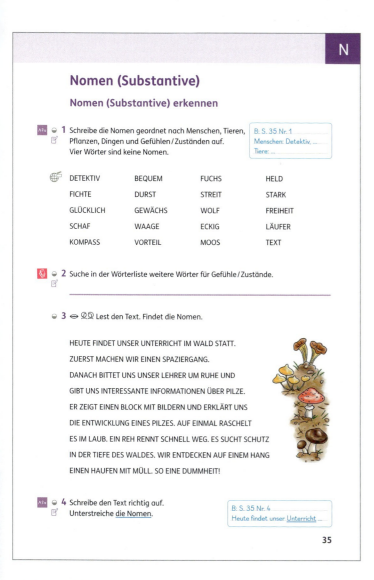

Seite 35

Lernziele/Kompetenzen
- Nomen (Substantive) nach den Kategorien ordnen
- Nomen für Gefühle/Zustände mit Artikel notieren
- Nomen in einem Text erkennen und markieren
- Rechtschreibstrategie anwenden: „Groß oder klein?"
- Regeln der Groß- und Kleinschreibung auf einen Text in Großbuchstaben anwenden

Anregungen für den Unterricht

Hinweis: Auf dieser AH-Seite kommt in Bezug auf die Nomen kein neuer Lernaspekt dazu. Es geht um die Festigung des vorhandenen Wissens. In der vierten Jahrgangsstufe sollte es den Kindern keine Schwierigkeiten mehr bereiten, Nomen zu erkennen, um so die Großschreibung am Wortanfang berücksichtigen zu können. Gegebenenfalls könnten die Kinder an die Anwendung der Nomenprobe erinnert werden: Können sie von einem Wort die Mehrzahl bilden und einen Artikel davorsetzen, handelt es sich sicher um ein Nomen.

- Einstieg mit „Schwamm-Spiel": L schreibt größere Anzahl von Wörtern verschiedener Wortarten in Großbuchstaben an Tafel, bei Nomen mindestens je eines für Menschen, Tiere, Pflanzen, Dinge und Gefühle/Zustände, z. B.: SCHWESTER, WAL, ROSE, TAFEL, HEKTIK
  - Kinder finden zunächst alle Nomen; ggf. Nomenprobe wiederholen
  - Wörter aus anderen Wortarten mithilfe eines geworfenen Schwamms von der Tafel löschen
  - abschließend alle verbliebenen Nomen den festgelegten Kategorien zuordnen
- Aufg. 1–2: in EA oder PA möglich
  - ggf. auf Nomenprobe und Kontrollmöglichkeit in der Wörterliste hinweisen
  - ggf. Begriffe klären (*Held, Fichte, Kompass, Moos*)
- Aufg. 3–4: in EA oder als HA möglich
  - auf Schreibhilfe, Nomenprobe und Kontrollmöglichkeit in der Wörterliste hinweisen

Differenzierung

Fördern:
- Merkzettel für Wortart „Nomen" erstellen
- Ablauf von Nomenprobe auf Merkzettel notieren
- erweiterbare Wörtersammlung von Nomen anlegen
- KV 13/1 verändern: Wörter aus anderen Wortarten löschen oder Nomen mit Artikel angeben

Fordern:
- aus der Wörterliste alle Nomen herausschreiben und den verschiedenen Kategorien zuordnen
- KV 13/1 verändern: Geschichte mit vielen Nomen schreiben

Ideen für die Weiterarbeit
- **Spiel:** „Mensch – Tier – Pflanze" (analog „Stadt – Land – Fluss") spielen
  - Tabelle mit fünf Spalten erstellen (Menschen, Tiere, Pflanzen, Dinge, Gefühle/Zustände)
  - Alphabet in Gedanken aufsagen, bei „Stopp!" Buchstaben festlegen; Kinder füllen Tabelle
  - Auswertung: 5 Punkte bei mehreren gleichen Wörtern, 10 Punkte bei eimaligem Nomen, 20 Punkte bei einzigem Nomen

Verweise
- Zebra-Erklärfilm „Nomen" (per Code unter Lehrwerk-Online, www.klett.de)
- KV 13 (Nomen/Substantive erkennen; veränderbar)
- Zebra 4 Förderkartei, Karteikarte 1
- Zebra 4 AH Sprache Fördern, S. 32
- Zebra 4 Forderblock, S. 2–5
- Meine Anoki-Übungshefte:
  - Richtig schreiben C 4, Fördern und Inklusion, S. 25–30
  - Richtig schreiben 4, S. 28–33

Seite 36

Lernziele und Kompetenzen
- Länder und Ortsbezeichnungen als Kategorien von Nomen kennenlernen
- Länder und Ortsbezeichnungen notieren
- Ländernamen nach dem Alphabet ordnen
- Ortsbezeichnungen in Sätze einsetzen
- Rechtschreibstrategie anwenden: „Groß oder klein?"

Anregungen für den Unterricht

Hinweis: Bisher haben die Kinder gelernt, dass Nomen Menschen, Tiere, Pflanzen, Dinge und Gefühle/Zustände bezeichnen. Auf dieser und der nächsten AH-Seite wird dieses Wissen erweitert. Es kommen Nomen für Länder und Ortsbezeichnungen (AH-S. 36) sowie für Feste und Berufe (AH-S. 37) hinzu. Da die Ferien noch nicht allzu weit zurück liegen, können die Kinder von ihren Urlaubszielen berichten. Schön wäre es, wenn dafür eine Folie mit einer Europa- oder Weltkarte zur Verfügung stünde. Auf dieser könnte die L die Ländernamen markieren. Alternativ schreibt sie diese an die Tafel. Im Anschluss an die Gesprächsrunde werden die Ländernamen verglichen. Sicher fällt den Kindern die Großschreibung auf und sie schließen daraus, dass es sich auch bei Ländernamen um Nomen handeln muss. Ansonsten verweist die L auf die großen Anfangsbuchstaben und gibt folgenden Impuls: *Du weißt, welche Wörter wir großschreiben.*

Unter Ortsbezeichnungen versteht man nicht nur die Namen von Städten und Ortschaften, sondern auch die Bezeichnung von Landschaftsformen oder Lebensräumen wie *Gebirge, Wüste* oder *Weltall*.

- Einstieg über Weltkarte (vgl. Ausführungen oben)
- Vorbereitung Aufg. 1: zur Vorentlastung Wortkarten mit Ländernamen und Flaggen im Kreis oder an der Tafel zuordnen
- Aufg. 2: Ländernamen für jeden Buchstaben (außer für Q, X und Y) auf Wortkarten bereitstellen und dann sortieren; ggf. Atlas oder Globus zur Verfügung stellen
- Aufg. 3: auf Kontrollmöglichkeit in der Wörterliste hinweisen, ggf. Begriffe klären (*Düne, Moor*)
- Aufg. 4: in EA oder als HA möglich
  – im Plenum: Ergebnisse vergleichen
- zur Festigung und weiteren Übung Aufgaben im Trainingsheft auf S. 14 durchführen

Differenzierung

Fördern:
- erweiterbare Wörtersammlung mit Nomen für Länder und Ortsbezeichnungen anlegen
- KV 14/1 verändern: Nomen zur Auswahl vorgeben

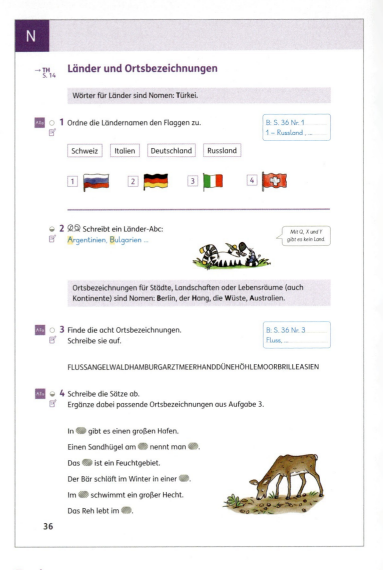

Fordern:
- Wettspiel: *Wer schreibt in drei Minuten die meisten Nomen für Länder und Ortsbezeichnungen auf?*
- KV 14/1 verändern: eigene Rätselsätze mit Ländern und Ortsbezeichnungen für einen Partner erstellen

Ideen für die Weiterarbeit
- Sport: Lauf-Spiel mit Nomen
  – Kinder bewegen sich frei in Turnhalle
  – L nennt Nomen für Länder und Ortsbezeichnungen
  – Kinder müssen nach Nennung eines Landes bzw. einer Ortsbezeichnung möglichst schnell einen vorher vereinbarten Ort erreichen (z. B. Kreismitte, ins Tor)
  – Letzter an diesem Ort scheidet aus
- Kunst:
  Nomen-Quartette für die Freiarbeit herstellen

Verweise
- Zebra 4 Trainingsheft, S. 14
- KV 14 (Länder, Ortsbezeichnungen, Feste und Berufe; veränderbar)
- Zebra 4 Förderkartei, Karteikarte 2

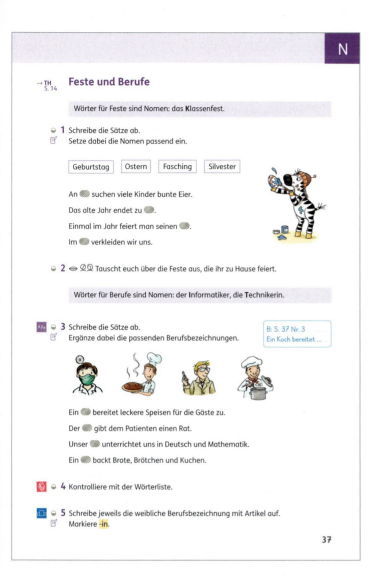

Seite 37

Lernziele/Kompetenzen
- Feste und Berufe als Kategorien von Nomen kennenlernen
- Nomen für Feste und Berufe in Sätze einsetzen
- die Wörterliste als Kontrollmöglichkeit nutzen
- weibliche Berufsbezeichnungen mit Artikel notieren
- Endung -in in weiblichen Berufsbezeichnungen notieren
- Rechtschreibstrategien anwenden: „Groß oder klein?", „Nachschlagen" und „Wortbausteine"

Anregungen für den Unterricht

Hinweis: Wie bereits erwähnt, wird auf dieser AH-Seite das Spektrum der Dinge, die Nomen bezeichnen, nochmals erweitert. Hinzu kommen nun die Wörter für Feste und die für Berufe. Auch wenn die Berufsbezeichnungen streng genommen in die Kategorie „Menschen" fallen, ist es sinnvoll, sie nochmals extra aufzugreifen.

- Einstieg mit einem kurzen Text mit Namen aus bekannten Kategorien sowie den beiden neuen:

  Heute ist ein besonderer Tag. Ich habe Geburtstag. Meine Tante aus Italien schenkt mir einen kleinen Hund. Zuerst hat er Angst, aber dann spielt er mit mir im Gras. Beim Metzger hole ich ihm dann eine große Wurst.

  – Text lesen und alle Nomen unterstreichen
  – mithilfe der Wörter aus dem Text nochmals zusammentragen, was Nomen alles bezeichnen können: Menschen (*Tante*), Tiere (*Hund*), Pflanzen (*Gras*), Dinge (*Wurst*), Gefühle/Zustände (*Angst*), Länder (*Italien*) und Zeitbegriffe (*Tag*)
  – für die Nomen *Geburtstag* und *Metzger* gemeinsam passende Oberbegriffe sowie weitere Beispiele finden
- Aufg. 1: in EA oder PA möglich
  – Bedeutung der Nomen klären
- Aufg. 2 in PA oder GA: durch Austausch Verständnis und Toleranz für andere Kulturen grundlegen
- Aufg. 3–4: als EA oder HA möglich
  – im Plenum: Ergebnisse vergleichen; ggf. großen Anfangsbuchstaben markieren
- Aufg. 5: Markierung der Endung -in fördert das Bewusstsein der geschlechtsspezifischen Berufsbezeichnung
- zur Festigung und weiteren Übung Aufgaben im Trainingsheft auf S. 14 durchführen

Differenzierung

Fördern:
- erweiterbare Wörtersammlung mit Nomen für Feste und Berufe anlegen
- KV 14/3 verändern: Nomen zum Eintragen vorgeben

Fordern:
- Aufg. 3: eigene Rätselsätze für Berufe erstellen
- in PA oder GA: sich über eigene Berufswünsche austauschen und Bericht über einen Beruf oder den eigenen Berufswunsch schreiben
- Behandlung der Mehrzahlformen der Berufsbezeichnungen: Fokus auf Umlautung in einigen Begriffen (z. B. *Arzt – Ärzte*) und Mitlautverdopplung in weiblichen Berufsbezeichnungen (*-in/-innen*)
- KV 14/4 verändern: Geschichte mit vielen Nomen aus Aufg. 2 schreiben

Ideen für die Weiterarbeit
- Sachunterricht – Interkulturelle Erziehung: Austausch über Feste in verschiedenen Kulturen

Verweise
- Zebra 4 Trainingsheft, S. 14
- KV 14 (Länder, Ortsbezeichnungen, Feste und Berufe; veränderbar)
- Zebra 4 Förderkartei, Karteikarten 3–4
- Zebra 4 AH Sprache Fördern, S. 33

Seite 38

Lernziele/Kompetenzen
- zusammengesetzte Nomen (Substantive) trennen
- Wortarten der Zusammensetzungen bestimmen
- zusammengesetzte Nomen bilden (aus zwei Nomen, aus einem Verb und einem Nomen, aus einem Adjektiv und einem Nomen)
- Sätze mit zusammengesetzten Nomen bilden
- Rechtschreibstrategien anwenden: „Groß oder klein?" und „Wortbausteine"

Anregungen für den Unterricht

Hinweis: Zusammengesetzte Nomen sind den Kindern bereits bekannt. Neu ist nun, dass nicht mehr nur Nomen und Nomen, sondern auch Nomen und Verb bzw. Nomen und Adjektiv kombiniert werden. Besonderheiten an der Nahtstelle ergeben sich dabei insbesondere bei der Zusammensetzung von Nomen und Verb. Von Letzterem wird in der Regel nur der Wortstamm verwendet (*waschen, Küche: Waschküche*). Häufig ist außerdem das Fugenelement e- zwischen den Wortkomponenten zu finden (*baden; Schuhe: Badeschuhe*). Werden Verb und Nomen bzw. Adjektiv und Nomen zusammengesetzt, so ist außerdem besonders auf die Großschreibung am Wortanfang zu achten.

- Einstieg mit Partner-Suchspiel: Kinder erhalten Wortkarten, von denen immer drei zusammengehören: 1) Nomen/Verb/Adjektiv, 2) Nomen, 3) zusammengesetztes Nomen, z. B.:
Feder/Ball/Federball; Muskel/Kater/Muskelkater; Haus/ Tür/Haustür; Tisch/Decke/Tischdecke; kühlen/ Schrank/Kühlschrank; singen/Vogel/Singvogel; baden/Tasche/Badetasche; falten/Papier/Faltpapier; hoch/Haus/Hochhaus; alt/Papier/Altpapier; bunt/ Stift/Buntstift; tief/See/Tiefsee
  - L: *Welche Wortkarten gehören zusammen? Bildet Dreiergruppen.*
  - Begriffe vorstellen, Kärtchen an Tafel hängen, Wortarten der Bestandteile analysieren
  - Besonderheiten wie das Fugen-s oder Fugen-e besprechen; Merksatz gemeinsam lesen
  - L notiert Übersicht an Tafel wie Aufg. 3, danach zusammengesetzte Nomen zuordnen
- Aufg.1: ggf. zusammengesetzte Nomen auf Wortkarten zur Verfügung stellen, Wortkarten an Trennstelle auseinanderschneiden
- Aufg. 2: ggf. auf Tippkarten hinweisen
- Aufg. 3: in EA oder PA möglich
- Aufg. 4: als HA möglich; auf Schreibhilfe, v. a. auf Markierung hinweisen
- Aufg. 5: als HA möglich
  - im Plenum: Ergebnisse vergleichen
- zur Festigung und weiteren Übung Aufgaben im Trainingsheft auf S. 15 durchführen

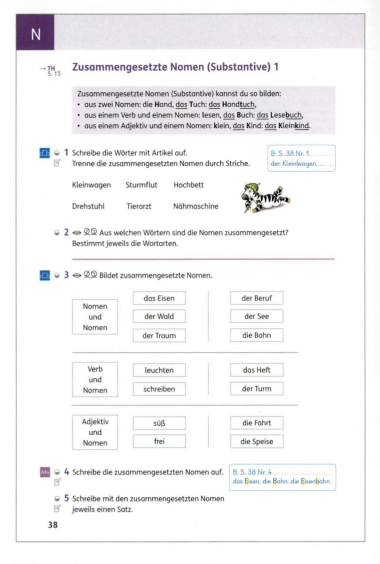

Differenzierung

Fördern:
- Wortkarten mit zusammengesetzten Nomen beschriften, Zusammensetzungen markieren, Zerlegungen nach Wortarten ordnen

Fordern:
- Aufg. 5: Geschichte mit zusammengesetzten Nomen aus Aufg. 3 schreiben
- Nomen der Wörterliste sinnvoll zusammensetzen

Ideen für die Weiterarbeit
- Sachunterricht: Tiernamen aus Lexikon suchen und Bestandteile analysieren, z. B.: *Mantelrobbe, Brüllaffe, Rotspecht*

Verweise
- Zebra 4 Trainingsheft, S. 15
- Zebra 4 Förderkartei, Karteikarte 5
- Zebra 4 AH Sprache Fördern, S. 34
- Meine Anoki-Übungshefte:
  - Richtig schreiben C 4, Fördern und Inklusion, S. 50
  - Grammatik üben 4, S. 36–37

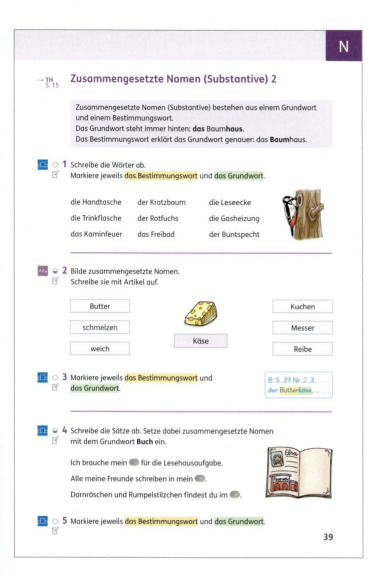

Seite 39

Lernziele/Kompetenzen

- Begriffe „Grundwort" und „Bestimmungswort" kennenlernen und anwenden
- Grund- und Bestimmungswörter in zusammengesetzten Nomen markieren
- zusammengesetzte Nomen mit Artikel bilden
- zusammengesetzte Nomen in Sätzen ergänzen
- Rechtschreibstrategien anwenden: „Groß oder klein?" und „Wortbausteine"

Anregungen für den Unterricht

Hinweis: Um fachgerecht über zusammengesetzte Nomen sprechen zu können, benötigen die Kinder entsprechende Fachbegriffe. Diese werden auf der vorliegenden AH-Seite eingeführt. Bei zusammengesetzten Wörtern unterscheidet man zwischen dem Grundwort und dem Bestimmungswort. Das Grundwort steht hinten und entscheidet über die Wortart und bei Nomen auch über das Geschlecht des Kompositums. Das Bestimmungswort steht vorne und gibt nähere Informationen zum Grundwort.
Bei Zusammensetzungen mit dem gleichen Grundwort handelt es sich um unterschiedliche Arten einer bestimmten Sache, wie z. B. in Aufg. 2 um unterschiedliche Käsesorten (*Butterkäse, Schmelzkäse, Weichkäse*). Bei Zusammensetzungen mit gleichem Bestimmungswort handelt es sich um unterschiedliche Dinge, die in Zusammenhang mit dem Bestimmungswort stehen (*Käsekuchen, Käsemesser, Käsereibe*).

- **Einstieg**: Nomen zusammensetzen und analysieren
  - zusammengesetzte Nomen von Aufg. 1 zerlegt auf Wortkarten notieren, z. B.:

    | Hand | Tasche | bunt | Specht | lesen | Ecke |

  - Kinder bilden zusammengesetzte Nomen, L notiert diese an der Tafel
  - Merksatz gemeinsam lesen und Bestimmungswort und Grundwort markieren
- Aufg. 1: darauf hinweisen, dass Grundwort hinten und Bestimmungswort vorne steht
- Aufg. 2–3: auf Großschreibung hinweisen
- Aufg. 4–5: in EA oder als HA möglich
  - im Plenum: Ergebnisse vergleichen
- zur Festigung und weiteren Übung Aufgaben im Trainingsheft auf S. 15 durchführen

Differenzierung

Fördern:

- Aufg. 2: Wörter auf Wortkarten bereitstellen, um Zusammensetzungen durchführen zu können
- Aufg. 4: Bestimmungswörter vorgeben
- KV 15/1 verändern: Grundwort markiert vorgeben

Fordern:

- eigene zusammengesetzte Nomen notieren und jeweils Grund- und Bestimmungswort markieren
- sprachspielerische Übung: zusammengesetzte Nomen suchen, bei denen Grund- und Bestimmungswort vertauscht werden können, z. B.: *Blumentopf/Topfblume, Eiswasser/Wassereis, Ballspiel/Spielball*
- KV 15/2 verändern: eigene Nomen ergänzen

Ideen für die Weiterarbeit

- Paarspiel: Wortkarten für zusammengesetzte Nomen herstellen
  - Wortkarten verdeckt auslegen, Kind zieht immer zwei Wortkarten
  - bei Bildung eines zusammengesetzten Nomens, Karten behalten
  - bei Bestimmung von Grund- und Bestimmungswort, noch einmal ziehen

Verweise

- Zebra 4 Trainingsheft, S. 15
- KV 15 (Zusammengesetzte Nomen 2; veränderbar)
- Zebra 4 Förderkartei, Karteikarten 6–8
- Zebra 4 Forderblock, S. 8
- Meine Anoki-Übungshefte, Richtig schreiben 4, S. 54–55

Seite 40

Lernziele/Kompetenzen

- Nomen mit den Nachsilben -heit, -keit, -nis, -schaft und der Endung -ung bilden
- die Wörterliste als Kontrollmöglichkeit nutzen
- Nomen in einem Text in Großbuchstaben erkennen
- Text in richtiger Groß- und Kleinschreibung notieren
- Rechtschreibstrategien anwenden: „Groß oder klein?" und „Wortbausteine"

Anregungen für den Unterricht

Hinweis: Das Überführen einer Wortart in eine andere durch das Hinzufügen von Wortbausteinen leistet einen wichtigen Beitrag zur Wortschatzerweiterung und zur Erschließung der Sprachstruktur. Auf dieser AH-Seite geht es dabei um das Bilden neuer Nomen mithilfe der Nachsilben -heit, -keit, -nis und -schaft sowie der Endung -ung. Der Unterschied zwischen Nachsilbe und Endung liegt darin begründet, dass eine Nachsilbe im Wort eine komplette Silbe darstellt, eine Endung sich dagegen mit einem Teil des Ausgangswortes zu einer Silbe verbindet (vgl. *Frei-heit*, aber: *Be-loh-nung*).

- Einstieg mit Sprachforscheraufgabe in GA:
  - pro Gruppe ein DIN-A3-Blatt (quer) mit je drei Beispielen zu einem Wortbaustein
  - hinter jedem Begriff: Platz für ein weiteres Wort
  - Arbeitsaufträge:
    1. Bestimmt die Wortart der Begriffe.
    2. Untersucht, welche beiden Gemeinsamkeiten die Wörter haben. Markiert.
    3. Findet jeweils ein verwandtes Wort, aus dem die Begriffe entstanden sind. Bestimmt auch dessen Wortart.
    4. Verfasst einen kleinen Forschungsbericht.
  - mögliche Beispiele:
    -heit: *die Dummheit, die Sicherheit, die Sturheit*
    -keit: *die Tapferkeit, die Sauberkeit, die Einsamkeit*
    -nis: *das Hindernis, das Zeugnis, das Ergebnis*
    -schaft: *die Partnerschaft, die Mitgliedschaft, die Feindschaft*
    -ung: *die Heizung, die Verletzung, die Bewegung*
  - Vorstellung der Forschungsergebnisse
  - Erkenntnis: *Mit den Wortbausteinen -heit, -keit, -nis, -schaft und -ung werden Nomen gebildet. Wörter mit -heit und -keit entstehen meist aus Adjektiven, Wörter mit -nis und -ung aus Verben und Wörter mit -schaft aus Nomen.*
- Aufg. 1–2: auf richtige Markierung und Großschreibung der Nomen hinweisen
- Aufg. 3: als HA möglich, ggf. Wörterliste nutzen
- Aufg. 4–6: auf Nomenprobe hinweisen
- zur Festigung und weiteren Übung Aufgaben im Trainingsheft auf S. 16 durchführen

Differenzierung

Fördern:

- erweiterbare Wörtersammlung mit Nomen mit Nachsilben und Endungen anlegen
- KV 16 verändern: Nomen mit Nachsilben und Endungen neben dem Spielfeld notieren

Fordern:

- Aufg. 3: Sätze mit Wörtern aus Aufg. 1 schreiben
- KV 16 verändern: Sätze mit den Wörtern mit Nachsilben und Endungen schreiben

Verweise

- Zebra 4 Trainingsheft, S. 16
- Zebra-Erklärfilm „Nomen – Nachsilben" (per Code unter Lehrwerk-Online, www.klett.de)
- KV 16 (Nachsilben und Endung -ung; veränderbar)
- Zebra 4 Förderkartei, Karteikarten 9–11
- Zebra 4 AH Sprache Fördern, S. 35
- Meine Anoki-Übungshefte:
  - Richtig schreiben C 4, Fördern und Inklusion, S. 51
  - Richtig schreiben 3, S. 52–57
  - Grammatik üben 4, S. 30–31

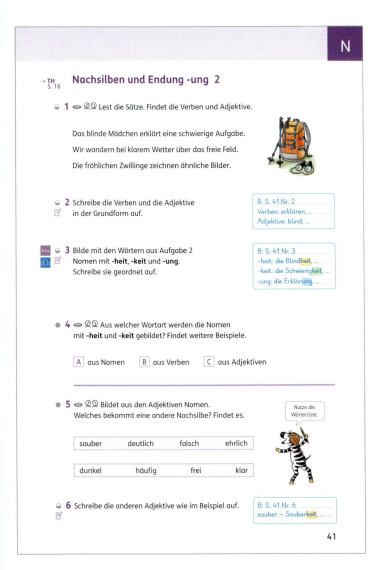

Seite 41

Lernziele/Kompetenzen

- Rechtschreibstrategie „Wortbausteine" wiederholen
- Verben und Adjektive in Sätzen unterstreichen
- Grundform von Verben und Adjektiven bilden
- Nomen mit -heit, -keit und -ung aus Verben und Adjektiven bilden
- Wortarten der Bestandteile eines Wortes mit einer Nachsilbe/Endung bestimmen

Anregungen für den Unterricht

Hinweis: Auf dieser AH-Seite wird die Arbeit mit Wortstämmen, Nachsilben und Endungen fortgeführt und geübt. Es kann besprochen werden, dass der Wortstamm Ausgangspunkt für die Wortbildung ist.
Bei Verben muss in der Personalform die Endung weggelassen und dann die Endung -ung angehängt werden werden. z. B. *sie erklär/t – die Erklär/ung.*
Bei Adjektiven wird an die Grundform des Adjektivs die Nachsilbe -heit oder -keit angehängt, z. B.:
klar/es Wetter – Klar/heit,
ähnlich/e Bilder – Ähnlich/keit.
Als Zusammenfassung und Wiederholung können die Strategiekarten „Wortbausteine" und die Tippkarten „Nomen", „Verben" und „Adjektive" dienen.

- **Einstieg:** Rechtschreibstrategie „Wortbausteine" wiederholen
  - Wortkarten mit Verben in Personalform und Adjektiven mit einer Endung an Tafel hängen oder in Kreismitte legen (Wortmaterial von Aufg. 1)
  - Strategie „Wortbausteine" wiederholen, vgl. Tippkarte
  - Endungen abschneiden bzw. mit Strichen trennen
  - Kärtchen mit Nachsilben/Endungen -heit, -keit, -schaft und -ung anfügen
  - Nomen mit Artikel notieren
  - Endung und großen Anfangsbuchstaben markieren
- Aufg. 1: bei Problemen mit der Zuordnung von Verben und Adjektiven auf Fragen für Verben („Was tut ...?") und Adjektive („Wie ist ...?") sowie Tippkarten hinweisen
- Aufg. 2–3: in EA oder PA möglich
- Aufg. 4–5: auf Tippkarten „Nomen", „Verben" und „Adjektive" hinweisen
- Aufg. 6: als HA möglich
  - im Plenum: Ergebnisse vergleichen
- zur Festigung und weiteren Übung Aufgaben im Trainingsheft auf S. 16 durchführen

Differenzierung

Fördern:

- Aufg. 1–2 in Lerntandem lösen: ein Kind nennt die Verben und Adjektive, das andere Kind bildet die Grundformen
- Verben und Adjektive verschiedenfarbig in großformatiger Kopie der Wörterliste markieren

Fordern:

- Aufg. 6: Sätze mit Wörtern aus Aufg. 5 bilden
- Schreibspiel: *Wer findet in drei Minuten die meisten Nomen mit -heit, -keit bzw. -ung?*

Verweise

- Zebra 4 Trainingsheft, S. 16
- Zebra 4 Förderkartei, Karteikarte 12
- Zebra 4 Forderblock, S. 7
- Meine Anoki-Übungshefte:
  - Richtig schreiben 4, S. 56–57
  - Grammatik üben 4, S. 30–31

Seite 42

Lernziele/Kompetenzen
- Begriff „Pronomen" kennen und anwenden
- in Sätzen Nomen durch ein Pronomen ersetzen
- eigene Sätze mit Nomen und Pronomen bilden
- Pronomen in Sätze einsetzen

Anregungen für den Unterricht

Hinweis: Bisher haben die Kinder die Personalpronomen nur in der nicht deklinierten Form (*ich, du, er/sie/es, wir, ihr, sie*) kennengelernt. Auf dieser AH-Seite kommen zum einen die Personalpronomen in der deklinierten Form (z. B. *ich – meiner – mir – mich*) und zum anderen die Possessivpronomen (z. B. *dein – deine*) hinzu. Eine namentliche Unterscheidung wird aber nicht vorgenommen. Das Personalpronomen im Genitiv ähnelt dabei sehr dem Possessivpronomen. Der Unterschied zwischen beiden ist jedoch, dass ein Possessivpronomen in Verbindung mit einem Nomen auftritt (z. B. *mein Hund, deine Katze*). Der selten gewordene Genitiv der Personalpronomen steht dagegen nach bestimmten Verben (z. B. *Ich gedenke deiner.*). Im Gegensatz zu den Possessivpronomen, die in der Regel ein Bezugswort brauchen, handelt es sich bei Personalpronomen um eigenständige Satzglieder.

- Einstieg mit Nomen-Pronomen-Spiel:
  - ein Kind nennt einen Satz mit einem Nomen, das andere Kind ersetzt das Nomen durch ein Pronomen
- Aufg. 1 in PA: ein Kind liest den Satz mit dem Nomen vor, das andere Kind ersetzt das Nomen durch ein Pronomen.
- Aufg. 2: in EA oder als HA möglich
  - im Plenum: Ergebnisse vergleichen
- Aufg. 3: Sätze erst gemeinsam lesen, dann erfolgt Bearbeitung in EA oder als HA
- zur Festigung und weiteren Übung Aufgaben im Trainingsheft auf S. 17 durchführen

Differenzierung

Fördern:
- KV 17/1 verändern: nur Personalpronomen eintragen lassen, Possessivpronomen vorgeben
- KV 17/2 verändern: rechts Sätze ohne Pronomen angeben, Kinder füllen Lücken aus

Fordern:
- KV 17/1 verändern: keine Pronomen zur Auswahl geben
- KV 17/2 verändern: eigene Rätselsätze für einen Partner aufschreiben

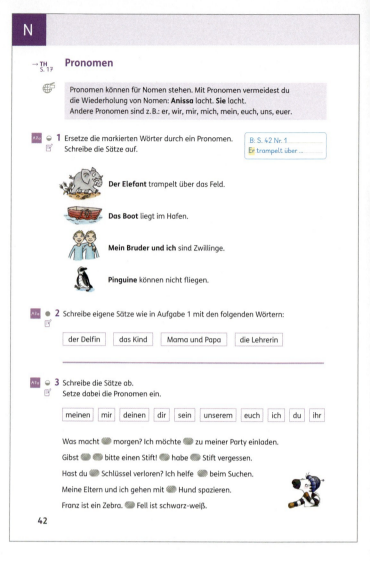

Ideen für die Weiterarbeit
- Schreibspiel für drei Kinder:
  - erstes Kind notiert einen Satz mit einem Nomen auf einem Blatt Papier
  - zweites Kind ersetzt das Nomen durch ein Pronomen; den ersten Satz nach hinten falten
  - drittes Kind ersetzt das Pronomen des zweiten Satzes wieder durch ein Nomen
  - Zettel auffalten und die Sätze vergleichen

Verweise
- Zebra 4 Trainingsheft, S. 17
- Zebra-Erklärfilm „Pronomen"
  (per Code unter Lehrwerk-Online, www.klett.de)
- KV 17 (Pronomen; veränderbar)
- Zebra 4 Förderkartei, Karteikarten 13–15
- Zebra 4 AH Sprache Fördern, S. 36
- Zebra 4 Forderblock, S. 9
- Meine Anoki-Übungshefte, Grammatik üben 4, S. 4–5

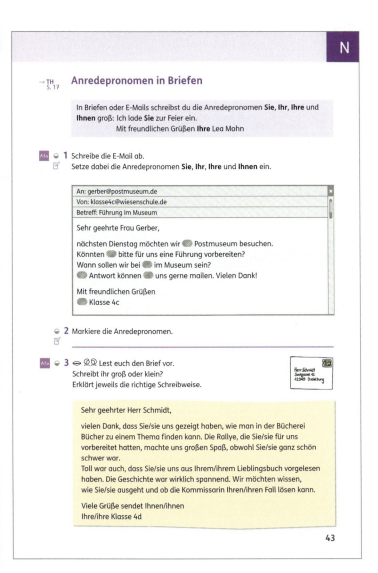

Seite 43

Lernziele/Kompetenzen

- Großschreibung von Anredepronomen in offiziellen Briefen und E-Mails kennenlernen und beachten
- Anredepronomen in Briefe einsetzen
- Rechtschreibstrategie anwenden: „Groß oder klein?" (Groß- bzw. Kleinschreibung von Anredepronomen und Personalpronomen)

Anregungen für den Unterricht

Hinweis: Abgesehen von den Nomen sind die Anredepronomen in der Höflichkeitsform die einzigen Wörter, die innerhalb eines Satzes großgeschrieben werden. Sie werden bei der Ansprache von Personen verwendet, die gesiezt werden.
Man geht davon aus, dass der große Anfangsbuchstabe nur gewählt wurde, um die Anrede vom normalen Pronomen abzugrenzen. Es gibt aber auch die These, dass durch die Buchstabengröße auch der Standesunterschied ausgedrückt werden sollte.
Als Merkhilfe dient für die Kinder, dass eine schriftliche Nachricht (Brief, E-Mail, Notiz) an eine Person, die von ihnen gesiezt wird, dann auch mit den großgeschriebenen Anredepronomen *Sie, Ihr, Ihnen* verfasst werden. Eine schriftliche Nachricht oder eine E-Mail an eine vertraute Person, die auch im direkten Kontakt mit „du" angesprochen wird, wird mit den kleingeschriebenen Anredepronomen *du/dir/dein* verfasst.

- Einstieg mit Einladung an eine Autorin (auf Folie oder als Arbeitsblatt):

Sehr geehrte Frau Weidner,
in einer Bücherzeitschrift haben wir über Ihr neues Buch „Der Junge mit dem Wunderfinger" gelesen. Uns interessiert Ihr neues Buch sehr. Deswegen möchten wir Sie in unsere Klasse einladen. Wir hoffen, es ist Ihnen möglich zu kommen.
Mit freundlichen Grüßen
Ihre Klasse 4a der Erich-Kästner-Grundschule

- Strategiekarte „Groß oder klein?" als stummen Impuls an die Tafel heften
- L: *Welche Wörter außer Satzanfängen und Nomen werden großgeschrieben?*
- diese im Text markieren, Wortart bestimmen
- Merksatz gemeinsam lesen und mit Schreiben vergleichen

Hinweis zu Aufg. 1: Als Einstieg werden hier zunächst nur großgeschriebene Anredepronomen eingesetzt.
- Aufg. 2 in EA oder als HA: auf Markierung hinweisen (als Kontrolle/Fokus auf Merkstelle)
- Aufg. 3: *Wann steht das Pronomen für etwas, das Herrn Schmidt gehört?* – z. B. *Ihrem Lieblingsbuch*
- zur Festigung und weiteren Übung Aufgaben im Trainingsheft auf S. 17 durchführen

Differenzierung

Fördern:
- KV 18/1 verändern: Anzahl der Einsetzungen ergänzen: *Sie* (3x), *Ihr* (1x), *Ihre* (1x), *Ihnen* (1x), *Ihren* (1x)

Fordern:
- KV 18/2 verändern: keine Anredepronomen vorgeben

Ideen für die Weiterarbeit
- Klassenpost einrichten: Briefkasten aufhängen für Nachrichten an die Mitschüler/innen oder die L

Verweise
- Zebra 4 Trainingsheft, S. 17
- KV 18 (Anredepronomen in Briefen; veränderbar)
- Zebra 4 Förderkartei, Karteikarten 16–18
- Meine Anoki-Übungshefte:
  - Richtig schreiben C 4, Fördern und Inklusion, S. 36–37
  - Richtig schreiben 4, S. 36–40
  - Grammatik üben 4, S. 6–7
  - Deutsch für Profis 4, Fordern, S. 30–31

Seite 44

Lernziele/Kompetenzen
- Begriffe „Wortfamilie" und „Wortstamm" wiederholen und anwenden
- Rechtschreibstrategie anwenden: „Wortbausteine"
- gemeinsame Wortstämme umrahmen
- Wörter den Wortfamilien zuordnen
- Wort aus Wortauswahl identifizieren, das nicht zur gleichen Wortfamilie gehört
- Wörter zu angegebenen Wortfamilien finden

Anregungen für den Unterricht
Hinweis: Die Arbeit mit Wortbausteinen ist der Anknüpfungspunkt für das Thema dieser AH-Seite. Es geht um Wortfamilien und deren Bildung durch das Anhängen von Wortbausteinen an einen Wortstamm. Da den Kindern Wortfamilien bereits aus der dritten Jahrgangsstufe bekannt sind (und diese auch im Wiederholungskapitel auf AH-S. 20 wiederholt wurden), sollte zunächst an deren Vorwissen angeknüpft werden.
- Einstieg mit stummem Impuls: Wortkarte mit dem Begriff „Wort" sowie Bildkarte einer Familie zeigen
  - Kinder tragen Vorwissen zum Begriff „Wortfamilien" zusammen, z. B.:
    (1) gleicher oder ähnlicher Wortstamm
    (2) verschiedene Wortarten
    (3) Merkstellen im Wortstamm bleiben meist erhalten
  - die drei Merkmale an Beispielen überprüfen:
    fall: *fallen, umfallen, einfallen, der Fall, der Unfall, der Abfall, abfällig, er fällt*
    lauf: *laufen, verlaufen, weglaufen, der Lauf, der Auslauf, der Ablauf, vorläufig, laufend,*
  - Merksatz gemeinsam lesen
- Aufg. 1: auf Verwendung von zwei Farben hinweisen
  - ggf. darauf hinweisen, dass auch Umlautung im Wortstamm erscheinen kann („kämm")
- Aufg. 2–3: *Welche Buchstaben stehen in allen Wörtern?* (druck-, fried-, fett-)
- Aufg. 4 in EA, PA oder als HA: auf Vorsilben, Nachsilben, Endungen sowie zusammengesetzte Nomen hinweisen
- zur Festigung und weiterer Übung Aufgaben im Trainingsheft auf S. 18 durchführen

Differenzierung

Fördern:
- Aufg. 1–2: ggf. Begriffe klären (*Bergkamm, einfetten*)
- KV 19 verändern: Beispiele für jeweilige Wortfamilien geben

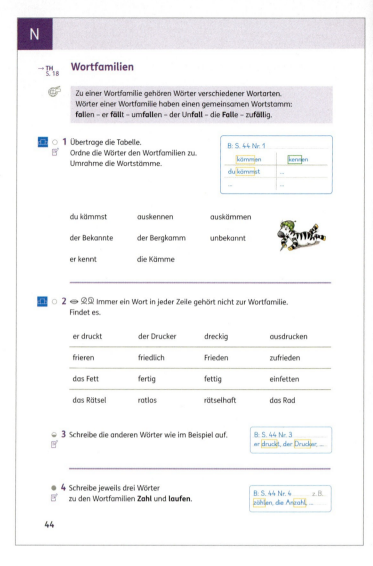

Fordern:
- KV 19 verändern: Wortstämme auf Spielfeld löschen, Kinder tragen eigene Beispiele ein

Ideen für die Weiterarbeit
- Sport: Lauf-Merk-Spiel
  - Gruppen bilden, jede Gruppe sammelt eine bestimmte Wortfamilie
  - Begriffe am anderen Hallenende verdeckt auf den Boden legen, Kinder laufen auf ein Signal dorthin und decken pro Runde ein Kärtchen auf
  - passt das Wort zur Wortfamilie, nehmen sie es mit, ansonsten wird es zurückgelegt
  - Gruppe mit den meisten Karten gewinnt

Verweise
- Zebra 4 Trainingsheft, S. 18
- Zebra-Erklärfilm „Wortbausteine"
  (per Code unter Lehrwerk-Online, www.klett.de)
- KV 19 (Wortfamilien – Würfelspiel, veränderbar)
- Zebra 4 Förderkartei, Karteikarten 19–20
- Zebra 4 AH Sprache Fördern, S. 37
- Zebra 4 Forderblock, S. 10
- Meine Anoki-Übungshefte:
  - Richtig schreiben C 4, Fördern und Inklusion, S. 39–48
  - Richtig schreiben 4, S. S. 42–49
  - Grammatik üben 4, S. 28–29

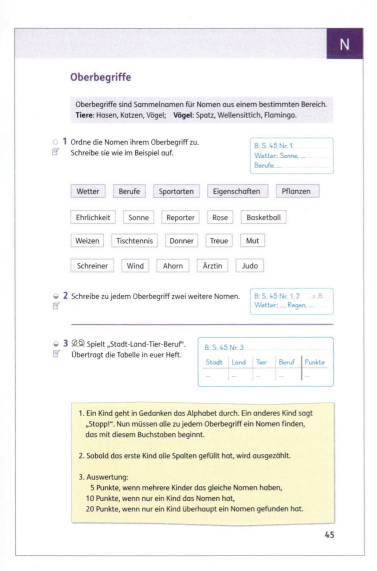

- Aufg. 1 in EA oder PA: darauf hinweisen, dass jeweils drei Nomen zu jedem Oberbegriff gefunden werden müssen
- Aufg. 2: in EA oder als HA möglich
  - auf Nutzung der Wörterliste oder eines Wörterbuches hinweisen
- Aufg. 3 in GA: Spiel ist den meisten Kindern bekannt und kann auch für andere Lerninhalte genutzt werden, z. B. Nomensammlung, Wortartensammlung

Differenzierung

Fördern:

- erweiterbare Wörtersammlung mit nach Oberbegriffen geordneten Nomen anlegen
- auf großformatiger Kopie der Wörterliste Nomen nach Oberbegriffen jeweils in unterschiedlichen Farben markieren
- KV 20/2 verändern: nur Wörter einzelner Oberbegriffe herausschreiben, z. B. nur Pflanzen und Berufe

Fordern:

- in PA: Rätsel herstellen
  - immer vier Nomen aufschreiben, wobei nur drei Nomen denselben Oberbegriff haben
  - Partner muss „Störer" und Oberbegriff der drei Nomen finden
- KV 20 verändern: als Wettspiel spielen (*Wer findet die meisten Nomen zu den angegebenen Oberbegriffen?*)

Ideen für die Weiterarbeit

- Sachunterricht:
  Plakate zu bestimmten Oberbegriffen erstellen, z. B. Instrumente, Getränke, Gefühle, Kosmetik, Gewürze, Gebäude, Haustiere, berühmte Persönlichkeiten

Verweise

- KV 20 (Oberbegriffe, veränderbar)
- Zebra 4 Förderkartei, Karteikarten 21–22
- Zebra 4 Forderblock, S. 11

Seite 45

Lernziele/Kompetenzen

- Begriff „Oberbegriff" kennen und anwenden
- Nomen ihrem Oberbegriff zuordnen
- eigene Nomen zu einem Oberbegriff finden

Anregungen für den Unterricht

Hinweis: Das Finden von Oberbegriffen ist heute eine Standardaufgabe bei Intelligenztests. Damit werden neben sprachlichen Fähigkeiten auch Abstraktionsvermögen und logisches Denken überprüft. Entscheidender Einflussfaktor ist der Umfang des aktiven Wortschatzes. Für die Kinder ist das Finden von Oberbegriffen als Lerninhalt neu. Im Alltag sind sie diesen Sammelnamen jedoch mit Sicherheit schon begegnet bzw. haben sie benutzt. Auf dieser AH-Seite wird nun der Fachbegriff „Oberbegriff" für die Sammelbezeichnung für Nomen aus einem bestimmten Bereich eingeführt und angewendet.

- Einstieg mit Sortieraufgabe im Kreis:
  - Kinder sortieren einen Berg von Gegenständen in Kisten, z. B. Schulsachen, Spielsachen, Kleidung, Werkzeug, Küchengeräte
  - nach dem Ordnen für jede Kiste eine passende Bezeichnung wählen
  - gefundene Sammelbezeichnungen mit der Information aus dem Merksatz vergleichen

Seite 46

Lernziele/Kompetenzen

- Rechtschreibstrategie anwenden: „Nachschlagen"
- die Wörterliste als Kontrollmöglichkeit nutzen
- Schreibweise von Fremdwörtern durch Nachschlagen in der Wörterliste ermitteln
- Fremdwörter in der Wörterliste, einem Wörterbuch oder dem Internet sammeln

Anregungen für den Unterricht

Hinweis: Gerade in unserer medial geprägten Zeit verwenden Kinder häufig viele Fremdwörter, ohne zu wissen, dass es sich um solche handelt. Viele dieser aus einer anderen Sprache entlehnten Wörter sind für uns kaum noch als solche erkennbar, da man die deutschen Begrifflichkeiten (fast) gar nicht mehr verwendet (*Handy/Smartphone* statt „tragbares Telefon", *Clown* statt „Spaßmacher"). So bereiten Fremdwörter den Grundschulkindern im mündlichen Sprachgebrauch häufig keine Probleme, deren Verschriftlichung jedoch schon. Fremdwörter sind Merkwörter, deren Schreibweise keinen Regeln folgt, sondern im Zweifelsfall nachgeschlagen und geübt werden muss. In diesem Zusammenhang sollte auch die bereits in der 2. und 3. Klasse thematisierte Rechtschreibstrategie „Nachschlagen" wiederholt und geübt werden (vgl. Strategiekarte „Nachschlagen").

- Einstieg über die Zuordnung von Fremdwörtern:
  - Wortkarten mit Buchstaben zur Auswahl stellen (z. B. *Hand i/y*) und Bildkarten zu Wortmaterial aus Aufg. 1 in Kreismitte legen
  - Karten paarweise zuordnen lassen
  - nach Paarbildung und Begriffsklärung beispielhaftes Nachschlagen von einzelnen Wörtern in der Wörterliste durchführen
  - ggf. Rechtschreibstrategie „Nachschlagen" wiederholen, auf Strategiekarte hinweisen
- Vorbereitung Aufg. 1: ggf. vorher alle Fremdwörter in Wörterliste auf großformatiger Kopie der Wörterliste markieren
- Aufg. 1–2: in EA oder PA möglich
- Aufg. 2: Wörter deutlich vorsprechen, um Laut herauszuhören
  Hinweis zu Aufg. 2: Anhand der Lautqualität lässt sich die Schreibweise nicht ableiten, sondern es handelt sich um nicht lautgetreue oder ableitbare Merkwörter.
- Aufg. 3–4 in EA oder als HA möglich
  Hinweis zu Aufg. 3–4: Das Nachschlagen in der Wörterliste sollte regelmäßig geübt werden.

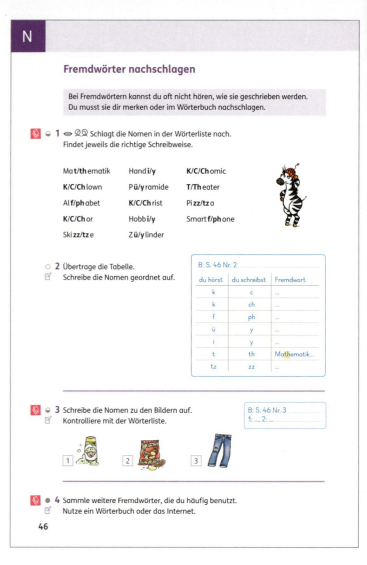

Differenzierung

Fördern:

- erweiterbare Wörtersammlung von Fremdwörtern anlegen, diese regelmäßig mit verschiedenen Diktatformen üben (vgl. AH-S. 8)
- alle Fremdwörter auf großformatiger Kopie der Wörterliste markieren

Fordern:

- Aufg. 1 in PA: eigene Rätsel-Fremdwörter für einen Partner notieren, die nachgeschlagen werden müssen
- Wettspiel: *Wer findet ein bestimmtes Fremdwort am schnellsten in der Wörterliste?*

Ideen für die Weiterarbeit

- Fremdsprachenunterricht: Ursprung von Lehnwörtern erkunden
- Dominos, Paarzuordnungsspiele mit Fremdwörtern herstellen

Verweise

- Zebra 4 AH Sprache Fördern, S. 38
- Meine Anoki-Übungshefte:
  - Richtig schreiben 3, S. 78–79
  - Richtig schreiben 4, S. 78

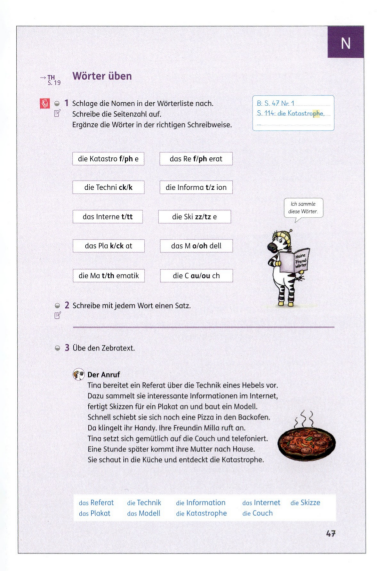

Seite 47

Lernziele/Kompetenzen

- Lernwortschatz und Strategiewissen als Säulen von Rechtschreibkompetenz erfahren (anhand des Zebratextes)
- Rechtschreibstrategie anwenden: „Nachschlagen" auf Wort- und Satzebene

Anregungen für den Unterricht

Hinweis: Die Aufgaben der AH-Seite wiederholen die Rechtschreibstrategie „Nachschlagen". Dabei werden viele Wörter aus dem Zebratext berücksichtigt (siehe Lernwörter am Ende der Seite).

- Einstieg: Rechtschreibgespräch über den Zebratext
  - ggf. auf mehrere Tage verteilen (jeden Tag einen ausgewählten Satz als „Satz des Tages")
  - Kinder bringen ihr Rechtschreibwissen ein und ermitteln die Schreibweise der Wörter durch die Rechtschreibstrategie „Nachschlagen"
  - Kinder zum Üben der Wörter und des Zebratextes wiederholt auf die Lern- und Schreibtipps hinweisen (AH-S. 6: „Rechtschreibgespräche führen"; AH-S. 7: „Arbeit mit einer Rechtschreibkartei"; AH-S. 8: „Zebratexte üben")
- Vorbereitung Aufg. 1: Strategie „Nachschlagen" wiederholen
  - darauf hinweisen, dass die richtige Schreibweise nicht herausgehört oder durch Regelanwendung ermittelt werden kann, sondern die Fremdwörter nachgeschlagen und als Merkwörter gelernt werden müssen
- Aufg. 1: Wörter mehrfach üben, ggf. Stolperstellen markieren
- Vorbereitung Aufg. 3: ggf. Fremdwörter in Zebratext markieren
  - Übungsformate Knickdiktat und Wendediktat wiederholen (vgl. Anleitungen zu Diktatformen auf AH-S. 8)
- zur Festigung und weiteren Übung Aufgaben im Trainingsheft auf S. 19 durchführen

Differenzierung

Fördern:

- Aufg. 1–2: vor dem Nachschlagen alle Fremdwörter auf großformatiger Kopie der Wörterliste markieren; Fremdwörter auf Wortkarten schreiben und mehrfach üben
- Aufg. 3: Zebratext abschreiben oder als Schleich- und Partnerdiktat üben
- KV 21/1 verändern: Zebratext in größerer Schriftart oder in reduziertem Umfang anbieten

Fordern:

- Aufg. 1: weitere Fremdwörter nachschlagen
- Aufg. 2: Wörter vor dem Abschreiben abdecken und aus dem Gedächtnis notieren
- Aufg. 3: Text ohne Vorbesprechung diktieren, in PA oder GA Rechtschreibung durch Nachschlagen in der Wörterliste überprüfen und verbessern

Ideen für die Weiterarbeit

- Lernwörter aus dem Zebratext an Stationen trainieren:
  - Lupenwörter (Lernwörter in sehr kleiner Schriftgröße ausdrucken, eine Lupe hilft beim Lesen und fördert das genaue Hinsehen)
  - Geheimschrift (Lernwörter in Geheimschrift ausdrucken, diese sind bei Softwarepaketen für Schulschriften zu erhalten)
  - Zebratext als Grundlage für Schleich-, Blitz-, Würfel-, Partner-, Streifen- oder Dosendiktat

Verweise

- Zebra 4 Trainingsheft, S. 19
- KV 21 (Wörter üben: Nomen; veränderbar)
- Deutsch Klasse 4 mit Zebra (App)
- Zebra 4 AH Sprache Fördern, S. 39

Seite 48

Lernziele/Kompetenzen

- sprachkundliche Aspekte wiederholen und festigen:
  - durch Ausschlussprinzip Nomen einer Kategorie zuordnen (Gefühle/Zustände, Zeitbegriffe, Länder)
  - zusammengesetzte Nomen bilden
  - Grund- und Bestimmungswörter in zusammengesetzten Nomen markieren
  - Nomen mit Nachsilben und Endungen bilden
  - Anredepronomen in Sätzen ergänzen
  - Nomen zu einem Oberbegriff finden

Anregungen für den Unterricht

- Ablauf:
  - Aufg. 1–6: eigenständige Bearbeitung ohne Vorbesprechung (Nomen aus einer Wörtersammlung herausfinden, das nicht zu einer Kategorie gehört; zusammengesetzte Nomen bilden und mit Artikel notieren, Grund- und Bestimmungswörter markieren; Nomen mit den Nachsilben -heit, -keit, -nis, -schaft und der Endung -ung bilden, Nachsilben und Endungen markieren; Anredepronomen in einem offiziellen Brief selbstständig ergänzen; Nomen zum Oberbegriff „Fahrzeuge" finden)
  - anschließend individuelle Fehleranalyse durch die L und Förderung nach Fehlerschwerpunkten, z. B. mit der Förderkartei, den KVs oder den Zebra-Erklärfilmen
- mögliche Fehler:
  Hinweis zu Aufg. 1: Bei Problemen bei der Identifizierung des „Störers" sollten die Kategorien, in die Nomen eingeteilt werden können, wiederholt und beispielhaft geübt werden.
  - Aufg. 2: fehlerhafte Großschreibung (Hilfe: alle Wörter sind Nomen; ggf. auf Tippkarte hinweisen)
  - Aufg. 3: fehlerhafte Markierung (Hilfe: darauf hinweisen, dass Bestimmungswort vorne steht, das Grundwort hinten)
  - Aufg. 4: Probleme bei Bildung der Nomen mit Nachsilben und Endungen (Hilfe: auf Kontrollmöglichkeit in der Wörterliste hinweisen)
  - Aufg. 5: Kleinschreibung der Anredepronomen (Hilfe durch Frage: Wie sagen die Kinder zu Herrn Schmidt, „Sie" oder „du"? – formelle großgeschriebene Anredepronomen nötig)
  - Aufg. 6: Probleme beim Finden von Nomen zum Oberbegriff „Fahrzeuge" (Hilfe: auf Wörterliste hinweisen)
- zur Festigung und weiterer Übung Aufgaben im Trainingsheft auf S. 19 durchführen

Differenzierung

Fördern:

- Aufg. 1: Kategorien der Spalten nennen: 1. Spalte: Gefühle/Zustände, 2. Spalte: Zeitbegriffe, 3. Spalte: Länder
- Aufg. 2–3: ein Beispiel vorgeben
- Aufg. 4: jeweils die Nachsilbe/Endung vorgeben
- Aufg. 5: Anredepronomen als Auswahl vorgeben: *Sie, Ihre* (2x), *Ihnen, Ihrer*

Fordern:

- Aufg. 1: Sätze mit den Wörtern schreiben
- Aufg. 2: Wortarten der Wörter bestimmen lassen
- Aufg. 3: eigene Zusammensetzungen bilden und markieren
- Aufg. 4: zu jeder Nachsilbe/Endung ein eigenes Beispiel finden
- Aufg. 5: einen eigenen Brief schreiben
- Aufg. 6: Nomen zum Oberbegriff „Kleidung" finden

Verweise

- Zebra-Erklärfilme (per Code unter Lehrwerk-Online, www.klett.de)
- Zebra 4 Trainingsheft, S. 19
- Zebra 4 AH Sprache Fördern, S. 40

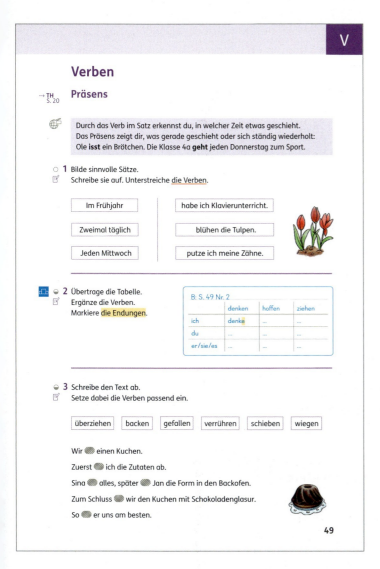

Seite 49

Lernziele/Kompetenzen

- Zeitform „Präsens" als Zeitform für etwas, das gerade geschieht oder für etwas, das sich ständig wiederholt, auffrischen
- Verben im Präsens in Sätzen markieren
- Rechtschreibstrategien anwenden: „Groß oder klein?" und „Wortbausteine"
- Personalformen im Präsens bilden und in Sätze einsetzen

Anregungen für den Unterricht

Hinweis: Präsens, Präteritum und Perfekt sind den Kindern aus Klasse 3 bekannt und wurden im ersten Kapitel bereits wiederholt. Es kann also auf das Vorwissen der Kinder zurückgegriffen werden.

- Einstieg mit Placemat zum Thema Verben (Informationen zur Methode z. B. im Internet vom Pädagogischen Landesinstitut Rheinland-Pfalz unter www.bildung-rp.de):
  - jedes Kind notiert zunächst in seinem Feld sein Vorwissen zur Wortart „Verben"
  - innerhalb der Gruppe Ergebnisse in der Mitte zusammentragen
  - anschließend die Ergebnisse aller Gruppen zusammenführen (Fokus dieser Stunde: Ergebnisse zum Präsens)
  - die Placemats für Folgestunden aufbewahren
- folgende Punkte herausarbeiten, möglichst anhand konkreter Beispiele von den Placemats:
  - Bildung von Personalformen, Wortstamm und Endungen
  - Funktion/Verwendung der Zeitform „Präsens"
- Merksatz gemeinsam lesen
- Aufg. 1–3: eigenständige Bearbeitung (Sätze passend verbinden und notieren, Verben unterstreichen; regelmäßig gebildete Personalformen in einer Tabelle ergänzen; Verben im Präsens in einen Text einsetzen)
- Aufg. 3: als HA möglich
  - im Plenum: Ergebnisse vergleichen
- zur Festigung und weiteren Übung Aufgaben im Trainingsheft auf S. 20 durchführen

Differenzierung

Fördern:

- Endungen aller Personalformen wiederholen
- Verben im Präsens in Texten unterstreichen
- KV 22/1 verändern: Anfangsbuchstaben der Verben markieren, um die Suche zu erleichtern

Fordern:

- eigene Beispiele finden für etwas, das gerade geschieht oder etwas, das sich ständig wiederholt
- Aufg. 2: Personalformen von schwierigen Verben notieren, z. B.: *werden, sein, haben*; Verben mit Umlautung (z. B. *du fährst*); Verben mit Konsonantenhäufung (z. B. *du schickst*)
- KV 22/Zusatz: *Schreibe Sätze mit den Verben.*

Ideen für die Weiterarbeit

- Schreibweise verschiedener Verben in einem Rechtschreibgespräch (z. B. als „Wort des Tages") erklären, z. B.: *es gefällt, du backst, sie überzieht, er verrührt*
- Texte schreiben, die im Präsens stehen: Rezept, Bastelanleitung, Tier- oder Personenbeschreibung

Verweise

- Zebra 4 Trainingsheft, S. 20
- Zebra-Erklärfilm „Präsens" (per Code unter Lehrwerk-Online, www.klett.de)
- KV 22 (Präsens; veränderbar)
- Zebra 4 Förderkartei, Karteikarte 23
- Zebra 4 AH Sprache Fördern, S. 41
- Zebra 4 Forderblock, S. 26
- Meine Anoki-Übungshefte:
  - Richtig schreiben C 4, Fördern und Inklusion: S. 20–22, 45–48
  - Richtig schreiben 4: S. 16, 18, 20, 50, 51

Seite 50

Lernziele und Kompetenzen

- Zeitform „Präteritum" als meist beim Schreiben verwendete Vergangenheitsform wiederholen
- Präteritumformen starker und schwacher Verben bilden
- die Wörterliste als Kontrollmöglichkeit nutzen
- Verben im Präteritum in Sätzen erkennen
- einen Text ins Präteritum übertragen
- Rechtschreibstrategien anwenden: „Groß oder klein?" und „Nachschlagen"

Anregungen für den Unterricht

Hinweis: Auch beim Präteritum kann auf das Vorwissen der Kinder zurückgegriffen werden.

- Einstieg mit folgendem Satz an der Tafel:
  Morgen ist heute schon gestern.
  - Kinder äußern sich frei dazu
  - L lenkt Fokus auf die Zeitformen des Verbs: *Wenn „heute" dem Präsens entspricht, dann entspricht „gestern" ...*
  - Kinder nennen evtl. das Präteritum und das Perfekt
  - nach eigenen Überlegungen beide Zeiten einander gegenüberstellen oder sich mit dem Hinweis auf die folgende Stunde auf das Präteritum beschränken
  - Erkenntnis: *Das Präteritum zeigt an, dass etwas vergangen ist.*
  - wiederholen, dass das Präteritum vor allem beim Schreiben verwendet wird
  - ggf. Placemats aus der vergangenen Stunde zur Erarbeitung nutzen
- Vorbereitung Aufg. 1: zu einigen Präsensformen von den Kindern das Präteritum nennen lassen
  - Unsicherheiten bei der Bildung aufgreifen, um das Nachschlagen bei der Grundform in der Wörterliste zu üben
- Aufg. 1–5: eigenständige Bearbeitung
  Hinweis: Die Aufgaben 2 und 5 sollten besonders gründlich bearbeitet werden, damit das Nachschlagen den Kindern bei der Überarbeitung eigener Texte zur Gewohnheit wird.
- zur Festigung und weiteren Übung Aufgaben im Trainingsheft auf S. 20 durchführen

Differenzierung

Fördern:
- Aufg. 2, 5: mit L/Lernpartner arbeiten
- KV 23 verändern: Auswahl der Verben individuell anpassen, bei Aufg. 3 Pronomen schon vorgeben

Fordern:
- KV 23 verändern: Auswahl der Verben individuell anpassen

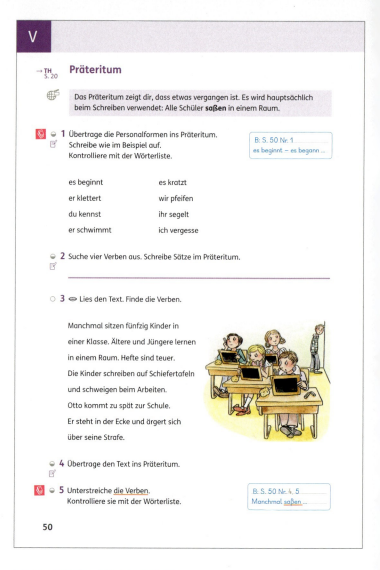

Ideen für die Weiterarbeit

- häufige Präteritumformen mit verschiedenen spielerischen Übungsformaten trainieren:
  - Paarspiele
  - Dominos
  - Präteritumschieber: auf Vorder- und Rückseite im Wechsel die Präsens-/Präteritumform aufgedruckt, zum Verb im Präsens entsprechende Präteritumform nennen, Partner kontrolliert jeweils

Verweise

- Zebra 4 Trainingsheft, S. 20
- Zebra-Erklärfilm „Präteritum"
  (per Code unter Lehrwerk-Online, www.klett.de)
- KV 23 (Präteritum; veränderbar)
- Zebra 4 Förderkartei, Karteikarten 24–25
- Zebra 4 AH Sprache Fördern, S. 42
- Zebra 4 Forderblock, S. 30
- Meine Anoki-Übungshefte:
  - Richtig schreiben C 4, Fördern und Inklusion, S. 49
  - Richtig schreiben 4, S. 17
  - Grammatik üben 4, S. 14

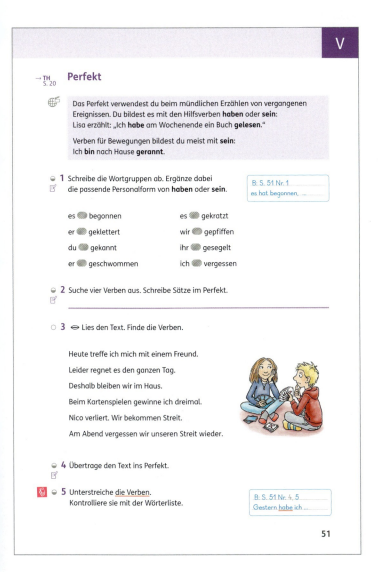

Seite 51

Lernziele/Kompetenzen

- Zeitform „Perfekt" als beim Sprechen verwendete Vergangenheitsform wiederholen
- „Hilfsverben" vorbegrifflich kennenlernen
- Perfektformen starker und schwacher Verben bilden
- die Wörterliste als Kontrollmöglichkeit nutzen
- Verben im Präteritum in Sätzen erkennen
- einen Text ins Perfekt übertragen
- Rechtschreibstrategien anwenden: „Groß oder klein?" und „Nachschlagen"

Anregungen für den Unterricht

Hinweis: Wie das Präsens und das Präteritum ist auch das Perfekt den Kindern bereits bekannt, sodass auf ihr Vorwissen zurückgegriffen werden kann.
Das Hilfsverb *sein* wird bei der Bildung des Perfekts von Verben verwendet, die eine Ortsänderung (Bewegung) oder eine Zustandsänderung ausdrücken (z. B.: *aufwachen*, *sterben*). Daneben gibt es folgende Ausnahmen: *bleiben*, *gelingen*, *geschehen*, *passieren*, *sein* und *werden*.

- Einstieg mit Blitzlicht-Runde: jedes Kind nennt reihum einen kurzen Satz zum gestrigen Tag
  - L notiert einige der Sätze an der Tafel
  - darauf achten, dass mit *haben* und *sein* gebildete Perfektformen vertreten sind
  - ggf. Sätze in Sprechblasen notieren, um den mündlichen Aspekt zu unterstreichen
- anhand der Sätze folgende Punkte zum Perfekt herausarbeiten:
  - Bildung des Perfekts mit den Hilfsverben *haben* oder *sein* (Verben dazu unterstreichen)
  - ggf. Placemat aus der vergangenen Stunde zur Erarbeitung nutzen
- Merksatz gemeinsam lesen
- Vorbereitung Aufg. 1: zu einigen Präsensformen die entsprechenden Perfektformen von den Kindern nennen lassen
  - Unsicherheiten bei der Bildung aufgreifen, um das Nachschlagen bei der Grundform in der Wörterliste zu üben
- Aufg. 1–5: eigenständige Bearbeitung
  Hinweis: Die Aufgabe 5 sollte besonders gründlich bearbeitet werden, damit das Nachschlagen den Kindern bei der Überarbeitung eigener Texte zur Gewohnheit wird.
- zur Festigung und weiteren Übung Aufgaben im Trainingsheft auf S. 20 durchführen

Differenzierung

Hinweis: Die Perfektformen sind den meisten Kindern geläufig und müssen in der Regel kaum geübt werden.

Fördern:

- für Kinder mit Deutsch als Zweitsprache: Perfektformen mit Übungsformen von LHB, S. 66 („Ideen für die Weiterarbeit") trainieren
- darauf hinweisen, dass die Verben der Bewegung das Perfekt mit *sein* bilden

Fordern:

- Sprachforscheraufgabe: mithilfe der Wörterliste herausfinden, welche Verben das Perfekt mit *haben* und welche das Perfekt mit *sein* bilden

Ideen für die Weiterarbeit

- mit Tablet, Handy oder Aufnahmemikrofon kurze Interviews über ein vergangenes Ereignis führen (z. B. Sportnachmittag, Fahrradprüfung o. Ä.); die im Perfekt aufgenommenen Interviews schriftlich als Bericht im Präteritum festhalten

Verweise

- Zebra 4 Trainingsheft, S. 20
- Zebra-Erklärfilm „Perfekt" (per Code unter Lehrwerk-Online, www.klett.de)
- Zebra 4 Förderkartei, Karteikarten 26–27
- Zebra 4 AH Sprache Fördern, S. 43
- Zebra 4 Forderblock, S. 31
- Meine Anoki-Übungshefte:
  - Richtig schreiben 4, S. 51
  - Grammatik üben 4: S. 15, 17

Seite 52

Lernziele/Kompetenzen

- Zeitformen Präsens, Präteritum und Perfekt von verschiedenen Verben bilden
- Sicherheit im Bestimmen der Zeitformen Präsens, Präteritum und Perfekt erlangen
- die Wörterliste als Kontrollmöglichkeit nutzen
- Rechtschreibstrategien anwenden: „Wortbausteine" und „Nachschlagen"
- den Blick auf die Verwendung der Zeitformen in eigenen Texten lenken

Anregungen für den Unterricht

- Einstieg: „Präsens, Präteritum oder Perfekt" nach den Regeln von „1, 2 oder 3" spielen:
  - L liest Sätze in verschiedenen Zeiten vor
  - Kinder stellen sich zum entsprechenden Wort an der Tafel
- Wegweiser im Klassenzimmer noch einmal betrachten (vgl. LHB, S. 29)

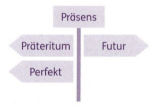

- anschließend Aufg. 1–2: eigenständige Bearbeitung
  - zur Differenzierung Sätze mit den Wörtern schreiben oder weitere Verben aus der Wörterliste herausschreiben
  - ggf. schwirige Stellen im Wortstamm in allen drei Zeitformen markieren lassen (Stammerhaltung)
- Vorbereitung Aufg. 3–4: den Fokus auf die Textebene lenken
  - Ausschnitt aus einem Kindertext, in dem einige Zeitfehler angestrichen sind, z. B.:
  Anschließend machte sich Tina auf den Heimweg. Plötzlich springt vor Tina ein schwarzer Schatten auf den Weg. Sie ist erschrocken, ging aber trotzdem weiter. Als sie näher kommt, sieht sie, dass der Schatten eine kleine Katze ist.
  - Zeitformfehler im Text gemeinsam verbessern
- Aufg. 3–4: eigenständige Bearbeitung
- zur Festigung und weiteren Übung Aufgaben im Trainingsheft auf S. 20 durchführen

Differenzierung

Fördern:

- Aufg. 3: mit L/Lernpartner arbeiten
- KV 24/2–4 verändern: die geforderten Sätze als Lückentext anbieten, Kinder ergänzen die Verbform
- Trimino spielen (Präsens, Präteritum, Perfekt häufiger Verben)

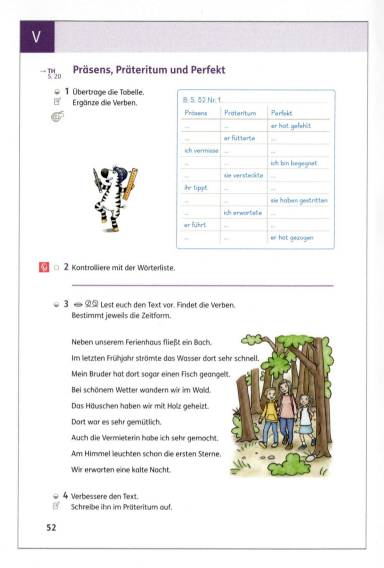

Fordern:

- KV 24/2–4 verändern: Schreibzeilen entfernen, weitere Sätze (z. B. auch mit trennbaren zweiteiligen Verben) ergänzen, Aufg. im Heft lösen

Ideen für die Weiterarbeit

- in GA: Satz sagen, Ball einem anderen Kind zurollen, Zeitform vorgeben, in die das Kind, das den Ball nun in den Händen hält, den Satz übertragen soll usw.

Verweise

- Zebra 4 Trainingsheft, S. 20
- Zebra-Erklärfilm „Präsens, Präteritum, Perfekt" (per Code unter Lehrwerk-Online, www.klett.de)
- KV 24 (Präsens, Präteritum und Perfekt; veränderbar)
- Zebra 4 Förderkartei, Karteikarten 28–29
- Zebra 4 AH Sprache Fördern, S. 44

V

→ TH S. 21

Futur (Zukunft) 1

Das Futur zeigt dir, was in der Zukunft passieren wird oder kann.
Es wird mit **werden** und **der Grundform des Verbs** gebildet:
Wir **werden** nächste Woche eine Arbeit **schreiben**.
In 50 Jahren **wird** jeder zum Mond **fliegen**.

1 Lest euch den Text vor.
Findet die Verben.

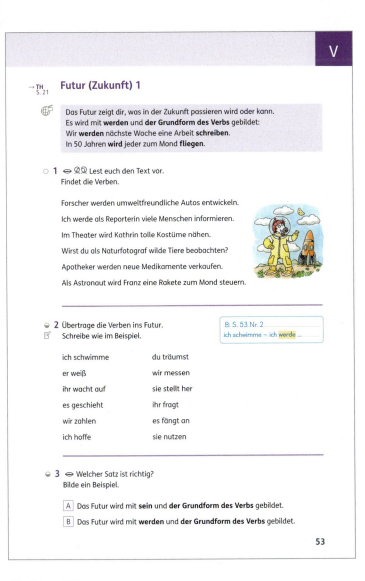

Forscher werden umweltfreundliche Autos entwickeln.
Ich werde als Reporterin viele Menschen informieren.
Im Theater wird Kathrin tolle Kostüme nähen.
Wirst du als Naturfotograf wilde Tiere beobachten?
Apotheker werden neue Medikamente verkaufen.
Als Astronaut wird Franz eine Rakete zum Mond steuern.

2 Übertrage die Verben ins Futur.
Schreibe wie im Beispiel.

B. S. 53 Nr. 2
ich schwimme – ich werde ...

ich schwimme	du träumst
er weiß	wir messen
ihr wacht auf	sie stellt her
es geschieht	ihr fragt
wir zahlen	es fängt an
ich hoffe	sie nutzen

3 Welcher Satz ist richtig?
Bilde ein Beispiel.

A Das Futur wird mit **sein** und **der Grundform des Verbs** gebildet.
B Das Futur wird mit **werden** und **der Grundform des Verbs** gebildet.

53

Seite 53

Lernziele/Kompetenzen

- Zeitform „Futur" als Zeitform für Zukünftiges kennenlernen
- Verben im Futur in Sätzen erkennen
- Futurformen verschiedener Verben bilden
- die Bildung des Futurs reflektieren

Anregungen für den Unterricht

Hinweis: Das Futur wird an dieser Stelle als letzte Zeitform in der Grundschule neu eingeführt, das Vorwissen der Kinder beschränkt sich also auf die im alltäglichen Sprachgebrauch gesammelten Erfahrungen.

- Einstieg: Sätze ähnlich einem Horoskop um eine Wahrsagerkugel herum an der Tafel anordnen:
  Du wirst einem netten Menschen begegnen.
  Ein Traum wird in Erfüllung gehen.
  Du wirst eine interessante Erfahrung machen.
  – Kinder äußern sich frei dazu
  – Erkenntnis: *Das Futur steht als Zeitform für Zukünftiges, aber keiner kann wissen, was die Zukunft uns tatsächlich bringen wird.*
  – Kinder unterstreichen die Verben in den Sätzen an der Tafel
  – anhand der unterstrichenen Verben die Bildung des Futurs mit der Personalform von *werden* und der Grundform eines Verbs herausarbeiten
  – einzelne Kinder formulieren weitere Sätze im Stil einer Wahrsagerin, dabei darf gerne übertrieben werden; die anderen nennen die verwendeten Futurformen
- Merksatz gemeinsam lesen
- Aufg. 1–3: eigenständige Bearbeitung (Verben finden; Verben ins Futur übertragen; über die Bildung des Futurs reflektieren)
  – im Plenum: Ergebnisse vergleichen
- KV 25 (veränderbar) als HA möglich
- zur Festigung und weiteren Übung Aufgaben im Trainingsheft auf S. 21 durchführen

Differenzierung

Fördern:

- KV 25/2 verändern: Text als Lückentext anbieten, Kinder ergänzen die Verben im Futur

Fordern:

- weitere Möglichkeit über die Zukunft zu sprechen kennenlernen: durch Verwendung des Präsens in Verbindung mit einer Zeitangabe, welche in die Zukunft weist (z. B.: *in zwei Wochen, morgen*)

Ideen für die Weiterarbeit

- Zeiten-Wegweiser im Klassenzimmer um das Schild für das Futur ergänzen (vgl. LHB, S. 68)

Verweise

- Zebra 4 Trainingsheft, S. 21
- Zebra-Erklärfilm „Futur"
  (per Code unter Lehrwerk-Online, www.klett.de)
- KV 25 (Futur/Zukunft 1; veränderbar)
- Zebra 4 Förderkartei, Karteikarte 30
- Zebra 4 AH Sprache Fördern, S. 45
- Zebra 4 Forderblock, S. 32
- Meine Anoki-Übungshefte:
  – Grammatik üben 4, S. 18–19
  – Deutsch für Profis 4, Fordern, S. 20–21

Seite 54

Lernziele/Kompetenzen
- das Futur als Zeitform für Zukünftiges anwenden
- Futurformen in Sätze einsetzen
- Sätze ins Futur übertragen
- im Futur über eigene Zukunftspläne schreiben

Anregungen für den Unterricht
- Einstieg mit Text in Kinderschrift an der Tafel oder am Smartboard:

  In 30 Jahren werde ich als Tierpfleger arbeiten. Im Zoo unserer Stadt werde ich die Seehunde versorgen. Auch zu Hause werde ich mit meiner Frau und meinen drei Kindern mehrere Tiere halten: einen Hund, eine Katze und vielleicht auch Meerschweinchen.

  - Gespräch über die Zukunftspläne der Kinder führen
  - Futurformen im Text rot unterstreichen, das in der vergangenen Stunde über das Futur Gelernte wiederholen
- Aufg. 1–3: eigenständige Bearbeitung (Sätze notieren, Verben im Futur einsetzen; Verben unterstreichen, einen Text ins Futur übertragen)
  - auch als HA möglich
- Aufg. 4–5: Kinder schreiben einen Text im Futur, wie sie sich ihre Zukunft in dreißig Jahren vorstellen
  - hierfür ggf. eine Ideensammlung vorgeben (z. B. Familie, Beruf, Hobbys, Wohnen, Haustiere, Freunde)
  - Aufg. 5 in PA oder GA: Austausch über die Zukunftspläne der Kinder

  Hinweis zu Aufg. 5: Motivierend ist es, die Kinder dazu anregen, diesen Text in einem Briefumschlag aufzubewahren, bis sie erwachsen sind, um ihre heutigen Wünsche und Pläne dann mit der Wirklichkeit zu vergleichen.
- zur Festigung und weiteren Übung Aufgaben im Trainingsheft auf S. 21 durchführen

Differenzierung
Fördern:
- Würfelspiel mit zwei Würfeln: einen Würfel mit den Personalformen beschriften, den anderen mit sechs verschiedenen Verben
  - würfeln und die entsprechende Personalform im Futur bilden
- KV 26/2 verändern: Wohnung der Zukunft zunächst malen

Fordern:
- Sätze in allen bekannten Zeitformen ausdrucken, Zeitform bestimmen, in PA sich gegenseitig Aufgaben stellen, in welche Zeitform der Satz übertragen werden soll
- KV 26/1 verändern: mit vorgegebenen Verben einen eigenen Text zur Zukunft schreiben

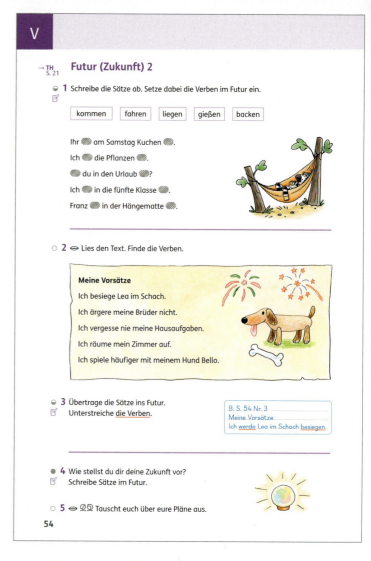

Ideen für die Weiterarbeit
- „Ziel der Woche" als Methode einführen, um das Sozial- und Arbeitsverhalten in kleinen, individuellen Schritten zu verbessern:
  - an den kommenden Montagen formuliert jedes Kind ein „Ziel der Woche" im Futur, z. B.:
    Ich werde niemanden auslachen.
    Ich werde im Wochenplan meine Aufgaben zügig und sorgfältig erledigen.
  - am darauffolgenden Freitag darüber reflektieren, ob das Ziel erreicht wurde

Verweise
- Zebra 4 Trainingsheft, S. 21
- KV 26 (Futur/Zukunft 2; veränderbar)
- Zebra 4 Förderkartei, Karteikarten 31–32
- Meine Anoki-Übungshefte:
  - Grammatik üben 4, S. 18–19
  - Deutsch für Profis 4, Fordern, S. 20–21

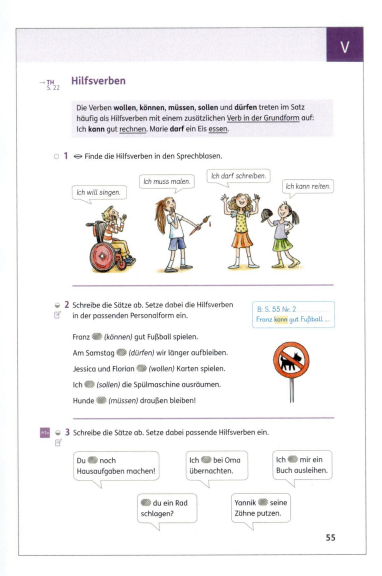

Seite 55

Lernziele/Kompetenzen
- die Verben „wollen", „können", „müssen", „sollen" und „dürfen" als Hilfsverben kennenlernen
- Hilfsverben in Sätzen erkennen
- Hilfsverben in Sätze einsetzen
- Rechtschreibstrategie anwenden: „Wortbausteine"

Anregungen für den Unterricht
Hinweis: Verben mit Hilfsverben im Satz zu erkennen hilft den Kindern, zweiteilige Prädikate richtig zu bestimmen.
Hilfsverben drücken in Verbindung mit einem Vollverb bestimmte grammatische Merkmale aus, z. B. Tempus (Zeit: *haben, sein, werden*) oder Modus (Notwendigkeit/Möglichkeit: *dürfen, können, müssen, sollen, wollen*).
- Einstieg: fünf Kinder mit schauspielerischem Talent kommen nach vorne und lesen möglichst sinnvoll betont je einen der folgenden Sätze vor:
  Ich will singen. Ich muss singen. Ich darf singen.
  Ich kann singen. Ich soll singen.
- kurzes Gespräch über die Unterschiede in den Sätzen und die darin enthaltene Bedeutungsänderung
- vorgetragene Sätze an die Tafel schreiben oder mit der Dokumentenkamera projizieren, Kinder unterstreichen die Verben
- Einführung des Begriffs „Hilfsverb"
- Merksatz gemeinsam lesen
- Sprechblasen ähnlich Aufg. 3 vorbereiten und passende Hilfsverben einsetzen, verschiedene mögliche Lösungen miteinander vergleichen
- Aufg. 1–3: eigenständige Bearbeitung (Hilfsverben finden; vorgegebene Hilfsverben einsetzen; zu einem Satz passende Hilfsverben finden und einsetzen)
- Nachbereitung Aufg. 3 in GA möglich: Kinder vergleichen ihre Lösungen und schildern eine Situation, in der das von ihnen gewählte Hilfsverb sinnvoll ist
- KV 27 als HA möglich
  Hinweis zur KV 27: Die KV besitzt einen hohen Aufforderungscharakter, denn nicht nur sollen in den Begleittext einer Schatzkarte passende Hilfsverben eingesetzt werden; gleichzeitig kann der Weg zum Schatz in eine Karte eingezeichnet werden.
- zur Festigung und weiteren Übung Aufgaben im Trainingsheft auf S. 22 durchführen

Differenzierung
Fördern:
- Kinder mit Deutsch als Zweitsprache: bei Bedarf die Präsensformen der Hilfsverben üben

Fordern:
- eigene Schatzkarte mit Begleitbrief erstellen (vgl. KV 27)

Ideen für die Weiterarbeit
- Personalformen der Hilfsverben üben, Doppelkonsonant im Wortstamm durch Weiterschwingen hörbar machen:
  du sollst – sollen, ihr könnt – können usw.
- kleinen Text über sich selbst schreiben:
  Ich soll ... Ich kann ... Ich darf ... Ich muss ... Ich will ...

Verweise
- Zebra 4 Trainingsheft, S. 22
- KV 27 (Hilfsverben; veränderbar)
- Zebra 4 Förderkartei, Karteikarten 33–34
- Zebra 4 AH Sprache Fördern, S. 46

Seite 56

Lernziele/Kompetenzen
- Bedeutungsveränderung von Verben durch Vorsilben erkennen
- Rechtschreibstrategie anwenden: „Wortbausteine"
- Verben mit passenden Vorsilben zusammensetzen
- Vorsilben markieren
- Verben mit Vorsilben in Sätzen verwenden
- Vorsilben und Verben von trennbaren Verben in Sätzen erkennen

Anregungen für den Unterricht

Hinweis: Es ist wichtig, dass die Kinder die alleinstehende Vorsilbe im Satz als Teil des Verbs erkennen, um später bei der Behandlung der Satzglieder zweiteilige Prädikate zuverlässig bestimmen zu können.

- Einstieg mit zwei Schaumstoffwürfeln mit Einstecktaschen:
    1. Würfel: *be-, ver-, ab-, an-, mit-, aus-*
    2. Würfel: *spielen, raten, täuschen, schalten, sprechen, laufen*
- Kinder würfeln reihum, notieren sinnvolle Verben mit Vorsilben an der Tafel
- Sätze mit den Verben formulieren
- Impuls: *Welche Vorsilben können vom Verb getrennt stehen?*
- L: *Pass auf, wenn zwei gleiche Buchstaben aufeinandertreffen!* – Nahtstelle zwischen Vorsilbe und Verb betrachten, z. B. ve**r**raten
- weitere Vorsilben sammeln, welche sich mit den Verben vom Würfel zusammensetzen lassen (z. B.: *ent-, vor-, auf-, unter-, über-, hin-*)
- Wettspiel in GA: möglichst viele sinnvolle Verben mit Vorsilben aus geeigneten Verben bilden, z. B. zu *fahren, nehmen, reißen*
    - mit den Verben mit Vorsilben Sätze bilden (Bedeutungsänderung herausarbeiten)
    - Rechtschreibstrategie „Wortbausteine" anwenden: die Schreibweise des Wortstamms bleibt erhalten
- Vorbereitung Aufg. 1: ggf. Beispielsätze formulieren, um Bedeutung der Verben zu klären
- Aufg. 1–5: eigenständige Bearbeitung
    - in PA oder im Plenum: Ergebnisse vergleichen

Differenzierung

Fördern:
- Aufg. 1: mit L/Lernpartner arbeiten (Wortschatzerweiterung)
- bei Verben mit schwierig zu schreibendem Wortstamm mehrere Wörter aus der Wortfamilie notieren, auch Wörter anderer Wortarten ergänzen, um Stammerhaltung zu verdeutlichen: an|fahr|en, ab|fahr|en, weg|fahr|en, Fahr|rad

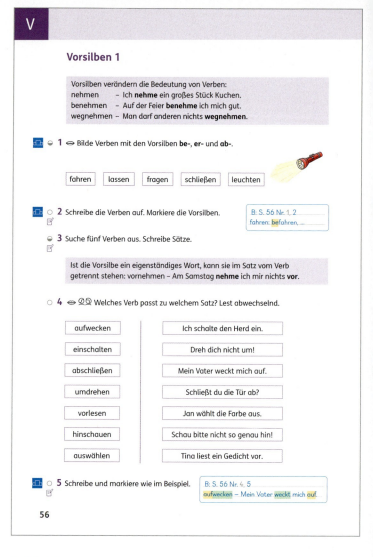

Fordern:
- Aufg. 1: Lernpartner für Kinder mit geringem Wortschatz sein

Ideen für die Weiterarbeit
- Nachschlagen von Verben mit Vorsilben thematisieren (bei der Grundform)
- Ball-Vorsilben-Spiel: einfarbigen Wasserball mit wasserfestem Stift mit möglichst vielen Vorsilben beschriften, Ball zuwerfen, mit Vorsilbe, die oben zu lesen ist, ein Verb mit Vorsilbe bilden
- Freiarbeitsmaterial: Verbschieber, Drehscheibe, Vorsilben-Kreisel

Verweise
- Zebra 4 Förderkartei, Karteikarten 35–36
- Zebra 4 AH Sprache Fördern, S. 47
- Meine Anoki-Übungshefte, Richtig schreiben 4, S. 58–59

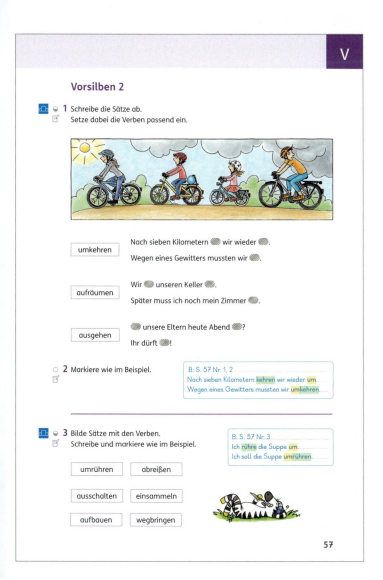

Seite 57

Lernziele/Kompetenzen

- Vorsilben und Verben von trennbaren Verben in Sätzen erkennen
- Rechtschreibstrategie anwenden: „Wortbausteine"
- trennbare Verben in Sätze einsetzen
- Sätze mit trennbaren Verben bilden

Anregungen für den Unterricht

- Einstieg: Wortkarten vorbereiten, vor angeschriebene Sätze hängen, dazwischen jeweils eine Zeile frei lassen

  |mitfahren| Emil _____ bei Anton _____.

  |abmelden| Mama _____ Mia vom Essen _____.

  |anziehen| Ina_____ ihre Schuhe _____.

- Kinder trennen die Vorsilbe mit einer Schere vom Verb
- anschließend Verben und Vorsilben in die Sätze einsetzen
- nachfolgend formulieren Kinder Sätze so um, dass Vorsilbe und Verb zusammenbleiben, gefundene Sätze in die freien Zeilen schreiben, z. B.:

  Emil |fährt| bei Anton |mit|.

  Emil darf bei Anton mitfahren.

  Mama |meldet| Mia vom Essen |ab|.

  Mama will Mia vom Essen abmelden.

  Ina |zieht| ihre Schuhe |an|.

  Ina soll ihre Schuhe anziehen.

- Aufg. 1–3: eigenständige Bearbeitung (Verben in Sätze einsetzen, wobei die Vorsilbe einmal getrennt steht und einmal im Satz mit dem Verb zusammenbleibt, Sätze selbst formulieren, Vorsilbe und Verb jeweils markieren)
  – in PA oder im Plenum: Ergebnisse vergleichen

Differenzierung

Fördern:

- Aufg. 1, 3: ggf. Bedeutung der Verben klären
- Aufg. 3: Lückensätze vorgeben
- KV 28/2 verändern: Lückensätze vorgeben

Fordern:

- Verben in einem längeren Text (Kopie Lesebuchtext, Kinderzeitung) unterstreichen und dabei die Vorsilben nicht vergessen

Ideen für die Weiterarbeit

- Ball-Vorsilben-Spiel: einfarbigen Wasserball mit wasserfestem Stift mit möglichst vielen Vorsilben beschriften, Ball zuwerfen, mit Vorsilbe, die oben zu lesen ist, ein Verb mit Vorsilbe bilden
- Freiarbeitsmaterial: Verbschieber, Drehscheibe, Vorsilben-Kreisel
- Spiel „Kuckuckseier finden":
  – sinnlose Zusammensetzung jeweils streichen, z. B.: einkaufen, abkaufen, bekaufen, verkaufen
  – in PA mit den sinnvollen Zusammensetzungen Sätze formulieren

Verweise

- KV 28 (Vorsilben 2; veränderbar)
- Zebra 4 Förderkartei, Karteikarten 37–38
- Zebra 4 AH Sprache Fördern, S. 48
- Zebra 4 Forderblock, S. 28
- Meine Anoki-Übungshefte, Richtig schreiben 4, S. 58–59

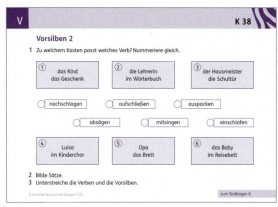

Seite 58

Lernziele/Kompetenzen
- Verben verschiedenen Wortfeldern zuordnen
- den eigenen Wortschatz erweitern
- Verben in der Ich-Form notieren
- Verben aus verschiedenen Wortfeldern passend verwenden
- häufige Präteritumformen aus dem Wortfeld „sprechen" richtig bilden
- die Wörterliste als Kontrollmöglichkeit nutzen
- Rechtschreibstrategie anwenden: „Nachschlagen"
- Verben zu einem Wortfeld finden

Anregungen für den Unterricht

Hinweis: Übungen zu verschiedenen Wortfeldern erweitern den aktiven Wortschatz der Kinder und helfen ihnen, eigene Texte abwechslungsreich zu gestalten.
- Einstieg: Wortkarten zu den Wörtern aus Aufg. 1 erstellen und an die Kinder verteilen
  - Kinder spielen ihr Wort vor, Kl rät
  - anschließend die Wörter an der Tafel nach Wortfeldern sortieren
  - mündlich Sätze mit den Wörtern an der Tafel bilden
- Aufg. 1–3: eigenständige Bearbeitung (Verben nach Wortfeldern sortieren, Verben in der Ich-Form nach Wortfeldern sortiert in eine Tabelle eintragen, Verben aus dem Wortfeld „sprechen" passend in Sätze einsetzen)
- Aufg. 4–6: als HA möglich
  - im Plenum: Ergebnisse vergleichen

Differenzierung

Fördern:
- auf Auswahl an wichtigsten Wörtern aus den für die eigene Textproduktion relevanten Wortfeldern beschränken (z. B. „gehen", „sprechen")
  - diese dafür ausführlich im Präsens und im Präteritum üben und in Sätzen verwenden

Fordern:
- in PA oder GA: Wörter zu verschiedenen Wortfeldern sammeln, z. B. zu „denken", „lügen", „weinen", „essen", „sehen", „putzen", „stehlen"
- Pfandspiel: zu einem der Wortfelder in GA abwechselnd ein passendes Wort nennen
  - Pfand abgeben, wenn kein Verb mehr gefunden oder doppelt genannt wird

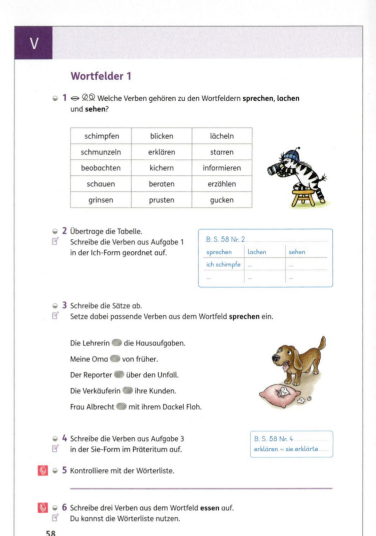

Ideen für die Weiterarbeit
- Wörter aus einem Wortfeld nach dem Abc ordnen
- Wortkarten nach Wortfeldern sortieren, Sätze mit den Wörtern schreiben
- Wortfeldplakate für das Klassenzimmer erstellen
- Spiel „Ich öle meine Stimme und lege los" spielen (nach den Regeln von „Ich packe meinen Koffer"):
  Nina brüllt, Ronja singt, ich flüstere …
- fächerübergreifend:
  Wortkarten mit Wörtern aus verschiedenen Wortfeldern zum Einteilen von Gruppen (z. B. im Sportunterricht) verwenden
- Pantomime:
  gut spielbare Verben nach Wortfeldern geordnet bereithalten

Verweise
- Zebra 4 Förderkartei, Karteikarten 39–40
- Zebra 4 AH Sprache Fördern, S. 49
- Zebra 4 Forderblock, S. 27

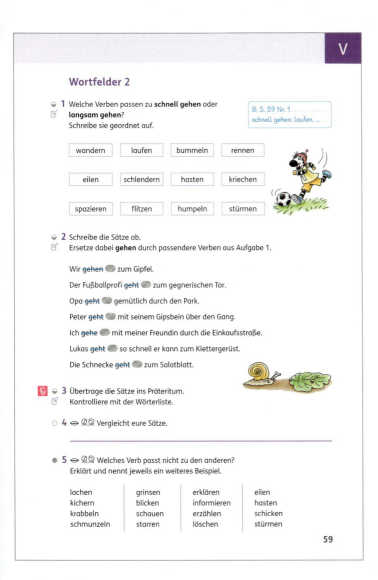

Seite 59

Lernziele/Kompetenzen
- Verben einem in zwei Varianten unterschiedenen Wortfeld zuordnen
- Verben aus dem Wortfeld „gehen" passend verwenden
- den eigenen Wortschatz erweitern
- die Wörterliste als Kontrollmöglichkeit nutzen
- Rechtschreibstrategie anwenden: „Nachschlagen"
- Wortfelder und dazu nicht passende Verben erkennen

Anregungen für den Unterricht
Hinweis: Das Verb „gehen" ist ein Wort, welches Kinder häufig in eigenen Texten verwenden. Eine Wortschatzerweiterung in diesem Wortfeld ermöglicht es den Kindern, eigene Texte abwechslungsreich zu gestalten.
- Einstieg auf dem Schulhof oder in der Turnhalle: um die Bedeutung der Wörter zu erfassen, wandern/bummeln/hasten usw. die Kinder auf Ansage der L
  - anschließend in GA: ein Kind spielt ein Wort aus dem Wortfeld „gehen" vor, die anderen raten
- Aufg. 1–3: eigenständige Bearbeitung
- Aufg. 4: in PA besprechen, erkennen, dass in manchen Sätzen mehrere Verben passend sind
- Nachbereitung Aufg. 5: „Kuckuckseier"-Kartei anlegen
  - jedes Kind notiert auf einer Karte mehrere Wörter aus einem Wortfeld und „versteckt" ein dazu nicht passendes Wort
  - Karten laminieren
  - die „Kuckuckseier" in den Karten der anderen Kinder finden und streichen

Differenzierung
Fördern:
- Paarspiele, Dominos: Präteritumformen häufig verwendeter Verben aus dem Wortfeld „gehen" üben
- KV 29 verändern: nur einen Ausschnitt des Mandalas bearbeiten (z. B. Stern in der Mitte), andere Felder löschen

Fordern:
- Mindmap: Wörter aus dem Wortfeld „sprechen" sortieren (laut sprechen, wütend/drohend sprechen, leise sprechen, traurig sprechen, fröhlich sprechen, fragen und antworten)
- KV 29/Zusatz: mit leistungsstarkem Lernpartner Präteritumformen zu den Verben unter Zuhilfenahme eines Wörterbuchs notieren

Ideen für die Weiterarbeit
- Satzsammlungen analog zu Aufg. 2 zu verschiedenen Wortfeldern bereithalten („sprechen", „essen", „machen", „sehen", „lachen"), Wortsammlungen zu den verschiedenen Wortfeldern während der Bearbeitung zur Verfügung stellen
- Würfelspiel: Würfel mit sechs Wortfeldern beschriften („gehen", „essen", „sprechen", „denken", „arbeiten", „lachen") und Wortkarten mit Wörtern aus diesen Wortfeldern erstellen
  - Karten verdeckt auf den Tisch legen, würfeln, Karte ziehen
  - passt Karte zum gewürfelten Wortfeld, darf sie behalten werden
- Spiel „Ich gehe um die Welt, wie es mir gefällt" spielen (nach den Regeln von „Ich packe meinen Koffer"): *Max rennt, Juliana schleicht, ich eile …*

Verweise
- KV 29 (Wortfelder 2; veränderbar)
- Zebra 4 Förderkartei, Karteikarte 41
- Zebra 4 Forderblock, S. 29

Seite 60

Lernziele/Kompetenzen
- Begriff „Befehlsform" kennenlernen
- die Befehlsform von Verben in Aufforderungssätze einsetzen
- Rechtschreibstrategie anwenden: „Groß oder klein?"
- Aufforderungen im Imperativ formulieren

Anregungen für den Unterricht

Hinweis: Der Imperativ (lat. imperare: befehlen) ist neben dem Indikativ und dem Konjunktiv der dritte Modus eines Verbs. Mit dem Imperativ wird jemand aufgefordert, etwas zu tun. Die echte Befehlsform wird ohne Personalpronomen benutzt und existiert nur in einer Einzahl- und einer Mehrzahlform (*Komm! Kommt!*). Sie richtet sich immer an geduzte Personen, für gesiezte Personen wird eine Hilfsform verwendet (*Kommen Sie!*). Im Satz steht das Verb im Imperativ an erster Stelle. Sätze im Imperativ erfordern ein Ausrufezeichen am Satzende.

- Einstieg mit Stoffhund und Erzählung:
    Tim hat endlich einen kleinen Hund bekommen. Doch nun ist er den ganzen Tag damit beschäftigt, ihn zu erziehen …
    - verschiedene Situationen schildern (der Hund soll vom Sofa gehen, nicht am Tisch betteln, bei Fuß gehen, Männchen machen, Stöckchen zurückbringen usw.)
    - Kinder machen jeweils Vorschläge, wie Tim seinen Hund auffordert, dies zu tun
    - einige Vorschläge an der Tafel notieren
    - Verben unterstreichen
    - auf das Ausrufezeichen am Satzende aufmerksam machen
    - Begriff „Befehlsform" einführen
- Merksatz gemeinsam lesen
- Aufg. 1–4: eigenständige Bearbeitung
    - ggf. Aufg. mündlich mit Kindern, die sich bei der Bildung des Imperativs unsicher gezeigt haben, vorbesprechen
- Aufg. 5: auch als „Pausensport" für einen bewegten Schultag zwischen Stillarbeitsphasen möglich
    - Kinder stellen sich reihum kleine sportliche Aufgaben im Imperativ, die am Platz erledigt werden können, und führen diese gleich aus (z. B.: *Lauft auf der Stelle! Macht fünf Hampelmänner!*)
- HA: zehn Aufforderungen notieren, die im Laufe des Tages zu einem gesagt worden sind

Differenzierung

Fördern:
- Aufg. 1–5: mit Lernpartner arbeiten
    Hinweis: Kindern mit Deutsch als Zweitsprache fällt die Bildung des Imperativs teilweise schwer.

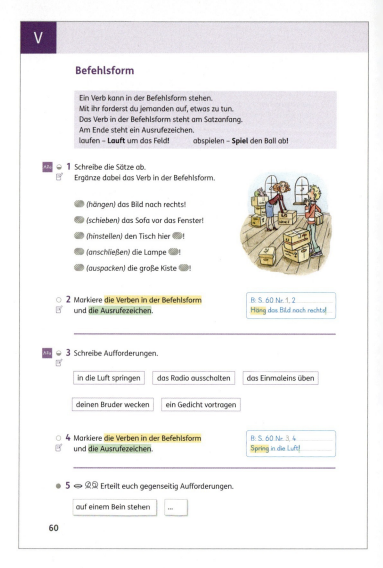

Sie bearbeiten die AH-Seite mit einem muttersprachlichen Lernpartner.
- KV 30 einsetzen (Spiel zur Bildung des Imperativs für die Freiarbeit)

Fordern:
- Rezepte und (Bastel-)Anleitungen unter Verwendung des Imperativs verfassen

Ideen für die Weiterarbeit
- „Der Ton macht die Musik": verschiedene Möglichkeiten ausprobieren, wie eine Aufforderung formuliert werden kann: *Steh auf! Steh bitte auf! Könntest du bitte aufstehen?*; Wirkung auf Adressaten reflektieren
- Englisch:
Aufforderungen formulieren, Sprachvergleich(e) anstellen

Verweise
- KV 30 (Befehlsform; veränderbar)
- Zebra 4 Förderkartei, Karteikarten 42–43
- Zebra 4 AH Sprache Fördern, S. 50

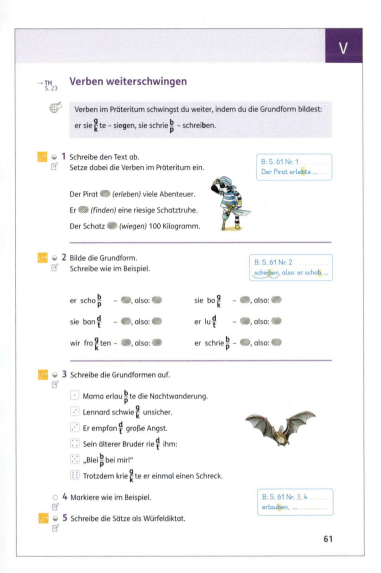

Seite 61

Lernziele/Kompetenzen

- Rechtschreibstrategie wiederholen und anwenden: „Weiterschwingen"
- richtige Schreibweise von Präteritumformen mit den Lauten p, k oder t am Wortstammende durch das Bilden der Grundform erkennen
- Sätze in Diktatform üben (Würfeldiktat)

Anregungen für den Unterricht

Hinweis: Streng genommen ist die Herleitung der Schreibweise über die Grundform kein echtes Weiterschwingen, greift aber unter dieser Bezeichnung das Vorwissen der Kinder auf.
- Einstieg mit folgendem diktierten Satz:
  Pirat Franz schob sein Hemd in die Hose, band die Augenklappe um und fand einen Schatz, der 100 Kilogramm wog.
  – ein Kind (durchschnittlicher Rechtschreiber) präsentiert freiwillig seine Lösung unter der Dokumentenkamera
  – Schreibweise in einem Rechtschreibgespräch diskutieren, enthaltene Fehler gemeinsam verbessern

Hinweis: Die Erklärung schwieriger Stellen kann mit den Stempeln aus dem Stempelset FRESCH Strategien festgehalten werden (ISBN: 9783122706579). Voraussetzung ist eine positive Fehlerkultur, in der über Fehler nicht gelacht, sondern aus diesen gelernt wird.

- Verben im Präteritum unterstreichen
- Notieren der Präteritumformen in der für das Weiterschwingen eingeübten Schreibweise:
  er scho b/p – schieben, also: er schob
- Merksatz gemeinsam lesen
- ggf. auf Tippkarte „Weiterschwingen" verweisen
- Aufg. 1–4: nach Vorentlastung durch Einstieg eigenständige Bearbeitung
- Nachbereitung Aufg. 3–4: Kontrolle durch die L, bevor Aufg. 5 (Würfeldiktat) bearbeitet wird
- Aufg. 5: als HA möglich
- zur Festigung und weiteren Übung Aufgaben im Trainingsheft auf S. 23 durchführen

Differenzierung

Fördern:

- Vorbereitung Aufg. 3–4: Kinder, die im Weiterschwingen noch unsicher sind, erhalten die Präteritumformen zur Vorentlastung aufbereitet wie in Aufg. 2
- Dominos legen:

| fliegen | sie band/t | | binden | es wog/k |

Fordern:

- gemischtes Wortmaterial zum Weiterschwingen anbieten, z. B.: *bund/t, Rand/t, Wald/tlichtung, er schwieg/k*
  – in PA erklären, wie das jeweilige Wort weitergeschwungen wird
- aus der Wörterliste Wörter herausschreiben, deren Schreibweise mit der Strategie „Weiterschwingen" erklärt werden kann, z. B.: *Flug/kplatz, Fund/tkiste, Schub/pkarre, Grab/pstein, Staub/psauger, Schreib/pblock*
  – Schreibweise der Wörter durch Finden eines verwandten Verbs erklären: *Flug/kplatz – Flüge*

Verweise

- Zebra 4 Trainingsheft, S. 23
- Zebra-Erklärfilm „Verben weiterschwingen" (per Code unter Lehrwerk-Online, www.klett.de)
- Zebra 4 Förderkartei, Karteikarte 44
- Zebra 4 AH Sprache Fördern, S. 51
- Meine Anoki-Übungshefte, Richtig schreiben 4, S. 12–26

Seite 62

Lernziele/Kompetenzen

- Rechtschreibstrategie wiederholen und anwenden: „Ableiten"
- Rechtschreibstrategie anwenden: „Groß oder klein?"
- richtige Schreibweise von Verben mit ä/e oder äu/eu durch Suchen verwandter Wörter mit a/au aus einer anderen Wortart ermitteln
- Sätze in Diktatform üben (Schleichdiktat)

Anregungen für den Unterricht

Hinweis: Die Strategie, ein Wort mit ä/äu von einem Wort mit a/au abzuleiten, ist den Kindern schon seit der 2. Klasse bekannt (z. B. *er fängt – fangen*). Manchen Kindern fällt es jedoch auch in der 4. Klasse noch schwer, bei Verben ein verwandtes Wort mit a/au zu finden, wenn dafür ein Wort aus einer anderen Wortart herangezogen werden muss (z. B. *sie ernährt – Nahrung*). Dies ist der Fall, wenn die Grundform des Verbs ebenfalls den Umlaut enthält (*ernähren*).

- Einstieg: Wortkarten erstellen, jeweils eine mit ä und a bzw. äu und au gehören zusammen
  - einige Wörter mit e/eu daruntermischen:
    ihr stäu/euert, es lä/ebt, er bä/ettelt, ä/endern – anders, sie ernä/ehrt – die Nahrung, du quä/elst – die Qual, sie kä/emmt – der Kamm, du hä/engst – der Hang, ich hä/ekele – der Haken, du träu/eumst – der Traum, es schäu/eumt – der Schaum, er erkä/eltet sich – kalt
  - Wortkarten an die Kinder verteilen
  - Kinder suchen ihren Partner
  - manche Kinder bleiben als „Schwarzer Peter" übrig
    Hinweis: Nach eigenem Ermessen kann für diese Kinder ein „Trösterchen" bereitgehalten werden.
  - alle Paare und die „Schwarzen Peter" erklären die Schreibweise ihrer Wörter
- Merksatz gemeinsam lesen
- Tippkarte „Ableiten" besprechen
- Aufg. 1–4: nach Vorentlastung durch Einstieg eigenständige Bearbeitung
  - ggf. als Hilfestellung die Ableitungswörter durcheinander an die Rückseite der Tafel schreiben, bei Unsicherheit diese als Hilfestellung anbieten
- Nachbereitung Aufg. 3–4: Kontrolle durch die L, bevor Aufg. 5 (Schleichdiktat) bearbeitet wird
- Aufg. 5: als HA möglich
- zur Festigung und weiteren Übung Aufgaben im Trainingsheft auf S. 23 durchführen

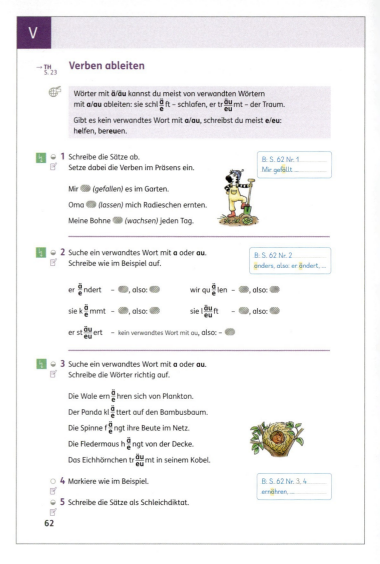

Differenzierung

Fördern:

- Paarspiele mit häufigen Wörtern mit ä/äu erstellen/spielen, um Kinder bei der Suche nach geeigneten Ableitungswörtern zu unterstützen

Fordern:

- in der Wörterliste nach Wörtern mit ä suchen, diese mit einem Ableitungswort herausschreiben
  - die dabei entdeckten Wörter mit ä, die nicht abgeleitet werden können, als Merkwörter üben (z. B. *Käfig*)

Verweise

- Zebra 4 Trainingsheft, S. 23
- Zebra-Erklärfilm „Ableiten"
  (per Code unter Lehrwerk-Online, www.klett.de)
- Zebra 4 Förderkartei, Karteikarte 45
- Zebra 4 AH Sprache Fördern, S. 52
- Meine Anoki-Übungshefte:
  - Richtig schreiben C 4 Fördern und Inklusion: S. 43–44, 47–48
  - Richtig schreiben 4, S. 46–47

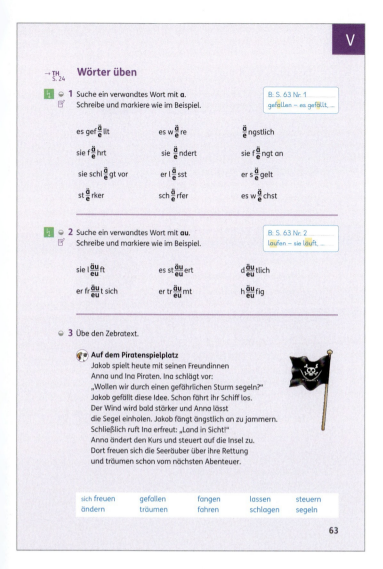

Seite 63

Lernziele/Kompetenzen

- Lernwortschatz und Strategiewissen als Säulen von Rechtschreibkompetenz erfahren (anhand des Zebratextes)
- Rechtschreibstrategie anwenden: „Ableiten" auf Wort- und Satzebene

Anregungen für den Unterricht

Hinweis: Die Aufgaben der AH-Seite wiederholen einige Inhalte des Kapitels. Dabei werden viele Wörter aus dem Zebratext geübt (siehe Lernwörter am Ende der Seite). Insbesondere die Rechtschreibstrategie „Ableiten" ist im Zebratext berücksichtigt.

- Einstieg: Rechtschreibgespräch über den Zebratext
  - ggf. auf mehrere Tage verteilen (jeden Tag zwei Sätze, z. B. als „Sätze des Tages")
  - Kinder bringen ihr Rechtschreibwissen ein und erklären die Schreibweise der Wörter, wobei bei vielen Wörtern die Strategie „Ableiten" zum Tragen kommt
  - mit magnetischen Symbolkarten Strategie über der entsprechenden Stelle im Text kennzeichnen
- Aufg. 1–2: eigenständige Bearbeitung (ein verwandtes Wort mit a bzw. au notieren, sich die richtige Schreibweise herleiten)
- Vorbereitung Aufg. 3: Übungsformate Knickdiktat und Wendediktat wiederholen (vgl. Anleitungen zu Diktatformen auf AH-S. 8)

Hinweis zu Aufg. 3: Neben Verben mit ä/äu werden im Zebratext auch ein Nomen (*Seeräuber*) und zwei Adjektive (*stärker, ängstlich*) berücksichtigt. Hier kann mit einer Wiederholung der Rechtschreibstrategie „Ableiten" bei den anderen Wortarten angeknüpft werden, da diese auf den vorhergehenden AH-Seiten nicht thematisiert wurden.

- zur Festigung und weiteren Übung Aufgaben im Trainingsheft auf S. 24 durchführen

Differenzierung

Fördern:

- KV 31/1 verändern: Zebratext in größerer Schriftart oder in reduziertem Umfang anbieten

Fordern:

- Aufg. 3: Text ohne Vorbesprechung diktieren, in PA oder GA Rechtschreibung durch Nachschlagen in der Wörterliste überprüfen und verbessern

Ideen für die Weiterarbeit

- Zebrawörter mit der Rechtschreibkartei üben (vgl. AH-S. 7)
- weitere individuelle Fehlerwörter aus dem Zebra-Text in die Rechtschreibkartei aufnehmen
- Zebratext als Knickdiktat oder Wendediktat üben (vgl. AH-S. 8)
- inhaltliche Auseinandersetzung mit dem Thema „Piraten":
  - Piraten früher und heute (Sachbücher, Lexika, Kinder-Suchmaschinen)
  - Piraten in der Kinderliteratur (z. B. Pippi Langstrumpf, Seeräuber Moses)

Verweise

- Zebra 4 Trainingsheft, S. 24
- KV 31 (Wörter üben: Verben; veränderbar)
- Deutsch Klasse 4 mit Zebra (App)
- Zebra 4 AH Sprache Fördern, S. 53

Seite 64

Lernziele/Kompetenzen

- sprachkundliche Aspekte wiederholen und festigen:
  - Sätze in verschiedene Zeitformen übertragen
  - Zeitform in Sätzen bestimmen
  - Hilfsverben in Sätzen passend verwenden
  - Zugehörigkeit von Verben zu einem Wortfeld prüfen

Anregungen für den Unterricht

Hinweis: Die „Das-kann-ich-schon"-Seiten des AH Sprache 4 bieten sich an als: „Zusatzfutter" auf freiwilliger Basis, als wiederholende Hausaufgabe, als Teste-dich-selbst-Seiten oder zur Leistungsüberprüfung.

- Ablauf:
  - Aufg. 1–6: eigenständige Bearbeitung ohne Vorbesprechung (Satz in andere Zeitformen übertragen, Verben unterstreichen; Verben in Sätzen erkennen, Zeitform bestimmen; Hilfsverben passend einsetzen; Zugehörigkeit zu einem Wortfeld überprüfen)
  - anschließend individuelle Fehleranalyse durch die L und Förderung nach Fehlerschwerpunkten, z. B. mit der Förderkartei, den KVs oder den Zebra-Erklärfilmen
- mögliche Fehler:
  - Aufg. 1, 3: Zeitformen nicht zuverlässig benennen können, v. a. Präteritum und Perfekt verwechseln (Hilfe: Merksätze AH-S. 50 und 51 wiederholen, ggf. Wegweiser im Klassenzimmer durch Stift – für Präteritum, schriftliches Erzählen – und Sprechblase – für Perfekt, mündliches Erzählen – ergänzen, Bezeichnungen auswendig lernen)
  - Aufg. 2, 3: Hilfsverb wird bei Futur und Perfekt nicht mitgenannt (Hilfe: Einsetzübung in der entsprechenden Zeitform, die Personalformen von *haben*, *sein* und *werden* wiederholen)
  - Aufg. 5: falsch geschriebene Verben, z. B. „du solst"; (Hilfe: auf Strategie Weiterschwingen/Grundform verweisen: *sollen, wollen*)
  - Aufg. 6: ein falsches/kein Wort wird genannt (Hilfe: Wörter aus dem Wortfeld „gehen" in Bewegungen umsetzen, Bedeutung klären, anschließend Beispielsätze für die einzelnen Verben als Wortspeicher bereitstellen)
- zur Festigung und weiteren Übung Aufgaben im Trainingsheft auf S. 24 durchführen

Differenzierung

Fördern:

- Aufg. 4: ein Beispiel vorgeben, um die Aufgabenstellung zu erklären (mündlich oder handschriftlich im AH des jeweiligen Kindes)
- die AH-Seiten 49–51, 55 und 59 mit Haftnotizzetteln versehen, damit die entsprechenden Merksätze noch einmal gelesen werden können
  - alternativ: Merksätze großformatig kopieren und im Klassenzimmer aufhängen
- Eckenspiel: in den Ecken des Klassenzimmers vier Schilder verteilen (*Präsens, Präteritum, Perfekt, Futur*)
  - L liest einen Satz in einer der Zeitformen vor, Kinder gehen in die entsprechende Ecke

Fordern:

- Aufg. 3–4: alle Sätze in die jeweils anderen Zeitformen übertragen

Verweise

- Zebra-Erklärfilme (per Code unter Lehrwerk-Online, www.klett.de)
- Zebra 4 Trainingsheft, S. 24
- Zebra 4 AH Sprache Fördern, S. 54

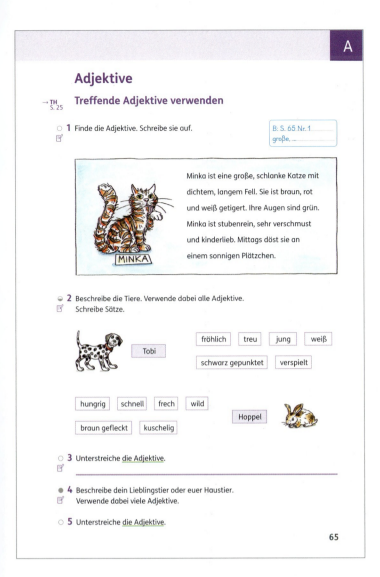

Seite 65

Lernziele/Kompetenzen

- Adjektive als genaue Beschreibungshilfen beim Texte verfassen kennenlernen und anwenden
- Adjektive in einem Text erkennen
- mit Adjektiven Sätze zur Beschreibung von Tieren verfassen

Anregungen für den Unterricht

Hinweis: Adjektive werden zur Beschreibung in drei Funktionen verwendet: Prädikativ (*Der Hund ist klein.*), adverbial (*Der Hund bellt laut.*) und attributiv (*Der kleine Hund bellt.*). Eine Flexion erfolgt nur bei attributiver Verwendung. Dies stellt eine besondere Herausforderung für Kinder mit Deutsch als Zweitsprache dar.

- Einstieg: zur Verdeutlichung der Bedeutung von treffenden Adjektiven folgende Sätze besprechen:
  An einem kalten Tag essen wir ein heißes Eis. Die dicke Maus versteckt sich hinter dem winzigen Elefanten. Auf der pinken Wiese blühen grüne Blumen.
  - anschließend Abbildung der Katze Minka aus dem AH als Vorlage vergrößern (ohne Text)
  - Hintergrund: Minka wird vermisst, treffende Beschreibung wird z. B. als Teil einer Suchanzeige benötigt
  - Kinder sammeln treffende Adjektive zur Katze (Fokus dabei zunächst auf äußere Merkmale)

- Aufg. 1: eigenständige Bearbeitung
  - anschließend Adjektive im AH mit denen der Kinder vergleichen
- Aufg. 2–5: eigenständige Bearbeitung
  - in PA oder im Plenum: Ergebnisse vergleichen
- zur Festigung und weiteren Übung Aufgaben im Trainingsheft auf S. 25 durchführen

Differenzierung

Fördern:

- die Wortart „Adjektive" noch einmal wiederholen und Beispiele besprechen
- für den Einstieg verschiedene Adjektive, die Minka beschreiben, bereits vorgeben, Kinder wählen passende Adjektive aus
- Aufg. 2: mit leistungsschwächeren Kindern vorab Sätze mündlich formulieren
  - sehr leistungsschwache Kinder profitieren ggf. von vorgegebenen Satzanfängen:
    Tobi ist ..., Er/Der Hund hat ..., Sein Fell ist ...
    Hoppel ist ..., Das Kaninchen hat ..., Es ist ...
  - erstes Beispiel des Hundes Tobi gemeinsam besprechen, formulieren und aufschreiben

Fordern:

- KV 32/2 verändern: keine Adjektive vorgeben oder eigene Sätze verfassen lassen

Ideen für die Weiterarbeit

- zur Vertiefung und Wiederholung eigenes Haus- oder Lieblingstier mithilfe möglichst treffender Adjektive beschreiben
  - ggf. Tierbilder verteilen
  - Hörauftrag in der nächsten Stunde: Beschreibung vorlesen, die anderen Kinder benennen die verwendeten Adjektive
  - alternativ: das beschriebene Haustier zeichnen
- Kunst:
  genaues Beschreiben von Kunstwerken üben Fantasiewesen oder reale Tiere zeichnen, diese anschließend möglichst genau beschreiben (eigenes Werk beschreiben oder das eines anderen Kindes, Kinder müssen anschließend aus allen Werken das richtige erkennen)

Verweise

- Zebra 4 Trainingsheft, S. 25
- KV 32 (Treffende Adjektive verwenden; veränderbar)
- Zebra 4 Förderkartei, Karteikarten 46–48
- Zebra 4 AH Sprache Fördern, S. 55

Seite 66

Lernziele und Kompetenzen
- Adjektive einander zuordnen und geordnet notieren (Gegensatzpaare)
- mit gegenteiligen Adjektiven Wortgruppen bilden
- gegenteilige Adjektive mit un- bilden und in Sätze einsetzen
- Rechtschreibstrategie anwenden: „Wortbausteine"

Anregungen für den Unterricht
Hinweis: Zur Erweiterung des Wortschatzes sollten die Kinder gegenteilige Adjektive erkennen und verwenden, die über die Negation hinausgehen (*gesund* statt „nicht krank").
- Einstieg über Anknüpfung an AH-Seite 65:
  - an der Tafel Sätze mit Adjektiven vorbereiten, die eigentlich gegenteilig sein sollten, z. B.:
  Gerd wäscht die saubere Wäsche.
  Das Baby schreit leise.
  Die schwarzen Eisbären springen ins Wasser.
  - Kinder erkennen, dass es sich um falsch verwendete Adjektive handelt und bilden die Gegensatzpaare
- Aufg. 1–3: eigenständige Bearbeitung
- Vorbereitung Aufg. 4: die Bildung von Gegenteilen mithilfe der Vorsilbe un- besprechen
  - gemeinsam Beispiele an der Tafel sammeln (z. B.: *unbestimmt, ungesund, unzufrieden, unvorsichtig, unbekannt, unscharf, ungenau*) und im Kontext die Bedeutung klären
- Aufg. 4–5: eigenständige Bearbeitung
  - in PA oder im Plenum: Ergebnisse vergleichen
- zur Festigung und weiteren Übung Aufgaben im Trainingsheft auf S. 25 durchführen

Differenzierung
Fördern:
- für Kinder mit Deutsch als Zweitsprache zunächst den Wortschatz im Kontext klären (z. B.: *selten, bequem*), sicherstellen, dass alle Adjektive bekannt sind, ggf. Sätze formulieren lassen
- Aufg. 1: ggf. mit L/Lernpartner arbeiten
- Aufg. 3: mögliche Wortgruppen gemeinsam erarbeiten
  - alternativ: Aufg. 1–3 ggf. in PA bearbeiten

Fordern:
- Aufg. 3: ganze Sätze statt Wortgruppen formulieren
- in PA: eigene Sätze wie im Einstieg formulieren, Partner korrigiert diese anschließend
- schwierigere Adjektive zur Bildung von Gegensatzpaaren und zur Verwendung in Wortgruppen bereitstellen (z. B.: *bunt, spitz, rund, breit, faul, modern, nah, stark*)

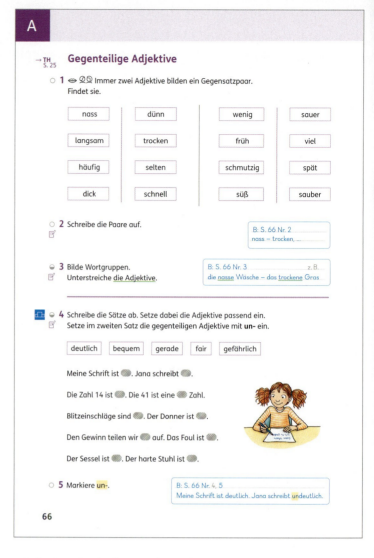

- Aufg. 4: mittels der an der Tafel gesammelten gegenteiligen Adjektive mit un- eigene Sätze formulieren

Ideen für die Weiterarbeit
- HA: sechs eigene Gegensatzpaare notieren
  - im Plenum: Ergebnisse vergleichen, dabei zu genanntem Adjektiv das Gegenteil durch ein anderes Kind benennen lassen
- auch KV 33 als HA möglich
  - leistungsschwächeren Kindern für Aufg. 2 die Gegenteile gemischt bereitstellen (Zuordnungsübung)
- Wortspeicher: schwere oder unbekannte Adjektive z. B. als Plakat mit Satzbeispielen sammeln
- Gedicht *Dunkel war's, der Mond schien helle* (Verfasser unbekannt) mit der absurden Gegenüberstellung von Gegensätzen besprechen
- die Beschreibung einer Person ins Gegenteil verkehren, z. B.:
An der Ecke stand ein kleines, unsportliches Mädchen. Es hatte langes, lockiges Haar und trug ein kurzes, schwarzes Kleid. In der Hand hielt es eine alte, hässliche Tasche.

Verweise
- Zebra 4 Trainingsheft, S. 25
- KV 33 (Gegenteilige Adjektive; veränderbar)
- Zebra 4 Förderkartei, Karteikarten 49–51
- Zebra 4 AH Sprache Fördern, S. 56
- Meine Anoki-Übungshefte, Grundwortschatz üben 3/4, S. 63–64

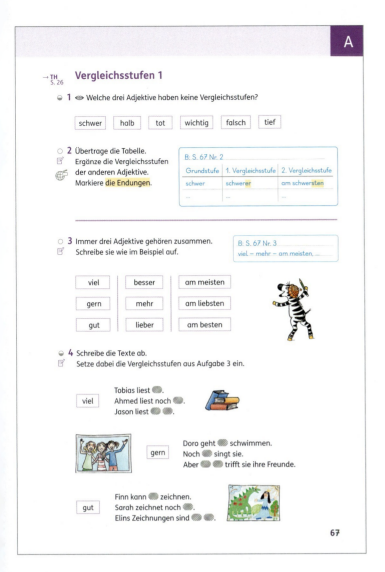

- Aufg. 1–2: eigenständige Bearbeitung
- Vorbereitung Aufg. 3–4: im eigenen Heft folgenden Merksatz und die Vergleichsstufen der drei Adjektive *viel*, *gern* und *gut* als Tabelle notieren:
  Die Steigerung der Adjektive „viel", „gern" und „gut" ist unregelmäßig. (Merksatz)

Grundstufe	1. Vergleichsstufe	2. Vergleichsstufe
viel	mehr	am meisten
gern	lieber	am liebsten
gut	besser	am besten

- Aufg. 3–4: eigenständige Bearbeitung
- zur Festigung und weiteren Übung Aufgaben im Trainingsheft auf S. 26 durchführen

Differenzierung

Fördern:

- mit leistungsschwächeren Kindern vorab die Vergleichsstufen von Adjektiven wiederholen und ggf. festigen, indem die Grundform und die Vergleichsstufen von regelmäßigen Adjektiven tabellarisch notiert werden (z. B.: *schön, klein, billig*)
- Aufg. 2: Beispielsätze mit regelmäßigen Adjektiven bilden (z. B.: *Der Stein ist schwer. Das Fahrrad ist schwerer. Der Elefant ist am schwersten.*)

Fordern:

- leistungsstärkere Kinder notieren sich zum Merksatz jeweils einen eigenen Beispielsatz mit einem unregelmäßigen Adjektiv

Ideen für die Weiterarbeit

- Mathematik:
  Längen, Höhen, Gewichte und Zeitangaben vergleichen
  Differenzen berechnen
- Wort-Paar-Spiel für PA oder GA vorbereiten:
  – jeweils die drei Vergleichsstufen auf Wortkarten
  – statt zwei Karten werden drei aufgedeckt
  – dabei regelmäßige mit unregelmäßigen Adjektiven mischen
  – ggf. als auch Bildkarten als Stapel anbieten, zu denen die Adjektive angewendet werden (auch Unsinnsätze möglich)

Verweise

- Zebra-Erklärfilm „Vergleichsstufen"
  (per Code unter Lehrwerk-Online, www.klett.de)
- Zebra 4 Trainingsheft, S. 26
- Zebra 4 Förderkartei, Karteikarten 52–55
- Zebra 4 AH Sprache Fördern, S. 57
- Meine Anoki-Übungshefte:
  – Grundwortschatz üben 3/4, S. 60–61
  – Deutsch für Profis 4, Fordern, S. 7

Seite 67

Lernziele/Kompetenzen

- Vergleichsstufen von Adjektiven bilden
- Vergleichsstufen von Adjektiven einander zuordnen
- Vergleichsstufen von Adjektiven in Sätze einsetzen
- Sonderfälle kennenlernen (Adjektive ohne Vergleichsstufen – *weiß, ewig*; Adjektive mit unregelmäßiger Steigerung – *viel, gern, gut*)

Anregungen für den Unterricht

Hinweis: Es werden drei Vergleichsstufen für Adjektive unterschieden: Positiv (Grundstufe: *schwer*), Komparativ (1. Vergleichsstufe, bei regelmäßiger Bildung mit -er: *schwerer*) und Superlativ (2. Vergleichsstufe, bei regelmäßiger Bildung mit *am* und -sten: *am schwersten*).
Zu den Adjektiven ohne Vergleichsstufen (absolute Adjektive) zählen Farbadjektive, Zahladjektive und andere Adjektive, die keine Abstufung zulassen (z. B.: *grün, tot, nackt, herzlos, mündlich, unübersehbar*).

- Einstieg: Wiederholung der Vergleichsstufen durch den direkten Vergleich von Kindern (Größe, Alter), Gegenständen (Höhe, Breite), Zahlen, Preisen o. Ä.
  – Beispiele tabellarisch an der Tafel sammeln
- Vorbereitung Aufg. 1: zunächst gemeinsam überlegen, welche Adjektive keine Vergleichsstufe haben (*halb, tot, falsch*)

Seite 68

Lernziele/Kompetenzen

- Vergleichswörter („so ... wie", „als") kennen
- Vergleichswörter und Vergleichsstufen zur Bildung von Vergleichen anwenden

Anregungen für den Unterricht

Hinweis: Mit den Vergleichswörtern der Adjektive können Gleichheiten (*so ... wie*) und Ungleichheiten (*... als ...*) ausgedrückt werden. Probleme bereitet oft der Ausdruck von Ungleichheit mithilfe des Vergleichswortes *als*.

- Einstieg an der Tafel: Lebensmittel als Bildkarten anbringen
  – Kl überlegt, was teurer/preiswerter ist
  – Kinder formulieren Vermutungen
  – anschließend notiert L die jeweiligen Preise (zwei Lebensmittel müssen gleich teuer sein)
  – alternativ: Kinder unterschiedlicher Größe und unterschiedlichen Alters nach vorne bitten (zwei Kinder müssen dabei gleich groß/gleich alt sein)
  – Kinder formulieren Vergleichssätze, diese an der Tafel notieren
  – anschließend Vergleichswörter und Vergleichsstufen an der Tafel gemeinsam markieren, z. B.:
    Die Banane ist so teuer wie der Apfel.
    Die Birne ist teurer als die Banane.
    Die Melone ist am teuersten.
  – eigenen Merksatz zur Formulierung von Gleichheiten und Ungleichheiten notieren (vgl. z. B. auch AH Sprache 3, S. 69)
- Aufg. 1–3: eigenständige Bearbeitung
- zur Festigung und weiteren Übung Aufgaben im Trainingsheft auf S. 26 durchführen

Differenzierung

Fördern:

- weitere Beispiele (z. B. Preise von Lebensmitteln, Größe von Tieren usw.) besprechen, notieren und markieren lassen (Ziel: Automatisierung)
- Aufg. 1–2: mit L/Lernpartner arbeiten
- Aufg. 2: vor dem Einsetzen die Vergleichsstufen zunächst isoliert bilden lassen
  Hinweis zu Aufg. 3: Hier können durch die fehlenden Adjektive Schwierigkeiten auftreten, weshalb passende Adjektive gemeinsam erarbeitet und Vergleichsstufen gebildet werden sollten:
  – Geschwindigkeit: *schnell, schneller, am schnellsten*
  – Gewicht: *schwer, schwerer, am schwersten*
  – Länge: *lang, länger, am längsten*
  – anschließend einige Beispiele besprechen
- KV 34 als HA; vorab Beispiele mündlich formulieren lassen

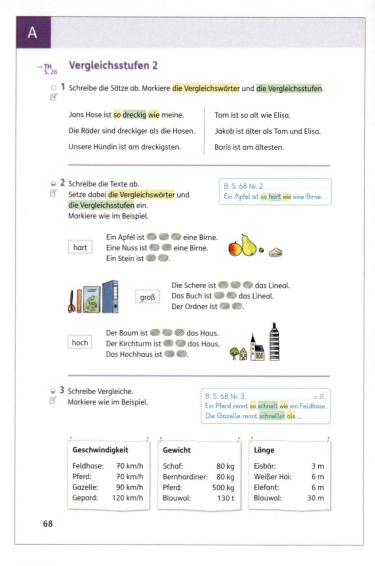

Fordern:

- Aufg. 2: eigene Beispiele für Vergleiche im Klassenzimmer bilden (z. B.: *Die Tür ist höher als die Tafel.*)
- in PA: Adjektive als Wortkarten vorbereiten
  – ein Adjektiv ziehen, Vergleichssätze bilden

Ideen für die Weiterarbeit

- Produkte aus Werbeprospekten oder Katalogen miteinander vergleichen
- Mathematik:
  Längen ermitteln und vergleichen
  mittels einer Waage Gewichte ermitteln und vergleichen
- Sport:
  sich in Wettkämpfen vergleichen (*Wer schafft mehr Körbe/Seilsprünge?*, *Wer rennt schneller/springt weiter?* usw. – Zeit: 1 Min.)

Verweise

- Zebra 4 Trainingsheft, S. 26
- KV 34 (Vergleichsstufen 2; veränderbar)
- Zebra 4 Förderkartei, Karteikarten 56–57
- Zebra 4 AH Sprache Fördern, S. 58
- Zebra 4 Forderblock, S. 36
- Meine Anoki-Übungshefte, Grammatik üben 4, S. 20–23

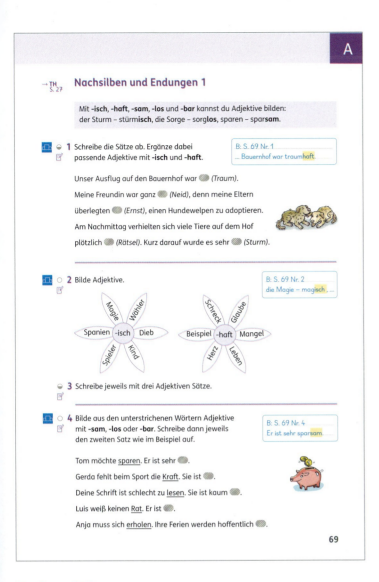

Seite 69

Lernziele/Kompetenzen

- Adjektive aus Nomen und Verben unter Verwendung von Nachsilben und Endungen bilden
- Rechtschreibstrategie anwenden: „Wortbausteine"
- Adjektive mit Nachsilben und Endungen in Sätzen verwenden

Anregungen für den Unterricht

Hinweis: Bei der Bildung von Adjektiven aus Nomen kann sich der Wortstamm leicht verändern (*der Sturm – stürmisch*) oder es müssen Fugenelemente eingesetzt werden (*der Geist – geisterhaft*).
Die adjektivbildenden Wortbausteine -ig und -lich sind bereits aus Klasse 3 bekannt.

- Einstieg an der Tafel oder als Wortschnipsel (Kopien für alle Kinder):
  – viele Adjektive vermischt vorgeben (z. B.: *regnerisch, abenteuerlich, sonnig, wolkig, freundlich, kindisch, vertraulich, englisch* usw.)
  – Impuls: *Was haben diese Wörter gemeinsam?* (alles Adjektive)
  – Aufg. in PA/GA: *Überlegt, in welche Gruppen sich die Wörter einteilen lassen.* (Adjektive mit -ig, -lich und -isch; beliebig veränderbar)
- Merksatz gemeinsam lesen
  – auf -ig und -lich aus Klasse 3 hinweisen, ggf. ergänzen
- Aufg. 1–4: eigenständige Bearbeitung
  – in PA oder im Plenum: Ergebnisse vergleichen
- im Anschluss: Bearbeitung von KV 35 beginnen
- zur Festigung und weiteren Übung Aufgaben im Trainingsheft auf S. 27 durchführen

Differenzierung

Fördern:

- Einstieg: leistungsschwächere Kinder erhalten nur bekannte Adjektive mit -ig und -lich
- Aufg. 1, 2, 4: zur Sicherung des Wortschatzes und der korrekten Wortbildung vorab die Sätze und Wörter besprechen, ggf. notieren
- Aufg. 3: gemeinsam Sätze formulieren

Hinweis: Kindern mit Deutsch als Zweitsprache hilft die Erstellung einer Lernkartei zur Übung der korrekten Wortbildung und zur Wortschatzerweiterung: auf der Vorderseite das Nomen/Verb notieren, auf der Rückseite das Adjektiv und einen Beispielsatz.

| der Angeber | angeberisch Jan ist sehr angeberisch. |

Fordern:

- Einstieg: Adjektive mit vier oder mehr Nachsilben/Endungen austeilen
- eigenständige Bearbeitung aller Aufg. sowie selbstständige Kontrolle mithilfe der Wörterliste

Ideen für die Weiterarbeit

- Wettbewerb: *Wer findet in drei Minuten die meisten Adjektive mit -ig/-sam/-bar usw.?*
- HA für leistungsstärkere Kinder: KV 35/3 im Heft um jeweils zwei eigene Beispiele ergänzen oder eigene Beispiele mit -bar suchen

Verweise

- Zebra 4 Trainingsheft, S. 27
- KV 35 (Nachsilben und Endungen 2; veränderbar)
- Zebra 4 Förderkartei, Karteikarten 58–60
- Zebra 4 AH Sprache Fördern, S. 59
- Meine Anoki-Übungshefte:
  – Richtig schreiben 4, S. 60–61
  – Grammatik üben 4, S. 34–35
  – Grundwortschatz üben 3/4, S. 66–67
  – Deutsch für Profis 4 Fordern, S. 6

Seite 70

Lernziele/Kompetenzen

- Adjektive aus Nomen und Verben unter Verwendung von Nachsilben und Endungen bilden
- Rechtschreibstrategien anwenden: „Wortbausteine" und „Groß oder klein?"
- verwandte Wörter bilden und ihre Wortart benennen

Anregungen für den Unterricht

Hinweis: Es handelt sich um die Fortsetzung der vorangegangenen Seite, sodass sich die Bearbeitung im direkten Anschluss an die AH-S. 69 anbietet.
- Einstieg: wie zur AH-S. 69 (vgl. LHB, S. 85)
  - alternativ: an der Tafel Nachsilben und Endungen notieren (z. B.: -sam, -haft oder -lich), Kinder ergänzen Beispieladjektive
- Aufg. 1–4: eigenständige Bearbeitung
  - in PA oder im Plenum: Ergebnisse vergleichen
- zur Festigung und weiteren Übung Aufgaben im Trainingsheft auf S. 27 durchführen

Differenzierung

Fördern:

- Aufg. 1: auf den Merksatz von AH-S. 69 hinweisen, ansonsten selbstständig bearbeiten
- Aufg. 2–3 in PA: gemeinsam verwandte Wörter suchen und ihre Wortart bestimmen
- in allen Aufg. die Nachsilben/Endungen sowie den kleingeschriebenen Anfangsbuchstaben gemeinsam markieren

Hinweis: Kinder mit Deutsch als Zweitsprache und leistungsschwächere Kinder üben und wiederholen die Bildung der Adjektive auf dieser AH-Seite noch einmal, indem sie diese in ihrer Lernkartei ergänzen (vgl. LHB, S. 85).
- Aufg. 5: mit L/Lernpartner arbeiten, die Adjektive vorab mündlich bestimmen
- Aufg. 6 in PA: ggf. Nomen/Verben als Hilfestellung zur Erstellung der Wortgruppen vorgeben
  - bei größeren Schwierigkeiten die Auswahl auf zwei bis drei Endungen beschränken:
    -haft: *der Schmerz – Zahn, das Märchen – Schloss*
    -ig: *der Durst – Hund, die Sonne – Wetter*
    -los: *helfen – Käfer, die Sprache – Gewinner*
    -bar: *lösen – Aufgabe, essen – Pilze*
    -lich: *der Freund – Verkäufer, der Sommer – Wetter*
- KV 35: mit Lernpartner arbeiten

Fordern:

- eigenständige Bearbeitung aller Aufg. sowie selbstständige Kontrolle mithilfe der Wörterliste

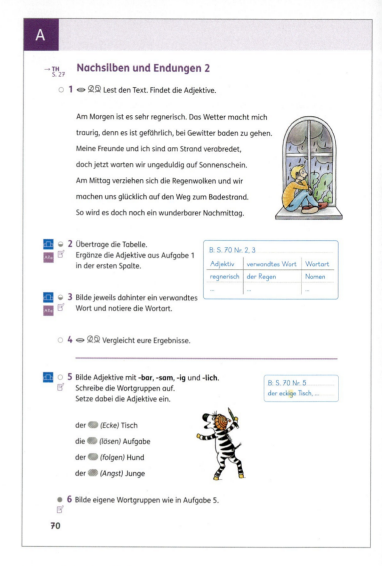

Ideen für die Weiterarbeit

- individuelles Suchsel mit verschiedenen Adjektiven erstellen
  - im Heft Tabelle analog zu Aufg. 2 anlegen
  - gefundene Adjektive herausschreiben, verwandtes Wort ergänzen und dessen Wortart notieren

Verweise

- Zebra 4 Trainingsheft, S. 27
- KV 35 (Nachsilben und Endungen 2; veränderbar)
- Zebra 4 Förderkartei, Karteikarten 61–62
- Zebra 4 Forderblock, S. 37
- Meine Anoki-Übungshefte:
  - Richtig schreiben 4, S. 60–61
  - Grammatik üben 4, S. 34–35
  - Grundwortschatz 3/4, S. 66–67
  - Deutsch für Profis 4 Fordern, S. 6

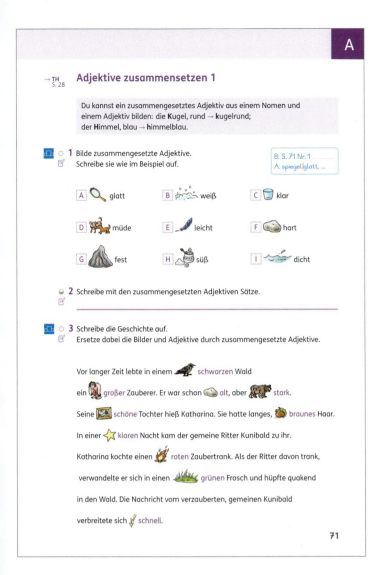

Seite 71

Lernziele/Kompetenzen

- zusammengesetzte Adjektive aus einem Nomen und einem Adjektiv bilden
- Rechtschreibstrategie anwenden: „Wortbausteine"
- zusammengesetzte Adjektive in Sätzen verwenden

Anregungen für den Unterricht

Hinweis: Auf dieser AH-Seite liegt der Fokus auf zusammengesetzten Adjektiven, bestehend aus einem Nomen und einem Adjektiv (*der Spiegel, glatt: spiegelglatt*). Da es sich bei den Grundwörtern der Zusammensetzungen jeweils um ein Adjektiv handelt, werden die neu gebildeten Wörter jeweils klein geschrieben, was vielen Kindern häufig Schwierigkeiten bereitet.

- Einstieg mit Farb-/Bildkarten: verschiedene Grüntöne nacheinander an die Tafel heften
  - Kinder benennen jeweils die Farben
  - für die Unterscheidung zusammengesetzte Adjektive bilden

  Hinweis: Sollten neben *hell-* und *dunkelgrün* keine weiteren Ideen kommen, können einige Gegenstände als Bildkarten Hilfestellung zur Bildung leisten, z. B. Apfel, Gras, Frosch, Moos.
  - Farbzusammensetzungen mit Nomen an der Tafel sammeln: Bildkarte Apfel + *grün* → z. B. *apfelgrün*
  - Beispielsätze formulieren, Beispiele im Heft notieren, das Grundwort *grün* und den kleinen Anfangsbuchstaben jeweils markieren, z. B.:
    der Apfel, grün: apfelgrün
    Das Auto ist apfelgrün.
    das Gras, grün: grasgrün
    Der Fleck ist grasgrün.
- Merksatz gemeinsam lesen, ggf. im Heft ergänzen
  - Kleinschreibung aufgrund des Adjektivs als Grundwort noch einmal hervorheben
- Aufg. 1–3: eigenständige Bearbeitung
  - ggf. auf Rechtschreibstrategie „Groß oder klein?" für Aufg. 3 hinweisen
  - in PA oder im Plenum: Ergebnisse vergleichen
- zur Festigung und weiteren Übung Aufgaben im Trainingsheft auf S. 28 durchführen

Differenzierung

Fördern:

- Aufg. 1: die zusammengesetzten Adjektive vorab besprechen
  Hinweis: Besonders *hundemüde* und *felsenfest* könnten wegen der Verwendung der Mehrzahl Probleme bereiten.
- für Kinder mit Deutsch als Zweitsprache die Wortbedeutung der zusammengesetzten Adjektive im Kontext klären
- Aufg. 2: statt Sätze zu formulieren, Bildung wie in der Übung im Einstieg notieren (*der Spiegel, glatt: spiegelglatt; der Schnee, weiß: schneeweiß; das Glas, klar: glasklar*)
- Aufg. 3: Zusammensetzungen vorab gemeinsam besprechen und ggf. notieren
  Hinweis: Eine besondere Herausforderung stellen die zusammengesetzten Adjektive *rabenschwarz, riesengroß, bärenstark* und *sternenklar* dar. Bei großen Problemen können die Wörter vermischt in einem Wortspeicher vorgeben werden, sodass diese nur noch treffend eingesetzt werden müssen (Zuordnungsübung). Möglich ist auch, die Lösungen an der Tafelrückseite zur Selbstkontrolle anzubieten.

Fordern:

- Aufg. 3 in PA: eigene Sätze/Bilderrätsel in analoger Form überlegen
  - auch als HA möglich

Verweise

- Zebra 4 Trainingsheft, S. 28
- Zebra 4 Förderkartei, Karteikarten 63–65
- Zebra 4 AH Sprache Fördern, S. 60

Seite 72

Lernziele/Kompetenzen

- zusammengesetzte Adjektive aus einem Adjektiv und einem Adjektiv bzw. einem Verb und einem Adjektiv bilden
- Rechtschreibstrategie anwenden: „Wortbausteine"
- zusammengesetzte Adjektive in Wortbausteine zerlegen
- zusammengesetzte Adjektive nach den Wortarten ihrer Wortbausteine ordnen

Anregungen für den Unterricht

Hinweis: Es handelt sich um die Fortsetzung der vorangegangenen Seite, sodass sich die Bearbeitung im direkten Anschluss an die AH-S. 71 anbietet.
Auf dieser Seite liegt der Fokus auf zusammengesetzten Adjektiven, bestehend aus einem Adjektiv und einem Adjektiv (*quer, gestreift: quergestreift*) und aus einem Verb und einem Adjektiv (*kuscheln, weich: kuschelweich*).

- Einstieg: als wiederholende Übung verschiedene Wortkarten an die Tafel heften
  - Kinder bilden daraus zusammengesetzte Adjektive (bestehend aus einem Nomen und einem Adjektiv, z. B.: *der Ast, rein, die Kugel, rund, der Blitz, schnell, das Messer, scharf*)
  - Ergebnisse an der Tafel unter der Teilüberschrift „Nomen und Adjektiv" festhalten
  - anschließend weitere Wortkarten, bestehend nur aus Adjektiven, ergänzen (z. B.: *wild, fremd, hell, blau, dunkel, grün, alt, modisch*)
  - die Kinder bilden zusammengesetzte Adjektive, bestimmen die Wortart und notieren die Ergebnisse unter der Teilüberschrift „Adjektiv und Adjektiv"
  - weitere Wortkarten mit Verben und Adjektiven an die Tafel heften (z. B.: *reißen, fest, stinken, faul, tropfen, nass, drucken, frisch*)
  - gleiches Vorgehen wie zuvor, Ergebnisse unter der Teilüberschrift „Verb und Adjektiv" notieren
  - auf Wegfallen von -en am Verbende hinweisen (nur der Wortstamm bleibt erhalten)
- Aufg. 1–5: eigenständige Bearbeitung
  - in PA oder im Plenum: Ergebnisse vergleichen
- zur Festigung und weiteren Übung Aufgaben im Trainingsheft auf S. 28 durchführen

Differenzierung

Fördern:

- Aufg. 1–2: mit leistungsschwächeren Kindern und Kindern mit Deutsch als Zweitsprache Aufg. gemeinsam durchsprechen, um Lösungen bereits einmal richtig gehört zu haben
- Aufg. 3: mit L/Lernpartner arbeiten, da Unregelmäßigkeiten in der Wortbildung vorkommen (siehe Einstieg: Wegfallen von -en)

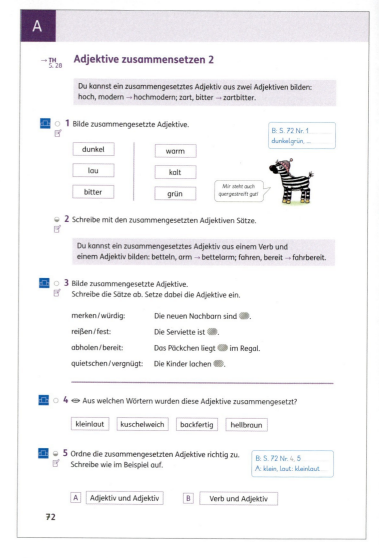

- Aufg. 4–5: mit L/Lernpartner arbeiten
  - Verben in der Grundform herausschreiben
  - Bedeutung der Adjektive im Kontext erklären (Sätze bilden)

Fordern:

- Mehrfachkomposita analysieren:
  Mehrfachkomposita zerlegen und jeweils die Wortart bestimmen (z. B.: *kohlrabenschwarz, mutterseelenallein, mucksmäuschenstill, fuchsteufelswild*)

Ideen für die Weiterarbeit

- KV 36 als HA möglich

Verweise

- Zebra 4 Trainingsheft, S. 28
- KV 36 (Adjektive zusammensetzen; veränderbar)
- Zebra 4 Förderkartei, Karteikarten 66–68
- Zebra 4 Forderblock, S. 35
- Meine Anoki-Übungshefte:
  - Richtig schreiben 4, S. 62
  - Grammatik üben 4, S. 36–37

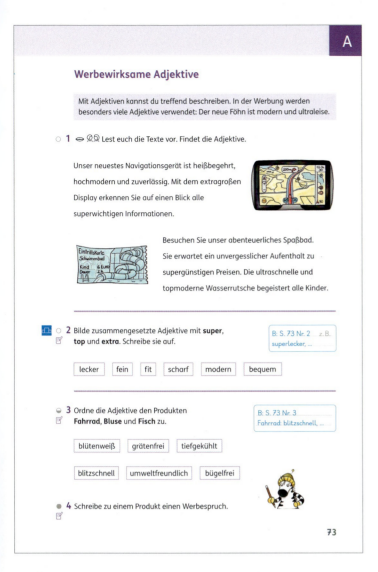

Seite 73

Lernziele/Kompetenzen

- Adjektive in der Werbung kennenlernen
- Rechtschreibstrategie anwenden: „Wortbausteine"
- die Übertreibung, Beeinflussung und Bildhaftigkeit von werbewirksamen Adjektiven erkennen
- zusammengesetzte Adjektive der Superlative bilden
- werbewirksame Adjektive Produkten zuordnen
- einen Werbespruch mit werbewirksamen Adjektiven schreiben
- auf einen reflektierten Umgang mit Werbung vorbereiten

Anregungen für den Unterricht

Hinweis: Der Elativ im Deutschen ist entweder mit dem Superlativ identisch oder wird mithilfe vorangestellter Wortbausteine oder Gradpartikel realisiert: *hochmodern, extrem modern*. Häufig werden auch umgangssprachliche Wendungen wie super-, mega-, ober- usw. verwendet.
- Einstieg: Kinder nennen Werbespots aus dem Fernsehen oder Radio, die ihnen besonders erinnerlich sind
  - Vermutungen anstellen, worauf dies zurückzuführen ist (z. B. Prominente, Interesse, Sprache, Häufigkeit, Humor usw.)
  - Werbeprospekte oder Werbespots anschauen

Hinweis: Hier bieten sich verschiedene mediale Formen an: Fernsehen, Radio, Kaufhausdurchsagen, Werbeprospekte und -flyer. Sollten sich keine geeigneten Werbeanzeigen finden, können auch die Texte aus Aufg. 1 im AH als Vorlage dienen.
Wichtig ist, dass jeder verwendete Werbespot mit den Kindern besprochen wird, sodass sie lernen, Werbung kritisch zu hinterfragen!
- Kinder notieren verwendete Adjektive
- anschließend Adjektive gemeinsam analysieren
- Erkenntnis: *Es werden viele Steigerungsformen und häufig Zusammensetzungen verwendet.*
- Aufg. 1–4: eigenständige Bearbeitung
  - in PA oder im Plenum: Ergebnisse vergleichen

Differenzierung
Fördern:

- Aufg. 1–2: mit Lernpartner arbeiten
- Aufg. 3–4: Aufg. besprechen, Wortschatz klären
  - in PA Werbespruch gemeinsam erarbeiten
- KV 37/1 verändern: Wörter im Suchsel vorgeben: *unvergesslich, topmodern, ultraschnell, heißbegehrt, einmalig, superbequem, supertoll, extragroß, ultraleicht*

Hinweis zu KV 37/2–4: Für die GA ist es ratsam, leistungsstärkere und -schwächere Kinder zu mischen bzw. mit den leistungsschwächeren Kindern die Aufgaben gemeinsam zu bearbeiten.
Kinder mit Deutsch als Zweitsprache profitieren von der GA.

Fordern:

- Aufg. 2: weitere zusammengesetzte Adjektive (er-)finden

Ideen für die Weiterarbeit

- Aufg. 4: als HA möglich
- Kunst/Sachunterricht:
  weitere Merkmale in der Werbung analysieren (Figuren, Ton, Bild, Schriftart und -größe, Farbe, Platzierung usw.)
- eigenes Werbeplakat erstellen bzw. eigenen Werbespot aufnehmen

Verweise

- KV 37 (Werbewirksame Adjektive; veränderbar)
- Meine Anoki-Übungshefte, Grammatik üben 4, S. 38–41

Seite 74

Lernziele/Kompetenzen
- Lernwortschatz und Strategiewissen als Säulen von Rechtschreibkompetenz erfahren (anhand des Zebratextes)
- Rechtschreibstrategie anwenden: „Wortbausteine" (adjektivbildende Endungen/Nachsilben)

Anregungen für den Unterricht
Hinweis: Die Aufgaben der AH-Seite wiederholen die Rechtschreibstrategie „Wortbausteine" mit dem Fokus auf adjektivbildende Nachsilben/Endungen und zusammengesetzte Adjektive. Dabei werden viele Wörter aus dem Zebratext geübt (siehe Lernwörter am Ende der Seite). Die Rechtschreibstrategie „Wortbausteine" ist im Zebratext berücksichtigt.
- Einstieg: Rechtschreibgespräch über den Zebratext
  - ggf. auf mehrere Tage verteilen (z. B. als „Satz des Tages")
  - Kinder bringen ihr Rechtschreibwissen ein und erklären die Schreibweise der Adjektive durch die Rechtschreibstrategie „Wortbausteine"
- Vorbereitung Aufg. 1–3: Merksatz von AH-S. 69 wiederholen und um -ig und -lich ergänzen
- Aufg. 1–3: eigenständige Bearbeitung
- Vorbereitung Aufg. 4–5: Merksätze von AH-S. 71–72 und besonders die Kleinschreibung von Adjektiven wiederholen
  - auf Tippkarte „Adjektive" hinweisen
- Aufg. 4–5: eigenständige Bearbeitung
- Vorbereitung Aufg. 6: Übungsformate Knickdiktat und Wendediktat wiederholen (vgl. Anleitungen zu Diktatformen auf AH-S. 8)
- zur Festigung und weiteren Übung Aufgaben im Trainingsheft auf S. 29 durchführen

Differenzierung
Fördern:
- Vorbereitung Aufg. 1–6: als Vorentlastung die Aufgabenstellung vorlesen/besprechen
- für leistungsschwächere Kinder die Nachsilben/Endungen noch einmal visualisieren (Lernplakat oder Tafel)
- Aufg. 3: die Nachsilben/Endungen in drei Farben markieren, die Nomen ebenfalls in den entsprechenden Farben markieren
  - auf Änderungen im Wortstamm hinweisen
- Aufg. 4–5: Wörter auf Wortkarten zum handelnden Ausprobieren/Tun (hier: Zusammenfügen) bereitstellen
  - den großen Anfangsbuchstaben auf den Wortkarten durchstreichen, den kleinen Anfangsbuchstaben dazuschreiben
  - die Zusammensetzungen zunächst physisch an die richtige Stelle im AH legen

- KV 38/1 verändern: Zebratext in größerer Schriftart oder in reduziertem Umfang anbieten

Fordern:
- Aufg. 6: Text ohne Vorbesprechung diktieren, in PA oder GA Rechtschreibung durch Nachschlagen in der Wörterliste überprüfen und verbessern
- fehlerhafte Wörter in die individuelle Rechtschreibkartei integrieren (vgl. LHB, S. 23)
- KV 38 verändern: Zebratext erweitern, Zebrawörter nicht vorgeben und eigene Adjektive entwickeln lassen oder mehr Lücken (weitere Adjektive) einarbeiten und oben als Wortspeicher mit angeben

Ideen für die Weiterarbeit
- anhand der KV 38/2 gemeinsam Karteikarten für die Rechtschreibkartei erstellen

Verweise
- Zebra 4 Trainingsheft, S. 29
- KV 38 (Wörter üben: Adjektive; veränderbar)
- Deutsch Klasse 4 mit Zebra (App)
- Zebra 4 AH Sprache Fördern, S. 61

Seite 75

Lernziele/Kompetenzen

- sprachkundliche Aspekte wiederholen und festigen:
  - das Gegenteil von Adjektiven bilden (u. a. mit der Vorsilbe un-)
  - Grund- und Vergleichsstufen ergänzen
  - Vergleiche mit den Vergleichswörtern „so … wie" und „als" bilden
  - werbewirksame, zusammengesetzte Adjektive bilden

Anregungen für den Unterricht

- Ablauf:
  - Aufg. 1–5: eigenständige Bearbeitung ohne Vorbesprechung (Gegensatzpaar von Adjektiven finden; Gegenteile von Adjektiven mit der Vorsilbe un- bilden; Grund- und Vergleichsstufen von Adjektiven ergänzen; Vergleiche mit Vergleichswörtern und den Vergleichsstufen bilden; werbewirksame, zusammengesetzte Adjektive bilden und passend in Sätze einsetzen)
  - anschließend individuelle Fehleranalyse durch L und Förderung nach Fehlerschwerpunkten, z. B. mit der Förderkartei, den KVs oder den Zebra-Erklärfilmen
- mögliche Fehler:
  - Aufg. 1–2: Gegenteile werden nicht richtig zugeordnet, Wortschatz fehlt (Hilfe: ergänzend zur erstellten Kartei Karteikarten zur Bildung von häufig auftretenden Adjektiven erstellen: Vorderseite → Adjektiv mit Beispielsatz, Rückseite → gegenteiliges Adjektiv mit Beispielsatz)
  - Aufg. 3: die Grundform und Vergleichsstufen von spitz und scharf werden nicht richtig gebildet (Hilfe: auf Unregelmäßigkeit bei der Bildung hinweisen, ggf. markieren: Umlautung → scharf – schärfer – am schärfsten; Einschub → spitz – spitzer – am spitzesten, auf das eingeschobene e hinweisen)
  - Aufg. 4: Vergleichswörter werden fehlerhaft verwendet (Hilfe: Verwendung wiederholen, weitere Übungen in dem Format anbieten)
  - Aufg. 5: Aufgabenstellung wird nicht verstanden (Hilfe: Bildung zusammengesetzter Adjektive wiederholen)
- zur Festigung und weiteren Übung Aufgaben im Trainingsheft auf S. 29 durchführen

Differenzierung

Fördern:

- Aufgabenstellungen vorlesen und ggf. besprechen
- Aufg. 1: gegenteilige Adjektive in einem Wortspeicher vorgeben (Zuordnungsübung); ggf. weitere Adjektive ergänzen, sodass eine Auswahl getroffen werden muss
- Aufg. 2: in PA Adjektive mit un- bilden
- Aufg. 3: die Bildung über die Vergleichsstufen 1 (-er) und 2 (am … -sten) schreiben, spitz gemeinsam besprechen, auf die Schwierigkeit in der Aussprache hinweisen, deshalb Einschub des e
- Aufg. 4: Waage mit zwei gleich schweren Dingen und schwereren Dingen anzeichnen, gemeinsam Sätze dazu formulieren

Hinweis: Die korrekte Verwendung der Vergleichswörter stellt im Alltag häufig Schwierigkeiten dar. Besonders in der Verwendung von wie und als treten Verwechslungen auf.
Gleichheit: *Elias ist **so** groß **wie** seine Schwester.*
Ungleichheit: *Jan ist größer **als** seine Schwester.*

Fordern:

- Aufg. 1–6: Aufgaben jeweils um eigene Beispiele ergänzen
  - ggf. Kontrolle mit der Wörterliste

Verweise

- Zebra-Erklärfilme (per Code unter Lehrwerk-Online, www.klett.de)
- Zebra 4 Trainingsheft, S. 29
- Zebra 4 AH Sprache Fördern, S. 62

Seite 76

Lernziele/Kompetenzen
- Verb-Erststellung bei Entscheidungsfragen erkennen
- Fragesätze ohne Fragewörter formulieren
- Rechtschreibstrategie anwenden: „Groß oder klein?"

Anregungen für den Unterricht
Hinweis: Zunächst sollten die drei bisher bekannten Satzarten (Aussagesatz, Fragesatz und Aufforderungssatz) kurz wiederholt werden. Dazu bietet sich die Seite 20 des Wissensbuchs 3 an. Dort finden sich neben einem zusammenfassenden Merksatz mit allen wichtigen Regeln auch einige Übungen.
- Einstieg mit Spiel zum Wiederholen der Satzarten:
  - L nennt einen Satz
  - Kinder bewegen sich passend dazu:
    bei Fragesatz: Körper im Stehen schlangenartig bewegen und so ein Fragezeichen darstellen
    bei Aufforderungssatz: sich strecken wie ein Ausrufezeichen
    bei Aussagesatz: klein machen wie ein Punkt
  - Bild von Aufg. 1 auf Folie betrachten (Fragen sind abgedeckt), Kinder überlegen sich Fragen für Franz
  - L notiert Fragen rechts neben Abbildung auf Folie
  - Fragewörter und Fragezeichen markieren
  - Fragen aus AH aufdecken und vergleichen
  - Erkenntnis: *Die Fragen enthalten keine Fragewörter, die Verben stehen an erster Stelle.*
- Aufg. 1: Sätze abschreiben, Verben unterstreichen, nochmals erste Position im Satz herausstreichen
- Aufg. 2–3: eigenständige Bearbeitung
  - ggf. ein Beispiel gemeinsam erarbeiten
- Aufg. 4: als HA möglich
  - in der Folgestunde zur Wiederholung für die PA nutzen
- zur Festigung und weiteren Übung Aufgaben im Trainingsheft auf S. 30 durchführen

Differenzierung

Fördern:
- Satzarten wiederholen (z. B. mit Richtig schreiben C 4, Fördern und Inklusion, 31–35)
- Aufg. 1–3: mit L/Lernpartner arbeiten
  - Verben benennen und gemeinsam unterstreichen
  - Verben gemeinsam markieren
  - auf Großschreibung am Satzanfang hinweisen

Fordern:
- Sprachforscheraufgabe in PA: *Wie kannst du einen Aussagesatz als Frage einsetzen?*

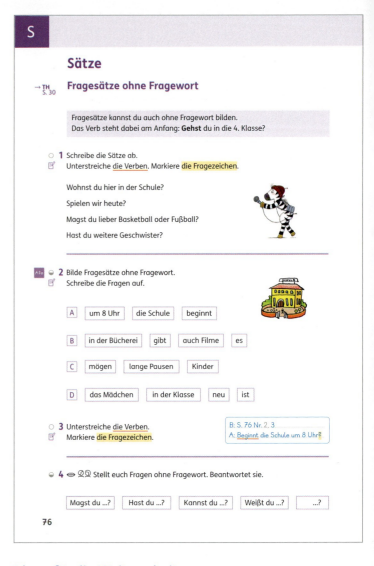

Ideen für die Weiterarbeit
- KV 39 für die Freiarbeit: Spiel „Wer bin ich?" spielen
- Kunst:
  in GA Kunstwerke mit vielen Details, z. B. von James Rizzi, besprechen (Kinder überlegen sich passende Fragen zum Bildinhalt, die anderen beantworten sie durch Suche der entsprechenden Situation)

Verweise
- Zebra 4 Trainingsheft, S. 30
- KV 39 (Fragesätze ohne Fragewort; veränderbar)
- Zebra 4 Förderkartei, Karteikarten 69–70
- Zebra 4 AH Sprache Fördern, S. 63
- Zebra 4 Forderblock, S. 40
- Meine Anoki-Übungshefte:
  - Richtig schreiben C 4, Fördern und Inklusion, S. 31–35
  - Richtig schreiben 4, S. 34–35

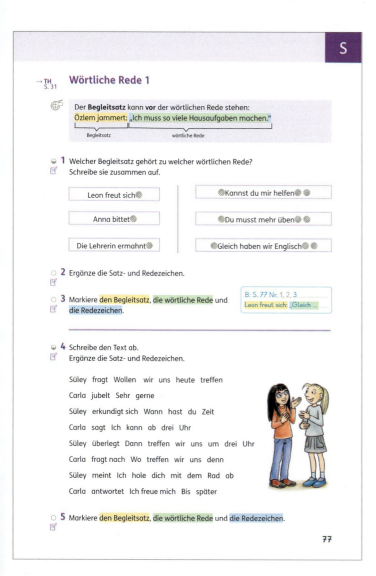

Seite 77

Lernziele/Kompetenzen

- Begriffe „Begleitsatz", „wörtliche Rede" und „Redezeichen" wiederholen und vertiefen
- wörtliche Rede mit vorangestelltem Begleitsatz richtig anwenden
- Zeichensetzung bei der wörtlichen Rede mit vorangestelltem Begleitsatz richtig vornehmen

Anregungen für den Unterricht

Hinweis: Zur wörtlichen Rede gehören die Redezeichen und ein Begleitsatz, der angibt, wer spricht und wie gesprochen wird. Der Begleitsatz kann vorangestellt, nachgestellt oder eingeschoben werden. Im AH Sprache 3 wurde der vorangestellte Begleitsatz bereits thematisiert, der auf dieser AH-Seite noch einmal wiederholt wird.

- Einstieg: Bild von Franz mit drei Sprechblasen an Tafel hängen (*Ich habe Hunger./Was soll ich essen?/Macht doch einen Vorschlag!*)
  - Kinder lesen Sprechblasen vor und bestimmen Satzarten
  - L ergänzt Wortkarten: *sagen, fragen, fordern*
  - Kinder formulieren Sätze um:
    Das Zebra sagt: „Ich habe Hunger."
    Franz fragt: „Was soll ich essen?"
    Er fordert: „Macht doch einen Vorschlag!"
  - Begriffe „wörtliche Rede", „Begleitsatz" und „Redezeichen" sowie die richtige Zeichensetzung bei wörtlicher Rede wiederholen
  - Beispiele wie im AH markieren: Begleitsatz gelb, wörtliche Rede grün und Redezeichen blau
- Aufg. 1–2: eigenständige Bearbeitung (Satzteile verbinden, Sätze notieren, Satz- und Redezeichen ergänzen)
  - Satzteile ggf. mit Betonung vorlesen
- Aufg. 3: eigenständige Bearbeitung
  - ggf. auf die Markierungen im Merksatz hinweisen
- Aufg. 4–6: eigenständige Bearbeitung (Text abschreiben, Begleitsätze markieren, Satz- und Redezeichen ergänzen, wörtliche Rede und Redezeichen markieren)
- in PA oder im Plenum: Ergebnisse vergleichen
- zur Festigung und weiteren Übung Aufgaben im Trainingsheft auf S. 31 durchführen

Differenzierung

Fördern:

- Aufg. 2: L liest Sätze jeweils mit kurzer Pause und Betonung vor
- Aufg. 5: für Kinder mit Schwierigkeiten beim Ergänzen der Satz- und Redezeichen ggf. Stellen im AH markieren

Fordern:

- Aufg. 4–6: Text ins Schreibheft schreiben, Markierungen und Ergänzungen vornehmen
- eigene kurze Dialoge schreiben, ggf. in PA
- KV 40/4 verändern: eigene Piratengespräche schreiben

Ideen für die Weiterarbeit

- Aufg. 4: Dialog als Rollenspiel üben, auf ausdrucksstarke Betonung achten

Verweise

- Zebra 4 Trainingsheft, S. 31
- Zebra-Erklärfilm „Wörtliche Rede vorn" (per Code unter Lehrwerk-Online, www.klett.de)
- KV 40 (Wörtliche Rede 1; veränderbar)
- Zebra 4 Förderkartei, Karteikarten 71–72
- Zebra 4 AH Sprache Fördern, S. 64
- Zebra 4 Forderblock, S. 41
- Meine Anoki-Übungshefte, Grammatik üben 4, S. 58–61

Seite 78

Lernziele/Kompetenzen
- Begriffe „Begleitsatz", „wörtliche Rede" und „Redezeichen" richtig verwenden
- wörtliche Rede mit nachgestelltem Begleitsatz kennenlernen
- Zeichensetzung bei der wörtlichen Rede mit nachgestelltem Begleitsatz richtig vornehmen

Anregungen für den Unterricht
Hinweis: Die wörtliche Rede mit nachgestelltem Begleitsatz ist an dieser Stelle neu und wurde bewusst um die wörtliche Rede mit eingeschobenem Begleitsatz reduziert. Folgende Merkmale kennzeichnen die wörtliche Rede mit nachgestelltem Begleitsatz:
- Doppelpunkt wird durch Komma ersetzt;
- beim Frage- bzw. Aufforderungssatz bleibt das Frage- bzw. Ausrufezeichen erhalten;
- beim Aussagesatz entfällt der Punkt am Satzende der wörtlichen Rede.
- Einstieg an der Tafel mit Beispielsätzen von voheriger AH-Seite:
  Franz fragt: „Was soll ich essen?"
  „Was soll ich essen?", fragt Franz.
  (zweiter Satz neu/ergänzt)
  - Kinder markieren Begleitsatz, wörtliche Rede und Redezeichen und vergleichen Sätze
  - Erkenntnis: *Nach dem Fragezeichen steht ein Komma.*
  - gleiches Vorgehen mit Aufforderungssatz von vorheriger AH-Seite, aber ohne Satz- und Redezeichen:
  Er fordert_ _Macht doch einen Vorschlag_ _
  Macht doch einen Vorschlag _ _fordert er.
  - gemeinsam überlegen, Satz- und Redezeichen ergänzen, Markierungen wie im AH vornehmen
  - Merksatz gemeinsam lesen
- Aufg. 1–3: eigenständige Bearbeitung
- Vorbereitung Aufg. 4–5 im Plenum:
  - Aussagesatz an Tafel besprechen (*Das Zebra sagt: „Ich habe Hunger."/„Ich habe Hunger", sagt das Zebra.*)
  - Merksatz gemeinsam lesen
  - ggf. Beispielsätze gemeinsam besprechen
- Aufg. 4–5: eigenständige Bearbeitung
- zur Festigung und weiteren Übung Aufgaben im Trainingsheft auf S. 31 durchführen

Differenzierung
Fördern:
- Schema der wörtlichen Rede mit nachgestelltem Begleitsatz im Klassenzimmer visualisieren oder in Kleinformat auf den Tisch kleben
  - ggf. Frage-, Aufforderungs- und Aussagesatz mit Markierungen aus AH verwenden

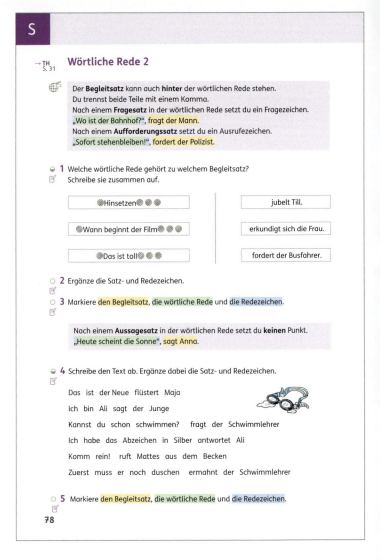

- Zeichensetzung bei wörtlicher Rede verbalisieren: L diktiert regelmäßig kurze wörtliche Reden
- kurze Texte mit wörtlicher Rede laut vorlesen, dabei Satz- und Redezeichen verbalisieren

Fordern:
- KV 41 verändern: als Memo-Satzteil-Spiel spielen
- in PA: Handygespräch aufschreiben, dabei Satz- und Redezeichen richtig setzen

Ideen für die Weiterarbeit
- Wortfeld „sagen" wiederholen, Plakat erstellen
- kurze Dialoge mit Computerprogramm schreiben, Markierungen der wörtlichen Rede vornehmen

Verweise
- Zebra 4 Trainingsheft, S. 31
- Zebra-Erklärfilm „Wörtliche Rede hinten" (per Code unter Lehrwerk-Online, www.klett.de)
- KV 41 (Wörtliche Rede 2; veränderbar)
- Zebra 4 Förderkartei, Karteikarten 73–74
- Zebra 4 Forderblock, S. 41
- Meine Anoki-Übungshefte, Grammatik üben 4, S. 58–61

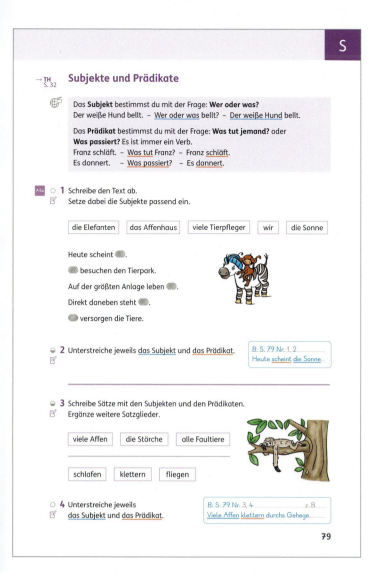

- Einstieg: kurze Wiederholung der Satzglieder in Form eines Interviews
  - Reporter befragt „Sprachforscher":
    Mit welcher Frage wird das Subjekt bestimmt?
    Mit welcher Frage wird das Prädikat bestimmt?
    Um welche Wortart handelt es sich beim Prädikat immer?
  - L zeigt dazu passend Beispielsätze auf Folie:
    Im Schwimmbad tummeln sich viele Kinder.
    Immer wieder springt Tina vom Block.
    Ihr Freund Tim taucht durch das Becken.
  - ggf. Subjekte und Prädikate gemeinsam unterstreichen
- Aufg. 1–2: auf Schreibhilfe hinweisen
  - ggf. ein Beispiel gemeinsam erarbeiten
  - danach eigenständige Bearbeitung (Text abschreiben, Subjekte einsetzen, Subjekte und Prädikate unterstreichen)
- Aufg. 3–4: als HA möglich (Sätze aus Satzgliedern bilden, Subjekte und Prädikate unterstreichen)
  - im Plenum: Ergebnisse vergleichen
- zur Festigung und weiteren Übung Aufgaben im Trainingsheft auf S. 32 durchführen

Differenzierung

Fördern:

- Aufg. 1: Subjekte auf kleinen Wortkarten zum Legen anbieten
- Aufg. 2: Prädikate gemeinsam unterstreichen, Vorlage mit Fragen wie in Schreibhilfe anbieten
- Aufg. 3: Satzglieder auf Wortkarten vorgeben
  - ggf. Satzglieder auf leeren Wortkarten ergänzen, Sätze damit legen

Fordern:

- eigenen Text schreiben, Subjekte und Prädikate unterstreichen

Ideen für die Weiterarbeit

- zum Thema „Berufe" Tätigkeiten sammeln (Subjekte und Prädikate):
  Der Maler malt. Der Architekt zeichnet.

Verweise

- Zebra 4 Trainingsheft, S. 32
- Zebra-Erklärfilm „Subjekt – Prädikat"
  (per Code unter Lehrwerk-Online, www.klett.de)
- Zebra 4 Förderkartei, Karteikarten 75–78
- Zebra 4 AH Sprache Fördern, S. 65
- Zebra 4 Forderblock, S. 42–43
- Meine Anoki-Übungshefte, Grammatik üben 4, S. 44–47

Seite 79

Lernziele/Kompetenzen

- Begriffe „Subjekt" und „Prädikat" richtig verwenden
- Subjekte und Prädikate erfragen und bestimmen
- eigene Sätze mit vorgegebenen Subjekten und Prädikaten schreiben
- weitere Satzglieder ergänzen

Anregungen für den Unterricht

Hinweis: Das Subjekt gibt an, wer oder was etwas tut (**Nina** *malt.*) oder erleidet (**Peter** *wird operiert.*). Es kann ein Nomen, ein Pronomen, ein Eigenname, eine Nominalisierung (*das Lernen*) oder eine Nominalgruppe (*das blonde Mädchen, Peter und Nina*) sein. Subjekte stehen immer im Nominativ. Im Deutschen kommen nur wenige Sätze ohne ein Subjekt aus (*Jetzt wird aufgeräumt./Mich friert.*). Bei „es" spricht man von einem Scheinsubjekt.
Das Prädikat ist das wichtigste Satzglied und kann in keinem Satz weggelassen werden. Es beantwortet die Frage „Was tut …?" oder „Was passiert …?"
Das Prädikat besteht immer aus mindestens einem Verb mit Personalendung (z. B. *trägt* oder *laufe*).
Auf dieser AH-Seite werden ausschließlich die einteiligen Prädikate wiederholt. Die zweiteiligen Prädikate werden auf der Folgeseite vertieft.

Seite 80

Lernziele/Kompetenzen
- zweiteilige Prädikate erfragen und bestimmen
- Grundform von Verben, die als zweiteilige Prädikate fungieren, bilden
- zweiteilige Prädikate in eigenen Sätzen anwenden
- Rechtschreibstrategie anwenden: „Wortbausteine"

Anregungen für den Unterricht
Hinweis: Zweiteilige Prädikate bestehen entweder aus Verb und Vorsilbe (*holt … ab*), aus Verb und Hilfsverb (*kann … schwimmen*) oder aus einem Verb und anderen Wortarten (*Lehrer sein, wird gesund*). Die AH-S. 80 beschäftigt sich mit zweiteiligen Verben, die aus Verb und Vorsilbe (bereits bekannt aus Klasse 3) sowie aus Verb und Hilfsverb (neu) bestehen. Hilfsverben sind den Kindern bereits von AH-S. 55 bekannt.
- Einstieg: Verben mit Vorsilben auf Wortkarten
  - ein Kind zieht eine Wortkarte und liest vor (z. B.: *aufräumen, ausschlafen, abschreiben* usw.)
  - Kl bildet einen Satz mit dem Verb
  - L schreibt Satz an die Tafel und hängt Wortkarte daneben, z .B.:
    Ich räume mein Zimmer auf. | aufräumen |
  - zweiteiliges Prädikat rot unterstreichen
  - Grundform des Verbs durch Strich in Vorsilbe und Verb zerlegen (z. B. *auf|räumen*)
- Aufg. 1–2: eigenständige Bearbeitung (zweiteilige Prädikate finden, Grundform des Verbs notieren)
- Merksatz gemeinsam lesen und besprechen
- Vorbereitung Aufg. 4: Hilfsverben von AH-S. 55 wiederholen
  - ggf. an Tafel sammeln (*wollen, können, müssen, sollen, dürfen*)
- Aufg. 4: nach Vorentlastung eigenständige Bearbeitung (Subjekte und zweiteilige Prädikate unterstreichen)
- Aufg. 5: als HA möglich (eigene Sätze mit Hilfsverben schreiben)
  - im Plenum: Ergebnisse vergleichen
- zur Festigung und weiteren Übung Aufgaben im Trainingsheft auf S. 32 durchführen

Differenzierung
Fördern:
- Aufg. 1–2: die Grundformen zum Zuordnen vorgeben
- Aufg. 4: die Hilfsverben vorgeben
- KV 42/1–2 verändern: die Grundformen zum Zuordnen vorgeben (Zuordnungsübung)

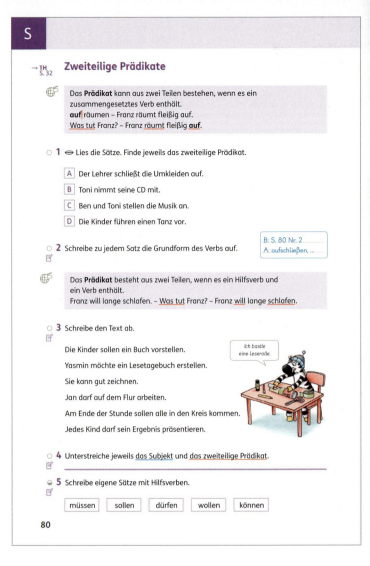

Fordern:
- Verben mit Vorsilbe in der Wörterliste suchen, damit Sätze schreiben

Ideen für die Weiterarbeit
- in GA: überlegen, was Kinder wollen, können, müssen, sollen, dürfen
  - dazu Plakat erstellen (z. B. können: *reiten, tanzen, malen* usw.)
  - Sätze zu den Plakaten schreiben
  - auch für Thema „Kinderrechte/Kinderpflichten" denkbar

Verweise
- Zebra 4 Trainingsheft, S. 32
- Zebra-Erklärfilm „Zweiteiliges Prädikat 1 und 2" (per Code unter Lehrwerk-Online, www.klett.de)
- KV 42 (Zweiteilige Prädikate, veränderbar)
- Zebra 4 Förderkartei, Karteikarten 79–80
- Zebra 4 AH Sprache Fördern, S. 66
- Zebra 4 Forderblock, S. 43

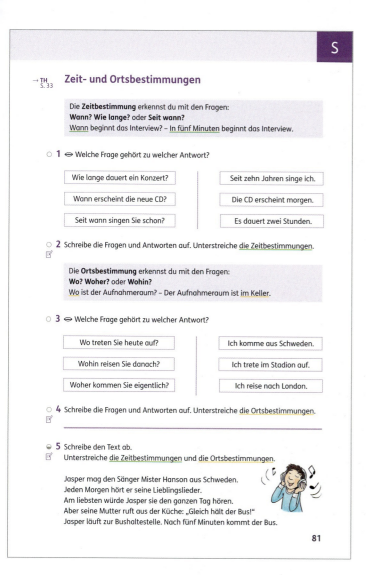

Seite 81

Lernziele/Kompetenzen

- Begriffe „Zeitbestimmungen" und „Ortsbestimmungen" passend verwenden
- Zeit- und Ortsbestimmungen erfragen und bestimmen

Anregungen für den Unterricht

Hinweis: Neben Subjekt und Prädikat haben die Kinder in der 3. Klasse die Zeit- und die Ortsbestimmung als Satzglieder kennengelernt. Diese sind grundsätzlich recht einfach zu bestimmen. Die eigentliche Schwierigkeit für die Kinder besteht vielmehr darin, die jeweils passende Frage auszuwählen.
 - Zeitbestimmung: „Wann?", „Wie oft?", „Wie lange?"/„Seit wann?"
 - Ortsbestimmung: „Wo?", „Woher?", „Wohin?"

Bei der Wiederholung der beiden Satzglieder sollte daher geübt werden, auf bestimmte Signalwörter wie *seit, dreimal* und Zeiteinheiten wie Minuten, Stunden, Uhrzeiten bzw. auf Signalwörter wie *in, im, am, aus, nach, bis zum* usw. zu achten.

- Einstieg: zur Wiederholung zwei Steckbriefe an Tafel hängen (*Gesucht: Zeit* und *Gesucht: Ort*)
  - Kl in zwei Gruppen einteilen
  - GA: in fünf Minuten so viele Zeitbestimmungen/Ortsbestimmungen aufschreiben wie möglich (z. B.: *gestern, vor drei Stunden, unter der Bank, im Keller*)
  - Zeit stoppen und vergleichen
  - die Gruppe mit den meisten Angaben gewinnt
  - die Ergebnisse unter dem jeweiligen Steckbrief bzw. auf einem Plakat festhalten
- Aufg. 1–4: eigenständige Bearbeitung (passende Antworten zu Fragen finden, aufschreiben und Zeit- bzw. Ortsbestimmungen unterstreichen)
- Aufg. 5: zunächst die Zeitbestimmungen unterstreichen, dann die Ortsbestimmungen
  - auch als HA möglich
- zur Festigung und weiteren Übung Aufgaben im Trainingsheft auf S. 33 durchführen

Differenzierung

Fördern:

- Aufg. 1, 3: Fragen und Zeit- bzw. Ortsbestimmungen unterstrichen vorgeben
- Aufg. 5: Fragen auf kleinen Wortkarten vorgeben

Fordern:

- Lernpartner für leistungsschwächere Kinder sein: gemeinsam Zeit- und Ortsbestimmungen erfragen, bei der Notation der Fragen unterstützen
- Zeit- und Ortsbestimmungen in Texten bestimmen

Ideen für die Weiterarbeit

- Spiel: Sätze ergänzen
  - Satzkarte ziehen (Subjekt-Prädikat-Sätze)
  - aus einem Säckchen eine orangefarbene (Zeitbestimmung) oder eine grüne Perle (Ortsbestimmung) ziehen
  - Satz entsprechend ergänzen
- Musik: Steckbriefe zu Lieblingsmusiker erstellen, Zeit- und Ortsbestimmungen vermehrt einbauen, z. B.: *Wann wurde der Künstler/die Künstlerin geboren? Wo? Wie lange macht er/sie bereits Musik? Wo finden Konzerte statt?*

Verweise

- Zebra 4 Trainingsheft, S. 33
- Zebra 4 Förderkartei, Karteikarten 81–84
- Zebra 4 AH Sprache Fördern, S. 67
- Zebra 4 Forderblock, S. 44
- Meine Anoki-Übungshefte:
  - Grammatik üben 4: S. 48–49, 54–55
  - Deutsch für Profis 4, Fordern: S. 36–37, 54–55

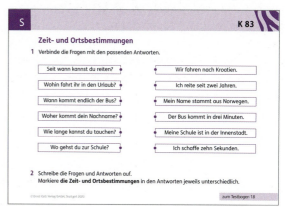

Seite 82

Lernziele/Kompetenzen
- Begriffe „Dativobjekt" und „Wem-Ergänzung" kennenlernen
- Dativobjekte erfragen und bestimmen

Anregungen für den Unterricht

Hinweis: Ein Objekt stellt in einem Satz eine Ergänzung des Prädikats dar. Das Prädikat beschreibt ein Geschehen, das auf das Objekt abzielt. Dabei bestimmt das Prädikat den Fall/die Fälle, in dem das Objekt/die Objekte steht/stehen.
Ob in einem Satz ein oder mehrere Objekte vorkommen, hängt ebenfalls vom Prädikat ab. Es gibt Verben, die ohne Objekte stehen können (z. B. *lesen*), aber auch Verben, die ein Objekt (z. B. *helfen* – Dat. oder *lieben* – Akk.) oder sogar zwei Objekte (z. B. *geben* – Dat. und Akk.) zwingend erfordern. In der Regel sagt den Kindern ihr Sprachgefühl, welche Objekte sie in einem Satz ergänzen müssen.

- Einstieg über Bildkarten mit Gegenständen an der Tafel, darunter jeweiligen Besitzer vermerken: ein Märchenbuch (*Bücherei*), ein Fußball (*meinem Freund Tim*), ein Kompass (*Opa Hans*), eine bunte Mütze (*Lisa aus dem Nachbarhaus*)
  - zu jedem Gegenstand eine Frage formulieren (z. B.: *Wem gehört das Märchenbuch?*) sowie eine passende Antwort (z. B.: *Das Märchenbuch gehört der Bücherei.*)
  - L notiert die Sätze paarweise an der Tafel
  - in allen Fragen das Fragewort markieren sowie in den Antworten den jeweiligen Besitzer
  - zur Festigung weitere Dativobjekte in Sätzen auf Folie erfragen und unterstreichen:
    Tobias antwortet seiner Mutter geduldig.
    Dann bringt er Lisa die Mütze zurück.
    Auf dem Rückweg begegnet er Oma.
    Oma schenkt Tobias ein Bonbon.
    Der Junge dankt ihr.
  - mithilfe des Merksatzes die Begriffe „Dativobjekt"/„Wem-Ergänzung" kennenlernen
- Aufg. 1–3: eigenständige Bearbeitung (Dativobjekte erfragen, Fragen und Antworten dazu notieren; Dativobjekte ergänzen und in den abgeschriebenen Sätzen unterstreichen)
- Aufg. 4: als HA möglich
- zur Festigung und weiteren Übung Aufgaben im Trainingsheft auf S. 34 durchführen

Differenzierung

Fördern:
- Aufg. 1: Dativobjekte vorgeben
- KV 43/1 verändern: Dativobjekte unterstrichen vorgeben

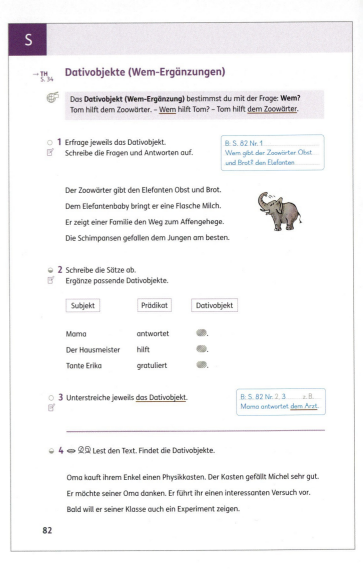

Fordern:
- Lernpartner für leistungsschwächere Kinder sein: gemeinsam Dativobjekte erfragen, bei der Notation der Fragen unterstützen
- Dativobjekte in Texten suchen
- KV 43/2–3 verändern: Fragen und Antworten zu den Sätzen im Heft notieren

Ideen für die Weiterarbeit
- Verben sammeln, die ein Dativobjekt erfordern: *antworten, begegnen, danken, gratulieren, helfen, vertrauen, nützen, schaden*
  - ggf. Plakat zur Visualisierung erstellen
- ein Dativbuch anfertigen: Anleitung unter „Kreatives Üben mit dem Dativbuch" (www.zebrafanclub.de)

Verweise
- Zebra 4 Trainingsheft, S. 34
- Zebra-Erklärfilm „Dativ"
  (per Code unter Lehrwerk-Online, www.klett.de)
- KV 43 (Dativobjekte; veränderbar)
- Zebra 4 Förderkartei, Karteikarten 85–87
- Zebra 4 AH Sprache Fördern, S. 68
- Meine Anoki-Übungshefte:
  - Grammatik üben 4, S. 50–51
  - Deutsch für Profis 4, Fordern, S. 47

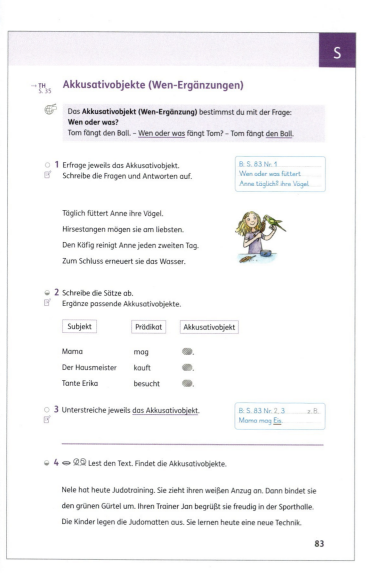

Seite 83

Lernziele/Kompetenzen
- Begriff „Akkusativobjekt" kennenlernen
- Akkusativobjekte erfragen und bestimmen

Anregungen für den Unterricht

Hinweis: Das letzte einzuführende Satzglied ist das Akkusativobjekt. Dieses ist im Deutschen das am häufigsten vorkommende Objekt. Es wird mit der Frage „Wen oder was?" bestimmt. Beim Erfragen des Akkusativobjekts muss auf eine sehr deutliche Aussprache geachtet werden, da es sonst leicht zu Verwechslungen mit dem Dativobjekt kommen kann.

- Einstieg mit Spiel „Hör-Detektiv" zum Sammeln von Beispielsätzen:
  - Kinder legen den Kopf auf die Bank und schließen die Augen
  - L erzeugt Geräusche (z. B. mit Papier rascheln, Musik anmachen, Flöte spielen)
  - L: *Wen oder was hörst du?*
  - Kinder benennen Geräusche und schreiben passenden Satz auf eine Folie (z. B.: *Ich höre ein Rascheln.*)
  - unterstreichen, was zu hören war
  - Satzglied noch einmal erfragen, Frage auf der Folie ergänzen (*Wen oder was hörst du?*)
  - mithilfe des Merksatzes die Begriffe „Akkusativobjekt"/ „Wen-Ergänzung" kennenlernen

- Aufg. 1–3: eigenständige Bearbeitung (Akkusativobjekte erfragen, Fragen und Antworten dazu notieren; Akkusativobjekte ergänzen und in den abgeschriebenen Sätzen unterstreichen)
  - ggf. auf Tippkarte „Sätze" verweisen
- Aufg. 4 oder KV 44: als HA möglich
  - in PA oder im Plenum: Ergebnisse vergleichen
- zur Festigung und weiteren Übung Aufgaben im Trainingsheft auf S. 35 durchführen

Differenzierung

Fördern:
- Aufg. 1: Akkusativobjekte vorgeben
- KV 44/1 verändern: Akkusativobjekte unterstrichen vorgeben

Fordern:
- KV 44/2–3 verändern: Fragen und Antworten zu den Sätzen im Heft notieren
- Lernpartner für leistungsschwächere Kinder sein: gemeinsam Akkusativobjekte erfragen, bei der Notation der Fragen unterstützen
- Akkusativobjekte in Texten suchen

Ideen für die Weiterarbeit
- Spiel: „Montagsmaler"
  - ein Kind zeichnet jemanden/etwas an die Tafel
  - Frage: *Wen oder was zeichne ich?*
  - Kind, das die Lösung findet, wird nächster Montagsmaler
- Verben sammeln, die ein Akkusativobjekt erfordern: *finden, grüßen, kennen, sehen, suchen, fragen, verlieren, beobachten, erschrecken*
  - ggf. Plakat zur Visualisierung erstellen
- in Anlehnung an das Dativbuch ein Akkusativbuch anfertigen (vgl. LHB, S. 98)

Verweise
- Zebra 4 Trainingsheft, S. 35
- Zebra-Erklärfilm „Akkusativ"
  (per Code unter Lehrwerk-Online, www.klett.de)
- KV 44 (Akkusativobjekte; veränderbar)
- Zebra 4 Förderkartei, Karteikarten 88–90
- Zebra 4 AH Sprache Fördern, S. 68
- Meine Anoki-Übungshefte:
  - Grammatik üben 4, S. 52–53
  - Deutsch für Profis 4, Fordern, S. 46

Seite 84

Lernziele/Kompetenzen

- die Konjunktionen „und" und „oder" wiederholen
- die Konjunktionen „denn", „aber" und „weil" kennenlernen und anwenden
- Kommasetzung vor Konjunktionen beachten

Anregungen für den Unterricht

Hinweis: Mit Bindewörtern (Konjunktionen) werden Sätze nicht nur miteinander verbunden, sondern es können damit auch Beziehungen zwischen ihnen ausgedrückt werden, z. B. eine Begründung (*Ich habe gerufen, weil ...*), ein Zeitbezug (*Während du gelesen hast, habe ich ...*) oder ein Gegensatz (*Ich räume auf, aber du ...*). In Klasse 3 haben die Kinder im Zusammenhang mit der Kommasetzung die Bindewörter *und* und *oder* kennengelernt. Nun werden *denn*, *aber* und *weil* behandelt, jedoch ohne Einführung der Bezeichnung „Bindewort".

- Einstieg durch stummen Impuls an Tafel:
    „Aus 2 mach 1!"
    - L heftet Satzkarten unter Überschrift, z. B.:
    Ich lese gerne. Ich spiele oft mit meinem Hund.
    - Kinder überlegen sich Lösungen in PA und verbinden die Sätze mit *und/oder*
    - L hängt passende Wortkarten dazu
    - L ergänzt die Wortkarten *denn, aber, weil*
    - Kinder überlegen sich in PA weitere Beispielsätze dazu, z.B.:
    Ich lese gerne, denn ich finde Bücher toll.
    Ich lese gerne, aber oft spiele ich auch mit meinem Hund.
    Ich lese gerne, weil es mir Spaß macht.
    - L notiert jeweils ein Beispiel an der Tafel
    - Bindewörter gelb markieren
    - Komma vor Bindewort grün markieren
- Aufg. 1: eigenständige Bearbeitung (Sätze mit *denn* und *aber* verbinden, Kommas markieren)
- Aufg. 2: darauf hinweisen, dass Satzbau im zweiten Satz verändert werden muss
    - anschließend eigenständige Bearbeitung (Sätze mit *weil* verbinden, Kommas markieren)
- zur Festigung und weiteren Übung Aufgaben im Trainingsheft auf S. 36 durchführen

Differenzierung

Hinweis: Das Ändern des Satzbaus bei der Verwendung der Konjunktion *weil* geschieht bei Kindern mit normal entwickeltem Sprachgefühl in der Regel automatisch. Leistungsschwächere Kinder sowie Kinder mit Deutsch als Zweitsprache müssen dies jedoch lernen. Ihnen sollten deshalb viele weitere Sätze zum Verbinden mit *weil* zur Verfügung gestellt werden.

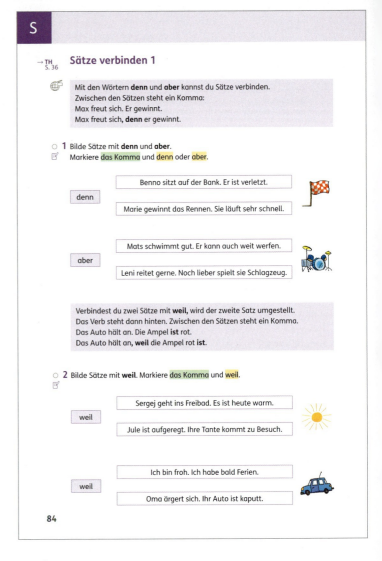

Fördern:

- Aufg. 2: Veränderung der Verbstellung durch Pfeile markieren

Fordern:

- eigene Sätze mit Konjunktionen formulieren und aufschreiben
- den Begriff „Bindewort" oder „Konjunktion" kennenlernen
- weitere Bindewörter sammeln (z. B.: *deshalb, obwohl, während, bevor, damit*), Sätze bilden

Ideen für die Weiterarbeit

- KV 45 für die Freiarbeit (Spiel): Satzanfänge mit passenden Satzenden verbinden/nummerieren

Verweise

- Zebra 4 Trainingsheft, S. 36
- Zebra-Erklärfilm „Sätze verbinden"
    (per Code unter Lehrwerk-Online, www.klett.de)
- KV 45 (Sätze verbinden 1; veränderbar)
- Zebra 4 Förderkartei, Karteikarten 91–93
- Zebra 4 AH Sprache Fördern, S. 69
- Meine Anoki-Übungshefte:
    - Grammatik üben 4, S. 42–43
    - Deutsch für Profis 4, Fordern, S. 8–9

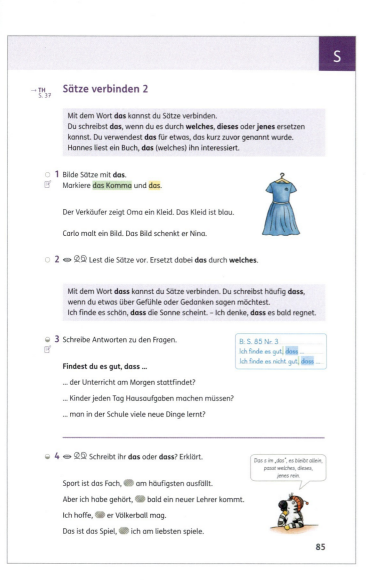

Seite 85

Lernziele/Kompetenzen

- Relativpronomen „das" anwenden
- Ersatzprobe („dieses", „jenes", „welches") für das Relativpronomen durchführen
- Konjunktion „dass" erkennen und verwenden
- Kommasetzung vor Relativpronomen und Konjunktion beachten

Anregungen für den Unterricht

Hinweis: Während es sich bei *dass* um ein untergeordnetes Bindewort ohne konkrete syntaktische Funktion handelt, das einen Nebensatz einleitet, ist *das* ein Relativpronomen. Auch *das* leitet einen untergeordneten Nebensatz ein, bezieht sich aber auf ein Nomen aus dem Hauptsatz und hat somit eine syntaktische Funktion. Da die Unterscheidung von *das* und *dass* beim Sprechen nicht möglich ist, müssen die Kinder lernen, diese mithilfe einer Ersatzprobe zu realisieren: *das* kann im Gegensatz zu *dass* durch *dieses*, *jenes* oder *welches* ausgetauscht werden.
Dass steht oft nach Verben des Denkens, Fühlens und Sagens.

- Einstieg mit zwei Sätzen an der Tafel:
 Franz ist ein Zebra. Franz schläft gerne.
 – Kinder verbinden Sätze mit Relativpronomen *das*
 – Bezug zwischen Nomen und Relativpronomen durch Pfeil herstellen
 Franz ist ein Zebra, das gerne schläft.
 – Komma und *das* markieren
- oberen Merksatz gemeinsam lesen und besprechen
 – Ersatzprobe an Beispielsätzen durchführen (z. B.: *Lisa trägt ein T-Shirt, das sie neu hat. Leo ist ein Kind, das gut rechnen kann.*)
 Hinweis: Die Ersatzprobe sollte ausgiebig eingeübt werden. Sobald die Kinder diese beherrschen, wissen sie gleichzeitig, wann sie *dass* verwenden müssen.
- Aufg. 1–2: eigenständige Bearbeitung (Sätze mit *das* bilden, Ersatzprobe durchführen)
- zweiten Merksatz gemeinsam lesen
- Aufg. 3: ggf. Begründung in PA/Plenum besprechen
- Aufg. 4: eigenständige Bearbeitung in PA
 – Franz-Vers besprechen, ggf. auswendig lernen
- zur Festigung und weiteren Übung Aufgaben im Trainingsheft auf S. 37 durchführen

Differenzierung

Fördern:

Hinweis: Kinder mit Förderbedarf sollten sich zunächst nur auf das Relativpronomen fokussieren.
- Aufg. 3: in PA durchführen
- KV 46/1–2 verändern: Texte zu Lückentexten ändern (entweder Relativpronomen oder Bindewort)

Fordern:

- Aufg. 3: weitere Fragen und Antworten ergänzen
- eigene Fragen zu *dass*-Sätzen notieren, z. B. zu: *Ich wusste schon/noch nicht, dass …*
- Lernpartner für leistungsschwächere Kinder sein: Aufg. 1–4 und KV 46/1 gemeinsam erarbeiten
- Verben sammeln, nach denen die Konjunktion *dass* folgt (z. B.: *behaupten, bestätigen, denken, glauben, hoffen, meinen, sagen, versprechen, wissen*)
 – ggf. Plakat dazu erstellen

Ideen für die Weiterarbeit

- Spiel: „Warme Dusche"
 – ein Kind sitzt in der Mitte des Stuhlkreises
 – positive Rückmeldung mit einem *dass*-Satz geben, z. B.: *Ich finde, dass du sehr nett bist./Ich mag an dir, dass du immer jedem hilfst.*

Verweise

- Zebra 4 Trainingsheft, S. 37
- KV 46 (Sätze verbinden 2; veränderbar)
- Zebra 4 Förderkartei, Karteikarten 94–95
- Meine Anoki-Übungshefte, Deutsch für Profis 4, Fordern, S. 34–35

Seite 86

Lernziele/Kompetenzen
- Lernwortschatz und Strategiewissen als Säulen von Rechtschreibkompetenz erfahren (anhand des Zebratextes)
- Konjunktionen „denn", „aber" und „weil" richtig anwenden
- Satzzeichen bei der wörtlichen Rede und bei Konjunktionen richtig setzen

Anregungen für den Unterricht
Hinweis: Die Aufgaben der AH-Seite wiederholen einige Inhalte des Kapitels. Dabei werden viele Wörter aus dem Zebratext berücksichtigt (siehe Lernwörter am Ende der Seite).
- Einstieg: Rechtschreibgespräch über den Zebratext
  - ggf. auf vier Tage verteilen (jeden Tag zwei Sätze, z. B. als „Sätze des Tages")
  - Kinder bringen ihr Rechtschreibwissen ein und erklären die Schreibweise und die Zeichensetzung bei der wörtlichen Rede sowie nach Konjunktionen und wiederholen diese anhand des Textes
- Aufg. 1–3: eigenständige Bearbeitung (Text abschreiben, Satz- und Redezeichen ergänzen, Begleitsatz, wörtliche Rede und Redezeichen markieren; Kommas und Konjunktionen *denn, aber* und *weil* einsetzen)
- Vorbereitung Aufg. 4: Übungsformate Knickdiktat und Wendediktat wiederholen (vgl. Anleitungen zu Diktatformen auf AH-S. 8)
- zur Festigung und weiteren Übung Aufgaben im Trainingsheft auf S. 38 durchführen

Differenzierung
Fördern:
- Aufg. 1–2: in Sätzen (an Tafel) ggf. Doppelpunkte und Kommas vorgeben
- KV 47/1 verändern: Zebratext in größerer Schriftart oder in reduziertem Umfang anbieten
- Fördermaterialien zur Zeichensetzung bei der wörtlichen Rede bereitstellen (vgl. LHB, S. 93–94)
- Aufg. 4: Konjunktionen zum Einsetzen auf kleinen Wortkarten bereithalten

Fordern:
- Aufg. 1: Dialog weiterschreiben, Satzzeichen bei der wörtlichen Rede und bei Konjunktionen richtig setzen
- KV 47/1 verändern: Sätze des Zebratextes umstellen, Zebratext umschreiben, Wörter aus dem individuellen Lernwortschatz berücksichtigen

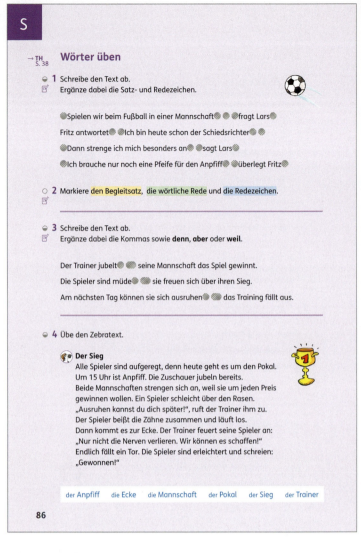

Ideen für die Weiterarbeit
- Zebrawörter an Stationen trainieren:
  - Lupenwörter (Lernwörter in sehr kleiner Schriftgröße ausdrucken, eine Lupe hilft beim Lesen und fördert das genaue Hinsehen)
  - Geheimschrift (Lernwörter in Geheimschrift ausdrucken, diese sind bei Softwarepaketen für Schulschriften zu erhalten)
- KV 47/3: in Streifen schneiden und als Dosendiktat üben

Verweise
- Zebra 4 Trainingsheft, S. 38
- KV 47 (Wörter üben: Sätze; veränderbar)
- Deutsch Klasse 4 mit Zebra (App)
- Zebra 4 AH Sprache Fördern, S. 70

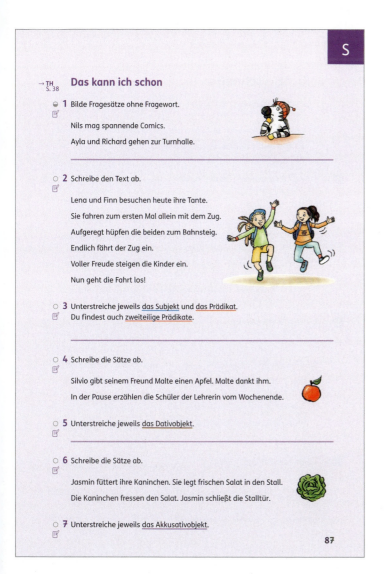

Seite 87

Lernziele/Kompetenzen
- sprachkundliche Aspekte wiederholen und festigen:
  - Fragesätze ohne Fragewort bilden
  - Subjekte und Prädikate erfragen und bestimmen
  - zweiteilige Prädikate erfragen und bestimmen
  - Dativobjekte erfragen und bestimmen
  - Akkusativobjekte erfragen und bestimmen

Anregungen für den Unterricht
- Ablauf:
  - Aufg. 1–7: eigenständige Bearbeitung ohne Vorbesprechung (Sätze abschreiben; Fragesätze ohne Fragewort bilden; Subjekte blau und Prädikate rot unterstreichen; zweiteilige Prädikate bestimmen und rot unterstreichen; Dativobjekte braun unterstreichen; Akkusativobjekte lila unterstreichen)
  - anschließend Fehleranalyse durch L und individuelle Förderung nach Fehlerschwerpunkten, z. B. mit der Förderkartei, den KVs oder den Zebra-Erklärfilmen
- mögliche Fehler:
  - Aufg. 1: Fragesätze werden nicht richtig gebildet (Hilfe: Satzglieder durch Striche trennen, Verb unterstreichen)
  - Aufg. 2: Satzglied wird nicht erkannt, unvollständige Unterstreichung eines Satzgliedes, z. B. Nomen ohne Artikel (Hilfe: Subjekt mit der Frage „Wer oder was?" und Prädikat mit der Frage „Was tut jemand?/Was passiert?" bestimmen, Umstellprobe wiederholen)
  - Aufg. 3: unvollständige Unterstreichung des Subjekts, zweiteiliges Prädikat wird nicht erkannt (Hilfe: Umstellprobe wiederholen, auf zusammengesetztes Verb bzw. Hilfsverb hinweisen)
  - Aufg. 4: Subjekt wird nicht erkannt, unvollständige Unterstreichung des Subjekts (Hilfe: Subjekt mit der Frage „Wer oder was?" bestimmen, Umstellprobe wiederholen)
  - Aufg. 5: Dativobjekt wird nicht erkannt, unvollständige Unterstreichung des Dativobjekts (Hilfe: Dativobjekt mit der Frage „Wem?" bestimmen, Umstellprobe wiederholen)
  - Aufg. 6: Prädikat wird nicht erkannt (Hilfe: Prädikat mit der Frage „Was tut jemand?/Was passiert?" bestimmen)
  - Aufg. 7: Akkusativobjekt wird nicht erkannt, unvollständige Unterstreichung des Akkusativobjekts (Hilfe: Akkusativobjekt mit der Frage „Wen oder was?" bestimmen, Umstellprobe wiederholen)
- zur Festigung und weiteren Übung Aufgaben im Trainingsheft auf S. 38 durchführen

Differenzierung
Fördern:
- in weiteren Übungen Satzglieder bestimmen, bei denen noch Unsicherheit bestand
- Tippkarte „Sätze" als Hilfe nutzen

Fordern:
- Satzglieder in umfangreicheren Texten bzw. selbstverfassten Texten bestimmen

Ideen für die Weiterarbeit
- Plakat zu den Satzgliedern zur Visualisierung im Klassenzimmer erstellen

Verweise
- Zebra 4 Trainingsheft, S. 38
- Zebra-Erklärfilme (per Code unter Lehrwerk-Online, www.klett.de)
- Zebra 4 AH Sprache Fördern, S. 71

Seite 88

Lernziele/Kompetenzen

- Rechtschreibstrategien wiederholen und anwenden: „Weiterschwingen" und „Wortbausteine"
- zusammengesetzte Nomen zerlegen
- Verben und Adjektive in Wortbausteine zerlegen
- Nomen, Verben und Adjektive weiterschwingen

Anregungen für den Unterricht

Hinweis: Die Rechtschreibstrategien „Weiterschwingen" und „Wortbausteine" sind den Kindern bereits aus der 2. und 3. Klasse bekannt und wurden auch im Kapitel „Wiederholen" auf den AH-S. 10, 11, 16, 18 und 27 vertieft und geübt. Auf dieser AH-Seite müssen nun beide Strategien verbunden werden, weil sich die Auslautverhärtung aufgrund von Zusammensetzungen bzw. Konjugation nicht am Wortende, sondern im Wortinneren befindet. Deshalb muss zunächst das betreffende Wort in seine Wortbausteine zerlegt und dann weitergeschwungen werden.

- Einstieg mit Wiederholung der Strategien „Weiterschwingen" und „Wortbausteine": L heftet Tippkarten an die Tafel
  - Kinder nennen passende Beispiele und erklären Strategie
- Vorbereitung Aufg. 1–3 in PA oder GA: jeweils zwei Partner/Gruppen erhalten gleiche Wortkarten, z. B.
  - zu Aufg. 1:
    Hand/tschuh, Hud/tablage, Honig/kbiene, Tang/kstelle, Raub/pkatze, Tyb/pberatung
  - zu Aufg. 2:
    er verschreib/pt, untyb/pisch, sie verträg/kt, undang/kbar, bedeud/ten, bild/tschön
  - zu Aufg. 3:
    sonnig/isch, stürmig/isch, häufig/isch
  - Arbeitsaufträge: *Zerlegt die Wörter in Wortbausteine. Schwingt den Wortstamm weiter. Markiert die richtigen Buchstaben. Tauscht euch über eure Ergebnisse aus.*
  - mit Partner bzw. Partnergruppe vergleichen
  - im Plenum: Ergebnisse vorstellen und mit den Merksätzen der AH-Seite vergleichen
- Aufg. 1: in EA oder PA möglich
  - auf Tippkarte „Wortbausteine" und „Weiterschwingen" sowie Vergleich mit der Wörterliste hinweisen
- Aufg. 2: in EA oder PA möglich
  - Wörter in der Luft schwingen und Merkstelle überdeutlich sprechen

Hinweis zu Aufg. 3: Beim Weiterschwingen sollten beide Möglichkeiten vorgesprochen werden: *Heißt es „wichtige" oder „wichtische" Nachricht?*

- zur Festigung und weiteren Übung Aufgaben im Trainingsheft auf S. 39 durchführen

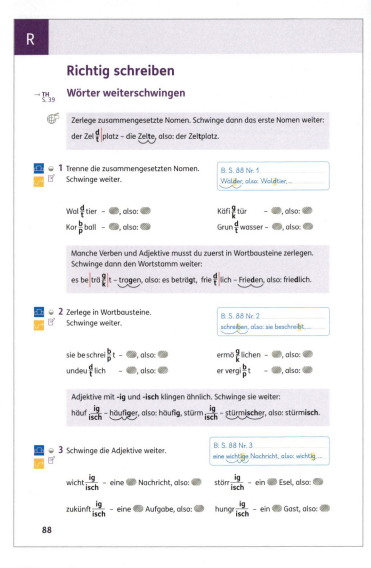

Differenzierung

Fördern:

Vorbereitung Aufg. 1: zunächst nur mit Bestimmungswörtern der zusammengesetzten Nomen arbeiten (*Wald/t, Käfig/k, Korb/p*)

- Aufg. 1: Zerlegungen vorgeben
- Aufg. 2–3: Zerlegen und Weiterschwingen im Lerntandem (ein Kind zerlegt das Wort, das andere schwingt weiter)

Fordern:

- Aufg. 1–3: weitere Beispiele finden
  - Sätze mit den Wörtern bilden

Verweise

- Zebra 4 Trainingsheft, S. 39
- Zebra-Erklärfilm „Weiterschwingen"
  (per Code unter Lehrwerk-Online, www.klett.de)
- Zebra 4 Förderkartei, Karteikarten 96–98
- Zebra 4 AH Sprache Fördern, S. 72
- Meine Anoki-Übungshefte, Richtig schreiben 4, S. 22

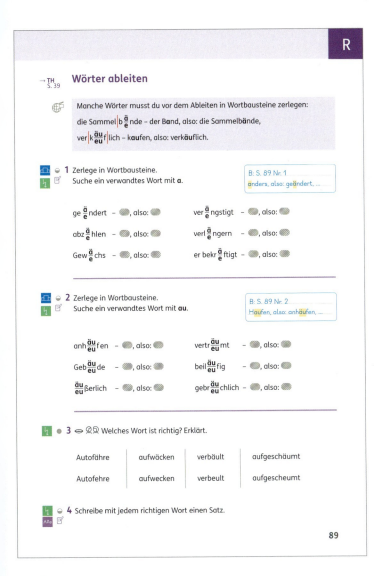

Seite 89

Lernziele/Kompetenzen

- Rechtschreibstrategien wiederholen und anwenden: „Wortbausteine" und „Ableiten"
- Nomen, Verben und Adjektive in Wortbausteine zerlegen
- Wortbausteine ableiten
- richtige Schreibweise von Wörtern durch Zerlegen und Ableiten ermitteln und einem Partner erläutern

Anregungen für den Unterricht

Hinweis: Die Rechtschreibstrategien „Ableiten" und „Wortbausteine" sind den Kindern bereits aus der 2. und 3. Klasse bekannt und wurden auch im Kapitel „Wiederholen" auf den AH-S. 10, 11, 16, 18 und 28 vertieft und geübt. Auf dieser AH-Seite müssen nun beide Strategien verbunden werden, weil sich die abzuleitenden Buchstaben aufgrund von Zusammensetzungen bzw. Konjugation im Wortinneren befinden. Deshalb muss zunächst das betreffende Wort in seine Wortbausteine zerlegt und dann abgeleitet werden.
Die Einführung kann nach dem gleichen Schema wie das Zerlegen und Weiterschwingen auf der AH-Seite 88 erfolgen (vgl. LHB, S. 104).

- Einstieg mit Wiederholung der Strategien „Ableiten" und „Wortbausteine": L heftet Tippkarten an die Tafel
  - Kinder nennen passende Beispiele und erklären die Strategie
- Vorbereitung für Aufg. 1–2 in PA oder GA: jeweils zwei Partner/Gruppen erhalten gleiche Wortkarten, z. B.
  - zu Aufg. 1:
    verä/endern, ä/engstlich, verwä/echseln, verstä/ecken, erzä/ehlen, lä/englich, krä/eftiger
  - zu Aufg. 2:
    vorläu/eufig, träu/eumerisch, einschäu/eumen, anfäu/euern, verbäu/eulen
  - Arbeitsaufträge: *Zerlegt die Wörter in Wortbausteine. Sucht ein verwandtes Wort mit a oder au zum Wortstamm. Markiert die richtigen Buchstaben. Tauscht euch über eure Ergebnisse aus.*
  - mit Partner bzw. Partnergruppe vergleichen
  - im Plenum: Ergebnisse vorstellen und mit den Merksätzen der AH-Seite vergleichen
- Aufg. 1–2: in PA möglich
  - ein Kind zerlegt Wort, das andere bildet die Ableitung
- Aufg. 3: auf Kontrollmöglichkeit in der Wörterliste hinweisen
- Aufg. 4: in EA oder als HA möglich
- zur Festigung und weiteren Übung Aufgaben im Trainingsheft auf S. 39 durchführen

Differenzierung

Fördern:

- Vorbereitung Aufg. 1: zunächst einfachere Wortformen anbieten, z. B.: ä/endern, Ä/Engste, zä/ehlen, lä/enger, krä/eftiger
- Aufg. 1: Zerlegungen vorgeben
- Aufg. 2–3: Zerlegen und Weiterschwingen im Lerntandem (ein Kind zerlegt das Wort, das andere bildet die Ableitung)

Fordern:

- Aufg. 1–2: weitere Beispiele finden
- Aufg. 3: in PA: ein Kind notiert Wortpaare für Rechtschreibgespräch, das andere Kind bildet die Ableitungen und kreuzt das richtige Wort an

Verweise

- Zebra 4 Trainingsheft, S. 39
- Zebra-Erklärfilm „Ableiten"
  (per Code unter Lehrwerk-Online, www.klett.de)
- Zebra 4 Förderkartei, Karteikarten 99–101
- Zebra 4 AH Sprache Fördern, S. 73
- Zebra 4 Forderblock, S. 21

Seite 90

Lernziele/Kompetenzen
- Rechtschreibstrategie wiederholen und anwenden: „Sprechen – hören – schwingen"
- kurze und lange Laute unterscheiden
- einfachen oder doppelten Konsonanten ergänzen
- Sätze mit Wörtern mit doppelten Konsonanten schreiben
- Folgekonsonanten nach kurzem Vokal ergänzen

Anregungen für den Unterricht

Hinweis: Diese AH-Seite behandelt als Hinführung zu den Folgeseiten „Wörter mit ck und tz" (AH-S. 91) sowie „Wörter mit ss oder ß" (AH-S. 92) die Unterscheidung von kurzen und langen Lauten. Bedingungskriterium für einen doppelten Konsonanten ist das Vorkommen eines kurz gesprochenen Vokals. Die Regel besagt: Auf einen kurz gesprochenen Vokal folgen mindestens zwei Konsonanten, z. B.: *Zwerg, Mantel*. Hört man nur einen Konsonanten, so wird dieser in den meisten Fällen verdoppelt, z. B.: *Zimmer, dünn*. Analog dazu wird im ersten Teil der AH-Seite die Thematik der doppelten Konsonanten erläutert, die auf einen kurzen Vokal/Umlaut folgen. Im zweiten Teil werden die Kinder dafür sensibilisiert, dass nach einem kurzen Vokal/Umlaut meist zwei Konsonanten folgen. Auch wenn den Kindern das Analysieren der Vokalqualität nun schon sehr vertraut ist, sollte dies immer wieder geübt und gefestigt werden, da es sich hierbei um eine wichtige Schlüsselkompetenz für eine regelgerechte Schreibung handelt.

- Einstieg: 10-Felder-Spiel in PA/GA:
  - Spielplan mit ca. zehn Feldern für Spielfiguren oder ausreichend Platz für markierte Start- und Ziellinie bereitstellen (Abstand ca. zehn Fußlängen)
  - bei Nennung eines Nomens mit kurzem Vokal: ein Feld/eine Fußlänge vorrücken bzw. gehen
  - Variante: Karte von Bilderstapel ziehen und abgebildeten Begriff analysieren (langer Vokal in erster Silbe: ein Feld nach vorne, bei kurzem Vokal stehen bleiben)
  - Erster im Ziel hat gewonnen
- Aufg. 1, 4: Wörter deutlich sprechen, dazu ggf. vereinbarte Lautzeichen zeigen (langer Laut: flache Hand, kurzer Laut: Faust)
  - auf Kontrollmöglichkeit in der Wörterliste hinweisen
- Aufg. 2: in EA oder als HA möglich
  - im Plenum: Ergebnisse vergleichen
- Aufg. 3: auf Kontrollmöglichkeit in der Wörterliste hinweisen
  - bei fehlerhafter Schreibung der Auslaute bei *Berg* und *Wald* auf Strategie „Weiterschwingen" hinweisen

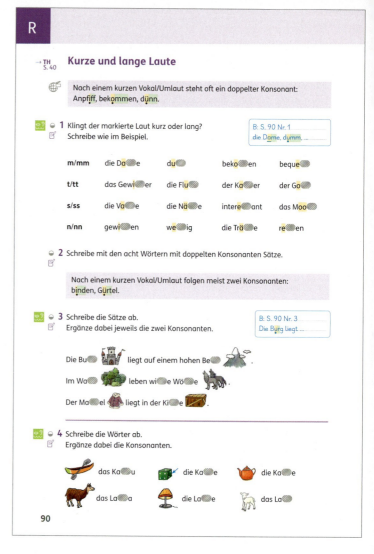

Differenzierung

Fördern:
- erweiterbare Wörtersammlung oder Wandzeitung mit Wörtern mit doppelten Konsonanten anlegen
- KV 48/1, 3 verändern: Markierungen für Vokallänge vorgeben

Fordern:
- Aufg. 1: weitere Beispiele ggf. unter Zuhilfenahme der Wörterliste finden
- KV 48/3 verändern: Text mit verschiedenen Diktatformen üben

Ideen für die Weiterarbeit
- Sport – Bewegungsspiel: L nennt Wörter mit kurzen oder langen Lauten in der ersten Silbe
  - bei langem Laut: Giraffenschritt
  - bei kurzem Laut: Froschsprung

Verweise
- Zebra 4 Trainingsheft, S. 40
- Zebra-Erklärfilm „Doppelter Mitlaut" (per Code unter Lehrwerk-Online, www.klett.de)
- KV 48 (Kurze und lange Laute – 2; veränderbar)
- Zebra 4 Förderkartei, Karteikarten 102–103
- Zebra 4 AH Sprache Fördern, S. 74

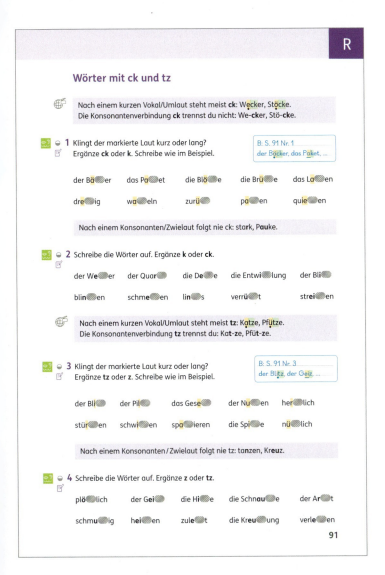

Seite 91

Lernziele/Kompetenzen

- Rechtschreibstrategie anwenden: „Sprechen – hören – schwingen"
- Wörter mit ck/k und tz/z schreiben
- Wörter mit ck und tz in Silben getrennt notieren
- Vokallänge als Kriterium für das richtige Verschriften von Wörtern mit ck/k bzw. tz/z nutzen

Anregungen für den Unterricht

Hinweis: Beim ck und tz handelt es sich, wie bereits im LHB, S. 45 erläutert, um eine Sonderform der Konsonantenverdopplung: Nach einem kurzen Vokal oder Umlaut wird ck statt kk bzw. tz statt zz geschrieben. Während früher bei der Trennung am Zeilenende aus ck wieder kk wurde, legte die Rechtschreibreform fest, dass die Verbindung ck immer bestehen bleibt und niemals getrennt wird (z. B.: *Decke: De-cke,* früher: *Dek-ke*). Wenn tz die Schnittstelle zwischen zwei Silben bildet, werden die beiden Buchstaben getrennt (z. B.: *Mütze: Müt-ze, witzig: wit-zig*). Die Kinder erlernen die Ausnahmeregel: Nach einem Konsonanten/Zwielaut steht nie ck und nie tz: *Park, Pilz*.

- Einstieg mit Wörtersammlung in GA: Wörter mit ck/tz aus Zeitungen/Zeitschriften ausschneiden, wie im Merksatz markieren
  - je ein Plakat für Wörter mit ck/Wörter mit tz erstellen
  - Ergebnisse vorstellen und mit Merksatz vergleichen
  - einige Wörter anhand der Angaben im ersten und zweiten Merksatz silbisch getrennt notieren
- Aufg 1: Wörter deutlich sprechen, dazu ggf. vereinbarte Lautzeichen zeigen (langer Laut: flache Hand, kurzer Laut: Faust)
  - auf Kontrollmöglichkeit in der Wörterliste hinweisen
- Aufg. 2, 6: Merkspruch mitgeben: *Nach l, m, n und r, das merke ja, steht nie tz und nie ck!*
- Aufg. 2–4: ggf. zunächst nur die Wörter mit Vokal vor der Lücke analysieren

Differenzierung

Fördern:

- erweiterbare Wörtersammlung oder Wandzeitung mit Wörtern mit ck und tz anlegen
- auf großformatiger Kopie der Wörterliste die Wörter mit ck und tz wie im Merksatz markieren

Fordern:

- Sätze mit Wörtern mit ck und tz schreiben
- Reimwörter mit ck und tz schreiben

Ideen für die Weiterarbeit

- Wörter-Bingo-Spiel mit Wörtern mit ck bzw. tz für die ganze Kl (Vorgehen wie auf LHB, S. 46)

Verweise

- Zebra-Erklärfilme „Wörter mit ck" und „Wörter mit tz" (per Code unter Lehrwerk-Online, www.klett.de)
- Zebra 4 Förderkartei, Karteikarten 104–106
- Zebra 4 AH Sprache Fördern, S. 74
- Zebra 4 Forderblock, S. 24

Seite 92

Lernziele/Kompetenzen
- Rechtschreibstrategie anwenden: „Sprechen – hören – schwingen"
- Wörter mit ss/ß schreiben
- Vokallänge als Kriterium für das richtige Verschriften von Wörtern mit ss/ß nutzen
- verwandte Verben mit ss/ß finden
- Verben mit ss/ß in der Grundform, dem Präsens und dem Präteritum angeben

Anregungen für den Unterricht

Hinweis: Im Deutschen gibt es für den s-Laut drei verschiedene Schreibvarianten: s, ss und ß. Bei der Unterscheidung von ss und ß muss auf die Länge des Vokals/Umlautes vor dem s-Laut geachtet werden. Ist dieser lang, so steht ß, klingt er kurz, schreibt man ss. Neben dieser akustischen Unterscheidung geht es auf dieser AH-Seite um den Wechsel von ss und ß in verwandten Wörtern, bei denen sich der Stammvokal ändert. Dies ist häufig der Fall in Zeitformen von Verben oder bei verwandten Wörtern unterschiedlicher Wortarten (z. B. *reißen – gerissen – Riss*). Da die Kinder die Unterscheidung von s, ss und ß bereits aus Klasse 3 kennen und diese auch auf der AH-S. 30 wiederholt wurde, kann bei dieser Unterrichtseinheit an das Vorwissen der Kinder angeknüpft werden.

Wie auch bei den Doppelkonsonanten ergibt sich die Schreibung aus der Überprüfung der Länge des Stammvokals. Vertiefend kann mit leistungsstärkeren Kindern die Unterscheidung von stimmhaftem und stimmlosen s-Laut thematisiert werden, auf der die Regeln für die Schreibung von ss und ß eigentlich beruhen. Während das stimmhafte s eher weich und wie ein Summen klingt („Bienen-s", z. B.: *sagen, lesen*), nimmt man beim stimmlosen s ein härteres Zischen wahr („Schlangen-s", z. B.: *Bus, essen, reißen*). Das stimmhafte s ist am Kehlkopf in Form eines leichten Vibrierens spürbar.

- Einstieg: jeweils zwei Partner oder Gruppen erhalten jeweils den gleichen Satzstreifen:
Ich hänge meinen Fu__ in den Flu__./Das Wa__er für den Tee ist hei__./Die Ta__e hat au__en ein schönes Muster./Das Schlo__ des Königs war sehr gro__./Ich laufe barfu__ durch das Wa__er./Am Baum hängen mehr als drei__ig Nü__e./Mein Bruder wei__ immer alles be__er.
  - Arbeitsaufträge: *Klingt der markierte Laut kurz oder lang? Markiere . oder _. Ergänze ss oder ß. Tauscht euch über eure Ergebnisse aus.*
  - mit Partner bzw. Partnergruppe vergleichen
  - im Plenum: Ergebnisse vorstellen und mit Merksatz der AH-Seite vergleichen
- Aufg. 1: in EA oder PA möglich
  - auf Kontrollmöglichkeit in der Wörterliste hinweisen

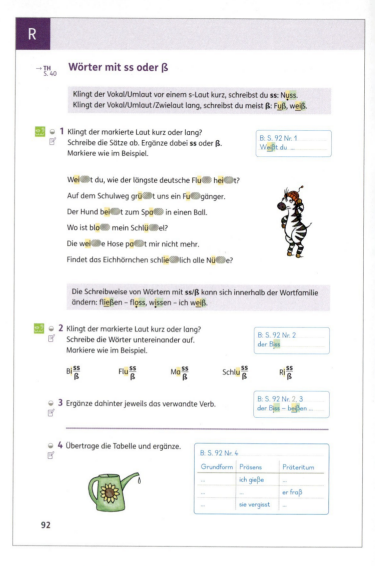

- Aufg. 2, 4: als HA möglich
- Vorbereitung Aufg. 2: Wortpaare zuordnen und besprechen (*schießen – Schuss, lassen – er ließ*)
- Aufg. 3: auf Schreibhilfe hinweisen, Markierung lenkt Fokus auf die Merkstelle
- Aufg. 4: auf Kontrollmöglichkeit der Personalformen in der Wörterliste hinweisen
- zur Festigung und weiteren Übung Aufg. 3 im Trainingsheft auf S. 40 durchführen

Differenzierung

Fördern:
- KV 49/1 verändern: Markierungen für Vokallänge vorgeben

Fordern:
- KV 49/2 verändern: Sätze mit Wörtern mit ss und ß schreiben

Verweise
- Zebra 4 Trainingsheft, S. 40
- KV 49 (Wörter mit ss oder ß; veränderbar)
- Zebra 4 Förderkartei, Karteikarten 107–109
- Zebra 4 AH Sprache Fördern, S. 75
- Zebra 4 Forderblock, S. 20

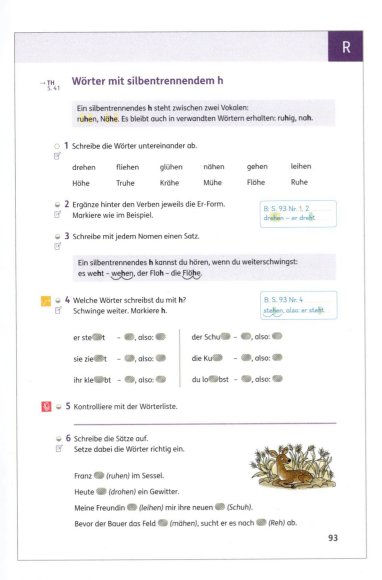

Seite 93

Lernziele/Kompetenzen

- Rechtschreibstrategien anwenden: „Sprechen – hören – schwingen" und „Weiterschwingen"
- Wörter mit silbentrennendem h markieren und schreiben
- Verben mit silbentrennendem h in der Grund- und Personalform notieren
- Wörter mit silbentrennendem h weiterschwingen
- Wörter mit silbentrennendem h in Sätze einsetzen

Anregungen für den Unterricht

Hinweis: Die Regeln zur Schreibung von Wörtern mit h in der Wortmitte sind im Deutschen sehr komplex und mit vielen Ausnahmen belegt. Grundsätzlich ist zu unterscheiden zwischen dem silbenschließenden h (Dehnungs-h) und dem silbentrennenden h. Während das silbenschließende h nicht hörbar ist, kann das silbentrennende h bei silbischem Sprechen wahrgenommen werden: *ge-hen*. Es wird vermutet, dass dieses ursprünglich als Lesehilfe eingefügt wurde, da ansonsten zwei Vokale aufeinandertreffen würden. In einsilbigen Formen des gleichen Wortes bleibt das h dann erhalten: *er geht*. Somit dient das Verlängern in diesen Fällen als Rechtschreibhilfe.

- Einstieg mit zwei Sätzen an der Tafel:
  Die Kühe stehen in aller Ruhe auf der Weide.
  Die Kuh steht in aller Ruhe auf der Weide.
  - h markieren, Silbenbögen bei Wörtern mit h im ersten Satz eintragen, wie in Aufg. 1 markieren
  - sich im Gruppengespräch austauschen
  - Merksatz gemeinsam lesen
  - Erkenntnis: *Das h bleibt in den Sätzen erhalten, h steht im ersten Satz immer am Anfang der zweiten Silbe und zwischen zwei Vokalen.*
- Aufg. 1, 2: Markierung lenkt Fokus auf die Merkstelle; auf Schreibhilfe hinweisen
- Aufg. 3: in EA oder als HA möglich
- Vorbereitung Aufg. 4: Strategie „Weiterschwingen" wiederholen, dann beispielhaft besprechen:
  er ge__t – ge__en, also: er ge__t
  sie le__bt – le__en, also: sie le__t
  Hinweis: Durch das Weiterschwingen wird hörbar, welche Wörter mit h geschrieben werden (*gehen, also: er geht, leben, also: sie lebt*).
- Aufg. 5: in PA Wörter nachschlagen
- Aufg. 6: auf Kontrollmöglichkeit in der Wörterliste hinweisen
- zur Festigung und weiteren Übung Aufgaben im Trainingsheft auf S. 41 durchführen

Differenzierung

Fördern:

- Aufg. 6: Sätze abschreiben, h in Verben markieren
- KV 50/1 verändern: h markiert vorgeben
- KV 50/4 verändern: Wörter von Aufg. 3 abschreiben

Fordern:

- Aufg. 6: Sätze als Dosen- oder Partnerdiktat üben
- KV 50/4 verändern: Sätze mit Wörtern von Aufg. 3 schreiben

Ideen für die Weiterarbeit

- Textverarbeitungsprogramm als Hilfsmittel zur Kontrolle für Zweifelsfälle nutzen (vgl. Aufg. 4): beide Schreibungen ausprobieren, fehlerhafte Schreibungen werden automatisch markiert

Verweise

- Zebra 4 Trainingsheft, S. 41
- KV 50 (Wörter mit silbentrennendem h; veränderbar)
- Zebra 4 Förderkartei, Karteikarten 110–111
- Zebra 4 AH Sprache Fördern, S. 76
- Meine Anoki-Übungshefte:
  - Richtig schreiben 3, S. 40
  - Richtig schreiben 4, S. 24–25
  - Deutsch für Profis 4, Fordern, S. 4

Seite 94

Lernziele/Kompetenzen
- Rechtschreibstrategie anwenden: „Merkwörter"
- Wörter mit ieh markieren und schreiben
- Grundform von Verben mit ieh bilden
- Personalform von Verben mit h bilden und in Sätze einsetzen

Anregungen für den Unterricht
Hinweis: Einen Sonderfall in der deutschen Orthographie bildet die Buchstabenkombination -ieh-. Grundsätzlich gilt die Regel, dass ein Dehnungs-h nach ie nur steht, wenn es morphologisch bedingt, d. h. im Wortstamm enthalten ist, z. B. *sehen – sieht* (einzige Ausnahme: *Vieh*). Dies betrifft in erster Linie die Wortart der Verben. So findet sich in der Grundform häufig ein silbentrennendes h, das in einigen (meist einsilbigen) Personalformen zu einem Dehnungs-h wird: *ziehen – zieht*. Die Länge des vorangehenden i-Lautes wird davon unabhängig regelhaft durch die Schreibweise ie angezeigt. Diese AH-Seite bietet den Kindern Beispiele zu dieser Problematik an. Bei allen Verben bis auf *stehlen, befehlen* und *empfehlen* lässt sich dabei das Dehnungs-h durch einen Blick auf die Grundform herleiten. Das Nomen *Vieh* wird als Ausnahme ebenfalls angeführt.

- Einstieg in PA oder GA: Partner oder Gruppen erhalten Wortkarten zum Ordnen, immer drei Wortkarten passen zusammen, z. B.:
  er sieht – du siehst – sehen
  ich fliehe – sie flieht – fliehen
  er zieht – ihr zieht – ziehen
  es geschieht – sie geschehen – geschehen
  du stiehlst – er stiehlt – stehlen
  es wiehert – sie wiehern – wiehern
  – Arbeitsaufträge: *Welche drei Wortkarten gehören zusammen? Ordnet die Wortkarten. Markiert h und ieh in zwei verschiedenen Farben.*
  – anschließend mit Partner bzw. Partnergruppe vergleichen
  – im Plenum: Ergebnisse vorstellen

Hinweis zu Aufg. 1 und 2: Es sind sechs Verben mit ieh (*sieht, wiehert, zieht, flieht, geschieht, stiehlt*) und das Nomen *Vieh* im Text enthalten.

- Aufg. 1–2: in EA oder PA möglich
- Aufg. 3: Tipp zum Bilden der Grundform geben
  – Frage stellen: *sieht – „Was tut man?" – sehen*
- Aufg. 4: Markierung als Kontrollmöglichkeit, ob h in beiden Formen notiert wurde
- Aufg. 5: als HA oder Partner- oder Dosendiktat möglich
- Aufg. 6: Markierung als Kontrollmöglichkeit
- zur Festigung und weiteren Übung Aufgaben im Trainingsheft auf S. 41 durchführen

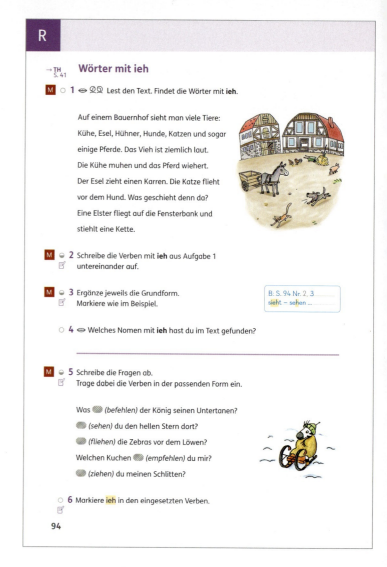

Differenzierung

Fördern:
- erweiterbare Wörtersammlung mit Wörtern mit ieh und h anlegen
- Aufg. 5: als Abschreibübung nutzen

Fordern:
- Aufg. 1: Text als Dosen- oder Partnerdiktat üben
- Aufg. 3: eigene Sätze mit Wörtern mit ieh und h schreiben

Ideen für die Weiterarbeit
- 10-Felder-Spiel (mit Partner oder in Gruppen):
  – für Spielplan siehe LHB, S. 106
  – bei Nennung eines Wortes mit ieh: ein Feld/eine Fußlänge vorrücken bzw. gehen
  – bei zusätzlicher Nennung der Grundform des Wortes: ein weiteres Feld vorrücken
  – Erster im Ziel hat gewonnen

Verweise
- Zebra 4 Trainingsheft, S. 41
- Zebra 4 Förderkartei, Karteikarte 112
- Zebra 4 AH Sprache Fördern, S. 76
- Zebra 4 Forderblock, S. 25

Seite 95

Lernziele/Kompetenzen
• Rechtschreibstrategie anwenden: „Merkwörter"
• Verben mit -ieren schreiben (Suchsel)
• Sätze mit Verben mit -ieren schreiben
• -ieren in Verben einsetzen
• einen Text in Diktatform üben (Knickdiktat)

Anregungen für den Unterricht

Hinweis: Die Endung -ieren entstand ursprünglich aus dem französischen Bindeglied -ier- und der deutschen Verb-Endung -en. Sie diente eigentlich dazu, aus fremdsprachlichen Nomen oder Adjektiven deutsche Verben zu machen (*Dressur – dressieren, aktiv – aktivieren*). Später wurde die Endung dann auch an deutsche Wörter angehängt (*Buchstabe – buchstabieren, halb – halbieren*). Besonderes Kennzeichen dieser so entstandenen Verben ist das Partizip Perfekt, das ohne die Vorsilbe ge- gebildet wird: *dressiert, aktiviert, buchstabiert, halbiert*. Daneben gibt es aber noch weitere deutsche Wörter, in denen die Buchstabenfolge -ieren vorkommt: *frieren, verlieren, schmieren, zieren* u. a. In diesen Fällen handelt es sich jedoch nicht um eine Endung. Während -ier- ein Teil des Wortstamms ist (*frier-, verlier-, schmier-, zier-*), handelt es sich bei -en um die Verb-Endung in der Grundform. Diese Verben bilden entweder ein unregelmäßiges Partizip Perfekt (*verloren*), eines mit ge- (*geschmiert, geziert*) oder eine Mischform (*gefroren*). Im Unterricht steht jedoch nicht die sprachgeschichtliche Entwicklung von -ieren, sondern der orthografische Aspekt im Mittelpunkt. Dieser ist für alle Verben mit -ieren gleich: *Schreibe immer ein ie*.

• Einstieg mit Text auf Tafel, Folie oder Arbeitsblatt:

Die ganze Familie möchte Hannes zum Geburtstag gratulieren. Seine Geschwister musizieren sogar für ihn. Doch Hannes kann sich nur auf eines konzentrieren: Auf sein neues Fahrrad! Am liebsten möchte er es sofort ausprobieren. Und er schwört sich: Jeden Tag werde ich es polieren!

– alle Verben unterstreichen
– L: *Welche Endung haben viele Verben?*
– -ieren markieren, Verben mit -ieren herausschreiben, dahinter jeweils die Er-Form bilden, z. B. *gratulieren – er gratuliert*
• Aufg. 1: in EA oder PA möglich
– auf Notation der Verben in Großbuchstaben hinweisen
• Aufg. 2: als HA möglich
– Markierung von -ieren lenkt Aufmerksamkeit auf Merkstelle
– Sätze in der Sie- oder Wir-Form schreiben
• Aufg. 3–4: eigenständige Bearbeitung

Differenzierung

Fördern:
• Aufg. 1: Anfangsbuchstaben im Suchsel vorgeben

Fordern:
• Aufg. 2: andere Diktatformen möglich (z. B. Partnerdiktat)
• Aufg. 4: Sätze in der Er- oder Sie-Form bilden
• in PA: Fantasiewörter mit der Endung -ieren erfinden, z. B.: *limonadisieren, hundisieren, cremisieren*
– Partner muss Sinn erraten und Satz mit dem Fantasiewort bilden

Ideen für die Weiterarbeit

• Sprachforscheraufgabe in PA: Verben *frieren* und *halbieren* vergleichen (vgl. Einführung)
– ggf. als Tipp den Begriff „Wortstamm" vorgeben, anschließend die Verben der AH-Seite unter diesem Aspekt untersuchen

Verweise

• Zebra 4 Förderkartei, Karteikarte 113

Seite 96

Lernziele/Kompetenzen
- Rechtschreibstrategie anwenden: „Wortbausteine"
- zusammengesetzte Nomen mit zwei oder drei gleichen Buchstaben an der Nahtstelle schreiben
- Fugenelemente an der Nahtstelle einfügen
- Nomen mit Fugenelementen schreiben

Anregungen für den Unterricht

Hinweis: Während bisher bei den zusammengesetzten Nomen das Augenmerk immer auf die Wortart der beteiligten Begriffe gerichtet wurde (vgl. AH-S. 10 und 38/39), geht es nun um eine rechtschriftliche Besonderheit, die durch die Komposition entsteht: das Zusammentreffen von zwei oder drei gleichen Buchstaben. Den Kindern muss dabei klar sein, dass dies nichts mit der Konsonantenverdopplung oder dem Phänomen des doppelten Vokals zu tun hat. Der Merksatz liefert die Erklärung: Beim Zusammensetzen von Wörtern bleiben meist alle Buchstaben erhalten. (Zur besseren Lesbarkeit erlaubt der Duden übrigens das Setzen eines Bindestrichs: *Seeelefant* oder *See-Elefant*.) Daneben gibt es noch den Fall, dass sogar Buchstaben hinzukommen können: die Fugenelemente (z. B. -s-, -es- oder -er-). Diese dienen jedoch nur der Ausspracheerleichterung bzw. sind Strukturierungsmittel. Fugenelemente werden im unteren Teil der AH-Seite behandelt.

- Einstieg mit Wortkarten an Tafel/in Kreismitte: Nomen, die beim Zusammensetzen zwei bis drei Buchstaben an der Nahtstelle haben, z. B.
  - 2 Buchstaben: *Tür – Rahmen, Haar – Reifen*
  - 3 Buchstaben: *Schnee – Engel, Tee – Ernte, Ballett – Tänzer, Bett – Tuch, Brenn – Nessel, Geschirr – Reiniger, Kunststoff – Flasche*
  - Nomen zusammensetzen und gleiche Buchstaben an der Nahtstelle markieren
  - mit Merksatz vergleichen
- Aufg. 1: in EA oder PA möglich
  - Wörter ggf. auf Wortkarten bereitstellen
  - Markierung lenkt Aufmerksamkeit auf Merkstelle und dient als Kontrollmöglichkeit
- Vorbereitung Aufg. 2–3: Wörter auf Wortkarten an Tafel heften, zu zusammengesetzten Nomen zusammenfügen, Fugenelement ergänzen: *Arbeit (s) Platz, Maus (e) Loch, Woche (n) Tag, Kind (er) Schuh, Elefant (en) Rüssel, Bund (es) Land*
- Aufg. 2–3: eigenständige Bearbeitung
- zur Festigung und weiteren Übung Aufgaben im Trainingsheft auf S. 42 durchführen

Differenzierung

Fördern:
- Aufg. 2: mit Lernpartner arbeiten
- KV 51: Wortkarten regelmäßig zum Üben nutzen

Fordern:
- Aufg. 2: „Rätselwörter" für einen Partner erstellen
- KV 51 verändern: Wörter löschen, Kinder tragen eigene Wörter für Zusammensetzungen ein

Ideen für die Weiterarbeit

- Sprachforscheraufgabe in PA: *Gibt es auch zusammengesetzte Nomen mit vier gleichen Buchstaben an der Nahtstelle?*
  - Lösung: nein, da im Deutschen keine Wörter mit Doppelkonsonanten am Wortanfang vorkommen
  - Ausnahmen Doppelvokal: *Aal* oder bestimmte Ortsnamen (z. B. *Aachen*), als Grundwörter ungeeignet (!)

Verweise
- Zebra 4 Trainingsheft, S. 42
- Zebra-Erklärfilm „Zusammengesetzte Nomen" (per Code unter Lehrwerk-Online, www.klett.de)
- KV 51 (Zusammengesetzte Nomen/Substantive; veränderbar)
- Zebra 4 Förderkartei, Karteikarten 114–116
- Meine Anoki-Übungshefte:
  - Richtig schreiben C 4, Fördern und Inklusion, S. 49
  - Richtig schreiben 4, S. 50–51
  - Deutsch für Profis 4, Fordern, S. 42–43

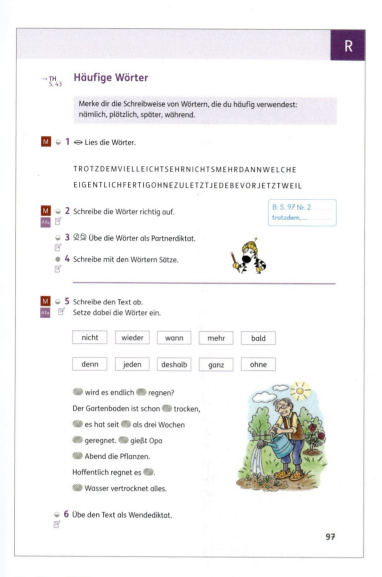

Seite 97

Lernziele/Kompetenzen

- Rechtschreibstrategie wiederholen und anwenden: „Merkwörter"
- Merkwörter (häufige Wörter) schreiben
- Merkwörter (häufige Wörter) in Sätzen verwenden
- Wörter in Diktatform üben (Partner- und Wendediktat)
- Merkwörter (häufige Wörter) in Sätze einsetzen

Anregungen für den Unterricht

Hinweis: Der Duden umfasst knapp neun Millionen Wörter (Grundformen). Eine statistische Auswertung der Häufigkeit bestimmter Wörter ergab, dass die 100 häufigsten Wörter fast die Hälfte aller Wörter in den Texten des Dudenkorpus' ausmachen. Ohne diese 100 Wörter entfiele also im Schnitt jedes zweite Wort. Mit den häufigsten 2.327 Wörtern deckt man schon 75 Prozent der Texte ab. Die restlichen 25 Prozent werden von der Differenz zu den oben erwähnten neun Millionen Grundformen gestellt. Es gibt also in deutschen Texten relativ wenige Wörter, die sehr oft vorkommen, und umgekehrt relativ viele Wörter, die nur sehr selten vorkommen (vgl. „Die häufigsten Wörter in deutschsprachigen Texten" unter www.duden.de).
Als Konsequenz für den Rechtschreibunterricht ergibt sich daraus: Gerade die Wörter, die häufig vorkommen, sollten intensiv geübt werden. Dazu gehören auch die auf dieser AH-Seite ausgewählten Beispiele. Da sich der Rechtschreibunterricht überwiegend auf die Wortarten Nomen, Verb und Adjektiv beschränkt, geraten die Adverbien bzw. Konjunktionen dieser AH-Seite leicht in Vergessenheit. Viele von ihnen weisen jedoch orthografische Merkstellen auf und müssen geübt werden.

- Einstieg: Rätselwörter in PA oder GA bearbeiten:
  – Partner oder Gruppen erhalten häufige Wörter, in unterschiedlichen Varianten, z. B. Schüttelwörter, rückwärts geschriebene Wörter, Wörter in Geheimschrift, Spiegelschrift oder anderen Rätselschriften (Suchbegriff im Internet für Schriftarten: „Rätselschriften")
  – ggf. Wortmaterial qualitativ differenzieren
  – Wortkarten an Tafel heften, ggf. Merkstellen markieren und besprechen
  – zur Klärung der Wortbedeutung/-verwendung mit jedem Begriff einen Satz bilden
- Aufg. 1–2 in EA oder PA möglich
  – auf Kontrollmöglichkeit in der Wörterliste hinweisen
- Aufg. 3: auch als Knick- oder Wendediktat möglich
- Aufg. 4: als HA möglich
  – im Plenum: Ergebnisse vergleichen
- Aufg. 5: ggf. auf Großschreibung am Satzanfang hinweisen
- Aufg. 6: auf Lern- und Schreibtipps AH-S. 8 hinweisen
- zur Festigung und weiteren Übung Aufgaben im Trainingsheft auf S. 43 durchführen

Differenzierung

Fördern:

- KV 52/1 verändern: Wörter oder nur Anfangsbuchstabe im Rätsel markieren

Fordern:

- KV 52/1 verändern: Buchstaben im Rätsel löschen, Kinder erstellen eigenes Suchsel mit häufigen Wörtern
  – alternativ: KV 52/2 verändern – Sätze mit den häufigen Wörtern schreiben

Verweise

- Zebra 4 Trainingsheft, S. 43
- KV 52 (Häufige Wörter; veränderbar)
- Zebra 4 Förderkartei, Karteikarten 117–118
- Zebra 4 AH Sprache Fördern, S. 77
- Meine Anoki-Übungshefte, Richtig schreiben 4, S. 77

Seite 98

Lernziele/Kompetenzen

- Rechtschreibstrategie anwenden: „Merkwörter"
- Merkwörter „Paar" und „paar" unterscheiden und richtig verwenden
- Wörter mit langem i in der Sonderform mit einfachem i schreiben
- Sätze mit Wörtern mit langem i schreiben

Anregungen für den Unterricht

Hinweis: Diese AH-Seite befasst sich mit zwei Themen: der Unterscheidung von *Paar/paar* sowie Wörtern mit langem i-Laut in der Schreibung i. Bei *Paar/paar* handelt es sich um Zahlwörter. Während *Paar* ein bestimmtes Zahlwort ist, das eine Menge von genau zwei gleichen Dingen angibt und der Wortart Nomen zuzuordnen ist, beschreibt das unbestimmte Zahlwort *paar* eine in Bezug auf die Anzahl nicht genau definierte kleinere Menge. Es gehört zur Wortart der Pronomen (Indefinitpronomen) und kann durch *einige* ersetzt werden. Die meisten Wörter mit langem i-Laut werden mit ie verschriftet. Daneben gibt es einige Begriffe mit ih (*ihr, ihn*) und ieh (vgl. AH-S. 94). Der lange i-Laut ohne Kennzeichnung dagegen kommt v. a. in Fremdwörtern, bei Vornamen, Länderbezeichnungen und Tieren vor. Die Schreibung dieser sehr überschaubaren Zahl von Wörtern muss gelernt werden; dass es sich um eine Ausnahme-Schreibweise handelt, sollte den Kindern auch vermittelt werden.

Bei der Behandlung der AH-Seite ist es sinnvoll, die beiden Teilthemen an verschiedenen Tagen zu besprechen. Trotzdem kann zu Erarbeitung der gleiche Text verwendet werden.

- Einstieg mit Text an der Tafel:

Gestern war ich mit ein paar Freunden im Kino. Wir haben einen Film über Tiger angeschaut. Ich habe dabei einen halben Liter Cola getrunken, ein paar Bonbons und zwei Paar Würstchen gegessen. Wenn das meine Mama wüsste!

  - L: *Welche zwei Wörter findest du, die aus den gleichen vier Buchstaben bestehen?*
  - *Paar* und *paar* markieren, jeweils Anfangsbuchstaben einkreisen
  - Kinder suchen Regel zur unterschiedlichen Schreibweise am Wortanfang, gefundene Regel mit dem Merksatz vergleichen
- Aufg. 1–2: in EA oder PA möglich
  - auf Probe hinweisen: *Wann sind es zwei zusammengehörende Dinge?* (ein Paar) *Wann sind es einige/mehrere Dinge?* (ein paar Dinge)
- Aufg. 3: Markierung von i lenkt Aufmerksamkeit auf Merkstelle
- Aufg. 4: als HA möglich
- zur Festigung und weiteren Übung Aufgaben im Trainingsheft auf S. 42 durchführen

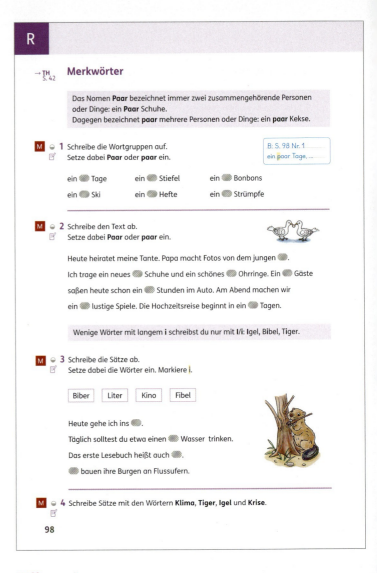

Differenzierung

Fördern:
- Aufg. 1: Anzahl vorgeben (je 3x *Paar* und *paar*)
- Aufg. 3: als Abschreibübung/Partnerdiktat üben

Fordern:
- Aufg. 4: Geschichte schreiben, in der alle vier Wörter vorkommen

Ideen für die Weiterarbeit

- Spiel „Alle Wörter fliegen hoch": Kinder trommeln auf Tisch, L/Kind nennt Wörter mit langem i-Laut
  - wird Wort nur mit i verschriftet, Hände heben

Verweise

- Zebra 4 Trainingsheft, S. 42
- Zebra 4 Förderkartei, Karteikarten 119–120
- Zebra 4 AH Sprache Fördern, S. 78
- Meine Anoki-Übungshefte, Richtig schreiben 4, S. 74

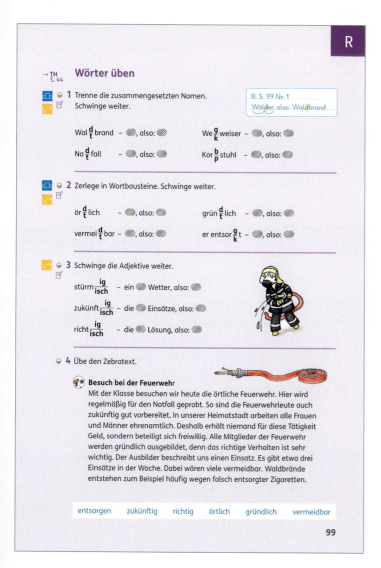

Seite 99

Lernziele/Kompetenzen

- Lernwortschatz und Strategiewissen als Säulen von Rechtschreibkompetenz erfahren (anhand des Zebratextes)
- Rechtschreibstrategien anwenden: „Wortbausteine" und „Weiterschwingen" auf Wort- und Satzebene

Anregungen für den Unterricht

Hinweis: Die Aufgaben der AH-Seite wiederholen die Rechtschreibstrategien „Wortbausteine" und „Weiterschwingen. Dabei werden viele Wörter aus dem Zebratext berücksichtigt (siehe Lernwörter am Ende der Seite).

- Einstieg: Rechtschreibgespräch über den Zebratext
  - ggf. auf mehrere Tage verteilen (jeden Tag einen ausgewählten Satz als „Satz des Tages")
  - Kinder bringen ihr Rechtschreibwissen ein und ermitteln die Schreibweise der Wörter durch die Rechtschreibstrategien „Wortbausteine" und „Weiterschwingen"
  - Kinder zum Üben der Wörter und des Zebratextes wiederholt auf die Lern- und Schreibtipps hinweisen (AH-S. 6: „Rechtschreibgespräche führen"; AH-S. 7: „Arbeit mit einer Rechtschreibkartei"; AH-S. 8: „Zebratexte üben")
- Vorbereitung Aufg. 1: Strategien „Wortbausteine" und „Weiterschwingen" wiederholen
  - auf Zerlegung der zusammengesetzten Nomen vor dem Weiterschwingen hinweisen
- Aufg. 2: Wörter überdeutlich vorsprechen: *Heißt es „zukünftige" Einsätze oder „zukünftische" Einsätze?*
- Vorbereitung Aufg. 3: Strategien „Wortbausteine" und „Weiterschwingen" wiederholen
  - auf Zerlegung der Adjektive vor dem Weiterschwingen hinweisen
- Vorbereitung Aufg. 4: Übungsformate Knickdiktat und Wendediktat wiederholen (vgl. Anleitungen zu Diktatformen auf AH-S. 8)
- zur Festigung und weiteren Übung Aufgaben im Trainingsheft auf S. 44 durchführen

Differenzierung

Fördern:

- Aufg. 1: Zerlegungen vorgeben
- Aufg. 2: weitergeschwungene Adjektive vorgeben
- Aufg. 3: Wort aus der Wortfamilie vorgeben
- Aufg. 4: Zebratext abschreiben oder als Schleich- und Partnerdiktat üben
- KV 53/1 verändern: Zebratext in größerer Schriftart oder in reduziertem Umfang anbieten

Fordern:

- Aufg. 1: erstes Nomen in Wörterliste nachschlagen
- Aufg. 2: Adjektive in Wörterliste nachschlagen
- Aufg. 3: Wörter in der Wörterliste nachschlagen
- Aufg. 4: Text ohne Vorbesprechung diktieren, in PA oder GA Rechtschreibung durch Nachschlagen in der Wörterliste überprüfen und verbessern

Ideen für die Weiterarbeit

- Lernwörter aus dem Zebratext an Stationen trainieren:
  - Lupenwörter (Lernwörter in sehr kleiner Schriftgröße ausdrucken, eine Lupe hilft beim Lesen und fördert das genaue Hinsehen)
  - Geheimschrift (Lernwörter in Geheimschrift ausdrucken, diese sind bei Softwarepaketen für Schulschriften zu erhalten)
  - Zebratext als Grundlage für Schleich-, Blitz-, Würfel-, Partner-, Streifen- oder Dosendiktat

Verweise

- Zebra 4 Trainingsheft, S. 44
- KV 53 (Wörter üben: Richtig schreiben)
- Deutsch Klasse 4 mit Zebra (App)
- Zebra 4 AH Sprache Fördern, S. 79

Seite 100

Lernziele/Kompetenzen

- sprachkundliche Aspekte wiederholen und festigen:
  - Vermutungen über richtige Schreibweise von Merkwörtern anstellen
  - Merkwörter in der Wörterliste nachschlagen
  - Sprachreflexion über Rechtschreibung von Merkwörtern

Anregungen für den Unterricht

- Ablauf:
  - Aufg. 1–5: eigenständige Bearbeitung ohne Vorbesprechung (Vermutungen über richtige Schreibweise von Merkwörtern anstellen, Wörter in der Wörterliste nachschlagen; Sprachreflexion über Rechtschreibung von Merkwörtern)
  - anschließend individuelle Fehleranalyse durch die L und Förderung nach Fehlerschwerpunkten, z. B. mit der Förderkartei, den KVs oder den Zebra-Erklärfilmen
- mögliche Fehler:

  Hinweis zu Aufg. 1: Falsch unterstrichene Wörter werden nicht als Fehler gewertet, sondern es kommt auf die Kontroll- und Verbesserungsfähigkeit der Kinder an.
  - Aufg. 2: Probleme beim Finden der Wörter in der Wörterliste (Hilfe: auf Tippkarte „Nachschlagen" hinweisen, ggf. Klebezettel in die entsprechenden Seiten in der Wörterliste heften; Wörter auf großformatig kopierter Wörterliste markieren, als Grundlage für ein Schleichdiktat im Klassenraum aufhängen)
  - Aufg. 3: Probleme beim Abschreiben (Hilfe: Wörterliste kopieren, Wort direkt neben die Heftseite legen; ggf. durch Lesepfeil markieren, ggf. auf Lern- und Schreibtipp „Abschreiben" im AH Sprache 2, S. 7 hinweisen)
  - Aufg. 4: falscher Satz wird angekreuzt (Hilfe: ggf. einen falschen Satz streichen; ansonsten vgl. Hilfen zu Aufg. 2 und 3)
- zur Festigung und weiteren Übung Aufgaben im Trainingsheft auf S. 44 durchführen

Differenzierung

Fördern:

- Aufg. 1–2: erstes Beispiel zur Orientierung angeben
- Aufg. 1–2: richtiges Wort finden (reine Nachschlagübung)
  - alternativ: richtige Seitenzahl angeben, sodass Nachschlagen vereinfacht wird
- Aufg. 3–4: erstes Beispiel vorgeben oder jeweils Artikel und Anfangsbuchstabe angeben
- Aufg. 5: einen falschen Satz streichen

Fordern:

- Aufg. 1: Sätze mit den Wörtern schreiben
- Aufg. 1–3: eigene Beispiele für einen Partner entwickeln
- Aufg. 4: eigene Sätze mit richtig und falsch geschriebenen (Merk-)Wörtern für einen Partner entwickeln

Verweise

- Zebra-Erklärfilme
  (per Code unter Lehrwerk-Online, www.klett.de)
- Zebra 4 Trainingsheft, S. 44
- Zebra 4 AH Sprache Fördern, S. 80

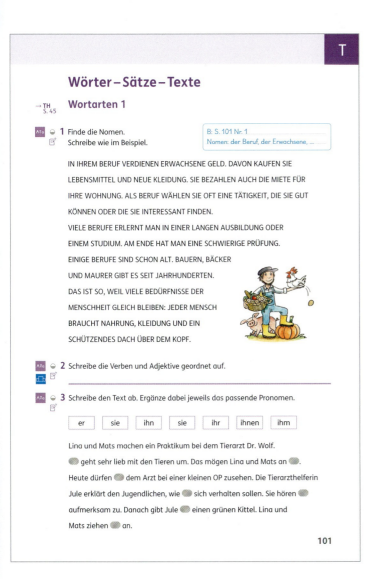

Seite 101

Lernziele/Kompetenzen

- Nomen, Verben und Adjektive in einem Text erkennen und unterstreichen
- Rechtschreibstrategien anwenden: „Wortbausteine" und „Groß oder klein?"
- Nomen mit Nachsilben und Endungen aufschreiben
- Pronomen in einem Text einsetzen

Anregungen für den Unterricht

- Einstieg mit Gesprächskreis zur Einstimmung auf das Thema: Satz an die Tafel schreiben
  Wenn ich groß bin, möchte ich … werden, weil …
  - über Zukunfts- und Berufswünsche sprechen
  - eigene Wünsche begründen
  - Text im AH zum Thema „Berufe" lesen und ggf. kurz im Plenum besprechen
- Vorbereitung Aufg. 1: Überprüfungsverfahren anwenden, z. B.:
  - Nomen: Artikel davorsetzen, Einzahl/Mehrzahl bilden
  - Verben: Personalformen/Zeitformen bilden
  - Adjektive: mit Adjektiven Wortgruppen bilden
- Aufg. 1–2: nach Vorentlastung eigenständige Bearbeitung (Nomen, Verben und Adjektive geordnet aufschreiben)
- Aufg. 3: Pronomen z. B. mithilfe von AH Sprache 3, S. 45 wiederholen
  - anschließend eigenständige Bearbeitung (Pronomen im Text ergänzen)
  - als HA möglich
- im Plenum: Ergebnisse vergleichen
- zur Festigung und weiteren Übung Aufgaben im Trainingsheft auf S. 45 durchführen

Differenzierung

Fördern:

- Aufg. 1: Text in Groß- und Kleinbuchstaben anbieten (vgl. Zebra 4 AH Sprache Fördern, S. 81)
  - ggf. nur Nomen unterstreichen lassen
  - alternativ: Kontrollzahlen vorgeben (Nomen: 26, Verben: 13, Adjektive: 7)
- Aufg. 3: mit L/Lernpartner arbeiten

Fordern:

- Aufg. 1: in PA analog eigene Texte in Großbuchstaben schreiben, Partner sucht und unterstreicht die Wortarten
- Aufg. 3: Lernpartner für leistungsschwächere Kinder sein: Text gemeinsam lesen und Pronomen einsetzen

Ideen für die Weiterarbeit

- Büchertisch zum Thema „Berufe" einrichten
- Sachunterricht: Thema „Berufe" behandeln
  - Eltern bei der Arbeit besuchen oder zum Vortrag in die Schule einladen

Verweise

- Zebra 4 Trainingsheft, S. 45
- Zebra 4 Förderkartei, Karteikarten 121–124
- Zebra 4 AH Sprache Fördern, S. 81
- Zebra 4 Forderblock: S. 2, 7, 9
- Meine Anoki-Übungshefte:
  - Richtig schreiben C 4, Fördern und Inklusion: S. 26–27, 24–30, 51
  - Richtig schreiben 4, S. 56–57
  - Grammatik üben 4: S. 4–5, 30–31

Seite 102

Lernziele/Kompetenzen
- Verben in einem Text erkennen und unterstreichen
- Zeitformen an Verben erkennen und aufschreiben (Präsens, Präteritum und Futur)
- Verben in der Personalform in eine Tabelle schreiben
- Verben von einer Zeitform in eine andere übertragen (Präsens, Präteritum und Futur)
- eigene Sätze im Futur formulieren

Anregungen für den Unterricht

Hinweis: Da bei dieser AH-Seite ausschließlich die Zeitformen Präsens, Präteritum und Futur wiederholt werden, wird beim Einstieg auf das Perfekt verzichtet.

- Einstieg: Wortkarten mit gebeugten Verben in drei Zeitformen (Präsens, Präteritum und Futur) sowie Wortkarten mit dazugehörigen Personalpronomen unsortiert in Kreismitte legen oder an Tafel heften, z. B: *er – geht – ging – wird gehen*
  - Zeitformen und Personalpronomen gemeinsam zuordnen
  - alternativ: Einstieg über Gespräch zu „Arbeit früher – heute – morgen", dabei auf Verwendung der richtigen Zeitform achten (früher: Präteritum, heute: Präsens, morgen: Futur)
- Aufg. 1: eigenständige Bearbeitung (Verben finden und ggf. notieren)
- Vorbereitung Aufg. 2: zur Vorentlastung besprechen, dass das Futur dieser Verben mit *werden* gebildet wird
- Aufg. 2–3: eigenständige Bearbeitung (Verben in verschiedenen Zeitformen in eine Tabelle eintragen)
- im Plenum: Ergebnisse vergleichen
- Vorbereitung Aufg. 4: zur Vorentlastung gemeinsamer Austausch über Zukunftspläne im Plenum und dann in PA
- Aufg. 4: Sätze im Heft oder auf Blanko-Vorlage notieren, ggf. gestalten
- Aufg. 5: Austausch in PA oder in Form eines kleinen Vortrags möglich
- zur Festigung und weiteren Übung Aufgaben im Trainingsheft auf S. 46 durchführen

Differenzierung

Fördern:
- Aufg. 1: Verben vorgeben, Merksätze zu den Zeitformen anbieten

Fordern:
- Aufg. 1–2: Lernpartner für leistungsschwächere Kinder sein
- Aufg. 2: weitere Verben in der Wörterliste suchen und in einer eigenen Tabelle im Heft ergänzen

Ideen für die Weiterarbeit
- KV 54: Wortarten-Spiel in PA oder GA spielen
- Spiel „Präsens – Präteritum – Futur" mit Verben (analog „Stadt – Land – Fluss"):
  - ein Kind sagt leise das Abc auf, ein anderes ruft „Stopp!"
  - Kind, das gerufen hat, gibt ein Verb vor (z. B. für „B" *bewegen*) und zieht eine Wortkarte mit einer Personalform (z. B.: Ich-Form)
  - Kl notiert das Verb in den drei Zeitformen
- Web-Tipp:
  weitere Anregungen zum Thema „Berufe" z. B. unter www.kidsweb.de

Verweise
- KV 54 (Wortarten 2; veränderbar)
- Zebra 4 Trainingsheft, S. 46
- Zebra 4 Förderkartei, Karteikarten 125–127
- Zebra 4 Forderblock, S. 30–32
- Meine Anoki-Übungshefte:
  - Grammatik üben 4, S. 16–19
  - Deutsch für Profis 4, Fordern: S. 4–5, 20–21

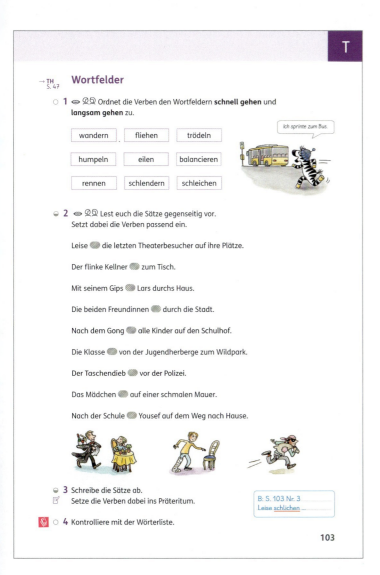

Seite 103

Lernziele/Kompetenzen
- Verben zwei verschiedenen Wortfeldern zuordnen und markieren
- Verben in einem Text passend einsetzen
- Sätze vom Präsens ins Präteritum übertragen
- die Wörterliste als Kontrollmöglichkeit nutzen
- Rechtschreibstrategie anwenden: „Nachschlagen"

Anregungen für den Unterricht

Hinweis: Wortfelder leisten einen wichtigen Beitrag zur Wortschatzerweiterung und zur Förderung der sprachlichen Ausdrucksfähigkeit. Lernerfolge werden jedoch nur erzielt, wenn regelmäßiges Üben und kontextbezogenes Anwenden stattfinden. Daher erfolgt auf dieser AH-Seite eine Vertiefung des Themas. Darin integriert sind die Bildung von Personal- und Zeitformen.

- Einstieg: ein Kind zieht eine Wortkarte mit einem Verb aus den Wortfeldern „schnell gehen" und „langsam gehen"
  - Variante 1: Kind beschreibt das Verb, ohne den Begriff zu nennen, die Kl rät
  - Variante 2: Kind spielt Verb vor (L gibt ggf. Tipps bzw. Anweisungen, z. B. *fliehen*: rennen und sich hastig umschauen)
  - Wortkarten an der Tafel sammeln
  - Vermutungen zu Gemeinsamkeiten bzw. Unterschieden anstellen
  - leistungsstärkere Kinder benennen ggf. bereits die Wortfelder
- Aufg. 1–2: eigenständige Bearbeitung (Verben den Wortfeldern „schnell gehen" und „langsam gehen" zuordnen, Verben passend in Sätze einsetzen)
  - ggf. darauf hinweisen, dass je drei Verben zum Wortfeld „schnell gehen" und sechs Verben zum Wortfeld „langsam gehen" vorhanden sind
  - zunächst Verben einsetzen, die leicht zuzuordnen sind
- im Plenum: Ergebnisse vergleichen
- Aufg. 3–4: eigenständige Bearbeitung (Sätze im Präteritum aufschreiben, Verben mit der Wörterliste kontrollieren)
- zur Festigung und weiteren Übung Aufgaben im Trainingsheft auf S. 47 durchführen

Differenzierung

Fördern:
- Aufg. 1: zur Vorentlastung besonders für Kinder mit Deutsch als Zweitsprache die Bedeutung der Verben klären (z. B.: *trödeln, schlendern, eilen, balancieren*)
  - Zuordnung gemeinsam vornehmen
- Aufg. 2: leistungsschwächere Kinder arbeiten in PA, ein Partner beherrscht Deutsch sicher
  - Sätze gemeinsam lesen, dabei überlegen, welches Verb passen könnte
- Aufg. 3: Präteritum der Verben in der Wörterliste nachschlagen

Fordern:
- Aufg. 1–4: Lernpartner für leistungsschwächere Kinder sein
- weitere Verben zu Wortfeldern finden und aufschreiben bzw. weitere Wortfelder anlegen, z. B. von KV 55

Ideen für die Weiterarbeit
- Musik:
  das Wortfeld „sagen/sprechen" an einem Lied umsetzen und dieses entsprechend einer Vorgabe vortragen, z. B. es flüstern, nuscheln, schreien o. ä.

Verweise
- KV 55 (Wortfelder; veränderbar)
- Zebra 4 Trainingsheft, S. 47
- Zebra 4 Förderkartei, Karteikarten 128–130
- Zebra 4 AH Sprache Fördern, S. 82
- Zebra 4 Forderblock, S. 27

Seite 104

Lernziele/Kompetenzen
- Begriffe „Begleitsatz", „wörtliche Rede" und „Redezeichen" richtig verwenden
- Begleitsatz, wörtliche Rede und Redezeichen markieren
- Satzzeichen bei der wörtlichen Rede mit voran- und nachgestelltem Begleitsatz richtig setzen

Anregungen für den Unterricht
- Einstieg: mit Gruppenspiel zur Aktivierung des Vorwissens:
  - Kl in zwei Gruppen aufteilen, beide erhalten jeweils Satzstreifen mit Aussagen zur Zeichensetzung und zur wörtlichen Rede, z. B.:
    Aussagesätze enden mit einem Punkt.
    Hinweis: Die Aussagen können richtig oder falsch sein, die Kinder sollen die richtigen Aussagen heraussuchen und auf ein Blatt kleben.
  - für jede korrekt aufgeklebte Aussage: 1 Punkt; für jede falsch aufgeklebte Aussage: 1 Punkt Abzug
  - Lösung:
    Nach einem Fragesatz in der wörtlichen Rede folgt ein Fragezeichen.
    Nach einem Aufforderungssatz in der wörtlichen Rede folgt ein Ausrufezeichen.
    Der Begleitsatz kann vor oder nach der wörtlichen Rede stehen.
    Der Begleitsatz und die wörtliche Rede werden immer mit einem Komma getrennt.
- Aufg. 1–2: eigenständige Bearbeitung (Text abschreiben, Satzzeichen ergänzen, Begleitsatz, wörtliche Rede und Redezeichen markieren)
- Aufg. 3–4: auch in PA möglich (Text abschreiben, Begleitsatz markieren, Satz- und Redezeichen ergänzen, wörtliche Rede und Redezeichen markieren), Ergebnissicherung im Plenum
- zur Festigung und weiteren Übung Aufgaben im Trainingsheft auf S. 48 durchführen

Differenzierung

Fördern:
- Schema der wörtlichen Rede gut sichtbar im Klassenzimmer visualisieren oder in Kleinformat auf den Tisch kleben
  - ggf. Frage-, Aufforderungs- und Aussagesatz mit Markierungen von AH-S. 77–78 verwenden
- Aufg. 3–4: Text verändern: farbige Fonds für fehlende Satz- und Redezeichen setzen; Begleitsätze ggf. vorgeben

Fordern:
- Aufg. 3–4: Lernpartner für leistungsschwächere Kinder sein

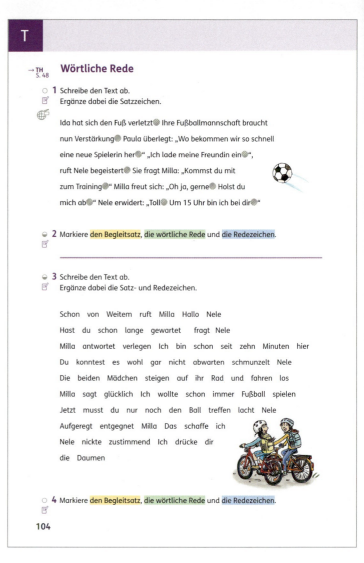

Ideen für die Weiterarbeit
- in Anlehnung an KV 56: eigene kurze Dialoge zu Märchenfiguren schreiben, Zeichensetzung beachten
  - ggf. Ideen in Märchenbüchern oder kurzen Filmsequenzen suchen

Verweise
- Zebra-Erklärfilme „Wörtliche Rede vorn" und „Wörtliche Rede hinten"
  (per Code unter Lehrwerk-Online, www.klett.de)
- KV 56 (Wörtliche Rede; veränderbar)
- Zebra 4 Trainingsheft, S. 48
- Zebra 4 Förderkartei, Karteikarten 131–135
- Zebra Forderblock, S. 41
- Meine Anoki-Übungshefte, Grammatik üben 4, S. 58–61

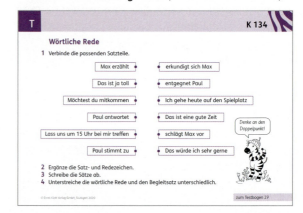

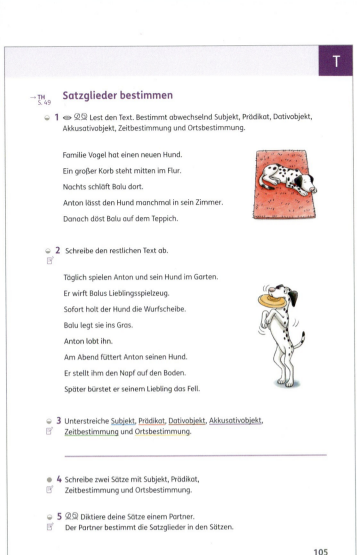

Seite 105

Lernziele/Kompetenzen

- Satzglieder bestimmen (Subjekt, Prädikat, Dativobjekt, Akkusativobjekt, Zeitbestimmung, Ortsbestimmung)
- Satzglieder in eigenen Sätzen bestimmen

Anregungen für den Unterricht

Hinweis: Das Bestimmen der Satzglieder (Subjekt und Prädikat – vgl. AH-S. 79 –, Dativ- und Akkusativobjekt – vgl. AH-S. 82–83 – sowie Zeit- und Ortsbestimmung – vgl. AH-S. 81) ist Thema dieser AH-Seite.
Die Kinder haben bereits die wichtigsten Satzglieder kennengelernt und können Satzgliedanalysen nun auch an komplexeren Sätzen durchführen. Einige Satzglieder fehlen jedoch, da sie nicht für die Grundschule relevant sind. Die L sollte daher darauf achten, dass den Kindern für ihre Analysen nur Sätze mit bekannten Satzgliedern zur Verfügung stehen; alternativ können Satzglieder, die bestimmt werden sollen, markiert werden.

- Einstieg mit Aktivierung des Vorwissens der Kinder:
  - in kleinen Gruppen und mithilfe des AH alle wichtigen Informationen zu den bekannten Satzgliedern zusammentragen (siehe auch Tippkarte)
  - Ergebnisse in einer dreispaltigen Tabelle festhalten („Name des Satzgliedes", „Frage", „Beispiel")
  - Ergebnisse in Gesprächsrunde vorstellen und miteinander vergleichen
  - L notiert Satz an der Tafel mit allen bekannten Satzgliedern, z. B.:
    Eine lustige Geschichte | erzählt | den Kindern | heute | der Text im Arbeitsheft.
  - gemeinsam die Satzglieder daran bestimmen und kennzeichnen
- Aufg. 1–5: eigenständige Bearbeitung (Satzglieder bestimmen)
- Aufg. 3: ggf. Wortkarten mit Satzgliedern vorgeben, z. B.: *im Zoo | bewundert | seit einer Viertelstunde | Mika | die Affen*
- zur Festigung und weiteren Übung Aufgaben im Trainingsheft auf S. 49 durchführen

Differenzierung

Fördern:

Hinweis zu Aufg. 1: Für leistungsschwächere Kinder ist eine kleine Übersicht mit allen behandelten Satzgliedern und den dazugehörigen Fragen oder auch die Tabelle vom Einstieg sicher hilfreich.
- Aufg. 3: kurzen Text bzw. Sätze vorgeben
- KV 57/1 verändern: letzten Satz leichter formulieren, z. B.:
  Nach dem Kaffeetrinken (__) spielen (__) die beiden Jungen (__) im Garten (__).

Fordern:

- Aufg. 1: Lernpartner für leistungsschwächere Kinder sein

Ideen für die Weiterarbeit

- Würfelspiel: Satzglieder auf Wortkarten sammeln (sechs verschiedene Subjekte, sechs verschiedene Prädikate)
  - Satzglieder würfeln und daraus Sätze bilden

Verweise

- KV 57 (Satzglieder bestimmen; veränderbar)
- Zebra 4 Trainingsheft, S. 49
- Zebra 4 Förderkartei, Karteikarten 136–139
- Zebra 4 AH Sprache Fördern, S. 83
- Zebra 4 Forderblock, S. 41
- Meine Anoki-Übungshefte:
  - Richtig schreiben 4: S. 48-49, 54–55
  - Grammatik üben 4, S. 54–55

Seite 106

Lernziele/Kompetenzen
- Gestaltungsmöglichkeit von Texten durch das Ersetzen von Satzgliedern erkennen
- Satzglieder eines Satzes umstellen
- einen Text (Geschichte) durch Umstellen von Satzgliedern verbessern
- Rechtschreibstrategie anwenden: „Groß oder klein?"
- Sprachreflexion über Schülertexte

Anregungen für den Unterricht

Hinweis: Das Umstellen von Satzgliedern ist zum einen wichtig, um Satzglieder zu bestimmen. Zum anderen können durch die Veränderung der Reihenfolge der Satzglieder Wiederholungen am Satzanfang vermieden und Sätze mit variierendem Satzbau gebildet werden. Beides verbessert die Qualität von geschriebenen Geschichten.

- Einstieg: Arbeitstechnik des Umstellens wiederholen
  - Rahmenhandlung „Zirkusbesuch" des Texts im AH aufgreifen
  - Zirkusmusik einspielen, Kinder äußern kurz ihre Vorerfahrungen
  - folgenden Satz an die Tafel schreiben:
    Pia und ihre Eltern haben gestern eine Zirkusvorstellung besucht.
  - Satzglieder bestimmen, mit den Anfangsbuchstaben der Satzgliedart markieren
  - L gibt neue Anordnung der Satzglieder durch eine Buchstabenfolge vor, z. B. (Z):
    Gestern haben Pia und ihre Eltern eine Zirkusvorstellung besucht.
  - Satz dementsprechend umstellen
  - weitere Varianten suchen
- Aufg. 2 in PA: ggf. bereits überlegen, welcher Satzanfang sich wiederholt
- Aufg. 3–4: eigenständige Bearbeitung (Satzanfang suchen und ggf. notieren, der sich häufig wiederholt, Sätze in Gedanken umstellen)
  - in PA: Ergebnisse vergleichen
- Aufg. 4–5: eigenständige Bearbeitung (Geschichte mit umgestellten Sätzen aufschreiben, sie einem Partner vorlesen)
- zur Festigung und weiteren Übung Aufgaben im Trainingsheft auf S. 50 durchführen

Differenzierung

Fördern:
- Aufg. 3: Satzglieder, die umgestellt werden sollen, unterstrichen vorgeben
- KV 58/2 verändern: Satzglieder, die umgestellt werden sollen, unterstrichen vorgeben

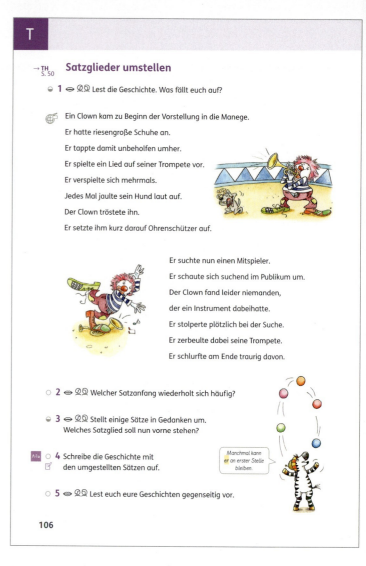

Fordern:
- Aufg. 3: Lernpartner für leistungsschwächere Kinder sein
- KV 58/Zusatz: Geschichte weiterschreiben

Ideen für die Weiterarbeit
- Sport: Zirkuskunststücke einüben
  - Zirkus-Stationen anbieten: Balancieren wie eine Seiltänzerin, z. B. auf einer Slackline, Schaukeln an den Ringen wie ein Trapezkünstler usw.

Verweise
- Zebra-Erklärfilm „Satzglieder" (per Code unter Lehrwerk-Online, www.klett.de)
- KV 58 (Satzglieder umstellen; veränderbar)
- Zebra 4 Trainingsheft, S. 50
- Zebra 4 Förderkartei, Karteikarten 140–142
- Zebra 4 AH Sprache Fördern, S. 84
- Zebra 4 Forderblock, S. 45
- Meine Anoki-Übungshefte:
  - Grammatik üben 4, S. 56–57
  - Deutsch für Profis, S. 50–51

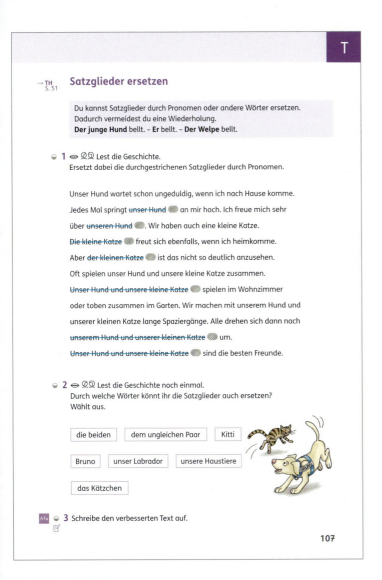

Seite 107

Lernziele/Kompetenzen

- Gestaltungsmöglichkeit von Texten durch das Ersetzen von Satzgliedern erkennen
- Subjekte durch Pronomen ersetzen
- Pronomen durch (eigene) Satzglieder ersetzen
- einen Text durch Ersetzen von Satzgliedern verbessern
- Rechtschreibstrategie anwenden: „Groß oder klein?"

Anregungen für den Unterricht

- Einstieg: Gespräch über Rahmenthema „Haustiere"
  - Kinder erzählen über eigene Haustiere bzw. darüber, welche Haustiere sie gerne hätten und warum
  - Ersetzen von Satzgliedern anhand eines Textes üben, z. B.:

  Mein Wellensittich ist sehr zahm.
  Mein Wellensittich muss nicht in seinem Käfig bleiben.
  Mein Wellensittich darf frei in meinem Zimmer fliegen.
  Mein Wellensittich sitzt dann am liebsten auf meinem Schreibtisch.
  Mein Wellensittich hilft mir aber leider nicht bei den Hausaufgaben.

  - besprechen, wie Text verbessert werden kann
  - Erkenntnis: *Durch das Umstellen allein wird Text nicht wesentlich verbessert, es müssen Satzglieder ersetzt werden.*
  - Kinder suchen andere Wörter für die Wiederholung
  - Ergebnisse sammeln
  - Text gemeinsam überarbeiten
- Vorbereitung Aufg. 1: ggf. Pronomen kurz wiederholen
- Aufg. 1: eigenständige Bearbeitung (Satzglieder durch Pronomen ersetzen)
  Hinweis zu Aufg. 2: Die Kinder können auch eigene Satzglieder ergänzen.
- Aufg 3: eigenständige Bearbeitung (verbesserten Text aufschreiben)
  - im Plenum: Ergebnisse vergleichen
- zur Festigung und weiteren Übung Aufgaben im Trainingsheft auf S. 51 durchführen

Differenzierung

Fördern:

- Aufg. 1: Pronomen auf kleinen Wortkarten zum Legen anbieten
- Aufg. 2: leistungsschwächere Kinder arbeiten mit einem Partner, der Deutsch sicher beherrscht
  - Text gemeinsam lesen, dabei überlegen, welche Satzglieder passen könnten

Fordern:

- Aufg. 2: zum eigenen Haustier oder zu einem Lieblingstier Wörter zum Ersetzen sammeln
  - eigenen Text mit den Wörtern schreiben

Ideen für die Weiterarbeit

- Büchertisch zum Thema „Haustiere" gestalten
- Überarbeiten von Texten am Computer: Kinder lernen den Umgang mit einem Textverarbeitungsprogramm kennen

Verweise

- Zebra 4 Trainingsheft, S. 51
- Zebra 4 Förderkartei, Karteikarten 143–145
- Zebra 4 AH Sprache Fördern, S. 85

Seite 108

Lernziele/Kompetenzen

- sprachkundliche Aspekte wiederholen und festigen:
  - Nomen, Verben und Adjektive unterscheiden
  - Verben in der Ich-Form im Präsens, Präteritum und Futur schreiben
  - Pronomen in einem Text ergänzen
  - Wörter einem Wortfeld zuordnen und markieren
  - Rechtschreibstrategien anwenden: „Groß oder klein?" und „Wortbausteine"

Anregungen für den Unterricht

- Ablauf:
  - Aufg. 1–4: eigenständige Bearbeitung ohne Vorbesprechung (Nomen, Verben und Adjektive unterscheiden, Verben in der Ich-Form im Präsens, Präteritum und Futur bilden und in eine Tabelle schreiben; Pronomen in einem Text ergänzen; Wörter einem Wortfeld zuordnen und markieren)
  - anschließend individuelle Fehleranalyse durch die L und Förderung nach Fehlerschwerpunkten, z. B. mit der Förderkartei, den KVs oder den Zebra-Erklärfilmen
- mögliche Fehler:
  - Aufg. 1: Wortarten werden nicht richtig erkannt (Hilfe: auf Tippkarten, AH-S. 35–37 und 65–67 hinweisen; Nomen: auf Nomenprobe hinweisen; Verben: „Was kann man tun?"; Adjektive: „Wie ist etwas?")
  - Aufg. 2: Zeitformen werden nicht richtig gebildet (Hilfe: AH-S. 49–50 und 53–54 hinweisen; Kontrolle der Zeitformen der Verben auch mithilfe der Wörterliste möglich)
  - Aufg. 3: Pronomen werden nicht richtig ergänzt (Hilfe: AH-S. 42)
  - Aufg. 4: Wörter werden Wortfeldern nicht richtig zugeordnet (Hilfe: zwei leistungsstärkere Kinder spielen Verben szenisch vor; L kann dazu kurze Sätze oder Dialog vorgeben)
- zur Festigung und weiteren Übung Aufgaben im Trainingsheft auf S. 52 durchführen

Differenzierung

Fördern:

- Aufg. 1: jeweils ein Beispiel vorgeben
- Aufg. 2: in jeder Tabellenzeile eine weitere Zeitform vorgeben
- Aufg. 3: Pronomen auf kleinen Wortkarten zum Legen anbieten
- Aufg. 4: Verben szenisch vorspielen
  - gleichen Satz jeweils mit anderer Betonung vorlesen
  - Kinder ordnen zu

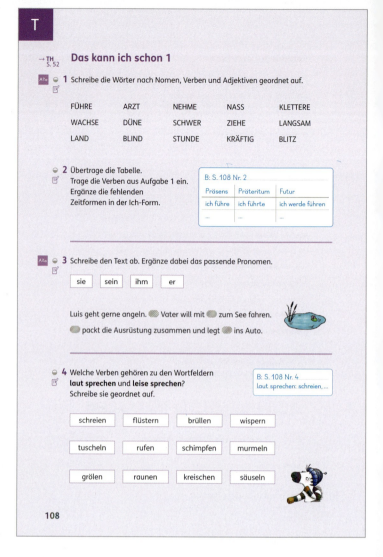

Fordern:

- Aufg. 1: mit je einem Nomen, Verb und Adjektiv einen Satz schreiben
- Aufg. 2: Verben auch in der Du-Form und Er-Form bilden
- Aufg. 4 in PA: eigene Wortfelder überlegen und gemischt aufschreiben
  - Partner markiert unterschiedlich

Verweise

- Zebra-Erklärfilme
  (per Code unter Lehrwerk-Online, www.klett.de)
  Zebra 4 Trainingsheft, S. 52
- Zebra 4 AH Sprache Fördern, S. 86

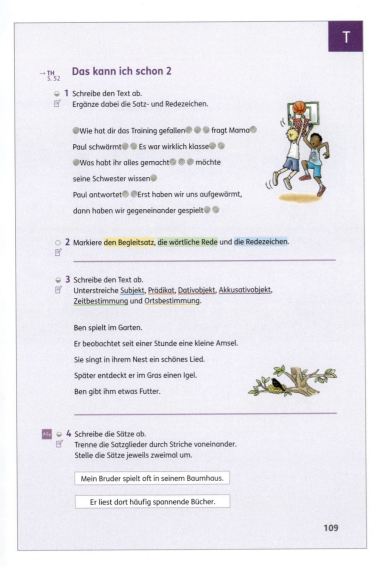

Seite 109

Lernziele/Kompetenzen

- sprachkundliche Aspekte wiederholen und festigen:
  - Satzzeichen bei der wörtlichen Rede mit voran- und nachgestelltem Begleitsatz richtig setzen
  - Begleitsatz, wörtliche Rede und Redezeichen markieren
  - Satzglieder bestimmen (Subjekt, Prädikat, Dativobjekt, Akkusativobjekt, Zeitbestimmung, Ortsbestimmung)
  - Sätze in Satzglieder trennen
  - Satzglieder umstellen
  - Rechtschreibstrategie anwenden: „Groß oder klein?"

Anregungen für den Unterricht

- Ablauf:
  - Aufg. 1–4: eigenständige Bearbeitung ohne Vorbesprechung (Satzzeichen bei der wörtlichen Rede richtig setzen, Begleitsatz, wörtliche Rede und Redezeichen markieren; Satzglieder bestimmen – Subjekt, Prädikat, Dativobjekt, Akkusativobjekt, Zeitbestimmung, Ortsbestimmung; Satz in Satzglieder trennen, Satzglieder umstellen)
  - anschließend individuelle Fehleranalyse durch die L und Förderung nach Fehlerschwerpunkten, z. B. mit der Förderkartei, den KVs oder den Zebra-Erklärfilmen

- mögliche Fehler:
  - Aufg. 1–2: Satz- und Redezeichen werden nicht richtig gesetzt; Begleitsatz, wörtliche Rede und Redezeichen werden nicht richtig markiert (Hilfe: auf AH-S. 77–78 hinweisen)
  - Aufg. 3: Fehler beim Bestimmen der Satzglieder (Hilfe: auf AH-S. 79, 81–83 hinweisen)
  - Aufg. 4: Satzglieder werden nicht richtig erkannt (Hilfe: *Stelle den Satz in Gedanken um. Welche Satzglieder bleiben zusammen?*); Umstellungen werden nicht gefunden (Hilfe: *Trenne die Satzglieder erst durch Striche. Stelle dann ein neues Satzglied an den Anfang.*)
- zur Festigung und weiterer Übung Aufgaben im Trainingsheft auf S. 52 durchführen

Differenzierung

Fördern:

- Aufg. 1: Schema der wörtlichen Rede in Kleinformat auf den Tisch kleben
- Aufg. 3: „Spickzettel" herstellen
  - Karte mit Satzgliedern, Fragen, Beispiele, Farbe, z. B.:

> **Subjekt:** *Wer oder was?* – blau
> *Wer oder was steht im Flur?*
> Das rote Pferd steht im Flur.

- Aufg. 4: Sätze zum Zerschneiden in größerer Schriftart ausdrucken (Umstellprobe)

Fordern:

- Aufg. 3 in PA: eigene Sätze bilden
  - Partner bestimmt
- Aufg. 4 in PA: eigene Sätze bilden
  - Partner trennt die Satzglieder und stellt die Sätze mehrfach um

Verweise

- Zebra-Erklärfilme
  (per Code unter Lehrwerk-Online, www.klett.de)
- Zebra 4 Trainingsheft, S. 52
- Zebra 4 AH Sprache Fördern, S. 86

Geistesblitze und Lerngewitter

Das erste Kapitel soll einen abwechslungsreichen und motivierenden Einstieg in das neue und letzte gemeinsame Grundschulschuljahr ermöglichen. In verschiedenen Texten zu Schrift und Sprache, Schulformen, außerschulischen Lernorten, Lernhilfen, Entschuldigungen und Klassenreisen werden lustige, schöne und ereignisreiche Situationen angesprochen. Aber auch Themen wie Mobbing und Lernschwierigkeiten werden aufgegriffen.
Die Kapitelauftaktseite zeigt den Lernort Klassenraum mit unterschiedlichen Szenarien. Die Kinder sollen hierüber in das Thema „Schule" hineingenommen werden. Sie können sich spannende Geschichten ausdenken und ihre Lernmethoden reflektieren.

Seite 2/3

Lernziele/Kompetenzen
- ein Bild genau betrachten (Wimmelbild)
- einzelne Szenen beschreiben
- einen Text sinnentnehmend lesen (Gedicht)
- Inhalte zuhörend verstehen
- lebendiges Vorstellen beim Hören von Texten entwickeln
- Vergleiche zur eigenen Realität aufstellen (Lebensweltbezug)
- zu einem Bild schreiben
- Sprachbildung:
  - Wörter zu einem Oberbegriff finden
  - Nomen, Verben und Adjektive unterscheiden lernen und in der richtigen Form verwenden
  - Wortschatz mithilfe der Wörtersonne erweitern

Anregungen für den Unterricht
- Einstieg im Halbkreis vor dem Smartboard mit Auftakt-Illustration: Kinder sprechen über das Thema „Schule" und ihre Erwartungen an das neue Schuljahr
  - *Worauf freust du dich?*
  - *Wovor hast du Angst?*
  - *Was ist neu, was bleibt?*

  Hinweis: Themen wie Noten, Klassenreise und Abschied können hier thematisiert werden.
- im Stuhlkreis eigene Gedanken artikulieren, z. B. mit „Erzählstein"
- Auftaktdoppelseite bearbeiten:
  - vor dem Hörtext alle Szenen auf einmal oder einzeln gemeinsam betrachten
  - Szenen kurz verbalisieren (*Was gibt es alles auf dem Bild zu sehen? Was machen die Kinder?*)
  - Gedicht zu den Schulszenen lesen und dazu in Beziehung setzen, eigene Empfindungen und Gefühle ansprechen

- Hörtext ankündigen, Erwartungen der Kinder einholen und sammeln
- Hörtext ggf. mehrfach anhören
- nach dem Hörtext die Aufgaben der Zebra-Werkstatt lösen

Hörtext: Bei uns in der Schule

Bei uns in der Schule ist ganz schön was los. Wir sind viele Mädchen und Jungen, die hier zur Schule gehen. Wir lernen viele neue Dinge, und auch wenn es manchmal anstrengend ist, freuen wir uns auf unsere Freunde.
Tim arbeitet besonders gerne am Computer. Selbst wenn er langweilige Mathematikaufgaben lösen muss, hat er dann Spaß am Lernen. An manchen Tagen kann Max sich besser konzentrieren, wenn er ganz alleine und in Ruhe arbeiten kann. Gerne geht er dann in den Nebenraum oder setzt sich Kopfhörer auf. Leo ist froh, dass Frau Lange für ihn da ist und sich die Zeit nimmt, ihm bei der Bewältigung seiner Aufgaben zu helfen. Julie, Marie und Faisal erledigen ihre Aufgaben gerne in einer kleinen Gruppe. Da sammeln sie gleich gemeinsam viele Ideen, die sie zusammen ausprobieren können.
Besonders lieben wir alle die großen Pausen. Wir toben uns aus, indem wir Fußball spielen oder klettern. Wir finden es auch sehr schön und entspannend, auf dem Schulhof miteinander zu sprechen und zu frühstücken.
Aber das Schönste an der Schule sind oftmals die besonde-

Über Lernen nachdenken

Wie wird das wohl sein?
Was ist denn das bloß?
So dachten die meisten,
und dann ging es los.
Was stört uns beim Lernen?
Wie lernen wir mit?
Wer hilft seinem Nachbarn?
Und wer hält nicht Schritt?

Ute Oehmichen

3

ren Tage: Ausflüge in die Umgebung und natürlich die bevorstehende Klassenfahrt. Aber bis dahin ist noch etwas Zeit und wir können noch weiter an unseren Projekten arbeiten. Wir stellen alle unsere Lieblingsbücher den anderen Kindern vor, eins davon wird dann das Vorlesebuch für die Klassenreise. Frau Kurz will uns jeden Abend ein Kapitel vorlesen. Oh, was ist eigentlich mit Franz? Will er etwa auch mit? Ob Zebras in der Jugendherberge erlaubt sind?
Was denkt ihr?

Zebra-Werkstatt zur Kapitelauftaktseite

Werkstatt „ich":

Wo möchtest du gerne dabei sein? Erzähle.
Hinweis: Leistungsstärkere Kinder begründen ihre Entscheidung und beziehen das Wortmaterial der Wörtersonne ein.

Werkstatt Stift:

Schreibe zum Bild.
Hinweis: Zum Bild können vorher Ideen gemeinsam oder in kleinen Gruppen gesammelt werden.

Werkstatt Sonne:

Schreibe die Wörtersonne in dein Heft.
Ergänze weitere Wörter zum Kapitelthema.
Hinweis: Diese Aufgabe eignet sich gut als PA oder GA. Es ist auch ein anderer Schulbegriff möglich.
- Hilfen zum Erstellen einer Wörtersonne:
  - *Schreibt das Thema in die Mitte eines Blattes.*
  - *Überlegt euch weitere Wörter zu dem Thema in der Mitte des Blattes.*
  - *Schreibt die Wörter auf und verbindet sie mit dem Wort in der Mitte.*
  - *Ihr könnt Nomen, Verben und Adjektive sammeln.*
  - *Zu den Nomen malt ihr den Artikelpunkt dazu.*

Differenzierung

Fördern:
- Kinder zum genauen Beobachten durch gezielte Fragen anregen: *Siehst du den Jungen mit den Kopfhörern? Was tun die drei Kinder im Gruppenraum?*
- in PA: Wörter zu den Bildern sammeln
- Sätze mit den Wörtern der Wörtersonne bilden und aufschreiben
- KV 74/1–2 verändern: Fragen und passende Antworten im Text mit der gleichen Farbe markieren, Antworten abschreiben
- KV 75/2 verändern: zum falschen Wort auch das richtige vorgeben (Auswahlübung)

Fordern:
- eine Geschichte zur Illustration schreiben, dabei das eigene Erleben und Empfinden thematisieren und reflektieren
- KV 74/2 verändern: in PA eigene Fragen zum Text formulieren; beantworten lassen
- Comic mit Schulszenen zum eigenen Klassenraum/Schulgebäude zeichnen

Ideen für die Weiterarbeit
- tägliche Übung: zehn Minuten über Schule, Pause, gelungene Aktionen o. Ä. schreiben
- einen Ausflug planen
- Unterrichtseinheit am Computer planen (z. B. Referat)

Verweise
- DUA: Hörtext
- KV 74–75 (Leseverständnis; veränderbar)
- Lesebuch 4, S. 212 (Lese-Rallye)

Lesetraining
Seite 28/29

Lernziele/Kompetenzen
- mehrsilbige Wörter sinnerfassend lesen
- Wörter mit fehlenden Silben sinnerfassend lesen
- flüssig und schnell lesen (Abzählverse)
- Fehler in Wörtern beim Lesen korrigieren
- Leseflüssigkeit trainieren
- einen Text im Lesetandem lesen

Anregungen für den Unterricht
- **Einstieg zu S. 28:**
  - L zeigt Wortkarten mit teilweise verdecktem Wort, Kinder müssen Wort möglichst schnell erraten
  - auch als Wettbewerb in Gruppen möglich
- **Vorbereitung Aufg. 1:** Aufgabenformat ggf. mithilfe des digitalen Unterrichtsassistenten anhand eines Beispiels an der Tafel wiederholen
  - ggf. gemeinsam Dinge aus dem Schulalltag anhand von Bildkarten benennen
- **Aufg. 1 in PA:** Lesetraining abwechselnd lesen
  Hinweis: Die Kinder sollen die Wörter immer schneller lesen und sich gegenseitig korrigieren, um ihre Leseflüssigkeit zu verbessern.
  - ggf. am nächsten Tag wiederholen
- **Vorbereitung Aufg. 2:** Abzählverse mit Kindern sammeln *(Welche kennst du? Kennst du auch Zungenbrecher?)*
  - alternativ: einen Satz vorgeben (z. B.: *Fünf Ferkel fressen frisches Futter.*) – *Wer kann ihn am schnellsten ohne Fehler laut lesen?* – nach kurzer Übungsphase tragen die Kinder vor
- **Aufg. 2:** Verse mehrfach lesen, Leseflüssigkeit bei jedem Mal steigern
  - auch im Lesetandem möglich
  - nach Übungsphase Buch zuklappen: *Kannst du schon einen Teil auswendig?*

- **Einstieg zu S. 29:**
  - Satzstreifen mit Fehlerwort oder -wörtern wie in Aufg. 1, z. B.: *Muten Gorgen, liebe Kinder!*
  - L: *Hier hat jemand etwas durcheinandergebracht. Kannst du es richtig vorlesen?*
  - Wörter auf Wortkärtchen ausgeben, Kinder vertauschen Buchstaben
  - anschließend Ratespiel im Plenum
- **Aufg. 3:** Text laut lesen und beim Lesen korrigieren, ggf. in PA
  Hinweis: Als Vorbereitung kann auch die mündliche Aufgabe gestellt werden, den Text erst einmal so zu lesen, wie er geschrieben steht. Dies kann ebenfalls im Plenum geschehen.

- **Vorbereitung Aufg. 4:** Methode „Im Lesetandem lesen" aus Klasse 2 wiederholen:
  - zwei Kinder auswählen, die die Methode demonstrieren; jeweilige Leserolle durch ein Kärtchen kennzeichnen („Trainer"/„Sportler")
  Hinweis: Bei der Zusammenstellung des Lesetandems sollte stets darauf geachtet werden, dass der „Trainer" in der Lage ist, den Text sicher zu lesen, damit der „Sportler" problemlos geführt werden kann.
  - Trainer gibt Startzeichen, Kinder beginnen mit dem Tandemlesen; beide Möglichkeiten durchspielen:
  1. Sportler liest ohne Fehler, gibt dann Zeichen und liest alleine weiter
  2. Sportler macht Fehler, Trainer gibt Zeichen, Sportler verbessert entweder allein oder Trainer verbessert, beide lesen gemeinsam weiter (alternativ: Satz von vorne lesen); dies wiederholt sich, außer der Sportler liest länger ohne Fehler: dann weiter wie bei 1.
  - Abschluss: sich mithilfe von Fragen an den Text über das Textverständnis austauschen; Fragen ggf. auf einem Arbeitsblatt oder als Kärtchen vorgeben
- **Aufg. 4:** eigenständige Bearbeitung im Lesetandem

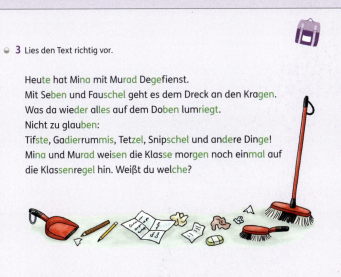

- Aufg. 2: einen anderen Abzählvers aufschreiben
  - Wettbewerb: *Wer kann ihn am schnellsten sprechen?*
- Aufg. 3: sich eigene Sätze mit vertauschten Buchstaben ausdenken
- Freiräume geben für selbstbestimmtes interessengeleitetes Lesen

Ideen für die Weiterarbeit
- Sätze aus ausgeschnittenen Buchstaben kleben
- feste Lesezeiten in der Kl einführen
- Eltern/Großeltern als Lesepaten einladen
- Kunst:
  Klecksbilder gestalten

Verweise
- Lesebuch 2, S. 30/31 (Methodenseite „Im Lesetandem lesen")
- Zebra-Erklärfilm (Klasse 2) „Im Lesetandem lesen" (per Code m69xm3 unter Lehrwerk-Online, www.klett.de)

Differenzierung

Fördern:
- Aufg. 1: Wörter auf Kärtchen in einer Box anbieten, nur den Vokal verdecken
  - Kind zieht Karte und liest vor, legt Karte verdeckt auf den Tisch
  - wenn alle Karten gelesen, immer eine Karte umdrehen und vorlesen
  - nach und nach Tempo steigern
- Aufg. 2: nur die erste Strophe lesen üben
  - Lesetempo von Mal zu Mal steigern
  - im Tandem mit Trainer üben
- Aufg. 3: Sätze auf Satzstreifen, diese dann auseinanderschneiden
  - vertauschte Buchstaben markieren
  - ggf. Satz auf Karte richtig darunterschreiben und lesen üben
- Aufg. 2–4: mit Lernpartner arbeiten

Fordern:
- Lernpartner für leistungsschwächere Kinder sein: individuelle Lesephasen als „Helfer"-Kind beginnen
- Aufg. 1: in PA weitere mehrsilbige Wörter aus dem Schulkontext aufschreiben und Wortkarten mit Klecksen als Rätsel für Mitschüler gestalten
  - alternativ: andere Themenfelder auswählen

Lernen organisieren
Seite 30/31

Lernziele/Kompetenzen
- die Methode „Lernen organisieren" kennenlernen
- Lerninhalte zu einem Thema strukturieren und aufbereiten (Lernkarten anlegen)
- fehlende Informationen beschaffen
- verschiedene Medien nutzen
- einen Zeitplan entwerfen und einhalten
- einen Vortrag zu einem Thema vorbereiten
- Inhalte für eine Lernkontrolle nachhaltig üben
- sich mit Lernstrategien und dem eigenen Lernen auseinandersetzen (Methodenkompetenz)

Anregungen für den Unterricht
- Einstieg im Sitzkreis: als Gesprächsanlass nächste Präsentation oder Lernkontrolle in Deutsch oder einem anderen Fach wählen
  - sich allgemein austauschen über:
    Was ist wichtig, damit du gut lernen kannst?
    Was brauchst du zur Vorbereitung?
    Welche Lernstrategien kennst du?
    Wie lernst du am besten?
- Methodenerarbeitung „Lernen organisieren": Arbeitsschritte anhand der Bilder nachvollziehen
  - Bild 1: ein Thema auswählen, zu dem man den Lernstoff wiederholen und üben will; alternativ eine Lernkarte zum Üben schreiben
  - Bild 2: die Unterlagen, Arbeitsblätter, Mitschriften, eigenen Aufzeichnungen ordnen, auf Vollständigkeit achten
    Hinweis: Hier hilft eine Übersicht über die verschiedenen Aufgabenschwerpunkte/Arbeitsblätter oder eine Checkliste, die durch die L erstellt wurde. Eventuell wurde auch bereits eine Übersicht im Verlauf der Einheit von den Kindern erstellt.
    Die Kinder sollen die Unterlagen auf Lücken überprüfen, die eventuell durch Krankheit oder Zeitmangel entstanden sind. Oft fehlt auch das ein oder andere Arbeitsblatt, das nicht abgeheftet wurde. Die Kinder können die L um eine weitere Kopie bitten.
  - Bild 3: Wissen einholen durch verschiedene Möglichkeiten bzw. über verschiedene Medien (Mediennutzung), Bild genau betrachten, Möglichkeiten auf dem Bild finden und aufzählen lassen
  - Bild 4: eine Methode zum Lernen auswählen
    Hinweis: Hier wird die Methode „Lernkarte" angeleitet, mit der die Kinder auf dieser Seite arbeiten sollen. Auf Seite 31 werden die verschiedenen Methoden noch einmal wiederholt.
  - Bild 5: einen Zeitplan anfertigen
    Hinweis: Es ist hilfreich, hier eine Vorlage auszuteilen, auf der die Woche in Tage und Zeitfenster gegliedert ist. Die Kinder können Schulzeiten und private Termine eintragen und erkennen dann, welche Zeitfenster noch frei sind. An dieser Stelle bietet sich ein Gespräch über effektive Lernzeiten in Verbindung mit Tageszeiten an.
  - Methodenübersicht besprechen: auf Vorwissen der Kinder zu „Mindmap", „Plakat" und „Stichwortzettel" zurückgreifen
    Hinweis: Nun werden die weiteren Methoden noch einmal vorgestellt. Hier ist es wichtig, Methoden auf Eignung in Verbindung mit Thema und Aufgabestellung zu überprüfen. Nicht jede Methode eignet sich für jedes Thema oder jede Aufgabe. Auch ein Gespräch über verschiedene Lerntypen und eine passende Lernumgebung kann in diesem Zusammenhang stattfinden.

Differenzierung
Fördern:
- Texte mit drei bis fünf Fakten in einfacher Sprache anbieten
- Lieblingstiere oder Lieblingsthemen herausfinden
- Textauswahl steuern oder erst einmal vorgeben
- Inhalte auf Mindestanforderungen reduzieren
- mit Lernpartner arbeiten

Ich wähle ein Thema aus.

Ich ordne meine Unterlagen
– Was weiß ich schon?
– Was habe ich noch nicht verstanden?

Ich beschaffe mir fehlende Informationen.

Ich wähle eine Methode aus, mit der ich lernen möchte.
Ich schreibe Schlüsselwörter auf Lernkarten.

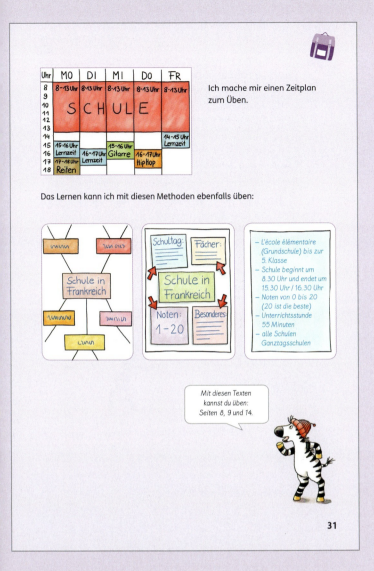

Fordern:

- zusätzliche Informationen zum gewählten Thema recherchieren lassen
- zu einem Lieblingsthema eine Präsentation vorbereiten
- als Lernberater leistungsschwächeren Kindern zur Seite stehen: bei der Auswahl und Umsetzung der Methode Hilfestellung geben
- eine Mappe oder ein kleines Buch zum gewählten Thema erstellen

Ideen für die Weiterarbeit

- fächerübergreifend:
  Methode auch in anderen Fächern anwenden
- Unterrichtsstunden zum Thema „Lernen lernen" fest im Schulalltag integrieren
- Portfolioarbeit anregen oder an einem Beispiel ausprobieren
- Mappenführung anleiten

Verweise

- Lesebuch 4: S. 8, 9, 13
- Zebra-Erklärfilm „Lernen organisieren"
  (per Code unter Lehrwerk-Online, www.klett.de)
- AH Lesen/Schreiben 4: S. 6, 7, 15

Seite 5

Lernziele/Kompetenzen

- sich mit der Herkunft der Schrift auseinandersetzen
- sich ein Zeichensystem erschließen (Runen)
- einen Vergleich zwischen unserem Alphabet und früheren Schriftzeichen anstellen
- Schriftzeichen decodieren
- neue Wörter mit unterschiedlichen Runen bilden
- eigene Schriftzeichen finden

Anregungen für den Unterricht

- Einstieg mit Rätsel: L schreibt Wort in Runen an die Tafel
  - Rätsel in EA oder GA lösen
  - alternativ: Rätsel auf kleinem Papierstreifen ausgeben
- Vorbereitung Aufg. 1: L schreibt Lösungswort des Einstiegs in lat. Druckbuchstaben darunter
  - Impulsfrage: *Was fällt dir auf?*
  - Erkenntnis: *Teile der Runen sehen ähnlich wie die heutigen Buchstaben aus.*
- Aufg. 1: in PA möglich
  Hinweis: Manche Buchstaben haben viel Ähnlichkeit zu unserem Alphabet, aber es sind nicht für alle Buchstaben Runen vorhanden.
- Vorbereitung Aufg. 2: ein Beispiel gemeinsam erarbeiten
  - Vorgang verbalisieren: *Vergleiche die Runen mit der Tabelle aus Aufgabe 1 und schreibe das Wort Buchstabe für Buchstabe in unserem Alphabet auf.*
- Aufg. 3: eigenständige Bearbeitung
  - in PA oder im Plenum: Ergebnisse vergleichen
- Aufg. 4: eigene Botschaft in Runenschrift schreiben
  Hinweis: Hier könnte es sein, dass Kinder nach den Buchstaben fragen, die in der Tabelle fehlen. Man kann sie dazu ermuntern, sich eigene Runen auszudenken und eine Zusatztabelle zu erstellen, damit der Leser die Botschaft übersetzen kann.

Differenzierung

Fördern:

- Aufg. 1: Übersicht mit lat. Alphabet zum Abgleich bereithalten, Runen jeweils unter lat. Entsprechung anbieten
  - Lücken zeigen: *Welche Runen fehlen?*
- Aufg. 2: Übersicht zu lat. Alphabet – Runen bereithalten
- Aufg. 3: ggf. nur zwei einfache Wörter vorgeben, z. B.: *Dose, Heft*
- Aufg. 4: statt Botschaft eigenen Namen oder Name von Haustier oder Großeltern schreiben
  - für ggf. fehlende Buchstaben Zeichen gemeinsam mit L/Lernpartner erfinden

Fordern:

- Aufg. 1: fehlende Buchstaben herausfiltern, eigene Zeichen erfinden
  - Tabelle als Legende für neue Zeichen anlegen
- Aufg. 2–3 in PA: weitere Schulsachen in Runenschrift aufschreiben, Partner decodiert
- Aufg. 4: Wunschzettel oder Rätsel in Runen schreiben
  - Tabelle als Übersetzungshilfe für die Empfänger der Botschaften abzeichnen

Ideen für die Weiterarbeit

- KV 76 bearbeiten: eigene Initialen gestalten
- Kunst:
  Runen oder andere Schriftzeichen kreativ gestalten

Verweise

- Lesebuch 4, S. 6/7
- KV 76 (Buchstaben früher; veränderbar)
- Meine Anoki-Übungshefte, Lesen 4, S. 56/57

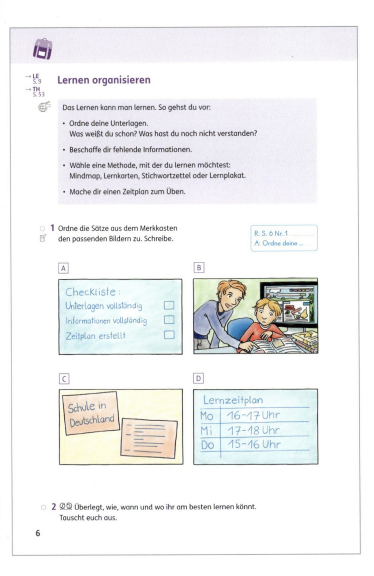

Seite 6

Lernziele/Kompetenzen

- die Methode „Lernen organisieren" kennenlernen (Unterlagen zu einem Thema sichten und ordnen können; Vorwissen, Gelerntes und fehlendes Wissen abgleichen; fehlende Informationen beschaffen; Lernmethoden kennen und auswählen; einen Zeitplan erstellen und einhalten)
- sich über selbstständiges Lernen austauschen

Anregungen für den Unterricht

- Einstieg mit Hausaufgabeneintrag an der Tafel (stummem Impuls):
Sachunterricht: Arbeit Thema Wasser nächsten Freitag
  - Murmelphase mit Arbeitsauftrag: *Überlegt euch mit eurem Partner, wie ihr euch am besten auf die Arbeit vorbereiten könnt.*
  - im Plenum: Ideen sammeln und vergleichen
- Vorbereitung Aufg. 1: Methodenkasten im Plenum besprechen, Kind liest vor, Bedeutung klären, z. B.: „Ordne deine Unterlagen." – *Was bedeutet das?*
  - auf Ordnungsmöglichkeiten eingehen (Arbeitsblätter ordnen, Mitschriften zuordnen, fehlende Aufgaben/Arbeitsblätter organisieren, nach Themen ordnen usw.)
- Vorbereitung Aufg. 1: im Plenum Bilder betrachten und besprechen
  - Bild A: Checkliste erstellen; Methodenkasten gibt die Punkte der Checkliste vor
  - Bild B: sich fehlendes Wissen durch Nachfragen, über Bücher und das Internet besorgen; Bild genau betrachten auf Einzelheiten achten
  - Bild C: Methode „Lernkarte" besprechen; ggf. weitere bekannte Methoden sammeln (Mindmap, Plakat, Stichwortzettel) und Frage *Welche Methode würdest du wählen?* beantworten
  - Bild D: Zeitplan besprechen (*Wie würde dein Zeitplan aussehen? Welche Termine in der Woche musst du berücksichtigen?*); Gespräch über Wochenablauf und Lernzeiten führen
- Aufg. 1: nach Vorentlastung eigenständige Bearbeitung
- Nachbereitung Aufg. 2: Gesprächsrunde im Plenum, ggf. Ideen zu „Lernen organisieren" nach „Wie", „Wann" und „Wo" geordnet sammeln
- zur Festigung und weiteren Übung Aufgaben im Trainingsheft auf S. 53 durchführen

Differenzierung

Fördern:

- Vorbereitung Aufg. 1: Methodenkasten im Lesetandem lesen, mit „Trainer" Fragen klären
  - Satzstreifen vorbereiten, Methodenkasten mit Satzstreifen legen lassen, aufkleben
- Aufg. 1: Satzstreifen zu den Bildern legen lassen, Partner oder L überprüft, dann aufkleben

Fordern:

- Aufg. 1: Checkliste für die nächste Arbeit erstellen
- Aufg. 2: persönliche Wochenübersicht erstellen, um Zeitfenster für Lernzeiten zu definieren

Ideen für die Weiterarbeit

- Wochenübersicht mit Zeitfenstern erstellen, Kinder tragen ihre festen Termine ein
- allgemeine Vorlage „Checkliste" am Computer erstellen
- Tabelle mit Kompetenzen zum Ankreuzen erstellen (Was kann ich schon? Was muss ich noch üben?), beispielhaft an einem Thema erklären

Verweise

- Lesebuch 4: S. 8, 9, 30/31
- Zebra 4 Trainingsheft, S. 53
- Zebra-Erklärfilm „Lernen organisieren" (per Code unter Lehrwerk-Online, www.klett.de)

Seite 7

Lernziele/Kompetenzen
- Gliederung eines Lernstoffes in Unterthemen kennenlernen
- Lernkarten anlegen
- Schlüsselwörter erkennen und herausschreiben
- Lerninhalt mithilfe von Schlüsselwörtern wiedergeben
- Lerninhalte durch Wiederholung trainieren

Anregungen für den Unterricht
- Einstieg an der Tafel oder am Smartboard: Wortkarten mit drei Unterthemen, z. B. zum Thema „Pflanzen" (Bäume, Gräser, Blumen) vorgeben
  - dazu jeweils fünf Karten mit passenden Stichpunkten bereithalten, z. B. zu Eigenschaften Bäume, Eigenschaften Gräser, Eigenschaften Blumen (eindeutig zuzuordnen)
  - Kinder ordnen Stichpunkte den Unterthemen zu
  - anschließend Methodenkasten gemeinsam besprechen
- Vorbereitung Aufg. 1: ein Beispiel vom Einstieg auswählen und mithilfe des Methodenkastens eine Karte erstellen (Unterthemen und Stichpunkte werden abgeschrieben)
- Aufg. 1: im Plenum oder in PA lesen
- Vorbereitung Aufg. 2: ggf. Begriff „Schlüsselwörter" wiederholen und anhand eines Beispiels erklären
- Aufg. 2–3: eigenständige Bearbeitung (Text lesen, Schlüsselwörter zum Thema finden, Schlüsselwörter auf die Rückseite der Lernkarte schreiben)
- im Plenum: Ergebnisse vergleichen
  Hinweis: Es ist wichtig, dass jedes Schlüsselwort eine eigene Linie bekommt und die Wörter untereinanderstehen wie eine Liste, damit es übersichtlich bleibt und schnell zu erfassen ist.

Differenzierung
Fördern:
- Einstieg: Methodenkasten im Lesetandem lesen, unbekannte Wörter klären
  - Satzstreifen vorbereiten, Methodenkasten mit Satzstreifen legen lassen, aufkleben
- Aufg. 1: Text im Lesetandem lesen
- Aufg. 2: verkürzen, nur die ersten drei Spiegelstriche bearbeiten, Fragen vorgeben:
  Wie lange dauert die Grundschulzeit?
  Wann beginnt der Schultag und wann endet er?
  Welche Noten bekommen die Kinder?
- Aufg. 3: Schlüsselwörter auf den ersten Absatz beschränken

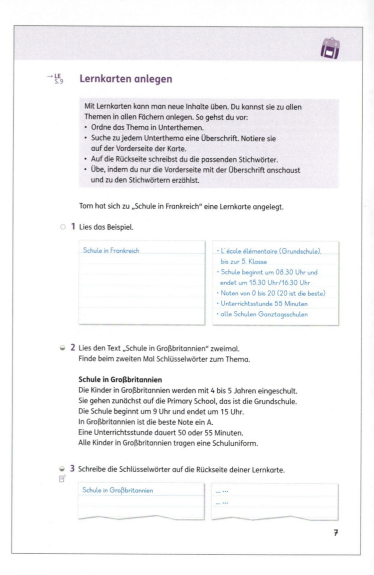

Fordern:
- eigenes Thema und Unterthemen dazu finden, Lernkarte mithilfe des Methodenkastens dazu erstellen
- Vortrag mithilfe der Lernkarte halten

Ideen für die Weiterarbeit
- KV 77 zur Erstellung von Lernkarten nutzen
- fächerübergreifend:
  Themensammlungen erstellen, Oberbegriffe in Mindmaps festhalten, Lernkarten in GA oder PA erstellen
- Kartei mit Lernkarten anlegen
- Präsentationszeit (z. B. eine Stunde im Monat) mit selbstgewählten Themen der Kinder einplanen und vorbereiten

Verweise
- Lesebuch 4: S. 8, 9, 30/31
- KV 77 (Lernkarten anlegen; veränderbar)

→ LE S.11 **Fragen zu einem Text beantworten**

○ **1** Lies den Text.

Die Klasse 4d – verrückte Einfälle!

„Ein verrückter Haufen seid ihr!" So bezeichnete der Klassenlehrer Herr Willie seine Klasse 4d. Einmal war Herr Willie zu spät zum Unterricht erschienen. Zur Strafe musste er im Krokodilskostüm Hofaufsicht führen.
Ein anderes Mal verkleidete sich die ganze Klasse als Clowns und fuhr so zu einem Ausflug. Die anderen Leute staunten nicht schlecht.

Für das Sportfest hatte sich die Klasse etwas ganz Besonderes überlegt. Die Schule veranstaltete ein „Lauffest" für einen guten Zweck. Jedes Kind suchte sich Sponsoren, die für jede gelaufene Runde der Kinder einen Betrag spendeten. Sie fragten ihre Eltern, Großeltern, Nachbarn und Freunde. Die Lehrer hatten sich als Streckenposten oder Rundenzähler eingetragen. Aber die 4d hatte andere Pläne. Unter dem Motto „Herr Willie – ein Frosch muss hüpfen" zogen sie los und suchten Sponsoren für ihren Klassenlehrer. Herr Willie musste dann im Froschkostüm seine Runden laufen. Das fanden viele so lustig, dass sie gerne etwas spendeten.
Die Verkäuferin aus der Bäckerei nebenan zahlte sogar 2 Euro für jede Runde!

Und so stellten sie ihn am Tag des Sportfestes vor vollendete Tatsachen. Die Sache mit dem Kostüm war beschlossen.
Er hatte keine Wahl.
Herr Willie schlüpfte in das Kostüm und hüpfte los. Was für ein Spaß! Die anderen Runden durfte er laufen, damit ordentlich Geld zusammenkam.
Am Ende fiel er erschöpft auf den Rasen, aber er hatte 250 Euro erlaufen!
Seine Klasse war sehr stolz auf ihn!

8

Seite 8/9

Lernziele/Kompetenzen

- einen Text sinnentnehmend und genau lesen
- gezielt Informationen in einem Text finden
- Fragen mithilfe des Textes oder über Wissenstransfer schriftlich beantworten
- die Bedeutung von Redewendungen erklären
- über soziale Projekte nachdenken

Anregungen für den Unterricht

- Einstieg: im Sitzkreis Vorschläge sammeln für soziale Projekte (*Wer braucht Hilfe? Was können wir dafür tun?*)
  - Vorschläge auf einem Plakat festhalten
  - alternativ: Bild anschauen und Überschrift lesen; Vermutungen zum Text anstellen
- Aufg. 1: Text ggf. mehrfach lesen
  Hinweis: Hier bieten sich verschiedene Methoden an: im Klassenverband, als Tandemlesen, als Stopp-Lesen oder als Würfellesen (Würfel mit verschiedenen Personalpronomen bekleben, je nach gewürfeltem „Auge" liest der Spieler selbst [*ich*] [*ich*], bestimmt jemanden [*du/er/sie/ihr*] oder es lesen alle gemeinsam [*wir*]).
- Aufg. 2, 5: Antwort im Text suchen, mündlich beantworten
- Aufg. 4: mündlich in PA bearbeiten
  - ziel- bzw. weiterführende Fragen: *Was ist ein Lauffest? Wie könnte das funktionieren? Was ist dabei der „gute Zweck"? Wer legt fest, für welchen „guten Zweck" die Kinder laufen? Kennt ihr Menschen oder Projekte, die man durch einen Spendenlauf unterstützen kann? Welche „guten Zwecke" fallen euch noch ein?*
  - Antworten nach Arbeitsphase im Plenum besprechen
  - ggf. Wendung *für einen guten Zweck* auf Einstiegsplakat ergänzen
- Aufg. 4: Antwort im Text suchen und aufschreiben
- Aufg. 6: Antworten im Text suchen und aufschreiben
- Aufg. 7: ggf. vorbesprechen und Antwort vorformulieren

Differenzierung

Fördern:

- Aufg. 1: geeignete Lesemethode für schwache Leser auswählen
  - starke Leser unterstützen schwächere Leser
  - Text in Lesekonferenz lesen (ggf. Methode „Lesekonferenz" wiederholen, vgl. LHB 3, S. 228/229)
- Aufg. 2: auf Suche im ersten Abschnitt hinweisen
- Aufg. 4, 7: erst einmal zurückstellen
  - anschließend im Klassenband Redewendungen erläutern
- Aufg. 4: Antwortmöglichkeiten auf Satzstreifen vorgeben (Auswahlübung)
  - richtige Antwort abschreiben
- KV 78/1 verändern: Text kürzen, Textende bei: *Anfang Oktober war es dann soweit.*
- KV 78/5 verändern: *In welchem Monat fand der Flohmarkt statt?*
- KV 78/6–7 verändern: *Male auf, was du von deinen Sachen auf dem Flohmarkt verkaufen würdest.*

Fordern:

- Plakat in der Kinderkonferenz/im Schulparlament vorstellen
  Hinweis: Bei einer Kinderkonferenz oder in einem Schulparlament kommen alle Klassensprecher regelmäßig zusammen und sammeln Ideen für die Schulentwicklung.
- Redewendungen sammeln und der Kl pantomimisch vorspielen
- KV 78/5 verändern: bisherige Frage 7 als Frage 5
- KV 78/6 verändern: *Recherchiere Kinderhilfsprojekte im Internet und schreibe sie auf.*
  Tipp: Gib in die Suchzeile ein: „Kinder helfen Kindern".

Ideen für die Weiterarbeit

- einen sozialen Tag planen:
  - Ideen im Klassenrat oder in der Kinderkonferenz sammeln, z. B. Flohmarkt, Spendenlauf, Kuchenverkauf
  - Ideen auf einem Plakat festhalten
  - das Plakat in der Kinderkonferenz vorstellen und sich gemeinsam für ein Projekt entscheiden
  - Eltern als Helfer mit ins Boot holen
  - Projekte auswählen, an die gespendet wird: Waisenhäuser, Kinderhospize, Bildungsprojekte o. Ä.
- fächerübergreifend/Sport:
  - ein soziales Projekt recherchieren und der Kl vorstellen
  - einen Spendenlauf organisieren und durchführen
  - dafür einen Spendenzettel vorbereiten, auf dem die Spender und die Summen eingetragen werden
- Kunst:
  Plakate basteln
- Mathematik:
  Spendenzettel auszählen/auswerten
- Web-Tipps:
  eigene Spendenaktion starten über Kindernothilfe
  www.60jahre-kindernothilfe.de
  „Aktion Kinder helfen Kindern!" – verschiedene Aktionen
  www.kinder-helfen-kindern.org
  Beispiele für Kinder, die Kindern helfen
  www.ein-herz-fuer-kinder.de/gala/kinder-helfen-kindern

Verweise

- Lesebuch 4, S. 11
- KV 78 (Fragen zu einem Text beantworten 1; veränderbar)
- Meine Anoki-Übungshefte, Lesen 4: S. 8/9, 10/11

→ LE S. 18/19 **Eine Gegenstandsbeschreibung planen**

Eine Gegenstandsbeschreibung kann dir helfen, einen verlorenen Gegenstand wiederzufinden. Gehe so vor:
- Wähle eine genaue Bezeichnung für den Gegenstand.
- Lege eine Reihenfolge für die Beschreibung fest.
- Schreibe im Präsens (Gegenwart).
- Benenne die Einzelteile mit ihren Fachbegriffen.
- Beschreibe, wo sich die Teile befinden.
- Sammle treffende Wörter zu folgenden Eigenschaften: Form, Größe, Farbe, Material und Besonderheiten.
- Formuliere sachlich.

1 Lies die Suchanzeige.

Sporttasche verloren

Ich vermisse seit Donnerstag meine Sporttasche. Sie ist rechteckig. Die Farbe ist hellblau. An jeder Seite hat sie eine Tasche mit hellblauen und dunkelblauen Streifen. Oben ist ein großer Reißverschluss. Daran hängt ein hellblauer Delfin. Der Tragegurt und die beiden Henkel sind grau. Das Polster am Gurt ist dunkelblau. Finder bitte im Schulbüro melden! Danke!
Swen

2 Decke den Text ab.
Beschreibe die Sporttasche mit eigenen Worten.

3 Suche treffende Wörter für die Tasche auf dem Bild und schreibe sie auf.

R: S. 10 Nr. 3
Form: ....
Größe: ....
Farbe: ....
Material: ....
Besonderheiten: ....

10

Seite 10

Lernziele/Kompetenzen
- einen Gegenstand genau betrachten
- Merkmale einer Gegenstandsbeschreibung kennenlernen
- Einzelheiten zu einem Gegenstand herausfinden
- einen Text planen
- einen Wortspeicher erstellen

Anregungen für den Unterricht
- Einstieg mit Spiel „Ich sehe was, was du nicht siehst, und das ist ...": L beginnt
  - anschließend das Spiel in der Kl spielen, z. B. in zwei Gruppen
  - Rätselsteller-Team macht Aussage zu Aussehen eines unbenannten Gegenstandes, z. B.: *Ich sehe was, was du nicht siehst, und das ist grün.*
  - Rateteam stellt Fragen, z. B.: *Ist es die Tafel?*
  - bei falscher Frage 1 Punkt für Rätselsteller-Team
- Vorbereitung Aufg. 1: *Hast du schon einmal etwas verloren? Wie hast du es wiedergefunden? Kennst du Suchanzeigen? Wo findest du sie?*
- Aufg. 1: Anzeige gemeinsam oder in EA lesen
  - Methodenkasten gemeinsam lesen und anhand der Anzeige besprechen
  - anschließend Merkmale der Tasche nennen (*rechteckig, hellblau*)
- Aufg. 2: mündlich in PA bearbeiten
- Aufg. 3: Merkmale aus Aufg. 1 den Oberbegriffen zuordnen und aufschreiben
  - auf Schreibblume hinweisen (orangefarbenes Blütenblatt)
  - darauf hinweisen, dass einzelne Wörter notiert werden

Differenzierung
Fördern:
- Vorbereitung Aufg. 1: verschiedene Gegenstände in Fühlbox, einen Gegenstand auswählen und beschreiben, dann herausholen und weiter beschreiben
- Aufg. 1: Text in PA lesen, unbekannte Wörter klären, Merkmale herausschreiben
  - ggf. mit Aufg. 3 zusammen bearbeiten (Farben für Oberbegriffe wählen, z. B. „Form" rot, „Größe" gelb usw.)
- Aufg. 3: Merkmale auf Wortkärtchen schreiben, ausschneiden und zuordnen
- KV 79/2 verändern: Begriffe zur Auswahl vorgeben
- KV 79/4 verändern: in PA bearbeiten

Fordern:
- Aufg. 1: eigenen Gegenstand auswählen und Suchanzeige schreiben
- Suchanzeigen aus dem Internet heraussuchen
- Wörtersammlungen zu Form, Größe, Farbe, Material erstellen und im Klassenraum aushängen

Ideen für die Weiterarbeit
- HA: Gegenstand von zu Hause mitbringen
  - L sammelt alle Gegenstände heimlich ein, damit die Kinder nicht sehen, wer welchen Gegenstand mitgebracht hat, stellt sie auf
  - Kinder beschreiben Gegenstände, Kl rät

Verweise
- Lesebuch 4, S. 18/19
- KV 79 (Eine Gegenstandsbeschreibung planen; veränderbar)
- Meine Anoki-Übungshefte, Texte schreiben 4, S. 7

Seite 11

Lernziele/Kompetenzen
- Einzelheiten eines Gegenstandes genau beschreiben
- einen Sachtext schreiben (Suchanzeige)
- Merkmale einer Beschreibung anwenden
- Teil einer Schreibhilfe anwenden (Schreibblume)
- genaue Bezeichnungen verwenden

Anregungen für den Unterricht
- Einstieg mit Spiel „Ich sehe was, was du nicht siehst, und das ist ..." (Warm-up)
  - anschließend im Sitzkreis eine Sportbeutel in der Mitte legen
  - Kinder nennen passende Wörter zu Gegenständen aus dem Beutel – Wortspeicher für Beschreibung entsteht
  - alternativ: L sucht sich einen Sportbeutel an Garderobe aus, beschreibt ihn genau
  - Kinder raten, wessen Sportbeutel es ist

  Hinweis zu Aufg. 1: Hier brauchen die Kinder ein Anschauungsobjekt. Die Kl wählt dafür einen Sportbeutel (keine Sporttasche!) eines Kindes aus, das dafür seine Zustimmung gibt.
- Vorbereitung Aufg. 1: als Hilfestellung ggf. in PA zunächst einen Wortspeicher zum Sportbeutel anlegen
  - ggf. die Reihenfolge, in der beschrieben wird, vorbesprechen
  - auf Schreibblume eingehen („Verwende treffende Adjektive und Verben.") und in Bezug zu AH-S. 11 setzen
- Aufg. 1: eigenständige Bearbeitung
  - ggf. relevante Blütenblätter der Schreibblume wiederholen
- zur Festigung und weiteren Übung Aufgaben im Trainingsheft auf S. 54 durchführen

Differenzierung

Fördern:
- Aufg. 1: passende Begriffe, notiert auf Papierstreifen, austeilen
  - Kinder tragen Begriffe in eine Übersicht wie auf AH-S. 10, Aufg. 3 ein
  - dazu eine passende Vorlage bereithalten
  - alternativ: Beschreibung auf Satzstreifen vorbereiten, inkl. unpassenden Sätzen; Kinder wählen richtige Sätze aus, schneiden sie aus und kleben sie auf (Auswahlübung)

Fordern:
- Aufg. 1: eine Suchanzeige mit der Beschreibung und einem Bild des Sportbeutels gestalten
- eine Suchanzeige für einen anderen Gegenstand schreiben

- Rätsel schreiben, z. B.: *Was ist (grün), (viereckig), (so groß wie ein Tisch), hat aber keine Beine?* – eine Tafel

Ideen für die Weiterarbeit
- Rätselheft mit den Gegenstandsbeschreibungen der Kinder erstellen
- ein „Schul-/Klassen-Fundbüro" eröffnen:
  - Kinder verfassen Suchanzeigen für vermisste Gegenstände
  - im Fundbüro aushängen
- Spiel „Tabu" spielen

Verweise
- Lesebuch 4, S. 18/19
- Zebra 4 Trainingsheft, S. 54
- Meine Anoki-Übungshefte, Texte schreiben 4: S. 64, 65

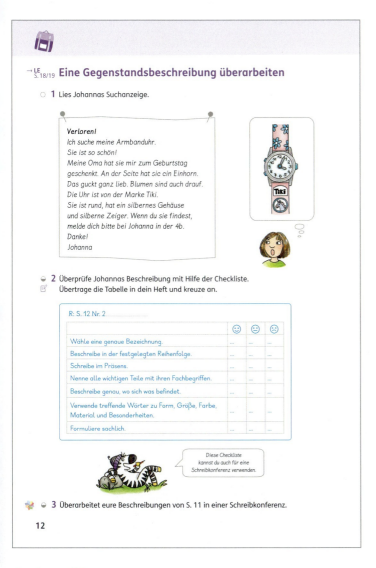

Seite 12

Lernziele/Kompetenzen

- Merkmale einer Beschreibung in fremden Texten finden
- mithilfe einer Checkliste einen Text überprüfen
- Fehlerstellen in eigenen Text finden und korrigieren
- die Methode „Eine Schreibkonferenz durchführen" anwenden

Anregungen für den Unterricht

- Einstieg mit Handpuppe Franz, L leitet ein mit:
  Franz hat seine Rollschuhe an der Rollschuhbahn stehen lassen. Jetzt hat er eine Beschreibung geschrieben. Könnt ihr Franz helfen?
  - L oder Kind liest fehlerbehaftete Beschreibung vor
  - zunächst abwarten, ob Kinder sich von alleine melden, um auf Fehler hinzuweisen
  - ansonsten Impulsfrage: *Ist die Beschreibung richtig?*
- Aufg. 1: Suchanzeige in EA oder PA lesen, Bild genau betrachten
  - anschließend eigenständige Bearbeitung
  Hinweis: Man kann nach der Lesezeit noch einmal die Merkmale einer Beschreibung wiederholen lassen oder direkt zu Aufg. 2 übergehen.
- Aufg. 2: in EA bearbeiten
  - in PA oder im Plenum: Ergebnisse vergleichen
  Hinweis zu Aufg. 3: Die Sätze aus der Checkliste können jeweils in der Gruppe aufgeteilt werden. Jeder achtet nur speziell auf seine Punkte.

Differenzierung

Fördern:

- Aufg. 1: im Lesetandem oder in Gruppe lesen
  - Uhr mit eigenen Worten beschreiben
  - Vorlage erstellen mit Übersicht wie AH-S. 10, Aufg. 3; Wörter im Text finden und zuordnen
- Aufg. 2: Punkte auf der Checkliste jeweils auf eine Karte schreiben
  - Teile einer Uhr genau benennen, dafür Bild einer Kinderuhr auf DIN-A4-Blatt bereithalten, Kinder beschriften Einzelteile
  - L: *Diese Teile musst du in deiner Beschreibung beachten!*
- Vorbereitung Aufg. 3: Methode „Eine Schreibkonferenz durchführen" wiederholen (z. B. mit AH Lesen/Schreiben 3, S. 20/21, Lesebuch 3, S. 60/61 oder Zebra-Erklärfilm)
- KV 80/1–2 verändern: Text und Tabelle so reduzieren, dass Kinder nur auf drei Aspekte achten müssen, z. B.: *Verwende Fachbegriffe. Beschreibe genau. Verwende treffende Wörter.*
  - Fehlersätze im Text entsprechend reduzieren

Fordern:

- in PA: aus einer Beschreibung zu einem Gegenstand einen Fehlertext herstellen, Partner findet Fehler
- L erstellt Fehlerbeschreibung (Sachtext) mit unterschiedlichen Fehlerquellen (Zeitenwechsel, Gefühle, lückenhafte Beschreibung), Kinder finden Fehler und berichtigen sie
- KV 80/1 verändern: Fehleranzahl im Beispieltext erhöhen

Ideen für die Weiterarbeit

- Kartei mit Gegenstandsbeschreibungen erstellen
- Rätselkartei mit Rätseln zu Gegenständen erstellen

Verweise

- Lesebuch 4, S. 18/19
- KV 80 (Eine Gegenstandsbeschreibung überarbeiten; veränderbar)

Seite 13

Lernziele/Kompetenzen
- Sätze sinnentnehmend lesen
- Zuordnung von Text zu Bild erkennen (Hinweise zu Personen erkennen, kombinieren und verknüpfen)
- gezielt Informationen aus Sätzen entnehmen
- direkte und indirekte Informationen erkennen
- systematisches Vorgehen trainieren
- logische Schlussfolgerungen ziehen

Anregungen für den Unterricht
- Einstieg mit der AH-Seite: zunächst nur Bild betrachten
  - L: *Wo befinden sich überall Türen? Was kann sich hinter ihnen verbergen?/Wohin führen sie?*
  - Gespräch über Klassenreise und Zimmereinteilung führen: *Wie kann man Zimmer auf Klassenreisen so belegen, dass alle zufrieden sind?*
- Aufg. 1: Text mehrfach lesen
  - erst in EA still lesen, dann Stopp-Lesen, dann chorisch lesen
  - alternativ: Text mehrfach lesen mit verschiedenen Methoden, z. B. im Lesetandem, Würfellesen, still lesen, einem Partner vorlesen
- Aufg. 2: Text Satz für Satz in EA oder PA lesen, auch abwechselnd lesen
  Hinweis: Nach jedem Satz müssen die Kinder entscheiden, ob sie die Information zu diesem Zeitpunkt verwenden können oder nicht. Wenn nicht, wird der nächste Satz gelesen. Die Kinder sollten auch auf versteckte Hinweise achten.
  Hinweis zu Aufg. 3: Nachdem alle Hinweise verwertet und die Namen auf den Türen eingetragen wurden, bleibt auf der Tür ganz rechts eine Linie frei.
- zur Festigung und weiteren Übung Aufgaben im Trainingsheft auf S. 55 durchführen

Differenzierung

Fördern:
- Aufg. 1: Text in PA lesen, ggf. unbekannte Wörter klären (*Aquarium, Doppelstockbett*)
- Aufg. 2: Sätze auf Streifen vorgeben
  - Satzstreifen in eine Taschentuch-Box (eine Box pro Kind)
  - Kind zieht Streifen, liest und entscheidet, ob die Information verwertbar ist
  - wenn ja: Info richtig zuordnen
  - wenn nicht: Streifen zurücklegen

Fordern:
- eigenes Logical für die Kl erstellen
  „Logical des Tages": Logicals auf Kinderseiten im Internet heraussuchen und für die Kl eine Woche lang vorbereiten

Ideen für die Weiterarbeit
- fächerübergreifend:
  Logicals am Computer lösen
  Logicals in Fächern wie Mathematik anwenden
- Web-Tipp:
  Logik-Rätsel für Kinder
  www.kinder-malvorlagen.com

Verweise
- Lesebuch 4, S. 20/21
- Zebra 4 Trainingsheft, S. 55
- Zebra 4 Forderblock, S. 12
- Meine Anoki-Übungshefte, Lesen 4, S. 4/5

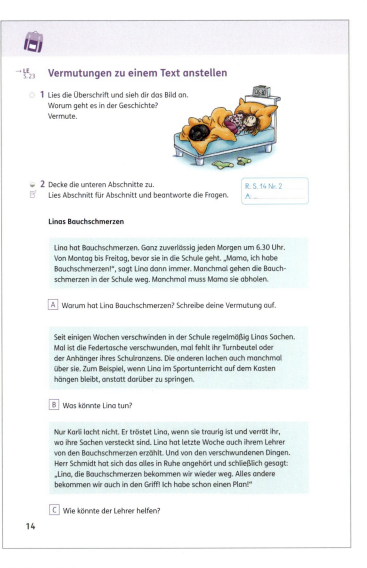

Seite 14

Lernziele/Kompetenzen

- die Methode (Lesestrategie) „Vermutungen zu einem Text anstellen" wiederholen und anwenden
- ein Bild genau betrachten, Einzelheiten feststellen
- anhand der Überschrift und Bilder eines Textes Vermutungen zum Inhalt anstellen
- einen Text sinnentnehmend lesen
- die eigenen Vermutungen überprüfen
- einen Text weiterdenken

Anregungen für den Unterricht

- Einstieg durch Bildimpuls: L zeigt Bild einer Geschichte an der Tafel oder im Sitzkreis
  - L: *Dieses Bild gehört zu einer Geschichte. Um was könnte es in der Geschichte gehen?*
  - Vermutungen sammeln
  - anschließend Vermutungen mithilfe der Geschichte überprüfen
  - ggf. die Methode „Vermutungen zu einem Text anstellen" wiederholen (vgl. AH Lesen/Schreiben 3, S. 8)

Hinweis: Vor der Bearbeitung der Aufg. 1 kann die AH-Seite mit einem Blatt abgedeckt werden, obwohl erst in Aufg. 2 dazu aufgefordert wird. Dann lässt die L die Kinder so weit aufdecken, dass Aufgaben, Bild und Überschrift zu sehen sind.

- Aufg. 1: in PA oder GA Vermutungen zu Bild und Überschrift anstellen
  - anschließend Austausch im Plenum
- Aufg. 2: in EA bearbeiten

Hinweis: Die Vermutungen müssen nicht richtig sein, sie können auch ganz anders sein als der weitere Verlauf der Geschichte.

Wichtig: Der Text muss Schritt für Schritt aufgedeckt und die Aufgabe entsprechend bearbeitet werden, damit es überhaupt möglich wird, Vermutungen anzustellen.

- im Anschluss an EA letzte Frage ggf. im Plenum besprechen: Ideen zur Problemlösung sammeln

Differenzierung

Fördern:

- Aufg. 1: gezielte Fragen zum Bild stellen:
  Welche Personen siehst du? Was machen sie? Wie fühlen sie sich? Welche Tageszeit ist es? Entdeckst du Wörter aus der Überschrift im Bild?
- Aufg. 2: Textabschnitte im Lesetandem lesen, mündlich vermuten, Partner notiert Vermutungen
- KV 81/1–2 verändern: Vermutungen als Auswahlaufgaben zum Ankreuzen anbieten

Fordern:

- Aufg. 1: Begründungen für die eigenen Vermutungen aufschreiben
- sich zu einem Bild und einer Überschrift eine eigene Geschichte schreiben

Ideen für die Weiterarbeit

- sich zum Thema „Mobbing" austauschen, ggf. im Klassenrat thematisieren
- Hilfsangebote besprechen
- Plakat mit Hilfsangeboten erstellen:
  „Was ich machen kann, wenn es mir nicht gut geht"
  „Was ich machen kann, wenn ich Angst habe"
- Literatur-Tipp:
  Jan De Kinder: Tomatenrot oder Mobben macht traurig.
  ISBN: 9783715206790

Verweise

- Lesebuch 4, S. 22–27
- KV 81 (Vermutungen zu einem Text anstellen; veränderbar)
- Meine Anoki-Übungshefte, Lesen 4: S. 12/13, 14/15

Seite 15

Lernziele/Kompetenzen
- individuelle Kenntnisse und Kompetenzen an bereits erarbeiteten Aufgabenstellungen anwenden
- eine Lernkarte mit Schlüsselwörtern anhand eines Textes erstellen
- Merkmale einer Gegenstandsbeschreibung kennen und mithilfe einer Checkliste an einem Text überprüfen

Anregungen für den Unterricht
- Einstieg: L erklärt Inhalt und Zweck der „Das-kann-ich-schon-Seite"
  Hinweis: Die Kinder dürfen zeigen, was sie alles können und welche Kompetenzen sie erworben haben. Es geht nicht um eine Leistungsmessung im strengen Sinne.
- gemeinsam Aufgabenformate besprechen und ggf. inhaltliche Fragen klären:
  – Aufg. 1: Lernkarte schreiben
  – Aufg. 2: Suchanzeige lesen
  – Aufg. 3: Suchanzeige mithilfe der Checkliste überprüfen und überarbeiten
- Aufg. 1–3: eigenständige Bearbeitung
- ggf. Reflexion im Plenum: *Welche Aufgabe fiel euch besonders leicht? Bei welcher Aufgabe gab es Schwierigkeiten?*
- Weiterarbeit mit ausgefüllten Seiten erklären:
  – ggf. nutzen für Lerngespräche
  – Sammlung in eigenem Portfolio
  – Selbsteinschätzung der Kinder
- zur Festigung und weiteren Übung Aufgaben im Trainingsheft auf S. 56 durchführen

Differenzierung
Fördern:
- Aufg. 1: auf Methodenkasten AH-S. 7 hinweisen
  – zusätzlichen Zwischenschritt einbauen: *Suche Schlüsselwörter im Text und schreibe sie heraus.*

Fordern:
- selbsttätiges Erarbeiten der Seite zu einem festgesetzten und individuellen Zeitpunkt (*„Wenn du die Seiten in diesem Kapitel bearbeitet hast, dann versuche die „Das-kann-ich-schon"-Seite.")*
- Kontrolle der Ergebnisse in PA durch Vergleiche
- Lernpartner für leistungsschwächere Kinder sein: vorlesen, „Trainer" im Lesetandem sein, bei der Kontrolle der Ergebnisse helfen

Ideen für die Weiterarbeit
- „Das-kann-ich-schon"-Seiten zur Auswertung des individuellen Lernstandes nutzen

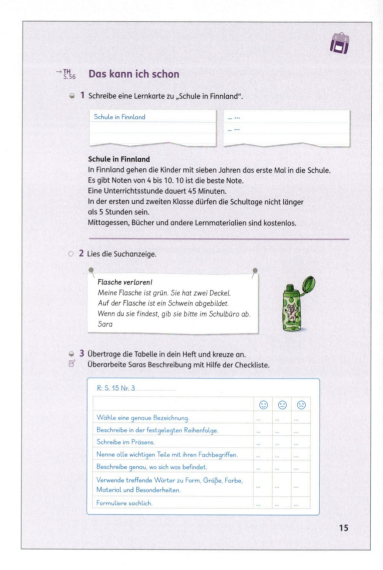

- Kompetenzraster zur Seite erstellen: Kinder schätzen parallel zur „Das-kann-ich-schon"-Seite ein, welche Kompetenzen sie neu erworben haben
- „Das-kann-ich-schon"-Seiten von Eltern zur Kenntnisnahme gegenzeichnen lassen
- als Dokumentation in einem Portfolio sammeln
- zur Unterstützung in Lernentwicklungsgesprächen nutzen
  Hinweis: Bei der Dokumentation sowie bei Lern- oder Elterngesprächen sollten die Hilfen, die Kindern ggf. gegeben wurden, klar und deutlich dokumentiert und benannt werden, da sonst der wirkliche Lernstand im Vergleich zu anderen nicht mehr ablesbar ist und falsche Eindrücke entstehen können.

Verweise
- Lesebuch 4: S. 8/9, 18/19, 28/29, 30/31
- Zebra 4 Trainingsheft, S. 56
- Meine Anoki-Übungshefte, Lesen 4

Hand aufs Herz

Das zweite Kapitel stellt das Kind selbst in den Mittelpunkt, besonders in Hinsicht auf seine enge Beziehung zu Freunden und Familie. Dabei geht es weniger um Beziehungsstrukturen, sondern vielmehr um die Gefühlswelt des Kindes. So werden die Themen Verliebtsein, Angst, Mut, schlechte Laune, Glück und Trauer behandelt. Nicht zuletzt wird auch die Bedeutung von Sport und Erholung für die Gesundheit thematisiert.

Kindern dieser Altersstufe wird zunehmend bewusst, dass sie als Mitglied einer Gruppe ihre Meinung äußern dürfen, sogar sollen. Sie erfahren, dass ihre Argumente berücksichtigt werden, wenn sie sachlich und begründet vorgetragen werden. Deshalb wird in diesem Kapitel die Methode „Sich eine Meinung bilden und sie vertreten" eingeführt.

Seite 32/33

Lernziele/Kompetenzen

- sich an Gesprächen beteiligen, Meinungen äußern und gelten lassen
- sich in die Situation der auf den Fotos dargestellten Personen hineinversetzen, sie deuten und verstehen
- einen Text sinnentnehmend lesen (Gedicht)
- Inhalte zuhörend verstehen
- lebendige Vorstellung beim Hören von Texten entwickeln
- Wort-Bild-Zuordnungen treffen
- zu einem Bild (Foto) schreiben
- Sprachbildung:
  – Nomen mit passendem Artikel verwenden
  – Verben passend und in der richtigen Form verwenden
  – Adjektive inhaltlich und in der richtigen Form anwenden
  – Wortschatz mithilfe der Wörtersonne erweitern

Anregungen für den Unterricht

- Einstieg: ein Foto beschreiben (Spiel)
  – eine Sammlung verschiedener Fotos mit Porträts bereithalten, ausbreiten oder an die Tafel hängen
  – Kinder wählen still ein Foto aus
  – Gesichtsausdruck/Aussehen beschreiben, Kl findet das passende Foto
  – eine Begründung zu einem Gesichtsausdruck (Foto) finden/vermuten
- Auftaktdoppelseite bearbeiten:
  – vor dem Hörtext alle Szenen (Fotos) auf einmal oder einzeln gemeinsam betrachten
  – Szenen kurz verbalisieren (*Was/Wer ist auf den Fotos zu sehen? Wie fühlen sich die Kinder?*); dabei die Begriffe der Wörtersonne verwenden

– Gedicht lesen und zu Bildern (Fotos) in Beziehung setzen
– Gedicht analysieren, dabei auf Wendung *mit jemandem über das Wasser gehen* eingehen; Bedeutung der letzten Zeile besprechen
– Hörtext ankündigen, Erwartungen der Kinder einholen und sammeln
– Hörtext ggf. mehrfach anhören
– nach dem Hörtext die Aufgaben der Zebra-Werkstatt lösen

Hörtext: Lachen und glücklich sein

Heute sind mein Freund Liban und ich glücklich, denn wir haben schulfrei. Deshalb bin ich bei ihm eingeladen.
Seine Eltern kommen aus Somalia in Afrika. Und Libans Mama kocht heute für uns Sabaayd. Das ist ein somalischer Eintopf mit Brot. Lecker!
Mein Name ist Miu. Meine Eltern sind aus Asien nach Deutschland gekommen. Ich freue mich auf heute Nachmittag. Da werde ich in meinem Buch weiterlesen.
Das ist besonders spannend.
Meine Freundin Lia und ich haben gerade einen lustigen Film gesehen. Nun fahren wir zusammen zu Lias Oma. Sie wohnt in der Nachbarstadt. Wir fahren zum ersten Mal alleine mit dem Bus. Das wird bestimmt lustig.
Ich heiße Ben. Heute ist mein Bruder bei seinem Freund. Das ist gut, denn ich bastele gerade ein Geburtstagsgeschenk für

Mit dir

Mit dir würde ich
über das Wasser gehen,
wenn du mir die Hand gibst
und sagst: Komm!
Mit dir würde ich
über das Wasser gehen,
nach Amerika oder Indien,
zu Fuß
über das Wasser, und ich glaube,
wir sind schon unterwegs –

Friedl Hofbauer

33

ihn. Und deshalb bin ich froh, meine Ruhe zu haben. Außerdem höre ich dann die Musik, die ich besonders mag.
Wir sechs wohnen alle in einer Straße. Wir machen viele Dinge gemeinsam. Einer von uns hat immer eine gute Idee. Manchmal erzählen wir uns auch nur lustige Dinge. Dann lachen wir, bis uns die Tränen über die Wangen laufen. Jeden Freitag gehen wir zusammen ins Schwimmbad.

Zebra-Werkstatt zur Kapitelauftaktseite

Werkstatt „ich":

Wen möchtest du gerne kennenlernen? Begründe.
(Fragestellung hier an Bildmaterial und Thema anpassen)
Kind: *Ich möchte gerne das Mädchen mit den blonden Haaren kennenlernen, weil ...*
Hinweis: Leistungsstärkere Kinder können sich in PA eine Situation zu einem Foto ausdenken und vorspielen.

Werkstatt Stift:

Schreibe zum/zu einem Bild.
Hinweis: Leistungsstärkere Kinder können sich auch schon an einem kleinen Dialog versuchen.

Werkstatt Sonne:

Schreibe die Wörtersonne in dein Heft.
Ergänze weitere Wörter zum Kapitelthema.
Hinweis: Hilfreich können hierbei Wörterbücher sein, aus denen die Kinder entsprechendes Wortmaterial heraussuchen. Auch das Durchblättern des Lesebuchkapitels ist eine mögliche Hilfestellung.

Differenzierung

Fördern:

- Text (Gedicht) im Lesetandem lesen
- weiteres Wortmaterial zur Beschreibung anbieten
- Abschnitte des Hörtextes einzeln anbieten
- KV 82/KV 83 verändern: Texte in Silbendruck anbieten
  - Text- oder Satzkomplexität oder Textumfang verringern, Fragen entsprechend kürzen
  - als Zwischenschritt Antworten im Text unterstreichen
  - Antworten zur Auswahl anbieten

Fordern:

- eine Geschichte zu einem Foto schreiben
- in PA: eigene Ideen zu einem Foto als Dialog aufschreiben und vortragen
- KV 82/2 verändern: eigene Fragen zum Text formulieren
- KV 83/2 verändern: eigene Fragen zum Text formulieren

Ideen für die Weiterarbeit

- Foto von Familie oder Freunden mitbringen, dazu erzählen, wie das Foto entstanden ist
- Kunst:
  Zeitungsausschnitte mit Porträts sammeln, Collage in GA erstellen

Verweise

- DUA: Hörtext
- KV 82–83 (Leseverständnis; veränderbar)
- Lesebuch 4, S. 213 (Lese-Rallye)

Lesetraining
Seite 58/59

Lernziele/Kompetenzen

- Wörter mit abgedecktem oberem oder unterem Bereich sinnerfassend lesen (Nebelwörter)
- Sätze mit Wörtern ohne Wortgrenzen sinnerfassend lesen (Satzschlangen)
- einen Text sinnerfassend lesen
- Reime in einem Text erkennen
- Unsinnwörter flüssig lesen
- einen Text als Gedicht betont lesen
- einen Text im Lesetandem lesen

Anregungen für den Unterricht

- **Einstieg zu S. 58:**
  - Kinder erkennen bekannte Aufgabenformate auf der AH-Seite und erklären sie
- Vorbereitung Aufg. 1: auf die Schreibweise der „Nebelwörter" zu Beginn als Hilfe bei der Lösung der Aufgaben hinweisen (nur der obere oder untere Teil des Wortes ist erkennbar)
  - darauf hinweisen, dass Nomen und Adjektive (bzw. Verben) geordnet sind
- Aufg. 1: erst alleine still lesen, dann in PA oder GA
  - ggf. am nächsten Tag wiederholen, um Lesegeläufigkeit zu verbessern
  - in PA oder mithilfe eines Lösungsblattes Ergebnisse vergleichen
- Aufg. 2: erst allein still, dann in PA abwechselnd lesen.
  Hinweis: Ganz leistungsschwachen Kindern können Kopien zum Einzeichnen von Wortgrenzen gegeben werden.

- **Einstieg zu S. 59:**
  - zur Einstimmung „Unsinnwörter" an Tafel vorgeben, gleichzeitig ungeordnet die richtigen Wörter
  - verbinden lassen, z. B.: *Drotbose – Brotdose; Fasserwarbe – Wasserfarbe; Treibschisch – Schreibtisch*
  - Austausch der Buchstaben thematisieren
- Vorbereitung Aufg. 3 mit Impuls: *Wieso soll der Text als Gedicht gelesen werden, wenn er doch gar nicht wie ein Gedicht aussieht?*
  - auf Besonderheiten eingehen: Reime, Betonung
  - 3. Strophe: Verse sind geordnet
- Aufg. 3: erst alleine still lesen, dann in PA abwechselnd die Reime lesen
- Aufg. 4: Ablauf Lesetandem wiederholen, ggf. von zwei Kindern vorführen lassen oder Zebra-Erklärfilm „Im Lesetandem lesen" anschauen
  - Partner für Lesetandem vorab bestimmen
  - eigenständige Bearbeitung im Lesetandem

Hinweis: Bei der Zusammenstellung des Lesetandems sollte stets darauf geachtet werden, dass der „Trainer" in der Lage ist, den Text sicher zu lesen, damit der „Sportler" problemlos geführt werden kann (vgl. auch LHB, S. 128).

Differenzierung

Fördern:

- Aufg. 1: Aufg. kopieren und Kinder die Wörter schriftlich ergänzen lassen (oberen und unteren Wortbereich)
  - Wortkarten mit ganzen Wörtern auslegen, den Nebelwörtern zuordnen (Zuordnungsübung)
- Aufg. 2: Aufg. als Kopie zum Wortgrenzen-Einzeichnen anbieten
- Aufg. 3: als Kopie die Möglichkeit der Markierung von Zeilen und Reimen geben
  - die beiden ersten Strophen vergrößert kopieren, Zeilen auseinanderschneiden und als Gedicht aufkleben lassen
- Aufg. 4: Text kürzen und als Kopie anbieten

Fordern:

- Aufg. 1: in PA eigene Wörter als Nebelwörter schreiben, Partner liest
- Aufg. 3: ein anderes Gedicht als Fließtext für Partner schreiben
- Aufg. 4 in PA: Fragen zum Tandem-Text stellen
  - Antworten geben, Fragen zum Text stellen lassen
  - Sätze falsch vorlesen, Fehler durch genaues Zuhören finden

3 Lies den gesamten Text als Gedicht vor.

Papas Pumpernickelpause

Mein Papa isst gern Trockenbrot, denn Trockenbrot macht
Wangen rot. Am liebsten isst er Pumpernickel*, und jeder kriegt
davon ein Stückel.
Der Jochen kriegt nen Pimpernuckel, der Horsti einen Nimperpuckel,
die Uli ihren Numperpickel und Papa seinen Pumpernickel.

So geht's bei Pipers Nuckelpaupepase
nein – Pumpes Paukerpickelnase
nein – Pupers Pimpelpackenause
ach – Papas Pumpernickelpause!

Hans Adolf Halbey

4 Lest im Lesetandem.

Ich mag am liebsten weiche Schlammbauchplatscher!

Lustiger Wassersport

In den USA gibt es einen Wettbewerb,
der an großen matschigen Wasserlöchern
stattfindet. Die Mitspieler lassen sich mit
Bauchplatschern in das Wasser fallen.
Gewinner ist, wer die größten Schlammspritzer
hinbekommt. Wenn man gerne taucht, kann man auch Eishockey
unter Wasser spielen. Der Ball ist leicht und bleibt auf dem
Wasser liegen. Man darf den Ball aber nur schlagen, wenn man
vorher abtaucht. Das muss man üben, denn man kommt nur
etwa alle 30 Sekunden kurz hoch, um zu atmen.

* Pumpernickel: Schwarzbrot aus grob gemahlenen Roggenkörnern

Ideen für die Weiterarbeit

- Plakat mit Nebelwörtern gestalten
- „Nebelwörter-Spiel": ein Spiel mit Wortkarten entwickeln
  – auf der Vorderseite ein Nebelwort, auf der Rückseite die Lösung
  – Wettlesen in PA
  – Zeit stoppen
  – Gewinner ist derjenige mit den meisten Karten
  Hinweis: Soll das Spiel mit Gruppen gespielt werden, müssen die Kinder die Karten in DIN-A4-Größe haben.
- Kunst:
  ein Bild mit Jochen und seinem Pimpernuckel, Horsti mit Nimperpuckel und Uli mit Numperpickel malen und dazu erzählen

Verweise

- Lesebuch 2, S. 30/31 (Methodenseite „Im Lesetandem lesen")
- Zebra-Erklärfilm (Klasse 2) „Im Lesetandem lesen"
  (per Code m69xm3 unter Lehrwerk-Online, www.klett.de)

Sich eine Meinung bilden und sie vertreten
Seite 60/61

Lernziele/Kompetenzen
- die Methode „Sich eine Meinung bilden und sie vertreten" kennenlernen und anwenden
- die einzelnen Schritte der Meinungsfindung verstehen und selbsttätig anwenden
- Möglichkeiten der Recherche vor der Meinungsbildung kennenlernen
- das Erstellen einer Pro- und Kontra-Tabelle kennenlernen und selbsttätig durchführen
- sich kritisch und sachlich mit Argumenten auseinandersetzen
- die eigene Meinung mithilfe von Argumenten (Stichwörtern) vertreten
- Gesprächsregeln beachten

Anregungen für den Unterricht
- Einstieg: über Situationen im Erfahrungsbereich der Kinder sprechen, in denen sie ihre Meinung sagen (z. B. bei Spielen, zu Texten, in Streitsituationen, bei Anforderungen der Eltern)
- Methodenerarbeitung „Sich eine Meinung bilden und vertreten": Arbeitsschritte anhand der Bilder nachvollziehen
  Hinweis: Günstig ist es, die Schritte dieser Methode an einem Beispiel zu erarbeiten, das aktuell für die Kinder ist (z. B.: *Welchen Ausflug wollen wir dieses Jahr machen?*). So kann jeder Punkt im Ablauf konkretisiert werden, und sei es erst einmal nur auf theoretischer Ebene.
  - Bild 1: Formulierung des Streit- bzw. Diskussionsthemas an Tafel übernehmen
    Hinweis: Es ist günstig, keine „Entweder-oder"-Formulierung zu wählen.
  - Bild 2 mit Impuls: *Wo und wie können wir Informationen finden?*; auch diese Ergebnisse an Tafel festhalten
    Hinweis: Will man die Schritte aktiv durchführen, bietet sich diese Auflistung an, um die entsprechenden Möglichkeiten der Recherche (Internet, Sachbücher, Personen befragen) zu ergänzen.
  - Bild 3: Übernahme der Tabelle aus dem AH Lesen/Schreiben 4, S. 24; ggf. die Begriffe „pro" und „kontra" erklären; die Ergebnisse der Gruppenrecherchen im Plenum in die Tabelle einordnen
    Hinweis: Möglich ist hier, je nach Fähigkeiten der Gruppen die Formulierungen in pro und kontra vorab vorbereiten zu lassen.
  - Bild 4: Kinder übernehmen stellvertretend die Pro- und Kontra-Positionen, zu diesen ggf. auf einen Spickzettel die Argumente notieren

  - Bild 5: Austausch der Argumente
    Hinweis: Als Unterstützung können die Kinder weitere Argumente begründet ergänzen, wenn es sich um eine real existierende Frage handelt. Bei einer eher theoretischen Übung reichen vorerst stellvertretend wenige Punkte in der Argumentation. Davon abhängig ist auch die Anforderung, ob ein Konsens gefunden werden muss.
    Hinweis zu den Tippkarten S. 61: Die Texte der Tippkarten sollten den Kindern von den Gesprächsregeln bekannt sein. Sicherlich ist es sinnvoll, diese im Rahmen der Methode noch einmal zu überprüfen, besonders günstig ist, wenn sie im Klassenraum visualisiert sind.
- als Übungsbeispiel Text Lesebuch 4, S. 54/55 („Lernpausen") und S. 56/57 („Lustige Sportarten") nutzen
  Hinweis: Es sollte darauf geachtet werden, stets positiv zu bestärken (Bild 4).

Differenzierung
Hinweis: Für Kinder mit Deutsch als Zweitsprache muss das Thema so formuliert sein, dass sie es wirklich verstehen. Daher sollte man unbedingt durch Nachfragen überprüfen, ob das Thema und der Inhalt verstanden wurden.

Fördern:
- bei Recherche mit leistungsstarkem Lernpartner arbeiten
- Pro- und Kontrapunkte auf Satzstreifen anbieten und der Tabelle zuordnen (Zuordnungsübung)

Fordern:
- Rechercheergebnisse in einer Mindmap festhalten
- Vortrag (Bild 5) selbsttätig in der Gruppe vorbereiten
- die Vorträge anderer, ggf. leistungsschwächerer Kinder leiten (Bild 5), indem Vorträge als Dialog gemeinsam gehalten werden
- bei aktuellem schulischem Thema Meinungen von Kindern aus anderen Kl einholen (Umfrage) und Ergebnisse vortragen

Ideen für die Weiterarbeit
- Sport:
  die Durchführung eines Sportfestes mit lustigen Sportarten planen und durchführen
  – Vorstellung der Ideen in anderen Kl oder in Klassenvertretungen
  – alternativ Projekt für einzelne Sportstunden planen und durchführen

Verweise
- Lesebuch 4: S. 54/55, 56/57
- Zebra-Erklärfilm „Sich eine Meinung bilden und sie vertreten" (per Code unter Lehrwerk-Online, www.klett.de)
- AH Lesen/Schreiben 4: S. 24, 25

Seite 16

Lernziele/Kompetenzen
- Sätze sinnentnehmend lesen
- Satz-Bild-Zuordnungen treffen
- Informationen geordnet in eine Tabelle eintragen
- Details (Geburtstag, Lieblingssport, Verliebtsein) den Namen von Personen zuordnen
- Sätze (Informationen) in einer logischen Reihenfolge umsetzen
- Informationen einer Tabelle entnehmen, um Fragen zu einem Text zu beantworten

Anregungen für den Unterricht
- Einstieg: Text von Aufg. 1 in EA still lesen
  - Gedanken zum Bild sammeln: *Wie viele Jungen, wie viele Mädchen werden vorgestellt? Welchen Sport könnten sie ausüben?*
  - Impuls: *Über welche Dinge erhaltet ihr im Text Informationen?* (Namen der Kinder, Geburtstag, Lieblingssport, Verliebtsein)
- Vorbereitung Aufg. 1–2: Tabelle betrachten, Kinder erklären Arbeitsweise mit eigenen Worten
  Hinweis: Bevor die Kinder selbsttätig arbeiten, sollte auf den Hinweis von Zebra Franz eingegangen werden.
- Aufg. 1–2: ggf. ersten Satz gemeinsam lesen und Eintrag in Tabelle besprechen
  Hinweis: Die Kinder sollten auf jeden Fall mit Bleistift arbeiten, um Fehler korrigieren zu können.
- Aufg. 3: eigenständige Bearbeitung
- in PA: Ergebnisse vergleichen
  - alternativ: Lösungsblätter im Raum hinterlegen und nach Bearbeitung anbieten

Differenzierung

Fördern:
- Aufg. 2: die Namen der Kinder in der Tabelle vorgeben
  - mit Lernpartner arbeiten

Fordern:
- Lernpartner für leistungsschwächere Kinder sein: vorlesen, „Trainer" in einem Lesetandem sein, beim Zuordnen der Informationen helfen

Ideen für die Weiterarbeit
- weitere Logicals bearbeiten (z. B. als „Logical des Tages"; vgl. LHB, S. 140)
- ein eigenes ähnliches Logical schreiben
- fächerübergreifend:
  Logicals am Computer lösen

Verweise
- Lesebuch 4: S. 34, 35
- Meine Anoki-Übungshefte, Lesen 4, S. 20/21

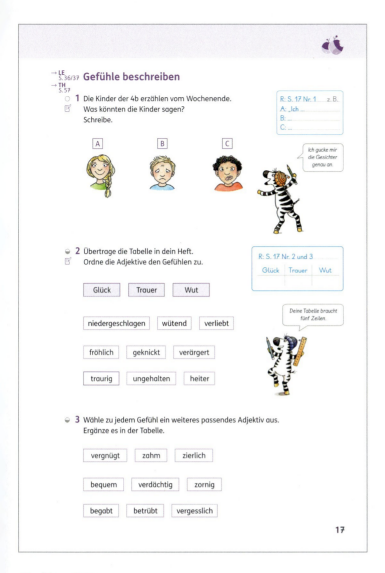

Seite 17

Lernziele/Kompetenzen

- sich in andere Personen hineinversetzen
- Aussagen zur Mimik treffen
- Begebenheiten als Gründe für Gefühle benennen
- Adjektive in Bezug zu Gefühlen setzen (Glück, Trauer, Wut) und geordnet notieren
- eigene Adjektive zur Beschreibung von Gefühlen finden

Anregungen für den Unterricht

- Einstieg: Kinder spielen Gefühle pantomimisch vor
  – dazu Wortkarten vorbereiten
  – die anderen Kinder benennen das dargestellte Gefühl
- Aufg. 1: eigenständige Bearbeitung
  – in PA oder im Plenum: Ergebnisse vergleichen
- Vorbereitung Aufg. 2: ggf. Bedeutung der Adjektive klären (geknickt, ungehalten)
- Aufg. 2: eigenständige Bearbeitung
  – in PA: Ergebnisse vergleichen
  – alternativ: Lösungsblätter im Raum hinterlegen und nach Bearbeitung anbieten
- Aufg. 3: je ein weiteres Adjektiv pro Spalte finden
- zur Festigung und weiteren Übung Aufgaben im Trainingsheft auf S. 57 durchführen

Differenzierung

Fördern:

- Aufg. 1: Satzstreifen vorbereiten mit Aussagen wie:
  Lisa hat sich über das Geschenk gefreut.
  Björn ist traurig, denn er darf nicht ins Schwimmbad gehen.
  Timo ist so sauer, weil seine Schwester einfach mit seinem Fahrrad weggefahren ist.
  – Satzstreifen gemischt anbieten
  – den drei Bildern zuordnend abschreiben
- Aufg. 1–2: mit Lernpartner arbeiten
- Aufg. 3: weglassen
  – alternativ: weitere Adjektive zur Auswahl anbieten und zuordnen (Zuordnungsübung)
- KV 84/2 verändern: Adjektive markieren
  – um ein Beispiel kürzen, dafür Wörtersammlung zu Gefühlen auf Wortkarten vorgeben: *fröhlich, verliebt, traurig, glücklich, zufrieden, bedrückt*

Fordern:

- Aufg. 2: die Adjektive abdecken und ungebräuchliche Wörter vorgeben, z. B.: *heiter, selig, vergnügt, betroffen, schuldbewusst, bedrückt, grimmig*
- Aufg. 3: Kinder spielen in PA Situation vor, das zu einem Gefühl passt
  – Gefühl erraten und notieren
- KV 84/2 verändern: ungebräuchliche Adjektive wie oben angeben oder eigene suchen lassen
  – alternativ Aufg. 1 verändern: eigene Sätze mit passenden Adjektiven für Gefühle zu den Bildern schreiben

Ideen für die Weiterarbeit

- Musik:
  Lied *Das Lied von den Gefühlen* singen (Text und Melodie: K. W. Hoffmann)
- Kunst:
  Porträts malen, auf Gesichtsausdruck achten
  Bilder von Personen aus Zeitungen ausschneiden, dazu Collagen fertigen

Verweise

- Lesebuch 4: S. 35, 36/37
- KV 84 (Gefühle beschreiben; veränderbar)
- Zebra 4 Trainingsheft, S. 57
- Zebra 4 Forderblock, S. 15
- Meine Anoki-Übungshefte, Texte schreiben 4: S. 69, 72/73

Seite 18

Lernziele/Kompetenzen
- ein Gedicht sinnentnehmend lesen
- unbekannte Wörter klären
- Aussagen des Gedichtes dem Gefühl „Glück" zuordnen und beschreiben
- Aussagen der Strophen des Gedichtes bildlich darstellen
- ein Gedicht auswendig lernen und vortragen

Anregungen für den Unterricht
- Einstieg mit Impuls: *Was ist „Glück" für euch?/Wann seid ihr glücklich?*
  - kurzer Austausch im Plenum
- Aufg. 1: statt in PA Gedicht durch ein lesestarkes Kind oder L vorlesen lassen
  - ein zweites Vorlesen mit Arbeitsauftrag an alle Kinder: *Hört genau zu. Schreibt wichtige Wörter, die euch besonders auffallen, untereinander auf.*
    Hinweis: Der Vortrag muss bewusst langsam sein, um die Möglichkeit des Mitschreibens zu gewährleisten.
  - über die notierten Wörter sprechen und in Bezug zur Überschrift des Gedichtes („Glück") setzen
  - abgeschriebenes Gedicht auf richtige Schreibung prüfen
- Aufg. 3: eigenständige Bearbeitung
  - im Plenum: Ergebnisse im „Galerierundgang" betrachten
    Hinweis: Bei einem „Galerierundgang" werden die einzelnen Bilder betrachtet. Es hat sich bewährt, die Zeit des Verweilens vor jedem Bild durch akustische Zeichen zu lenken. Die Kinder nennen jeweils die Punkte, die am Bild gelungen sind.
- Aufg. 4: Möglichkeiten des effektiven Auswendiglernens eines Gedichtes wiederholen
  - Reimwörter unterstreichen
  - Bilder als Unterstützung betrachten, ggf. Reihenfolge der Illustrationen nummerieren
    Hinweis: Bei diesem Gedicht können sich die Kinder auch zu jeder Strophe Bewegungen überlegen.

Differenzierung
Fördern:
- Aufg. 1–2: mit Lernpartner arbeiten
  - wichtige Wörter, die man zum Malen auswählen will, vorher markieren
  - Wort *Lorbeerkranz* mithilfe eines Bildes illustrieren
- Aufg. 3: in GA Gedicht strophenweise auswendig lernen und vortragen

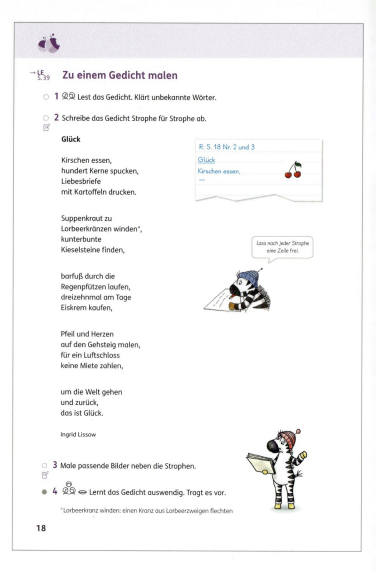

Fordern:
- Aufg. 3: Gedicht in PA oder GA mit szenischer Darstellung vortragen
- zum Inhalt einer Strophe ein Elfchen oder Haiku schreiben

Ideen für die Weiterarbeit
- bekannte Lieder oder Gedichte suchen, zu denen gemalt werden kann
- Kunst:
  zu Gedichten oder Liedern malen
- Literatur-Tipp:
  Paul Maar: Jaguar und Neinguar
  ISBN: 9783789142604

Verweise
- Lesebuch 4: S. 38, 39, 48
- Meine Anoki-Übungshefte, Texte schreiben 4: S. 46, 47

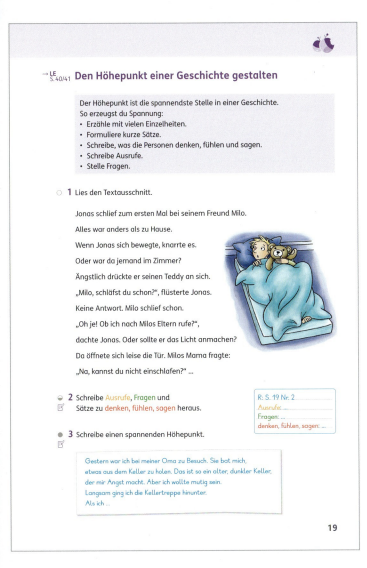

Seite 19

Lernziele/Kompetenzen

- einen Textausschnitt (Höhepunkt einer Geschichte) sinnentnehmend lesen
- Spannungselemente erkennen und herausschreiben (Ausrufe, Fragen, Textstellen zu denken, fühlen und sagen)
- Spannungselement zum Schreiben eines Höhepunktes nutzen

Anregungen für den Unterricht

- Einstieg: den Höhepunkt einer bekannten Geschichte oder eines bekannten Märchens vorlesen
  - darüber sprechen, ob Kinder die Geschichte gerne weiterhören oder -lesen würden
  - L: *An welcher Stelle im Text kommt diese Stelle vor (Anfang, Mitte, Ende)? Was ist euch im Text aufgefallen ist? Was macht ihn spannend?*
- Aufg. 1: Textausschnitt gemeinsam lesen
  - als Ausschnitt erkennen und den Begriff „Höhepunkt einer Geschichte" klären
- Methodenkasten in Bezug zum Textausschnitt setzen und Spannungselemente zuordnen
- Aufg. 2: eigenständige Bearbeitung
  - in PA: Ergebnisse vergleichen
- Aufg. 3: ggf. auf Verwendung der Schreibblume hinweisen
  - im Plenum: Ergebnisse vorlesen
  - alternativ: in einer Schreibkonferenz klären: *Sind alle Spannungselemente sinnvoll eingesetzt worden?*

  Hinweis: Für eine Schreibkonferenz sollten die einzelnen Punkte auf Karteikarten (Tippkarten) vorbereitet und mit einer entsprechenden Checkliste ausgegeben werden.

Differenzierung

Fördern:

- Aufg. 2: reduzieren auf „Ausrufe" und „Fragen"
- Aufg. 3: Ausrufe und Fragen auf Satzstreifen zum Einsetzen vorbereiten
- mit Lernpartner arbeiten
- KV 85/3–4 verändern: auf drei Punkte des Methodenkastens reduzieren
  - Ausrufe und/oder Gedanken auf Satzstreifen zur Auswahl vorgeben

Fordern:

- Aufg. 1–2: eigenständige Bearbeitung
  - darauf eingehen, dass manche Ausrufe/Fragen zugleich Gefühle/Gedanken ausdrücken (z. B. „Oh je! ...")
  - die Geschichte weiterschreiben
- KV 85 verändern: mit einem Erlebnis von Timo (und Samir) im Heft erweitern

Ideen für die Weiterarbeit

- Weiterführende Klassengespräche:
  Wie wird Spannung im Film erzeugt?
  Wie kann ich eine Begebenheit spannend mündlich erzählen?
  Wie lese ich spannende Stellen vor?
  - spannende Stelle aus dem eigenen Lieblingsbuch vorlesen

Verweise

- Lesebuch 4: S. 40, 41
- KV 85 (Den Höhepunkt einer Geschichte gestalten; veränderbar)
- Meine Anoki-Übungshefte, Texte schreiben 4, S. 24/25

Seite 20

Lernziele/Kompetenzen

- Reizwörter als Vorlage zum Schreiben einer eigenen Geschichte auswählen
- mögliche Rollen der Reizwörter in einer Geschichte erkennen und zuordnen
- Stichwörter zu Einleitung, Hauptteil und Schluss notieren
- Teil einer Schreibhilfe anwenden (Schreibblume)
- eine Geschichte unter passender Verwendung von Reizwörtern schreiben

Anregungen für den Unterricht

- Einstieg: drei Reizwörter an die Tafel schreiben
  - assoziativ zu den einzelnen Wörtern Gedanken benennen
  - über Rolle der Reizwörter reflektieren
  - L: *Wie könnten sie zueinander in Beziehung stehen? Was könnten z. B. „Tränen" und „ein Spiel" miteinander zu tun haben?*
  - erste Ideen zum Schreiben der Geschichte nennen
- Vorbereitung Aufg. 1: Reizwörter gemeinsam lesen
- Aufg. 1: eigenständige Bearbeitung
  - im Plenum: Auswahl begründen, Ideen vorstellen
- Vorbereitung Aufg. 2: auf gelbes Blütenblatt der Schreibblume eingehen
  - Beispielantworten auf die Fragen zu Einleitung, Hauptteil und Schluss gemeinsam sammeln
- Aufg. 2: eigenständige Bearbeitung
- Aufg. 3: ggf. auf Verwendung der Schreibblume hinweisen
  - auf Notation der Reizwörter vor Beginn des Schreibens hinweisen (vgl. Beispiel in Schreibhilfe)
- Nachbereitung Aufg. 3: Reizwörter auf ihre wichtige Rolle im Text hin überprüfen
- zur Festigung und weiteren Übung Aufgaben im Trainingsheft auf S. 58 durchführen

Differenzierung

Fördern:

- Aufg. 1: mit Lernpartner Ideen zu einer Wortgruppe austauschen und Reizwörter auswählen
- Aufg. 2: Stichwörter zur Einleitung in PA erarbeiten
- KV 86/2–3 verändern: „Wer?", „Wann?" und „Wo?" der Einleitung vorgeben
  - alternativ: die Einleitung zu einer Geschichte vorgeben

Fordern:

- Aufg. 3: auf Trennung von Einleitung, Hauptteil und Schluss durch Absätze achten
- in GA: zwei Geschichten zu den gleichen Reizwörtern anhören und vergleichen (Schreibkonferenz)
  - davon im Plenum berichten

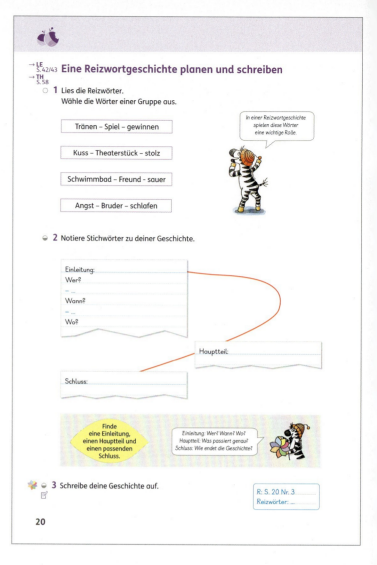

Ideen für die Weiterarbeit

- Höhepunkte in gemeinsam gelesenen Lesebuchgeschichten finden

Verweise

- Lesebuch 4, S. 42/43
- Zebra 4 Trainingsheft, S. 58
- KV 86 (Eine Reizwortgeschichte planen und schreiben; veränderbar)
- Meine Anoki-Übungshefte, Texte schreiben 4, S. 18/19

Seite 21

Lernziele/Kompetenzen

- einen fremden Text hinsichtlich eines Merkmals (Satzanfänge) überprüfen
- sich wiederholende Satzanfänge in einem Text erkennen
- Teil einer Schreibhilfe anwenden (Schreibblume)
- die Methode „Eine Schreibkonferenz durchführen" anwenden
- einen eigenen Text überarbeiten

Anregungen für den Unterricht

- Einstieg: L oder Kind liest Text von Aufg. 1 vor
  - Impuls: *Was fällt euch auf? Was könnte man besser machen?*
- Aufg. 1: eigenständige Bearbeitung
  - auf Rolle der Reizwörter im Text eingehen
- Aufg. 2: Arten von Satzanfängen besprechen *(Welche Satzanfänge sind nur für den Anfang einer Geschichte, welche nur für das Ende passend? Was bedeuten Wörter wie „schließlich", „endlich"?)*
  - weitere Satzanfänge sammeln
- Aufg. 3: eigene Reizwortgeschichten in Schreibkonferenzen überarbeiten
  Hinweis: Günstig ist es, die Gruppen nach den gleichen Reizwörtern zusammenzustellen. Die Kinder haben sich inhaltlich dann schon mit den Wörtern und möglichen Verbindungen auseinandergesetzt. Die Gruppen sollten nicht größer als vier Kinder sein, sonst wird das Gespräch oft zu schwierig. Der Ablauf einer „Schreibkonferenz" sollte ggf. noch einmal wiederholt werden: *Was ist wichtig bei einer Schreibkonferenz? Wie läuft sie ab? Wie verteilt man die Aufgaben?* Es sollte gemeinsam mit den Gruppen so genau wie möglich festgelegt werden, wie die Tipps vom Vorleser notiert werden. Die Durchführung sollte zeitlich so angelegt sein, dass auch noch eine Auswertung stattfinden kann: *Was hat bei eurer Schreibkonferenz schon gut geklappt? Welche Probleme gab es?*

Differenzierung

Fördern:

- Aufg. 1–2: mit Lernpartner arbeiten
- Aufg. 3: Tippkarten reduzieren, Schritte der Durchführung stichwortartig und großformatig auf Tisch legen:
  - erstes Kind liest seinen Text vor
  - Kinder lesen nacheinander ihre Tippkarte laut
  - Kinder entscheiden, ob Tipp berücksichtigt wurde oder nicht
  - Zeit geben zum Notieren
  - zweites Kind liest seinen Text vor usw.
  Hinweis: Es kann hilfreich sein, die Texte mit Zwischenräumen aufschreiben zu lassen.
- KV 87/1 verändern: Text in Absätze gliedern, Fehlerzahl pro Absatz vorgeben
- KV 87/2 verändern: Verben unterstrichen vorgeben

Fordern:

- KV 87 verändern: als Zusatz die letzten sechs Zeilen löschen, eigenen Schluss schreiben

Ideen für die Weiterarbeit

Hinweis: Die Tippkarten sollten in einem Karteikasten gesammelt werden, damit immer wieder darauf zurückgegriffen werden kann (auch in Eigentätigkeit). Die Tippkarten sollten deutlich zu den unterschiedlichen Texten geordnet werden.

- Kunst:
  Karteikästen zum Sammeln der Tippkarten erstellen

Verweise

- Lesebuch 4, S. 42/43
- KV 87 (Eine Reizwortgeschichte überarbeiten; veränderbar)

Seite 22

Lernziele/Kompetenzen
- einen Text sinnentnehmend lesen
- sich Informationen aus Texten merken
- zwei Texte miteinander vergleichen und Unterschiede finden
- Informationen in Texten finden und markieren

Anregungen für den Unterricht
- Einstieg: ein Fehlersuchbild (Unterschiede finden) in Papierform an jedes Kind (oder in PA) ausgeben oder über Beamer an die Wand werfen
  - auf Vorwissen zurückgreifen, Kinder erklären Vorgehen
  - Unterschiede finden und markieren
  - L leitet zu AH-S. 22 über: *Das ist kein Fehlersuchbild, sondern ein Fehlersuchtext, die Fehler haben sich also im Text versteckt.*
  - alternativ: Einstieg über das Bild der AH-S., Vermutungen zum Inhalt des Textes äußern
- Aufg. 1: den zweiten Text abdecken, ersten Text in EA oder PA lesen
  - ggf. unbekannte Wörter klären (*meckern, überreden, launisch*)

  Hinweis zu Aufg. 2: Motivierend ist es, den oberen Text abzudecken und dann ein Gespräch über die Unterschiede zu führen, die den Kindern aufgefallen sind.
- Aufg. 2: so oft den Text lesen, bis alle zehn Fehler gefunden und die richtigen Wörter und dazugehörigen Zeilen notiert wurden
  - in PA: Ergebnisse vergleichen
  - alternativ: Lösungsblätter im Raum hinterlegen und nach Bearbeitung anbieten

Differenzierung

Fördern:
- Aufg. 1–2: beide Texte Satz für Satz vergleichen
  - dazu zeilenweise abdecken oder sehr leseschwachen Kindern zwei Lesepfeile anbieten
  - L bereitet die Texte vor: Zeilen, in denen die Fehler sind, am Rand markieren
  - mit Lernpartner arbeiten
  - im Lesetandem lesen oder ein Kind liest den ersten Satz des oberen, das zweite Kind liest den ersten Satz des zweiten Textes vor; Impuls: *Gibt es einen Unterschied?*
- KV 88 verändern: kürzen
  - alternativ: Zugangsweise wie Aufg. 1–2 (Fördern)

Fordern:
- Nachbereitung Aufg. 1–2 in PA: einen Teil des oberen Textes abschreiben und dabei Fehler einflechten; Tausch der Texte mit Partner

- KV 88/Zusatz: zur Frage *Was könnte Lars mit seinem Vater auf der Reise erlebt haben?* erzählen oder schreiben

Ideen für die Weiterarbeit
- das Gespräch von Johanna und Julia spielen (Fortführung des Textes)
- KV 88 als HA möglich

Verweise
- Lesebuch 4, S. 44–47
- KV 88 (Genau lesen: Unterschiede in einem Text finden; veränderbar)
- Zebra 4 Forderblock, S. 50

Seite 23

Lernziele/Kompetenzen

- die Methode „Eine Umfrage mit einem Diagramm auswerten" kennenlernen und anwenden
- die Schritte der bekannten Methode „Eine Umfrage durchführen" wiederholen
- zielgerichtete und verständliche Fragen für eine Umfrage stellen
- Antworten von Befragten in einem Diagramm erfassen
- Schlussfolgerungen aus Informationen ziehen

Anregungen für den Unterricht

- Einstieg mit Gespräch im Plenum:
  Was ist eine Umfrage?
  Wozu gibt es Umfragen?
  Hast du schon an einer Umfrage teilgenommen?
- Methodenkasten gemeinsam lesen und besprechen
- Vorbereitung Aufg. 1: Gespräch zur Thematik „Bedeutung von Sport" führen
  – inhaltliche Klärung der möglichen Antworten
- Aufg. 1 in PA: das Diagramm lesen und interpretieren
- Aufg. 2 in PA: Übertrag der Tabelle ins Heft; als Vorarbeit zur Umfrage mögliche Antworten eintragen und besprechen, dass Mehrfachantworten möglich sind
- Organisation der Umfrage klären: *Wen fragen wir? Wo befragen wir die Personen? Wie ist die genaue Befragung durchzuführen?*
  Hinweis: Wichtig ist, dass die Kinder die höfliche Anrede und das Bedanken nach der Umfrage üben und berücksichtigen.
  Die Durchführung während einer großen Pause ist am einfachsten zu organisieren, da viele Personen gleichzeitig zur Verfügung stehen.
- Aufg. 3: im Plenum die Ergebnisse vorstellen
  – vergleichend vortragen: *Welche Antwort wurde am häufigsten/seltensten gegeben?*

Differenzierung

Fördern:

- Aufg. 1: auf Besprechung der ersten drei Antworten reduzieren
- Aufg. 2: mit Lernpartner arbeiten
  – leistungsschwächeres Kind füllt die Kästchen aus

Fordern:

- Aufg. 2: eigene Fragen zum Bereich Sport formulieren und Antworten dazu finden
- Aufg. 3: Ergebnisse für das Plenum als Plakat vorbereiten

Ideen für die Weiterarbeit

- Mathematik:
  Balken- und Säulendiagramme lesen und vergleichen

Verweise

- Lesebuch 4, S. 54
- Meine Anoki-Übungshefte, Texte schreiben 4: S. 10, 11

Seite 24

Lernziele/Kompetenzen

- die Methode „Sich eine Meinung bilden und sie vertreten" kennenlernen und anwenden
- unterschiedliche Quellen nutzen, um Informationen zu finden
- Informationen verstehen und sie Pro- und Kontrapunkten zuordnen
- Argumente in eine Tabelle einordnen
- anhand von Argumenten sich eine Meinung bilden und diese begründet vortragen

Anregungen für den Unterricht

- Einstieg mit Gespräch im Plenum:
  Welchen Sport übst du aus?
  Wieso hast du dich zu dieser Sportart entschieden?
  Gibt es Sportarten, die du gerne kennenlernen möchtest? Begründe.
- Aufg. 1: eigenständige Bearbeitung
  - im Plenum: die vier Sportarten von den Plakaten im AH an der Tafel festhalten
  - dann Umfrage in der Kl: *Welche Sportart sagt dir am ehesten zu?*
  - Eintrag als Strichliste in Tafelbild
  - innerhalb jeder Sportart begründen lassen
- Methodenkasten gemeinsam lesen und besprechen
- Aufg. 2: möglichst in Zusammenarbeit mit Partner, der die gleiche Antwort zu Aufg. 1 gegeben hat
  - Hilfestellung geben, wo Informationen zu Sportarten zu finden sind
  - ggf. Sachbücher zum Thema „Sport" mitbringen
- Aufg. 3: Vortrag der Meinungen einüben
  - ggf. pro und kontra getrennt vorstellen
  - jeder nennt seine abschließende Meinung
  - auf Begründung achten: *Weshalb bist du dieser Meinung? Welche Argumente haben dich besonders überzeugt?*
- zur Festigung und weiteren Übung Aufgaben im Trainingsheft auf S. 59 durchführen

Differenzierung

Fördern:

- Aufg. 1: sicherstellen, dass Sportarten Kindern bekannt sind (besonders „Leichtathletik")
  - alternativ: beschriftete Bilder zu den Sportarten auslegen
- Aufg. 2–3: mit Lernpartner arbeiten
- KV 89/2 verändern: in PA bearbeiten
- KV 89/4 verändern: weitere Argumente auf Satzstreifen vorgeben (Auswahlübung)

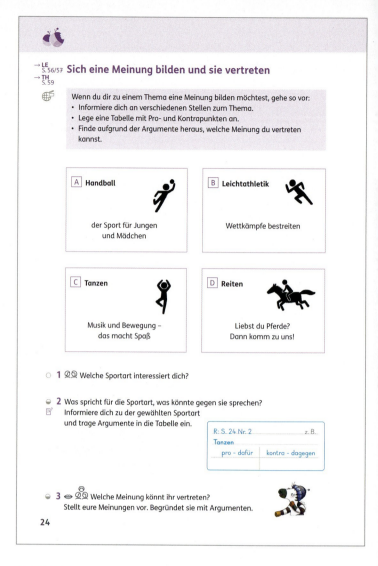

Fordern:

- gesamte Seite selbstständig in PA bearbeiten
  - alternativ: Lernpartner für leistungsschwächere Kinder sein
- witzige Sportarten oder Übungen für den Sportunterricht planen (vgl. Lesebuch 4, S. 56/57)
- KV 89/4 verändern: als Rollenspiel gestalten
  - dazu ggf. weitere eigene Pro- und Kontrapunkte finden

Ideen für die Weiterarbeit

- Vorträge zu weiteren Sportarten halten
- Interviews mit Sportlern planen
- Planung eines Sportfestes mit lustigen Sportarten
  Hinweis: Alle lustigen Sportarten sollten vorher im Sportunterricht ausprobiert und ggf. vereinfacht oder abgeändert werden.

Verweise

- Lesebuch 4, S. 56/57
- Zebra 4 Trainingsheft, S. 59
- Zebra-Erklärfilm „Sich eine Meinung bilden und sie vertreten" (per Code unter Lehrwerk-Online, www.klett.de)
- KV 89 (Sich eine Meinung bilden und sie vertreten; veränderbar)

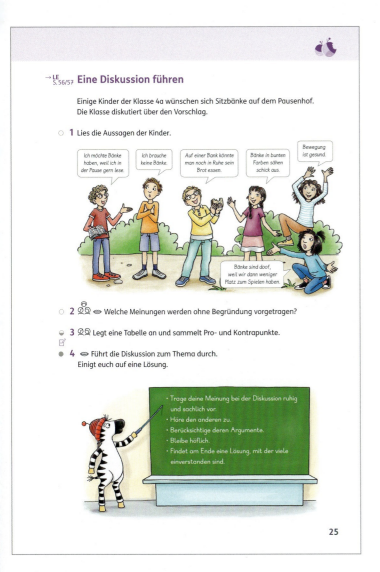

Seite 25

Lernziele/Kompetenzen
- Sätze sinnentnehmend lesen
- Aussagen mit sinnvollen Begründungen erkennen
- eine Tabelle anlegen
- Pro- und Kontrapunkte sammeln und in eine Tabelle einordnen
- mithilfe von Argumenten eine Diskussion führen
- Gesprächsregeln beachten
- eine gemeinsame Lösung finden

Anregungen für den Unterricht
- Einstieg im Plenum mit Fragen:
  Was ist eine Diskussion? Was kennzeichnet sie?
  Worüber habt ihr schon einmal diskutiert?
  Welche Gesprächsregeln muss man bei Diskussionen beachten?
- Aufg. 1: Aussagen mit verteilten Rollen lesen
  – Gespräch über die Aussagen und die Begründungen führen
  – dafür Thema *Sitzbänke auf dem Pausenhof?* an die Tafel schreiben
  – die auf Schildern geschriebenen Aussagen an sechs Kinder ausgeben (Aufmerksamkeit und Visualisierung auf das Thema, Bündelung der Aussagen, starke Motivation für die Kinder, sich zu äußern)

Hinweis zu Aufg. 2: Die Aussage *Ich brauche keine Bänke* ist ohne Begründung zu sehen. Auf *Bänke sind doof* folgt zwar eine Begründung, diese klingt aber nicht sachlich. *Bänke sähen schick aus* ist eine sehr persönliche Ansicht, die nicht objektiv ist. *Bewegung ist gesund* spricht nicht direkt für oder gegen Bänke. Damit fehlt ein begründeter Zusammenhang. Somit begründen lediglich zwei Aussagen die Meinung für Bänke.
- Aufg. 3 in PA: eigenständige Bearbeitung
- Aufg. 4: die Diskussion in PA oder GA durchführen
- Nachbereitung Aufg. 4: über die Einhaltung der Gesprächsregeln sprechen

Differenzierung
Fördern:
- Aufg. 1–2: mit Lernpartner arbeiten
- Aufg. 2–3: Argumente auf Satzstreifen vorgeben
  – nach Pro- oder Kontrapunkten ordnen
  – dann in Tabelle eintragen

Fordern:
- Aufg. 4: Gesamttabelle für die Kl erstellen
- thematische Erweiterung um ein aktuelles Klassen- oder Schulthema
- Argumente, die in der Diskussion genannt werden, mitschreiben

Hinweis: Hierzu eignet sich die Methode „fishbowl": Eine kleine Gruppe diskutiert vor der Kl. Die Kinder sitzen im Kreis, die Zuschauer im großen Kreis darum. In der Mitte bleibt ein Platz frei, sodass sich jeder Zuschauer kurz in den Kreis bewegen kann, um an der Diskussion aktiv teilzunehmen. Die Zuschauer erhalten unterschiedliche Beobachtungsaufgaben, z. B.: *Hören die Kinder sich in der Diskussion zu? Haben sie sachlich diskutiert? Haben sie die Argumente gegenseitig berücksichtigt?*

Ideen für die Weiterarbeit
- Methode „Sich eine Meinung bilden und sie in einer Diskussion vertreten" als Plakat visualisieren
  – bei zukünftigen Streitthemen darauf zurückgreifen
- fächerübergreifend:
  Diskussionen bewusst unter Anwendung der Methodenkenntnis führen

Verweise
- Lesebuch 4, S. 56/57

Seite 26

Lernziele/Kompetenzen
- individuelle Kenntnisse und Kompetenzen an bereits erarbeiteten Aufgabenstellungen anwenden
- Spannungselemente erkennen und notieren (Ausrufe, Fragen, Textstellen zu denken, fühlen und sagen)
- einen fremden Text hinsichtlich eines Merkmals (Satzanfänge) überprüfen
- sich wiederholende Satzanfänge in einem Text erkennen
- einen Text überarbeiten (unterschiedliche Satzanfänge einfügen)

Anregungen für den Unterricht
- Einstieg: L erklärt Inhalt und Zweck der „Das-kann-ich-schon"-Seite
  Hinweis: Die Kinder dürfen zeigen, was sie schon können. Es geht nicht um eine Leistungsmessung im strengen Sinne.
- gemeinsam die Aufgabenformate besprechen und inhaltliche Fragen klären:
  – Aufg. 1: Text lesen, Ausrufe, Fragen, Sätze zu denken, fühlen, sagen erkennen und herausschreiben
  – Aufg. 2: Text lesen
  – Aufg. 3: über sich wiederholende Satzanfänge reflektieren
  – Aufg. 4: Text ins Heft übertragen und abwechslungsreiche Satzanfänge einfügen
- Aufg. 1–4: eigenständige Bearbeitung
- ggf. Rückmeldung bei Schwierigkeiten (Textverständnis, Unterscheidung von Ausrufen, Fragen und Aussagen, Probleme beim Finden passender Satzanfänge)
- Weiterarbeit mit ausgefüllten Seiten erklären:
  – ggf. für Lerngespräche nutzen
  – Sammlung in eigenem Portfolio
  – Selbsteinschätzung der Kinder
- zur Festigung und weiteren Übung Aufgaben im Trainingsheft auf S. 60 durchführen

Differenzierung
Fördern:
- Aufg. 1: mit Lernpartner arbeiten
  – alternativ: Kontrolle durch Lösungsblatt ermöglichen
- Aufg. 2: im Lesetandem lesen
- Aufg. 1–2: ggf. unbekannte Wörter klären
- Aufg. 3: Satzanfänge an Tafel vorgeben
- Aufg. 4: Wortkarten mit Satzanfängen vorgeben
  – erst zuordnen, dann schreiben

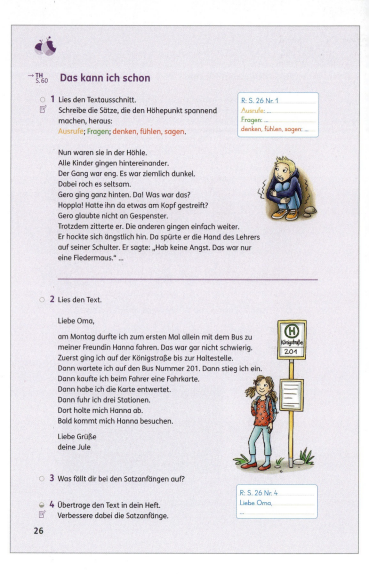

Fordern:
- selbsttätiges Erarbeiten der Seite
- Kontrolle der Ergebnisse in PA durch Vergleiche
- Nachbereitung Aufg. 1: Rollenspiel: *Du bist Gero. Erzähle dein Erlebnis deiner Mutter.*
  Hinweis: Gerne spielen Kinder Dialoge in PA vor. Hier sollte darauf geachtet werden, dass spannend erzählt wird.

Ideen für die Weiterarbeit
- ggf. Lerngespräche mit den Kindern zur Seite führen
- darauf aufbauend ggf. Förderplan entwickeln
- als Dokumentation in einem Portfolio sammeln
- zur Unterstützung bei Elterngesprächen heranziehen
  Hinweis: Bei der Dokumentation sowie bei Lern- oder Elterngesprächen sollten die Hilfen, die Kindern ggf. gegeben wurden, klar und deutlich dokumentiert und benannt werden, da sonst der wirkliche Lernstand im Vergleich zu anderen nicht mehr gegeben ist und falsche Eindrücke entstehen können.

Verweise
- Lesebuch 4: S. 40, 41, 42/43, 58/59
- Zebra 4 Trainingsheft, S. 60
- Meine Anoki-Übungshefte, Texte schreiben 4

Einsam, zweisam, gemeinsam

Im dritten Kapitel steht das Kind als Mitglied unterschiedlicher Gruppierungen im Mittelpunkt. Auch der Blick auf andere Kulturen, auf Migration und Behinderungen findet seinen Platz. Als besonderer Aspekt erfahren die Rechte der Kinder und die Wünsche der Kinder an ihre Zukunft breiten Raum. Der Blick soll geöffnet werden auf Möglichkeiten, in unserer Gesellschaft Aufgaben zu übernehmen. Die Kinder erkennen, dass auch sie bereits ihre Rolle wahrnehmen können und dürfen.

Gegen Ende des Kapitels wird das Thema „Berufe" aufgegriffen. Aus Beispielen und Interviews sollen die Kinder die Erkenntnis ziehen, dass ein Berufswunsch geschlechtsunabhängig und nach den eigenen Interessen und Zielen gewählt werden kann und soll. Am Schluss des Kapitels wird die Methode „Ein Buch präsentieren" wiederholt und erweitert. Im Bereich „Texte schreiben" wird eine Geschichte zu Bildern geplant, geschrieben und überarbeitet.

Auf der Kapitelauftaktseite sind Kinder in unterschiedlichen Situationen in einer Wasserlandschaft dargestellt. Die Bildausschnitte lassen viele Gespräche zu, wobei an dieser Stelle besonders positive Gefühle in den Beziehungen zu anderen im Mittelpunkt stehen.

Seite 62/63

Lernziele/Kompetenzen

- sich an Gesprächen beteiligen, Meinungen äußern und gelten lassen
- Wort-Bild-Zuordnungen treffen
- einen Text sinnentnehmend lesen (Gedicht)
- Situationen erkennen und deuten
- Inhalte zuhörend verstehen
- lebendige Vorstellung beim Hören von Texten entwickeln
- bei der Beschäftigung mit literarischen Texten Sensibilität und Verständnis für Gedanken, Gefühle und zwischenmenschliche Beziehungen zeigen
- einen Bildausschnitt szenisch darstellen
- die eigene Lebenswelt in Bezug zu anderen setzen
- zu einem Bildausschnitt schreiben
- Sprachbildung:
  - Nomen mit passendem Artikel verwenden
  - Adjektive und Verben passend und in der richtigen Form verwenden
  - Wortschatz mithilfe der Wörtersonne erweitern

Anregungen für den Unterricht

- Einstieg: *„Einsam, zweisam, gemeinsam"* an die Tafel schreiben und Assoziationen dazu sammeln
  - Sätze beenden: *Wenn ich einsam bin, dann …, Wenn ich mit … zweisam bin, dann …*

Hinweis: Jedes Kind schreibt für sich zu jedem Wort einen Satz auf einen Zettel. So muss sich jeder intensiv mit den Begriffen befassen. Der Austausch in PA ist als Schritt vor dem Gespräch im Plenum eine gute Vorbereitung.

- Auftaktdoppelseite bearbeiten:
  - vor dem Hörtext alle Szenen auf einmal oder einzeln gemeinsam betrachten
  - Szenen kurz verbalisieren (*Wer ist wohl einsam auf diesem Bild?*)
  - ggf. unbekannte Begriffe klären (z. B. *Floß*)
  - Text (Gedicht) lesen und zu Bildern in Beziehung setzen
  - Bilder den Begriffen der Wörtersonne zuordnen
  - Hörtext ankündigen, Erwartungen der Kinder einholen und sammeln
  - nach dem Hörtext die Aufgaben der Zebra-Werkstatt lösen

Hörtext: Am Wasser

Heute ist ein wunderschöner Sonnentag. Denn viele Kinder haben sich entschieden, den Nachmittag am Wasser zu verbringen. Einige haben sich sogar Würstchen mitgebracht. Die werden nun gegrillt.
Mona ist natürlich wieder sauer, weil sie nicht neben Theo sitzen darf.
Ben und Finja sind in einem kleinen Boot auf dem Wasser. Ben ist traurig. Er hat heute Morgen in der Schule Ärger ge-

habt. Finja mag Ben. Sie tröstet ihn. Sie möchte, dass er wieder lachen kann.
Im Wasser schwimmt eine Flaschenpost. Kannst du sie entdecken? Was könnte wohl in dem Brief stehen?
Auf dem Floß spielen einige Kinder tatsächlich Fußball. Das ist eine wacklige Angelegenheit. Und die Bälle landen oft nicht im Tor, sondern im Wasser. Dann muss einer ins Wasser springen und die Bälle wieder holen.
Samira geht wieder ihrer Lieblingsbeschäftigung nach. Sie liest ein spannendes Buch über Piraten, die einen Schatz suchen. Ob sie schon gemerkt hat, dass sie auf einer Schatzkiste im Wasser sitzt?
Daria und Leo sind verliebt. Sie sitzen verträumt auf dem Rand des Segelschiffes. Dafür verzichtet Leo sogar auf das Fußballspielen mit seinen Freunden.
Ich glaube, Franz hat Hunger. Hast du ihn schon entdeckt?

Zebra-Werkstatt zur Kapitelauftaktseite

Werkstatt „ich":

Wo würdest du gerne dabei sein? Erzähle.
Kind: *Ich möchte ...*
Hinweis: Leistungsstärkere Kinder begründen ihren Wunsch und setzen die Szene in Bezug zur eigenen Erfahrung.
Kind: *Ich möchte gerne auf dem Floß sein, weil ich ...*

Werkstatt Maske:

Sucht euch einen Ausschnitt aus. Spielt nach.
Hinweis: Die Gruppengröße richtet sich hier nach der Anzahl der Personen in dem Bildausschnitt. So kann man auch etwas alleine vorspielen (einsam).

Werkstatt Stift:

Schreibe zum Bild.
Hinweis: Leistungsstärkere Kinder können sich auch an einem Dialog versuchen. Möglich ist auch, über sich selbst zu schreiben.

Werkstatt Sonne:

Schreibe die Wörtersonne in dein Heft.
Ergänze weitere Wörter zum Kapitelthema.
Hinweis: Fordern Sie die Kinder dazu auf, unbekannte Wörter nachzufragen.

Differenzierung

Fördern:
- Kinder zum genauen Beobachten durch gezielte Fragen anregen: *Wer spielt mit Freunden?*
- Text im Lesetandem lesen
- Szenen des Hörtextes arbeitsteilig einzeln anbieten
- KV 90/1 verändern: Textkomplexität verringern
- KV 91/2 verändern: Sätze mit Lösungswörtern unterstreichen

Fordern:
- einen Text mit den Wörtern *einsam, zweisam* und *gemeinsam* über sich selbst schreiben

Ideen für die Weiterarbeit
- Collage mit Fotos aus Zeitschriften zum Kapitelthema anfertigen

Verweise
- DUA: Hörtext
- KV 90–91 (Leseverständnis; veränderbar)
- Lesebuch 4, S. 214 (Lese-Rallye)

Lesetraining
Seite 88/89

Lernziele/Kompetenzen
- Wörter lesen üben
- sinnvolle Zusammensetzungen finden
- vertauschte Wörter in einem Satz finden
- Sätze sinnerfassend richtig lesen
- in Sätzen thematisch nicht passende Wörter („Stolperwörter") erkennen
- einen Text im Lesetandem lesen

Anregungen für den Unterricht
- **Einstieg zu S. 88:**
  - Auswahl an Wörtern auf Wortkarten an der Tafel vorgeben und Zusammensetzungen finden lassen
- Aufg. 1: erst alleine still lesen
  - in PA sich zu den gefundenen Zusammensetzungen austauschen
  - darauf hinweisen, dass auch mehrere Wörter zusammengesetzt werden können (z. B.: *Tierarztpraxis*), dabei auf Tipp von Franz eingehen
- Aufg. 2: einen Beispielsatz so lesen, wie er dasteht; Fehler erkennen
  - in PA möglich

- **Einstieg zu S. 89:**
  - als Vorbereitung an einem Beispielsatz das Wort „Stolperwort" (hier ein zusätzliches Wort, das im Satz stört bzw. über das man stolpert) einführen und erklären, z. B.: *Auch Kinder haben das Recht, ihre Meinung sagen rufen zu dürfen.*
  - L: *Kann einer von euch den Satz bitte vorlesen?*
  Hinweis: Es ist gut möglich, dass der/die Vorlesende den Satz automatisch richtig vorliest. Dies ist ein typisches Phänomen, auf das eingegangen werden kann. Andernfalls folgt die Bitte, den Satz zu korrigieren: *Fällt euch etwas auf? Wer kann den Satz richtig vorlesen?*
- Aufg. 3: eigenständige Bearbeitung
  - in PA oder im Plenum: Ergebnisse vergleichen
- Vorbereitung Aufg. 4: Ablauf Lesetandem wiederholen, ggf. von zwei Kindern vorführen lassen oder Zebra-Erklärfilm „Im Lesetandem lesen" anschauen (vgl. LHB, S. 128)
- Aufg. 4: Partner für Lesetandem vorab bestimmen
  - eigenständige Bearbeitung im Lesetandem
  Hinweis: Bei der Zusammenstellung des Lesetandems sollte stets darauf geachtet werden, dass der „Trainer" in der Lage ist, den Text sicher zu lesen, damit der „Sportler" problemlos geführt werden kann.

Differenzierung
Fördern:
- Aufg. 1: als Kopie anbieten, sodass die Wörter verbunden werden können
  - Lösungsblatt mit Lösungswörtern anbieten
- Aufg. 2: als Kopie zum Markieren der zu tauschenden Wörter anbieten
  - Kinder mit Deutsch als Zweitsprache arbeiten mit einem Partner, der Deutsch sicher beherrscht
- Aufg. 3: als Kopie zum Streichen der Stolperwörter anbieten
- Aufg. 4: nur die ersten fünf Zeilen lesen, Lesepfeil (Zebra Klasse 2) als Hilfsmittel nutzen

Fordern:
- Aufg. 1: eigene Wörter suchen, von Partner zusammensetzen lassen
- Aufg. 2–3: eigene Beispielsätze zum gleichen Übungsformat in PA finden
- Aufg. 4 in PA:
  - Fragen zum Tandem-Text stellen
  - Antworten geben, sich Fragen stellen lassen

○ 3 Finde die Stolperwörter. Lies den Text richtig vor.

Der Vertrag über die Kinderrechte heißt holt Kinderrechtskonvention.

Er wurde von fast allen Staaten Städten der Welt unterschrieben.

Alle Kinder haben das Recht, in Frankfurt Frieden zu leben.

Sie sollen gelb gut versorgt werden und in die Schule gehen dürfen.

Alle Kinder dürfen auch polternde persönliche Geheimnisse haben.

Aber nicht alle Länder beachten bearbeiten immer diese Kinderrechte.

○ 4 Lest im Lesetandem.

Traumberuf Astronaut

Alexander möchte später gerne Astronaut werden.
Er ist stolz, dass er so heißt wie der berühmte Astronaut
Alexander Gerst. Er liest ganz viele Bücher über
die Raumfahrt und das All. Er kennt alle Planeten mit Namen.
Er weiß sogar, wie weit jeder von der Erde entfernt ist.
In seinem Zimmer hängen Karten mit Sternenbildern.
Wie sein Vorbild möchte Alexander Experimente im All machen.
Außerdem will er darüber spannende Bücher für Kinder schreiben.
Das Tollste wäre natürlich ein Flug zum Mond.

89

Ideen für die Weiterarbeit

- Aufg. 1–3: eigene Übungen in analogen Aufgabenformaten am PC gestalten
  – können auch gruppenarbeitsteilig erstellt werden
  – Ausdrucke für Kinder bereitstellen, die die zusätzliche Aufgaben erledigen möchten
- Literatur-Tipps:
  Louie Stowell, Roger Simo: So wirst du Astronaut! Das Handbuch (mit Vorwort von A. Gerst)
  ISBN: 9781782327523
  Maja Nielsen: Mission im Weltall. Eine Entdeckergeschichte mit Alexander Gerst und Sigmund Jähn (Hörbuch)
  ISBN: 9783833735837
  GEO lino Extra 69/2018: Raumfahrt

Verweise

- Lesebuch 2, S. 30/31 (Methodenseiten „Im Lesetandem lesen")
- Zebra-Erklärfilm (Klasse 2) „Im Lesetandem lesen"
  (per Code m69xm3 unter Lehrwerk-Online, www.klett.de)

Ein Buch präsentieren
Seite 90/91

Lernziele/Kompetenzen
- die Methode „Ein Buch präsentieren" kennenlernen und anwenden
- Überlegungen zu einem Buch (literarischen Text) anstellen und diese strukturieren
- Informationen zu einem Buch nach einer vorgegebenen Gliederung ordnen (Titel, Autor/Autorin, Illustrator/Illustratorin, Verlag)
- den Inhalt eines Buches und die Handlung der Hauptpersonen reflektierend erfassen
- geeignete Textstellen zum Vorlesen wählen
- Textstellen betont vortragen
- Leseempfehlungen geben und begründen
- die Methode „Ein Buch mit einer Leserolle präsentieren" kennenlernen und anwenden
- selbstständig einen Plan zur Fertigung einer Leserolle mit einem selbst gewählten Buch erstellen
- ein Buch mit einer Leserolle präsentieren

Anregungen für den Unterricht
- Einstieg über Erfahrungen der Kinder:
  Welches Buch lest ihr gerade?
  Welches ist euer Lieblingsbuch und warum?
  - Antworten/Titel sammeln, auf Begründungen bei der Beantwortung der Fragen achten
  - L: *Wie können wir neugierig auf ein Buch machen?*
  - Begriff „Präsentation" klären, auf Vorwissen der Kinder zurückgreifen (Vorstellung, Vorzeigen)
- Methodenerarbeitung „Ein Buch präsentieren" durchführen": Arbeitsschritte anhand der Bilder nachvollziehen
  - Bild 1: beim Benennen von Titel, Autor/Autorin, Illustrator/Illustratorin, Verlag Begriffe erklären; an Tafel als Beispiel festhalten:
    Titel: …
    Autor/Autorin: …
  - Bild 2: ggf. Begriff „Zusammenfassung" klären, auf Kürze und Relevanz achten
    Hinweis: Der Inhalt zu einem Bilderbuch ist schnell erfasst. Wichtig ist auch die Einordnung in ein Genre, also ob es sich um ein Sachbuch, eine Detektivgeschichte o. Ä. handelt.
  - Bild 3: Begriff „Hauptperson" klären (Nicht alle Figuren sind Hauptpersonen!); darauf hinweisen, dass Hauptpersonen nicht immer Menschen sein müssen
  - Bild 4: darauf achten, dass Textstelle zum Buch passt (informativ bei Sachbüchern, spannend bei Krimis usw.), darf nicht zu lang sein, kann mit Bildern unterstützt werden, kann mit verteilten Rollen gelesen werden
    Hinweis: Den Kindern sollte Zeit gegeben werden, das Vorlesen zu üben. In PA kann der Lesevortrag kontrolliert werden.

- Bild 5: *Weshalb hast du das Buch gerne gelesen?* (als Hilfe zur Empfehlung)

Hinweis: Es empfiehlt sich, ein Buch, das viele Kinder kennen (z. B. eine gelesene Klassenlektüre oder ein vorgelesenes Buch oder an der Stelle gut geeignet: ein bekanntes Bilderbuch!) zur Hand zu nehmen und die Schritte daran aufzuzeigen.

Hinweis zu S. 91/Methode „Leserolle": Bei der Besprechung der Methode sollte klar gesagt werden, welche Aufgaben für eine Leserolle verbindlich sind (das Beschriften der Leserolle von außen mit Titel, Autor usw.), und es sollten die Aufgaben vorgegeben werden, die Ihnen als Lehrperson wichtig sind, z. B. Inhaltsangabe, Vorstellung einer Hauptperson u. Ä. Die Anzahl der selbst gewählten Aufgaben kann man vorgeben, sie sollten sich aber an den Kompetenzen der Kinder orientieren. Das Vorgehen kann individuell geplant und sollte in einem visualisierten Zeitplan festgehalten werden. Das Sammeln von geeigneten Rollen (z. B. von Chipsverpackungen) muss frühzeitig in die Wege geleitet werden.

Ideen für die Weiterarbeit
- Büchereibesuch
- Lesen einer Klassenlektüre mit der Erstellung einer Leserolle begleiten
- Liste der Lieblingsbücher der Klasse erstellen
- Kunst:
  die Leserolle mit besonderen Techniken anfertigen (Collagen, Stempeltechnik usw.)
- eine Ausstellung der Leserollen für andere Kl oder Eltern organisieren; „Museumsführer" benennen und Führung einüben
  Hinweis: Eine Ausstellung in einer öffentlichen Bücherei hat ihren besonderen Reiz. Oft wird dies gerne durch die Mitarbeiterinnen und Mitarbeiter der Bücherei unterstützt, wenn man ihnen den Vorschlag macht.
- Musik:
  Lieder zu Thema „Buch und Lesen" singen, z. B. Christa Zeuch: *Lesen heißt auf Wolken liegen*; gesungen von Maria Kolesnikova
- Literatur-Tipp zum Vorlesen:
  Willi Fährmann: Der überaus starke Willibald
  ISBN: 9783401019505

Verweise
- Lesebuch 4: S. 66–68, 74/75
- Zebra-Erklärfilm „Ein Buch präsentieren"
  (per Code unter Lehrwerk-Online, www.klett.de)
- AH Lesen/Schreiben 4: S. 32, 33

Differenzierung

Fördern:
- Hilfe bei der Auswahl eines Buches geben: nicht zu viel Text, auch ein Bilderbuch kann gut herangezogen werden und bietet gute Ideen für eine Leserolle
- mögliche Ideen und Vorschläge zur Erstellung des Plans für eine Leserolle als Satzstreifen anbieten
- eine geringere Anzahl von Aufgaben vorgeben
- mit ganz schwachen Lesern ein Buch im Lesetandem lesen und in PA bearbeiten lassen

Fordern:
- weitere Bücher des Autors/der Autorin heranziehen
- einige Aufgaben am PC erarbeiten
- in GA ein Poster mit Buchempfehlungen erstellen
- ein Rollenspiel zu einem Buchausschnitt planen, üben und vorführen

Hinweis: Nach Fertigung der Leserollen sollte man einen festen Termin zur Vorstellung im Plan der Woche vorsehen. Mehr als zwei oder drei Vorstellungen nacheinander sind nicht zu empfehlen.

Seite 27

Lernziele/Kompetenzen
- Sätze sinnentnehmend lesen
- Satz-Bild-Zuordnungen treffen
- Informationen geordnet in einer Übersicht eintragen
- Details (Kleidung, Lesegewohnheit) den Namen von Personen zuordnen
- Sätze (Informationen) in einer logischen Reihenfolge umsetzen
- sich fehlende Informationen logisch erschließen

Anregungen für den Unterricht
- Einstieg: Illustration der AH-S. gemeinsam betrachten
  - spontane Äußerungen dazu einholen: *Was fehlt?*
- Vorgehensweise bei einem Logical wiederholen
  Hinweis: Wichtig ist, dass immer wiederholend von oben nach unten gelesen wird.
- Aufg. 1–2: selbstständig erarbeiten
  - in PA: Ergebnisse vergleichen
  - alternativ: Lösungsblatt auf die hintere Seite der Tafel heften
- Aufg. 3: Ergebnis logisch durch Betrachten der Ergebnisse von Aufg. 2 begründen (*Samir liest Märchen, denn Lino liest Tierbücher; Viktor liest Bücher über Fußball und Thore liebt Bücher über Vulkane.*)

Differenzierung
Fördern:
- Aufg. 1–2: die ersten Sätze gemeinsam als Beispiel bearbeiten
  - mit Lernpartner arbeiten
  Hinweis: Der Umgang mit den Sätzen auf Satzstreifen vereinfacht es leistungsschwächeren Kindern, das Logical zu lösen. Bereits bearbeitete Satzstreifen können einfach weggelegt werden.

Fordern:
- Aufg. 1–3: eigenständige Bearbeitung (ohne vorbereitende Hilfe)
  - in PA: Ergebnisse vergleichen
- weitere Logicals bearbeiten
- Lernpartner für leistungsschwächere Kinder sein
- Schreibaufgabe: *Wen möchtest du von den vier Jungen kennenlernen? Was würdet ihr gemeinsam unternehmen? Schreibe auf und begründe.*

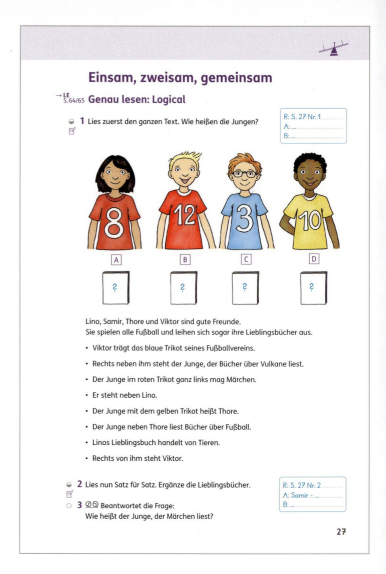

Ideen für die Weiterarbeit
- über Bücher berichten, in denen Freundschaft eine wichtige Rolle spielt
- Literatur-Tipp:
  Caroline Finster-Setzler, Bernd Riemke: Logicals für Kinder. Knifflige Denksportaufgaben (3.–6. Klasse)
  ISBN: 9783403045557

Verweise
- Lesebuch 4, S. 64/65
- Zebra 4 Forderblock, S. 12
- Meine Anoki-Übungshefte, Lesen 4, S. 38/39

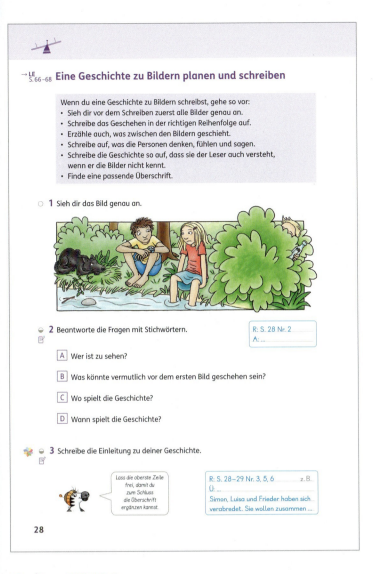

Seite 28/29

Lernziele/Kompetenzen

- in einer Bilderfolge eine fortlaufende Handlung erkennen und nacherzählen
- den Witz in einer Geschichte erkennen
- die Vorgeschichte zu einer Geschichte anhand eines Bildes vermuten und erzählen
- Fragen als Vorbereitung für die Einleitung einer Geschichte beantworten
- die Einleitung einer Geschichte schreiben
- Teile einer Schreibhilfe anwenden (Schreibblume)
- Gefühle und wörtliche Rede auf der Grundlage von Bildern formulieren
- Hauptteil und Schluss einer Geschichte schreiben
- eine treffende Überschrift finden

Anregungen für den Unterricht

- Einstieg: das erste Bild (AH-S. 28) gemeinsam betrachten
  - Vermutungen äußern: *Was geschah vorher? Wie könnte die Geschichte weitergehen?*
- Aufg. 2: eigenständige Bearbeitung
- Aufg. 3: die Einleitung unter Einbeziehung des Textanfangs verfassen (vgl. Schreibhilfe)

Hinweis: Wichtig ist, dass die Kinder die Namen der Hauptfiguren Simon, Luisa und Frieder übernehmen, da sie auf AH-S. 30 zur Überarbeitung herangezogen werden. Zudem vereinfacht dieses Vorgehen den Zugang zur Geschichte.

- Nachbereitung Aufg. 3: einzelne Kinder lesen vor
  - in PA oder im Plenum: *Passt dein Anfang zum ersten Bild? Beschreibt es genau?*
  - ggf. Einleitung überarbeiten/ergänzen
- Vorbereitung Aufg. 4: vor der Bearbeitung Beispiele für wörtliche Reden oder Gedanken sammeln
  - *denken, fühlen, sagen* an der Tafel notieren und Aussagen zuordnen
- Vorbereitung Aufg. 5–6: Methodenkasten gemeinsam lesen und besprechen
  - auf violettes Blütenblatt der Schreibblume eingehen, wörtliche Rede anhand von Beispielen wiederholen
- Aufg. 5–6: eigenständige Bearbeitung
  - auch als HA möglich
- Nachbereitung Aufg. 5–6: Schreibkonferenzen durchführen

Differenzierung

Fördern:

- Aufg. 2: mögliche Antworten auf Satzstreifen vorgeben (Auswahlübung: falsche Aussagen aussortieren lassen)
- Aufg. 3: eine Einleitung einem leistungsstärkeren Kind in PA vor dem Schreiben erzählen
- Aufg. 4: Aussagen oder Gedanken vorgeben, den Bildern zuordnen lassen (Zuordnungsübung)
  - Wortkarten zu Bildern erstellen: *Gebüsch, Flaschenpost, Ufer, Hinterbeine* usw.
- mithilfe einer Vorlage Satzzeichen in der wörtlichen Rede wiederholen, ggf. Lernplakat erstellen

Fordern:

- Aufg. 4: eigenen Schluss finden, dafür eignes Bild zeichnen
- Geschichte um weitere Details ergänzen: *Was könnte noch passieren?*
- Rollenspiel: in GA Bilder nachspielen
- Schreibkonferenz zu Geschichten durchführen
- Einleitung, Hauptteil und Schluss mit Abschnitten erkennbar machen
- Geschichte am PC schreiben

Ideen für die Weiterarbeit
- als Übung: zu Wimmelbildern erzählen
- eigene Erlebnissen am Wasser als Bilderfolge malen und als illustrierte Geschichten schreiben
  - im Plenum: Ergebnisse im „Galerierundgang" betrachten

  Hinweis: Bei einem „Galerierundgang" werden die Bildergeschichten betrachtet. Es hat sich bewährt, die Zeit des Verweilens vor jeder Bildergeschichte durch akustische Zeichen zu lenken. Die Kinder nennen jeweils die Punkte, die gelungen sind.

Verweise
- Lesebuch 4, S. 66–68
- AH Lesen/Schreiben 4, S. 30
- Meine Anoki-Übungshefte 4, Texte schreiben: S. 24/25, 72/73

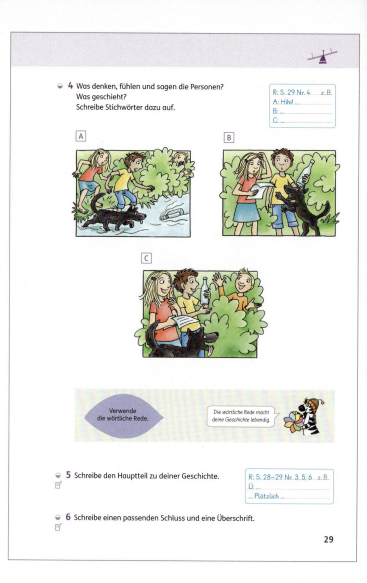

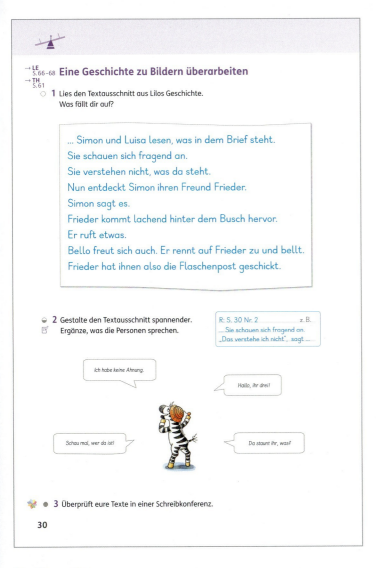

Seite 30

Lernziele/Kompetenzen

- einen fremden Text hinsichtlich eines Merkmals (fehlende wörtliche Rede) überprüfen
- wörtliche Rede in einen Text einfügen
- erkennen, dass der Einsatz von wörtlicher Rede einen Text spannender gestaltet
- die Methode „Eine Schreibkonferenz durchführen" anwenden
- einen eigenen Text überarbeiten
- Teile einer Schreibhilfe anwenden (Schreibblume)

Anregungen für den Unterricht

- Einstieg: Textausschnitt aus Aufg. 1 gemeinsam lesen
  - L: *Was fällt euch auf? Denkt auch an die Blütenblätter der Schreibblume!*

  Hinweis: Durch den Hinweis auf die Blütenblätter erkennen die Kinder das Fehlen der wörtlichen Rede als Spannungselement.
  - Impuls: *An welchen Stellen kann man die wörtliche Rede einsetzen? Was könnten die Personen sagen?*
- Aufg. 2: eigenständige Bearbeitung
  - darauf hinweisen, dass es viele verschiedenen Möglichkeiten (Lösungen) gibt, z. B.: Simon und Luisa lesen gemeinsam den Text des Briefes oder es liest nur einer von ihnen; im Brief kann stehen, dass ihnen ein Streich gespielt wurde, dass Frieder sie beobachtet, dass leider kein Plan für einen Schatz auf die Kinder wartet …; Simon kann fröhlich oder sauer reagieren; Frieder begründet seinen Streich, ruft Bello usw.
- Nachbereitung Aufg. 2: in PA sich die überarbeiteten Texte gegenseitig vorlesen
- Aufg. 3: Durchführung der Schreibkonferenz mit den eigenen Texten zur Bildgeschichte
  - ggf. Durchführung einer Schreibkonferenz wiederholen, z. B. mit Zebra-Erklärfilm zur Methode (unter Lehrwerk-Online, www.klett.de)
  - Zeit zur individuellen Überarbeitung der Texte einplanen
- zur Festigung und weiteren Übung Aufgaben im Trainingsheft auf S. 61 durchführen

Differenzierung

Fördern:

- Aufg. 1: überprüfen, ob der Text verstanden wurde, z. B. durch gezielte, inhaltliche Fragen (*Woher haben Simon und Luisa den Brief?*)
- Aufg. 2: mit einem Lernpartner arbeiten
  - Stellen im Text suchen, an denen wörtliche Rede passend wären
- Aufg. 3: Kriterienkatalog (Anzahl der Blütenblätter) verringern; eine reduzierte Checkliste vorgeben
- KV 92/2–3 verändern: wörtliche Reden vorgeben, Bildern zuordnen (Zuordnungsübung)
  - letzten Satz je Textabschnitt löschen
  - durch L oder in PA: Ergebnisse zu Aufg. 2–3 kontrollieren

Fordern:

- Aufg. 1–2: eigenständige Bearbeitung
  - in PA: mit verteilten Rollen den überarbeiteten Text vorlesen
- Lernpartner für leistungsschwächere Kinder sein
- KV 92 verändern: Kinder schreiben Text ganz oder teilweise selbst
  - dafür Text ganz oder teilweise löschen

Verweise

- Lesebuch 4, S. 66–68
- Zebra 4 Trainingsheft, S. 61
- KV 92 (Eine Geschichte zu Bildern überarbeiten; veränderbar)

Seite 31

Lernziele/Kompetenzen
- einen Text sinnentnehmend lesen
- Antworten zu Fragen im Text finden
- Antworten zu Fragen schriftlich formulieren
- Frage zu einer vorgegebenen Antwort im Text finden und formulieren

Anregungen für den Unterricht

Hinweis: Bevor „Besondere Familien" im Unterricht thematisiert werden, ist eine „Ist-Analyse" der Kinder in der Klasse unbedingt notwendig. Da man in der Regel über die Familiensituation Bescheid weiß, können und müssen betroffene Kinder sensibel beachtet werden.

- Einstieg: Überschrift des Textes in Aufg. 1 lesen, Vermutungen zu der „besonderen Familie" äußern
  - alternativ: Überschrift an Tafel, Gedanken/Erwartungen der Kinder zu „Eine besondere Familie" sammeln
- Aufg. 1: im Plenum gemeinsam oder still in EA lesen
  - bei Variante 1 des Einstiegs: Textinhalt mit Vermutungen abgleichen: *Was war genauso, wie du es erwartet hast? Was hat dich überrascht?*
- Vorbereitung Aufg. 2–3: Aufgabenformate erproben
  - Kinder stellen Fragen an den Text und beantworten mündlich
  - Kinder geben Antworten und finden mündlich Fragen
  Hinweis: Da es Kindern häufig schwerfällt, Antworten vorzugeben, kann diese Aufgabe zur Einübung eher von der L übernommen werden. Wichtig ist, dass die Antworten eindeutige Fragen zulassen, z. B.:
  Monas Eltern. – Wer hat sich getrennt?
- Aufg. 2–3: in EA oder PA möglich
  - in PA oder im Plenum: Ergebnisse vergleichen
  - alternativ: Lösungsblätter im Raum hinterlegen und nach Bearbeitung anbieten
- zur Festigung und weiteren Übung Aufgaben im Trainingsheft auf S. 62 durchführen

Differenzierung

Fördern:
- Aufg. 1: überprüfen, ob der Text sinnentnehmend gelesen wurde, z. B. durch gezielte, inhaltliche Fragen
  - alternativ: Beziehungen der Personen als Grafik ähnlich einem Stammbaum anbieten (vgl. dazu auch Lesebuch 4, S. 74/75)

Mutter		Vater		Mutter
Elsa	(getrennt)	**Sven**	(verh.)	**Karola**
Kinder				Kinder
Mona und Leon				**Zwillinge**

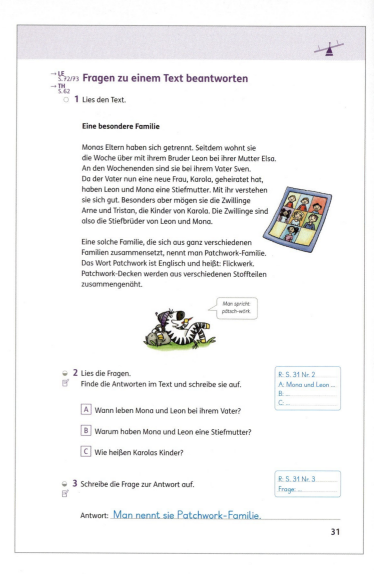

- Aufg. 2: mit L/Lernpartner Schritt für Schritt gemeinsam erarbeiten
- KV 93: unbekannte Wörter klären (z. B.: *adoptieren, schwul, lesbisch*)
- KV 93/1–2 verändern: ersten Abschnitt und erste Fragen getrennt von zweitem und drittem Abschnitt und den zugehörigen Fragen geben
  Hinweis: Auf einem Blatt ist die Trennung des Textes und dazwischen geschobene Fragen für leistungsschwächere Kinder leichter zu handhaben.
  - alternativ: mögliche Antworten zum Ankreuzen anbieten

Fordern:
- Aufg. 2–3: weitere Fragen oder Antworten in PA stellen und bearbeiten
- KV 93/Zusatz: Recherche zur Frage *Welche Rechte haben lesbische und schwule Paare?*

Verweise
- Lesebuch 4: S. 72/73, 74/75
- Zebra 4 Trainingsheft, S. 62
- KV 93 (Fragen zu einem Text beantworten 2; veränderbar)
- Meine Anoki-Übungshefte, Lesen 4: S. 11/12, 48/49

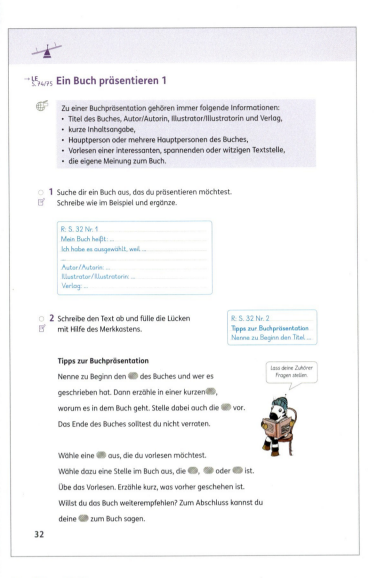

Seite 32

Lernziele/Kompetenzen

- die Methode „Ein Buch präsentieren" kennenlernen und anwenden
- ein Buch auswählen und daraus Informationen entnehmen (Titel, Autor/Autorin, Illustrator/Illustratorin, Verlag)
- Leseempfehlungen geben und begründen
- (Fach-)Begriffe für eine Buchpräsentation kennen und in einen Lückentext einfügen

Anregungen für den Unterricht

- Einstieg im Plenum: jedes Kind bringt Lieblingsbuch mit und begründet die Wahl
  - die Bücher nach Themen oder Sachbereichen gemeinsam ordnen
- Aufg. 1–2: als Beispiel ein Buch als Vorlage heranziehen
  - Franz-Tipp umsetzen: Kinder stellen Fragen
- Vorbereitung Aufg. 3: Methodenkasten gemeinsam lesen und Punkt für Punkt besprechen
  - ggf. Begriffe klären, z. B. „Inhaltsangabe"
- Aufg. 3: eigenständige Bearbeitung
  - in PA oder im Plenum: Ergebnisse vergleichen

Differenzierung

Fördern:

- Aufg. 1–2: das Buch eines eher lernschwächeren Kindes als Beispiel heranziehen, sodass es die Ergebnisse übernehmen kann
- Aufg. 3: in der Vorbereitung während der Besprechung des Methodenkastens Schlüsselwörter unterstreichen
  - Lösungsblatt bereithalten

Fordern:

- Aufg. 3: Methodenkasten abdecken
  - *Wer schafft das Ausfüllen des Lückentextes, ohne nachzulesen?*

Ideen für die Weiterarbeit

- Lieblingsbücher-Klasseliste erstellen

Verweise

- Lesebuch 4: S. 74/75, 90/91
- Zebra-Erklärfilm „Ein Buch präsentieren" (per Code unter Lehrwerk-Online, www.klett.de)

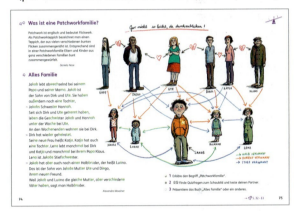

Seite 33

Lernziele/Kompetenzen
- die Methode „Ein Buch präsentieren" anwenden
- unterschiedliche Präsentationsformen kennen (Leserolle, Mindmap, Lesekiste, Plakat)
- Präsentationsformen passenden Bildern zuordnen
- Präsentationsformen beschreiben
- eine Präsentationsform wählen und Wahl begründen

Anregungen für den Unterricht
- Einstieg: einführenden Text lesen und mit Klassensituation vergleichen
  - L: *Wir wollen unser Lieblingsbuch den anderen Kindern vorstellen. Wie könnten wir das tun?*
  - Ideen sammeln
- Vorbereitung Aufg. 1: Präsentationsarten nach Nennung an der Tafel notieren, Aussehen skizzieren
- Aufg. 2: eigenständige Bearbeitung
- Nachbereitung Aufg. 2: *Was ist das Besondere, das Wichtige bei der jeweiligen Präsentationsform?*
  Hinweis: Ergänzt man die Skizzen an der Tafel (vgl. Einstieg) mit Schlüsselwörtern, die überprüft werden können von den Kindern (im AH unterstreichen), haben die Kinder eine Hilfe zur Kontrolle.
- Aufg. 3: Begründung mündlich geben
  - abschließend im Plenum Rückmeldungen einholen
  - ggf. in GA: *Welche Materialien benötigt ihr für eure gewählte Präsentationsform?* (z. B. Schuhkartons für die Lesekisten, Chips-Rollen für die Leserolle, großformatiges Papier, Bastelmaterial usw.)

Differenzierung
Fördern:
- Aufg. 2: Schlüsselwörter oder Sätze auf Streifen vorbereiten und als Hilfe anbieten; z. B.:
  Bild 1: *sammeln, Gegenstände, Kiste außen gestalten, Texte zum Inhalt*
  Bild 2: *Bilder, kurze Texte, übersichtliche, große Schrift*
  Bild 3: *sammeln, Rolle außen gestalten, unterschiedliche Aufgaben*
  Bild 4: *große Pappe, Titel in die Mitte, Unterthemen, Linien*
- KV 94/2 verändern: Sprechblasen ausschneiden, ordnen nach „höflich", „sachlich" und „unhöflich"
- KV 94/3 verändern: als Sprechblasen schreiben
  - alternativ: weitere Sprechblasen (oder Satzanfänge) vorgeben
- KV 94/4 verändern: ggf. Aufg. löschen

Fordern:
- Aufg. 1–2: im Heft eine weitere Präsentationform beschreiben (Bild/Text)
  Hinweis zu KV 94/4: Es sollte genügend Zeit zum Einüben des Vorspiels und zum Finden weiterer, eigener „Rückmeldungen" gegeben werden.

Ideen für die Weiterarbeit
- eine Ausstellung der unterschiedlichen Präsentationsformen für andere Kl organisieren
  - Spezialisten für jede Präsentationsform „ausbilden"
- Kunst:
  Leserolle oder Lesekiste mit besonderen Techniken anfertigen (Collagen, Stempeltechnik)

Verweise
- Lesebuch 4: S. 76/77, 90/91
- KV 94 (Feedback zu einer Buchpräsentation geben; veränderbar)

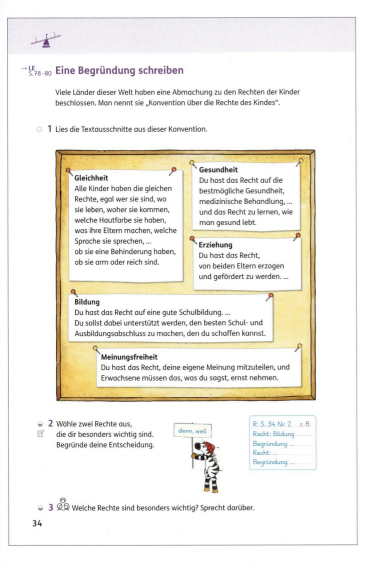

Seite 34

Lernziele/Kompetenzen
- die Ziele der „Konvention über die Rechte der Kinder" kennenlernen
- Textbeispiele aus der Konvention sinnentnehmend lesen
- die Wichtigkeit der Kinderrechte begründen
- die Bedeutung der Kinderrechte in einer Diskussion vertreten

Anregungen für den Unterricht
- Einstieg im Plenum: einführenden Text lesen
  - ggf. auf Vorwissen der Kinder zurückgreifen: *Wer hat schon einmal davon gehört? Was sind die Rechte der Kinder?*
  - ggf. Begriff „Konvention" klären
- Aufg. 1: jedes Kind liest nur einen Abschnitt (Gleichheit, Gesundheit, Bildung), Einteilung durch L
  - Schlüsselwörter herausschreiben
  - im Plenum: Inhalt vortragen
  - Fragen der anderen Kinder zulassen
- Aufg. 2: eigenständige Bearbeitung
  - im Plenum: Ergebnisse vergleichen
- Aufg. 3: ergibt sich aus Aufg. 2
  - Kinder begründen Auswahl und vertreten ihre Meinung

Hinweis: Für Kinder ist die Auswirkung der einzelnen Artikel einfacher zu verstehen, wenn Beispiele herangezogen werden. Sehr gute Anregungen dazu findet man in „Die Rechte der Kinder" (vgl. Literatur-Tipp).

Differenzierung

Fördern:
- Aufg. 1: lesen der kürzeren Abschnitte (Erziehung, Bildung oder Meinungsfreiheit)
- Aufg. 2: Schlüsselwörter an Tafel vorgeben
  - mit einem Lernpartner arbeiten
- KV 95/2 verändern: Schlüsselwörter für Begründung markiert vorgeben
- KV 95/3 verändern: ggf. Aufg. löschen

Fordern:
- Recherche zu weiteren Kinderrechten durchführen
- „Podiumsdiskussion" zwischen Kindern, die unterschiedliche Rechte als wichtig ausgewählt haben, durchführen
  - Podiumsleiter auswählen, auf Gesprächsregeln und Begründungen achten

Ideen für die Weiterarbeit
- als Vorlage zur Recherche ggf. Lesebuch 4, S. 80 heranziehen
- Sachunterricht:
  eine Wandzeitung zum Thema „Kinderrechte" erstellen
- Literatur-Tipp:
  Benno Schick, Andrea Kwasniak, Nadja Stein: Die Rechte der Kinder. Von logo! einfach erklärt. Bundesministerium für Familie, Senioren, Frauen und Jugend, Berlin (kostenlos anzufordern unter www.bmfsfj.de)

Verweise
- Lesebuch 4: S. 78/79, 80, 81
- KV 95 (Eine Begründung schreiben; veränderbar)

Seite 35

Lernziele/Kompetenzen

- einen Text sinnentnehmend lesen
- aus einem Text gezielt Informationen entnehmen
- sich in einer Tabelle orientieren
- Informationen aus einem Text in eine Tabelle eintragen
- sich zum Thema „Berufswünsche" sachbezogen äußern und begründen

Anregungen für den Unterricht

- Einstieg mit Spiel „Berufe raten":
  - Kinder stellen Fragen an das Kind, das sich einen Beruf ausgedacht hat
  - alternativ: Berufe auf Wortkarten vorgeben
    Regel: *Es darf nur mit „Ja" oder „Nein" geantwortet werden.*
- Aufg. 1: Text in EA oder im Plenum lesen
  - Fragen zum Text stellen lassen
  - andere Kinder antworten
- Vorbereitung Aufg. 2: ggf. die Namen der Kinder gemeinsam eintragen
  - alternativ: ein Beispiel gesamt besprechen, besonders auf Begründung achten
- Aufg. 2: eigenständige Bearbeitung
- Aufg. 3: in PA Einträge in Tabelle vergleichen
- Aufg. 4: eigenen Berufswunsch in letzte Zeile einfügen
  - ggf. in PA austauschen
- zur Festigung und weiteren Übung Aufgaben im Trainingsheft auf S. 63 durchführen

Differenzierung

Fördern:

- Aufg. 1: in PA lesen
  - abschnittsweise lesen, Tabelle ins Heft übertragen und ausfüllen
  - vier klare Absätze erkennbar machen (Lisa, Tobi, Sina, Samed)
- Aufg. 2: Name, Berufswunsch und Begründung im Text markieren
- Aufg. 3–4: mit Lernpartner arbeiten
  - Begründung für Berufswunsch gemeinsam erarbeiten
- KV 96/2 verändern: Name, Berufswunsch und Begründung im Text markiert vorgeben
- KV 96/3 verändern: Wortkarten zur Auswahl vorbereiten; passende Berufe herausfinden und aufschreiben (Auswahlübung)

Fordern:

- eine andere Form des Beruferatens vorbereiten:
  - Beschreibung eines Berufes ohne Nennung der Berufsbezeichnung, z. B.: *Ich würde gerne mit Kindern arbeiten. Die Kinder müssen aber noch klein sein. Ich möchte ihnen zeigen, wie man miteinander spielt. Und wie sie sagen, wenn sie etwas möchten … Was möchte ich werden?*

Ideen für die Weiterarbeit

- Tabellen in Zeitschriften/Zeitungen suchen und vorstellen
- Menschen mit außergewöhnlichen Berufen vorstellen
- Mathematik:
  Sachaufgaben lösen, in denen Informationen aus Tabellen angeboten werden
- Literatur-Tipp:
  Detlev Krüger-Sperling: Helden 2009. Die Wahrheit über echte Vorbilder und falsche Idole (Treff Schülerwissen)
  ISBN: 9783866135833

Verweise

- Lesebuch 4, S. 82/83
- Zebra 4 Trainingsheft, S. 63
- KV 96 (Informationen entnehmen 1; veränderbar)
- Meine Anoki-Übungshefte, Lesen 4: S. 6, 7

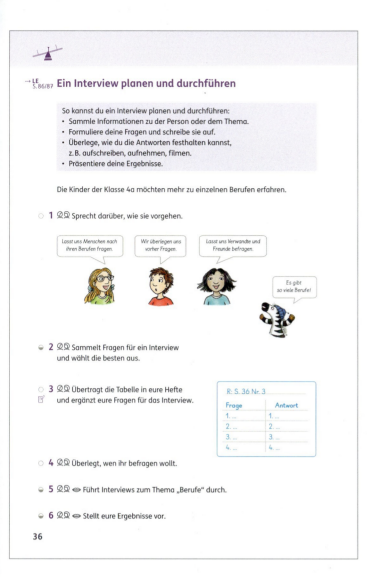

Seite 36

Lernziele/Kompetenzen
- die Methode „Ein Interview planen und durchführen" kennenlernen und anwenden
- Informationen zu einem Thema sammeln
- weiterführende Fragen zu einem Thema formulieren
- Aussagen von Befragten inhaltlich richtig erfassen
- Ergebnisse eines Interviews präsentieren

Anregungen für den Unterricht
- Einstieg: L erfragt Vorwissen der Kinder
  Was ist ein Interview?
  Welche Interviews habt ihr schon gesehen/gehört?
  Was ist das Ziel eines Interviews?
  Bist du selbst schon einmal interviewt worden?
  Hinweis: Die meisten Kinder verstehen zunächst unter „Interview" und „Umfrage" die gleiche Methode. Deshalb sollten Gemeinsamkeiten, aber vor allem auch die Unterschiede klar herausgearbeitet werden (vgl. auch AH Lesen/Schreiben 3, S. 64).
- Methodenkasten gemeinsam lesen und besprechen
- Aufg. 1–2: eigenständige Bearbeitung in PA
  – in GA oder im Plenum: die gefundenen Fragen überprüfen
    (*Wird uns die Antwort eine wichtige Information zum Beruf bringen?*)
- **Hinweis:** Der Austausch von Fragen ist an der Stelle gut möglich.
- Aufg. 3: eigenständige Bearbeitung in PA
- Vorbereitung Aufg. 4: Zeitplanung für die Durchführung der Interviews und der Planung der Präsentation erstellen
- Aufg. 4: als HA möglich
- Vorbereitung Aufg. 5: ggf. verschiedene Präsentationsmöglichkeiten wiederholen
- Aufg. 5: als Nachbereitung in PA Ergebnisse der Kl vorstellen
  – Feedbackrunde: *Waren die Fragen nützlich? Was hat bei der Präsentation besonders gut geklappt?*
  – auf konstruktive Rückmeldungen achten

Differenzierung

Fördern:
- Aufg. 2: Fragen zur Auswahl vorgeben; Anzahl der Fragen verringern
- Aufg. 4 in PA: auf die Zusammensetzung der Teams achten
  – leistungsschwächeres Kind liest Fragen vor, das andere Kind schreibt die Antworten auf
- KV 97/2 verändern: den Anfang von Fragen vorgeben

Fordern:
- Aufg. 5: Ergebnisse der Interviews am PC gestalten
- selbsttätiges Planen und Durchführen eines Interviews zu einem anderen Thema

Ideen für die Weiterarbeit
- Interviews zu aktuellen Themen der Schule führen, um Argumente für oder gegen eine Idee zu sammeln
- Interviews in Kinderzeitschriften sammeln; Fragestellungen analysieren
- Kunst:
  Collagen zum Thema „Berufe" erstellen

Verweise
- Lesebuch 4: S. 84, 85, 86/87
- KV 97 (Ein Interview planen und durchführen; veränderbar)

Seite 37

Lernziele/Kompetenzen

- individuelle Kenntnisse und Kompetenzen an bereits erarbeiteten Aufgabenstellungen anwenden
- einen Text sinnentnehmend lesen
- Antworten zu Fragen in einem Text markieren und formulieren
- Begründung der eigenen Meinung formulieren

Anregungen für den Unterricht

- Einstieg: L erklärt Inhalt und Zweck der „Das-kann-ich-schon"-Seite
  Hinweis: Die Kinder dürfen zeigen, was sie schon können. Es geht nicht um eine Leistungsmessung im strengen Sinne.
- gemeinsam die Aufgaben besprechen und inhaltliche Fragen klären:
  - Aufg. 1: Text lesen; ggf. unbekannte Wörter erklären
  - Aufg. 2: Fragen lesen und Antworten im Text finden; Antworten formulieren
  - Aufg. 3: Textausschnitte lesen, einen Textausschnitt (ein Kinderrecht) auswählen, Inhalt mit eigenen Worten wiedergeben, Wahl begründen
- Aufg. 1–3: eigenständige Bearbeitung
- ggf. Rückmeldung bei Schwierigkeiten (Textverständnis, Antworten finden oder formulieren, eine Auswahl treffen, eine Begründung finden)
- Nachbereitung Aufg. 3: ggf. eine Diskussion führen zur Frage *Was ist das Beste für dich?*
- Weiterarbeit mit ausgefüllten Seiten erklären:
  - ggf. für Lerngespräche nutzen
  - Sammlung in eigenem Portfolio
  - Selbsteinschätzung der Kinder
- zur Festigung und weiteren Übung Aufgaben im Trainingsheft auf S. 64 durchführen

Differenzierung

Fördern:

- Aufg. 1–3: mit Lernpartner arbeiten
  - alternativ für Aufg. 2: Kontrolle durch Lösungsblatt ermöglichen
- Aufg. 3: Begründung durch Gespräch gemeinsam erarbeiten

Fordern:

- selbsttätiges Erarbeiten der Seite
- Kontrolle der Ergebnisse in PA durch Vergleiche

Ideen für die Weiterarbeit

- ggf. Lerngespräche mit den Kindern zur Seite führen
- darauf aufbauend ggf. Förderplan entwickeln
- als Dokumentation in einem Portfolio sammeln

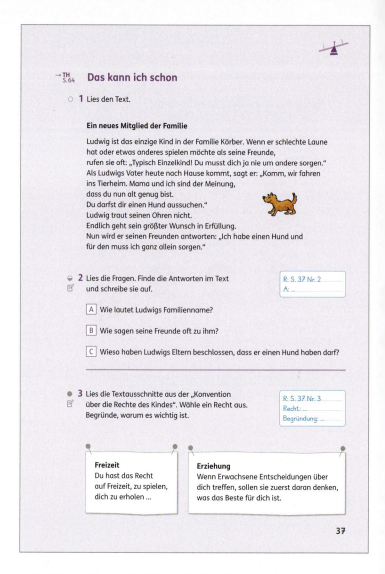

- zur Unterstützung bei Elterngesprächen heranziehen
  Hinweis: Bei der Dokumentation sowie bei Lern- oder Elterngesprächen sollten die Hilfen, die Kindern ggf. gegeben wurden, klar und deutlich dokumentiert und benannt werden, da sonst der wirkliche Lernstand im Vergleich zu anderen nicht mehr gegeben ist und falsche Eindrücke entstehen können.

Verweise

- Lesebuch 4: S. 76/77, 78–80
- Zebra 4 Trainingsheft, S. 64
- AH Lesen/Schreiben 4: S. 31, 34
- Meine Anoki-Übungshefte, Lesen 4

Wundervoll natürlich

Nachdem in den ersten drei Kapiteln insbesondere der Mensch und seine sozialen Beziehungen zentrales Thema waren, rückt nun die Natur in den Blickpunkt.

Die Kinder sollen für die Leistungen, die die Natur erbringt, sensibilisiert werden. Es geht um Naturerlebnisse, um das Begreifen natürlicher Vorgänge, aber auch in besonderem Maße um das Staunen über die Natur, um die Entwicklung von Wertschätzung und Respekt.

Auf den Naturfotos entdecken die Kinder Tiere, die sie im Kapitel näher kennenlernen können. Den Schwerpunkt des Kapitels bilden Tiere und Pflanzen, die im Wald leben. Dazu gehören Wildtiere wie Wölfe, Hirsche, Füchse u. v. m. Dabei können die Kinder erkennen, wie gut die Tiere an ihren Lebensraum angepasst sind. Zudem wird das Thema „Feuer und Vulkane" näher betrachtet.

Seite 92/93

Lernziele/Kompetenzen
- Bilder (Fotos) genau beschreiben
- Wort-Bild-Zuordnungen treffen
- einen Text (Gedicht) sinnentnehmend lesen
- Inhalte zuhörend verstehen
- lebendiges Vorstellen beim Hören von Texten entwickeln
- Vergleiche mit dem Vorwissen aufstellen
- sich zu einem Thema informieren
- zu einem Bild (Foto) schreiben
- Sprachbildung:
  - Nomen, Verben und Adjektive in der richtigen Form verwenden
  - Wörter zu einem Oberbegriff finden
  - Wortschatz mithilfe der Wörtersonne erweitern

Anregungen für den Unterricht
- Einstieg im Sitzkreis: L spricht mit Kl über Tiere und Pflanzen im Wald
  - Bilder von verschiedenen Waldtieren und Pflanzen zeigen (z. B. Hirsch, Reh, Ameise, Fliegenpilz)
  - über die einzelnen Tiere und Pflanzen sprechen und Vorwissen abfragen
  - Diskussion führen: *Welche Gefahren gibt es für den Wald?* (Luftverschmutzung, Abholzung, Dürre, Schädlinge usw.) *Welche Auswirkungen hat dies auf unser Leben?* (Lebensraum verschwindet, Nahrungskette unvollständig, Tiere sterben aus usw.)
- Auftaktdoppelseite bearbeiten:
  - vor dem Hörtext alle Szenen auf einmal oder einzeln gemeinsam betrachten
  - Szenen kurz verbalisieren (*Was gibt es alles auf den Bildern zu sehen? Welche Tiere erkennt ihr?*)

- Text (Gedicht) lesen und zu Bildern (Fotos) in Beziehung setzen
- Hörtext ankündigen, Erwartungen der Kinder einholen und sammeln
- Hörtext ggf. mehrfach anhören
- nach dem Hörtext die Aufgaben der Zebra-Werkstatt lösen

Hörtext: Entdeckungen in der Natur

Im Wald wachsen Nadel- und Laubbäume. Manche können bis zu 60 Meter hoch werden. Viele Tiere leben im Wald und auf den Bäumen. Die Bäume bieten ihnen Schutz vor Gefahren. Bäume reinigen die Luft und produzieren Sauerstoff, den die Menschen zum Atmen brauchen. Deshalb ist es wichtig, den Wald zu schützen.

Um den Äquator herum wächst der Regenwald. Hier leben tausende Tiere und Pflanzen. Leider wird der Regenwald immer weniger. Menschen holzen ihn ab. Sie bauen Pflanzen an, die sie in andere Länder transportieren – auch zu uns. Da es weniger Urwälder gibt, verändert sich auf der ganzen Welt das Klima.

Der Wolf lebt im Wald. In Deutschland war er fast ausgestorben. Heute leben wieder einige Wolfsrudel, das sind so etwas wie Wolfsfamilien, in Deutschland. Der Wolf ist sehr scheu. Er lebt zurückgezogen im Wald und geht nur nachts auf die Jagd. Der Hirsch wird auch als König des Waldes bezeichnet.

Hier steht die Zeit noch still

Wenn im Wald ein neuer Tag erwacht
Und die Vögel singen ihren Morgengruß
Wenn die frühe Sonne alle munter macht
Und du im Schatten der Bäume deine Ruhe suchst

Unendlich und frei
Du fühlst dich leicht wie die Blätter im Wind

Und die Strahlen der Sonne
Halten dich warm
Hier steht die Zeit noch still
Hier fühlt sich alles anders an

Unendlich und frei

Gabriele Kerner (Nena)

93

Die männlichen Tiere haben große Geweihe. Auch er lebt zurückgezogen in den Wäldern und nur in den Morgen- und Abendstunden kann der Mensch ihn sehen. In kalten Wintern hilft der Förster den Tieren mit zusätzlichem Futter.
Vulkane formen unsere Landschaften. Bei einem Vulkanausbruch kommt flüssiges Magma aus der Tiefe der Erde an die Oberfläche. Dabei können große Berge und Inseln entstehen. In erloschenen Vulkanen entstehen Seen oder es wachsen wieder Pflanzen. Manchmal wohnen sogar Menschen in den Vulkankratern.

Zebra-Werkstatt zur Kapitel-Auftaktseite

Werkstatt „ich":

Wo möchtest du gerne dabei sein? Erzähle.
Hinweis: Leistungsstärkere Kinder begründen ihre Entscheidung.

Werkstatt Monitor:

Suche im Internet nach weiteren Informationen.
Hinweis: Die Kinder/Gruppen suchen sich jeweils ein Waldtier aus. Optimal ist es, wenn in der Schule eine Bibliothek mit Lexika vorhanden ist und die Kinder Zugang zu einem Computer (Internet) haben. Auch können die Kinder sich über den Vulkan informieren.

- Weiterführende Aufgabe: gesammelte Informationen für Plakat, Kurzvortrag oder für die Zebra-Werkstatt verwenden

Werkstatt Stift:

Schreibe zum/zu einem Bild.
Hinweis: Die Kinder beschreiben ein Tier möglichst genau und können es mit einer Geschichte verbinden. Sie können hierzu auch die Ergebnisse der Recherche in der Zebra-Werkstatt nutzen oder eigene Erlebnisse in der Natur aufschreiben.
- Weiterführende Fragen:
  Warum gibt es diese Tiere immer weniger? Was kann ich dazu beitragen, dass die Tiere geschützt werden?

Werkstatt Sonne:

Schreibe die Wörtersonne in dein Heft.
Ergänze weitere Wörter zum Kapitelthema.

Differenzierung

Fördern:

- Kinder zum genauen Beobachten durch gezielte Fragen anregen: *Was ist das Besondere am Hirsch?*
- KV 98/99 verändern: Antwortmöglichkeiten zum Ankreuzen vorgeben, z. B.:
  Warum wird der Regenwald immer weniger?
  ☐ wegen Baumkrankheiten ☐ weiß man nicht
  ☐ durch Abholzung

Fordern:

- KV 98/99 verändern: Möglichkeiten zum Schutz des (Regen-)Waldes recherchieren

Ideen für die Weiterarbeit

- Lerngang in den Wald
- Sachunterricht:
  Tiere und Pflanzen im Wald thematisieren

Verweise

- DUA: Hörtext
- KV 98–99 (Leseverständnis; veränderbar)
- Lesebuch 4, S. 215 (Lese-Rallye)

Lesetraining
Seite 118/119

Lernziele/Kompetenzen
- Wörter/Sätze lesen üben
- in Wortreihen thematisch nicht passende Begriffe („Störenfriede") erkennen
- Sätze mit Wörtern mit gleichem Anfangsbuchstaben lesen
- Sätze mit Wörtern ohne Wortgrenzen sinnerfassend lesen (Satzschlangen)
- einen Text im Lesetandem lesen

Anregungen für den Unterricht
- **Einstieg zu S. 118**: Blitzlesen (gemeinsame Leseübung)
  - L zeigt Wortkarten der ersten Wörterreihe
  - Kinder erlesen diese mit einem Blick so schnell wie möglich
  - alle Wörter nacheinander lesen und versuchen, eine Logik in der Reihe zu finden
  - Wörter aus Aufg. 1 gemischt auf Wortkarten geschrieben in die Mitte des Sitzkreis legen
  - Wörter lesen und das unpassende Wort jeweils suchen
  - Oberbegriff für die anderen Wörter finden
  - weitere Wörter sammeln, die in die jeweilige Reihe passen könnten
- Aufg. 1 in PA: Lesetraining abwechselnd lesen
  - ggf. am nächsten Tag wiederholen
- Vorbereitung Aufg. 2: L präsentiert auf Wortkarten Wörter der einzelnen Sätze
  - Kinder versuchen, sinnvolle Sätze zu bilden
  Hinweis: Hier kann es mehrere Möglichkeiten geben.
  - Wörter in andere Reihenfolge legen und lesen
  - Kinder ergänzen Sätze um weitere passende Wörter
- Nachbereitung Aufg. 2: Kinder denken sich weitere Sätze zum Wald aus, deren jeweilige Anfangsbuchstaben gleich sind (Ei wie *Eiche*, P wie *Pilz*, M wie *Moos* usw.)
  - ggf. Wörterbücher bereithalten

- **Einstieg zu S. 119**: Satzstreifen mit Schlangensätzen ohne Wortabstände an die Tafel heften
  - Kinder versuchen, den Satz zu erlesen
  - Kinder setzen Striche zwischen die Wörter
  - Sätze danach Wort für Wort aufbauen
  - Nomen im Satz finden, die Artikel dazu nennen
  - Verben im Satz finden, in verschiedene Zeitformen setzen und in verschiedenen Personalformen bilden
  - Adjektive im Satz finden und steigern
- Aufg. 3 in PA: Lesetraining abwechselnd lesen
  - ggf. am nächsten Tag wiederholen, um Lesegeläufigkeit zu verbessern
- Vorbereitung Aufg. 4: Methode „Im Lesetandem lesen" aus Klasse 2 und 3 wiederholen
- Aufg. 4: eigenständige Bearbeitung im Lesetandem
  Hinweis: Bei der Zusammenstellung des Lesetandems sollte stets darauf geachtet werden, dass der „Trainer" in der Lage ist, den Text sicher zu lesen, damit der „Sportler" problemlos geführt werden kann (vgl. auch LHB, S. 128).

Differenzierung
Fördern:
- Aufg. 1: in PA sich weitere Wörterreihen mit „Störenfrieden" ausdenken und notieren
- Aufg. 2: weitere Wörter bzw. Sätze finden, die mit dem gleichen Anfangsbuchstaben anfangen
- Aufg. 3: für Kinder mit Wahrnehmungsschwierigkeiten die Satzschlangen schrittweise aufdecken, um eine optische Überforderung zu vermeiden
  - Satzschlangen immer schneller lesen üben
- Aufg. 2–4: mit Lernpartner oder mit dem Lesepfeil (Klasse 2) arbeiten

○ 3 Lies die Satzschlangen.

DerRegenwaldisteinLebensraumfürPflanzenundTiere.
LeiderwerdenvieleTeiledesRegenwaldesabgeholzt.
PflanzenundTierekönnenohneRegenwaldnichtleben.
DeshalbsindimmermehrPflanzenundTiereausgestorben.
WarumpassenwirMenschennichtbesserauf?

○ 4 Lest im Lesetandem.

Vulkane

Vulkane sind Feuer speiende Berge.
Meistens fängt ein Vulkan zuerst an zu rauchen.
Dann aber bricht er plötzlich aus. Aus einem Vulkan fließt
nun Lava. Das ist flüssiges Gestein. Vulkane entstehen dadurch,
dass eine heiße Masse aus dem Erdinneren nach oben kommt.
Diese heiße Masse nennt man Magma.
Vulkanausbrüche sind für die Menschen gefährlich.
Die Rauchwolken enthalten giftige Gase. Die Lava ist sehr heiß
und zerstört Wälder und Häuser.

119

Verweise

- Lesebuch 2, S. 30/31 (Methodenseiten „Im Lesetandem lesen")
- Zebra-Erklärfilm (Klasse 2) „Im Lesetandem lesen" (per Code m69xm3 unter Lehrwerk-Online, www.klett.de)

Fordern:

- Lernpartner für leistungsschwächere Kinder sein: individuelle Lesephasen als „Helfer"-Kind beginnen
- Aufg. 2 in PA: ähnliche Sätze als Zungenbrecher ausdenken
- Aufg. 3 in PA: sich eigene Satzschlangen ausdenken
- zunehmend Freiräume geben für selbstbestimmtes interessegeleitetes Lesen
- ein Lesetagebuch führen
  Hinweis: Ein Lesetagebuch ist ein wichtiges Instrument, um das Leseverhalten, aber auch den Lesefortschritt von Kindern zu dokumentieren. Zugleich gibt es einen Überblick über die Leserlebnisse.
  Als äußerer Rahmen biete sich ein einfaches Blanko-Schulheft im Format DIN A5 an. Den Umschlag gestalten die Kinder nach ihren Wünschen und Vorstellungen.
  Grundsätzlich sollte die L den Kindern viel Freiraum zugestehen, denn nur so werden sie sich mit dem Heft identifizieren und gerne darin arbeiten.

Ideen für die Weiterarbeit

- regelmäßig Leseübungen durchführen
- ggf. auch bisher noch nicht gelesene Texte auf Lernplänen anbieten
- feste Lesezeiten in der Kl einführen
- Eltern als Lesepaten einladen

Einen Sachtext planen und schreiben
Seite 120/121

Lernziele/Kompetenzen
- die Methode „Einen Sachtext planen und schreiben" kennenlernen und anwenden
- sich zu einem Thema informieren
- die Medien „Internet" und „Buch" und die Recherchetechnik „Experten befragen" nutzen
- ein Thema in Unterthemen strukturieren
- Texte mithilfe von Schlüsselwörtern zusammenfassen
- Kriterien für einen guten Sachtext kennenlernen

Anregungen für den Unterricht
- Einstieg in die Methode „Einen Sachtext planen und schreiben" mit Tiergeräuschen (CD):
  - L spielt den Ruf des Dachses von einer Hör-CD ein (vgl. Literatur-Tipp)
  - Kinder suchen aus Bildkarten das passende Tier heraus
  - L liest Sachtext aus einem Sachbuch zum „Dachs" vor
  - in GA Fragen erörtern:
    Wozu sind Sachtexte da?
    Woran erkennt man einen guten Sachtext?
- Methodenerarbeitung „Einen Sachtext planen und schreiben": Arbeitsschritte anhand der Bilder nachvollziehen
  - Bild 1: Thema auswählen und vorstellen (hier: „Der Dachs")
  - Bild 2: Informationen zum Dachs auf Satzkarten an der Tafel durcheinander aufhängen; Kinder versuchen, die Informationen nach Unterthemen zu sortieren; Unterthemen zu den geordneten Gruppen benennen
  - Bild 3: auf Tablets/im Internet oder in Sachbüchern nach weiteren Informationen zum Dachs suchen; auf geeignete Seiten im Internet verweisen
  - Bild 4: in GA zu jedem Unterthema einen Abschnitt des Sachtextes schreiben und Kl vorlesen
  - Feedbackrunde: gesamten Sachtext vorlesen, anhand der Kriterien für einen Sachtext Rückmeldung geben: *Wurden Fachbegriffe verwendet? Wurde verständlich geschrieben? Wurde sachlich und ohne eigene Meinung geschrieben? Wurde das Präsens eingehalten?*
- Bild 5: den geprüften Sachtext mit dem Computer aufschreiben, passende Bilder einfügen

Einen Sachtext planen und schreiben
Wenn ich einen Sachtext schreiben will, gehe ich so vor:

Ich wähle ein Thema.

Ich lege passende Unterthemen fest.

Ich sammle Informationen zum Thema und ordne sie.

Ich schreibe zu jedem Unterthema einen Abschnitt.

Differenzierung
Fördern:
- in PA oder GA arbeiten
- Informationen zum Dachs vorlesen lassen
- einzelne Wörter auf den Satzkarten markieren, als Hilfe bei der Zuordnung zu Themen bereithalten
- zu den Sätzen Bilder als Visualisierung hinzufügen
- Wörterbücher bereitstellen und Themenwortschätze nutzen

Fordern:
- Lernpartner für leistungsschwächere Kinder sein: bei Strukturierung und Formulierung helfen
- einen Kurzvortrag zum Sachtext halten
- Sachtext direkt mit dem PC schreiben

Ideen für die Weiterarbeit
- regelmäßiges Anwenden der Methode „Einen Sachtext planen und schreiben"
  Hinweis: Im Lesebuch 4 gibt es hierzu viele bereits aufgearbeitete Texte zur Weiterarbeit auch für leistungsschwächere Kinder.
- zu weiteren Tieren und Pflanzen des Waldes einen Sachtext schreiben
  Hinweis: Gerade wenn sich Kinder intensiv mit einem Thema befassen und sich dazu auch Wissen aneignen, sollten sie

eine Möglichkeit erhalten, anderen das Ergebnis ihrer Arbeit dauerhaft zu präsentieren. Das Schreiben eines Sachtextes ist eine gute Möglichkeit dafür. Doch auch das ist mit Anstrengung verbunden, denn nur ein sorgfältig gestalteter und sinnvoll strukturierter Sachtext erfüllt seinen Zweck. Die Sachtexte der Kinder zu den Waldtieren und -pflanzen können zu einem Waldlexikon zusammengestellt werden.

- Ausstellung von selbstgestalteten Sachbüchern zu verschiedenen Themen organisieren
- öffentliche Bibliotheken als Rechercheort mit der gesamten Kl nutzen
- Literatur-Tipp:
Carola Preuss, Klaus Ruge: Waldgeräusche-Spiel (Hinhören lernen) (CD)
ISBN 9783860721759
Ricarda Dransmann, Svenja Sölter: Sachtexte schreiben – Das Rundum-sorglos-Paket für die Grundschule. Mit Anleitungen, Checklisten, Übungen, Klassenarbeiten & Vorlagen für eine transparente Bewertung
ISBN: 9783834635839

Verweise

- Lesebuch 4: S. 98, 99, 104, 105, 106/107
- Zebra-Erklärfilm „Einen Sachtext planen und schreiben"
  (per Code unter Lehrwerk-Online, www.klett.de)
- AH Lesen/Schreiben 4: S. 42, 43, 44

Seite 38

Lernziele/Kompetenzen

- die Gedichtform „Haiku" kennenlernen
- ein Gedicht als Haiku erkennen
- Wörter für ein Gedicht zu einem Thema sammeln
- Silbenbögen setzen
- ein eigenes Haiku schreiben
- ein eigenes Gedicht auf die Einhaltung von Merkmalen einer Gedichtform (Haiku) überprüfen

Anregungen für den Unterricht

- Einstieg mit Haiku an der Tafel:

    Ich stehe im Wald.
    Alles riecht so wunderbar.
    Hier fühl ich mich wohl.

    – L fordert dazu auf, das Gedicht silbierend zu sprechen
    Hinweis: Hierbei sollen die Silben geschwungen werden. Die Kinder sollen bei jedem Satz die Silben in der Luft mitschwingen.
    – L gibt die Erklärung für Haikus:
    Haikus stammen aus Japan. Sie erzählen mit 17 Silben von den Menschen und der Natur. Es gib sie schon seit über 600 Jahren. Und sie sind wohl die kürzeste Gedichtform, die wir kennen.
    – Methodenkasten gemeinsam lesen und Aufbau eines Haiku besprechen
- Aufg. 1: Silbenbögen jeweils zählen und erstes Gedicht als Haiku erkennen
- Aufg. 2: auf genaues Einzeichnen der Silbenbögen achten
    – ggf. Bildkarten oder Sachbilderbücher als Impulse bereithalten
    – in PA : Sammlungen vergleichen
- Aufg. 3–4: eigenständige Bearbeitung in EA bzw. PA
    – im Plenum: Haikus vortragen

Differenzierung

Fördern:

- Aufg. 1–2: mit Lernpartner arbeiten
- Aufg. 3: Raster für das Haiku-Schreiben vorgeben
- KV 100/3 verändern: Bildgedicht bereits vorgeben

Fordern:

- Aufg. 1–2: Lernpartner für leistungsschwächere Kinder sein
- Aufg. 3: eigenes Haiku am PC schreiben und gestalten
- KV 100/4 verändern: das Bildgedicht mit verschiedenen Farben am Computer gestalten

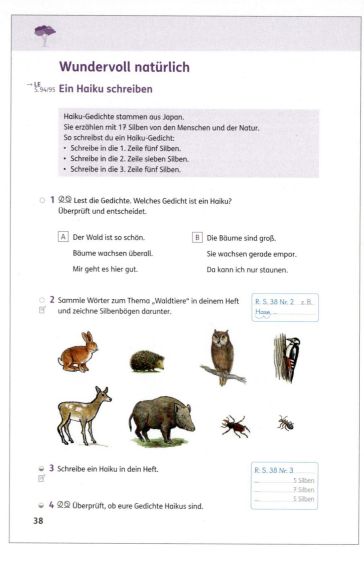

Ideen für die Weiterarbeit

- weitere Gedichtformen (z. B. Elfchen, Rondo) zum Thema Wald behandeln
- eine Gedichtewerkstatt mit weiteren Gedichtformen ausgestalten
- Literatur-Tipp:
    Hans-Dieter Bunk: Gedichte für die Grundschule 1–4
    ISBN: 9783123105005
- Kunst:
    Haikus in die Mitte eines Blattes kleben und um dieses herum mit Wasserfarben oder Buntstiften ein Bild gestalten

Verweise

- Lesebuch 4: S. 94, 95
- KV 100 (Ein Bildgedicht am Computer schreiben; veränderbar)
- Zebra 4 Forderblock: S. 16, 17
- Meine Anoki-Übungshefte, Texte schreiben 4, S. 46

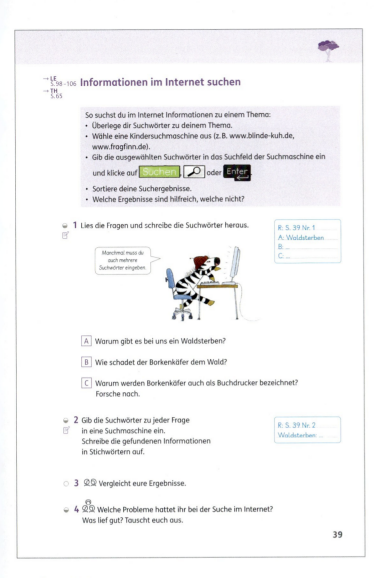

Seite 39

Lernziele/Kompetenzen

- Informationen im Internet suchen und finden
- sinnvolle Suchwörter für Suchmaschinen finden
- umfangreiche Informationen in Stichwörtern notieren
- Probleme beim Finden von Informationen reflektieren

Anregungen für den Unterricht

- Einstieg mit Frage: *Warum gibt es bei uns das Waldsterben?*
  - Kinder stellen Vermutungen an
  - L: *Heute wollen wir das genauer herausfinden? Wie gelingt uns das?*
  - Ideen sammeln (Sachbücher, Zeitungen, Zeitschriften, Internet)
  - L: *Wie findet ihr im Internet die passenden Informationen zu einer Frage?*
  - Kinder nennen Suchmaschinen
  Hinweis: Die Kinder werden sicherlich sehr schnell bekannte Suchmaschinen für Erwachsene erwähnen. Die L sollte hier auf die Kindersuchmaschinen aufmerksam machen, die den Kindern auch kindgerechte und sichere Ergebnisse liefern.
- Aufg. 1–2: L präsentiert nochmals die erste Frage
  - Kinder überlegen und schreiben sinnvolle Suchwörter heraus
  - anschließend die Suchwörter in die Suchmaschine eingeben und Ergebnisseiten bewerten

Hinweis: Dabei müssen die Kinder überprüfen, ob die Seiten relevante Informationen zur Beantwortung der Fragen enthalten.
Die Kinder müssen beachten, dass sie zur Beantwortung von Fragen evtl. mehrere Ergebnisseiten aufrufen müssen. Dabei können auch unterschiedliche und ggf. auch widersprüchliche oder sich ergänzende Suchergebnisse herauskommen.

- Aufg. 3: Ergebnisse vergleichen, dabei die eigenen Ergebnisse kritisch reflektieren
- Aufg. 4: mögliche Schwierigkeiten bei der richtigen Auswahl der Suchwörter, beim Finden der Informationen und beim Formulieren in Stichwörtern benennen und besprechen
- zur Festigung und weiteren Übung Aufgaben im Trainingsheft auf S. 65 durchführen

Differenzierung

Fördern:

- Aufg. 1: Suchwörter vorgeben
- Aufg. 2: mit Lernpartner arbeiten
  - alternativ: nur jeweils eine Seite zum Suchen der Antworten vorgeben
- KV 101/1 verändern: Suchwörter in den Fragen markiert vorgeben

Fordern:

- Aufg. 2: mithilfe der einzelnen Fragen Kurzvorträge zu den jeweiligen Themen halten
  - hierzu kleine Präsentationen erstellen
  - Lernpartner für leistungsschwächere Kinder sein
  - sich weitere Fragen ausdenken und Recherchen dazu anstellen

Ideen für die Weiterarbeit

- Sachunterricht:
  Suchaufträge zu den Lehrplanthemen anstellen

Verweise

- Lesebuch 4: 98, 99, 100/101, 102, 103, 104, 105, 106/107
- Zebra 4 Trainingsheft, S. 65
- KV 101 (Informationen im Internet suchen)
- Mein Medienheft 3/4, S. 16–27

Seite 40

Lernziele/Kompetenzen
- Informationen in Sachbüchern suchen
- Antworten auf Fragen finden
- Informationen in Stichwörtern aufschreiben
- Suchergebnisse bewerten
- Recherchemethoden bewerten

Anregungen für den Unterricht
- Einstieg im Sitzkreis: L präsentiert Sachbücher zum Thema „Wald"
  Hinweis: Viele Bibliotheken stellen für Schulen ein Buchsortiment zu einem bestimmten Thema zusammen, dass sie Grundschulen in Form von Themenkisten ausleihen.
  - in PA aus Büchern einen interessanten Aspekt heraussuchen, diesen im Sitzkreis präsentieren
  - ggf. Wahl begründen
  - gemeinsam weitere interessante Fragen zum Thema „Wald" formulieren
  - in der Folge in den Sachbüchern nach den entsprechenden Antworten suchen
  - Seitenangaben zu den gefundenen Informationen machen
- Aufg. 1: Aufg. dient als Austauschimpuls für das richtige Suchen von Informationen
  Hinweis: Die L sollte hier den Aufbau von Sachbüchern erklären. Die meisten haben ein Stichwortverzeichnis, mit dessen Hilfe die Kinder schneller die gewünschten Informationen finden.
- Aufg. 2: als HA möglich
  - alternativ: mit Bibliotheksbesuch verbinden
- Aufg. 3: eigenständige Bearbeitung in PA
  Hinweis zu Aufg. 4–6: Im Internet findet man schneller und mehr Ergebnisse. Sachbücher begrenzen die Menge der Informationen und bieten sie strukturierter dar.

Differenzierung
Fördern:
- Aufg. 3: mit leistungsstärkerem Lernpartner arbeiten
  - L markiert ggf. bereits passende Seiten mit Haftnotizen
  - alternativ: Seiten eines Buches kopieren, die richtige Passage markiert vorgeben
- Aufg. 4: Kontrolle durch Lösungsblatt ermöglichen
- KV 102/1–2 verändern: Texte aus Sachbüchern mit Haftnotizen markiert vorgeben

Fordern:
- Aufg. 3: Lernpartner für leistungsschwächere Kinder sein
- Aufg. 4: Kurzvortrag zu den Ergebnissen halten

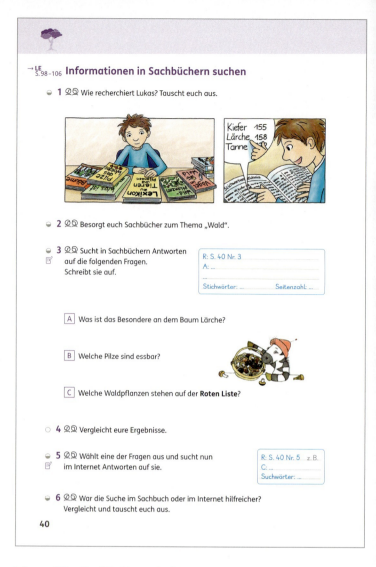

Ideen für die Weiterarbeit
- Antworten zu weitere Fragen zum Thema suchen
- Plakat zum Thema „Wald" erstellen
- Sachunterricht:
  Pflanzen des Waldes suchen und bestimmen
- Besuch eines Naturschutzzentrums oder Waldführung durch einen Mitarbeiter eines Naturschutzverbandes (z. B. NABU)
- Literatur-Tipp:
  Holger Haag: Welcher Baum ist das? (Kindernaturführer: entdecken, erkennen, erleben)
  ISBN: 9783440152461

Verweise
- Lesebuch 4: 98, 99, 100/101, 102, 103, 104, 105, 106/107
- KV 102 (Informationen in Sachbüchern suchen; veränderbar)
- Mein Medienheft 3/4, S. 16–27
- Meine Anoki-Übungshefte:
  - Lesen 4: S. 6, 7, 26/27
  - Wald 3/4

Seite 41

Lernziele/Kompetenzen
- Details auf einem Bild erkennen
- Piktogramme erkennen und deren Bedeutung herausfinden
- eigene Piktogramme erfinden und deren Bedeutung aufschreiben

Anregungen für den Unterricht
- Einstieg im Sitzkreis: L zeigt Bild von AH-S. 41 vergrößert am Whiteboard im Klassenzimmer (oder mithilfe eines Tageslichtprojektors)
  – gemeinsam das Bild genau betrachten
  – L präsentiert die einzelnen Piktogramme auf DIN-A3-Format
  – Gespräch über den Sinn und die Bedeutung von Piktogrammen führen: *Wozu braucht man Piktogramme?* – schnelles Erkennen von Gefahren, von Regeln und Verboten
  – Merkmale von Piktogrammen besprechen: einfache, allgemein verständliche Bildsprache, hoher Wiedererkennungswert
  – zunächst mündlich eine Definition für „Piktogramme" finden, anschließend gemeinsam an der Tafel festhalten
- Aufg. 1–2: eigenständige Bearbeitung
  – in PA oder im Plenum: Ergebnisse vergleichen
- Vorbereitung Aufg. 3: ggf. gemeinsam Ideen sammeln
- Nachbereitung Aufg. 4–6: Piktogramme vorstellen und ggf. küren (verschiedene Kriterien möglich: Sachlichkeit, Wiedererkennung, Einfachheit, künstlerischer Wert)

Differenzierung

Fördern:
- Aufg. 2: Bedeutungen der Piktogramme auf Textstreifen zum Zuordnen vorgeben (Zuordnungsübung)
- Aufg. 4–6: Piktogramme und Anweisungen zur Auswahl und zum Zuordnen vorgeben (Zuordnungsübung)

Fordern:
- Aufg. 1–3: Lernpartner für leistungsschwächere Kinder sein
- Aufg. 4: mehrere Piktogramme ausdenken bzw. Piktogramme im Internet suchen und erklären

Ideen für die Weiterarbeit
- Piktogramme-Raten: Kinder stellen Piktogramme als Standbilder dar, Kl rät
- Bild- bzw. Bild/Wort-Paar-Spiel herstellen: jeweils zwei gleiche Piktogramme auf Kärtchen malen
  – alternativ: Piktogramm auf eine Karte aufzeichnen, dessen Bedeutung auf eine zweite schreiben
- Kunst:
  sich Fantasie-Piktogramme mit verschiedenen künstlerischen Ausdrucksmitteln ausdenken
- Sachunterricht:
  Plakat zu verschiedenen Piktogrammen und ihren Bedeutungen erstellen
- Aktion zum Thema „Naturschutz" starten: Kontakt zu örtlichen Naturschutzorganisationen aufnehmen
- Literatur-Tipp:
  Janine Eck: 100 Dinge, die du für die Erde tun kannst: Nachhaltig handeln – Mitmach-Tipps – Natur und Umwelt
  ISBN: 9783849922610

Verweise
- Lesebuch 4, S. 100/101

Seite 42

Lernziele/Kompetenzen

- die Methode „einen Sachtext planen und schreiben" (zu Tieren) kennenlernen und anwenden
- Informationen (Stichwörter) nach Unterthemen ordnen
- weitere Informationen zu Unterthemen recherchieren
- einen Sachtext mithilfe von Stichwörtern schreiben

Anregungen für den Unterricht

- Einstieg mit Ratespiel „Wer bin ich?":
  - L: *Ich bin ein König. Ich habe eine „wachsende Krone". Jeden Tag laufe ich bis zu 50 Kilometer. Meistens entdeckst du nur meine Spuren. Ich bin das größte Tier des Waldes.*
  - mit Auflösung des Rätsels Bild eines Rothirsches zeigen
  - Vorwissen abfragen, diese Informationen auf Satzstreifen stichwortartig notieren
  - gemeinsam in Sachbüchern Informationen zum Rothirsch heraussuchen
  - die gefundenen Informationen ebenfalls stichwortartig auf Satzstreifen notieren
  - alle Informationen z. B. an Tafel versammeln
  - L: *Was machen wir nun mit den vielen Informationen zum Rothirsch?*
- Methodenkasten gemeinsam lesen und besprechen

  Hinweis: Das Schreiben eines Sachtextes ist für die Kinder eine neue Arbeitstechnik, um geordnete Informationen in ausformulierte Texte zu schreiben. Erlernen sollen die Kinder die neue Methode am Beispiel eines Sachtextes zum Rothirsch.
- Vorbereitung Aufg. 1: die gesammelten Informationen gemeinsam ordnen, dabei mögliche Unterthemen benennen
  - mit Informationen zum „Aussehen" beginnen
  - Stück für Stück die Informationen zu den Unterthemen „Ernährung", „Fortpflanzung" und „Lebensraum" heraussuchen
  - ggf. weitere Unterthemen ergänzen
- Aufg. 1–3: eigenständige Bearbeitung
- Aufg. 4: ggf. auf geeignete Medien eingehen
- Vorbereitung Aufg. 5: die Merkmale eines „Sachtextes" wiederholen
  - *Jeder Abschnitt handelt von einem Unterthema.*
  - *Verwende Fachbegriffe.*
  - *Schreibe verständlich und genau.*
  - *Schreibe ohne eigene Meinung.*
  - *Schreibe im Präsens (Gegenwart).*
- Aufg. 5: auf Schreibhilfe hinweisen
- zur Festigung und weiteren Übung Aufgaben im Trainingsheft auf S. 66 durchführen

Differenzierung

Fördern:

- Aufg. 1–2: mit Lernpartner arbeiten
- Aufg. 3: die weiteren Unterthemen vorgeben
- Aufg. 4: Informationen zum einfachen Zuordnen zu den Unterthemen vorbereiten
- Aufg. 5: nur Abschnitt zum Aussehen schreiben
- KV 103/3 verändern: Unterthemen vorgeben

Fordern:

- Aufg. 1–2: Lernpartner für leistungsschwächere Kinder sein
- Aufg. 3: durch weitere Unterthemen erweitern
- Aufg. 5: Sachtext direkt am Computer schreiben

Verweise

- Lesebuch 4: S. 98, 99, 104, 105, 106/107
- Zebra 4, Trainingsheft S. 66
- Zebra-Erklärfilm „Einen Sachtext planen und schreiben" (per Code unter Lehrwerk-Online, www.klett.de)
- KV 103 (Einen Sachtext planen und schreiben; veränderbar)

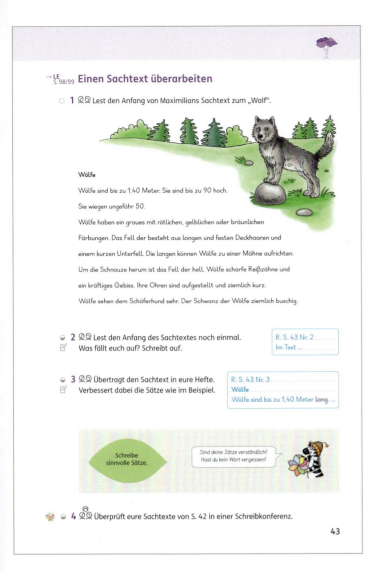

Seite 43

Lernziele/Kompetenzen

- einen Text (Sachtext) nach Kriterien überprüfen
- einen Text (Sachtext) nach Kriterien überarbeiten
- Teil einer Schreibhilfe anwenden (Schreibblume)
- die Methode „Eine Schreibkonferenz durchführen" anwenden
- einen eigenen Text (Sachtext) überarbeiten

Anregungen für den Unterricht

- Einstieg: L präsentiert einen kurzen, lückenhaften Sachtext zum Thema „Wolf", z. B. auf Whiteboard
  - Sachtext gemeinsam lesen
  - L: *Was fällt euch am Sachtext zum Wolf auf?* – Kinder geben Rückmeldung
  - L weist auf die Merkmale eines Sachtextes hin
  - Kinder erkennen, dass Wörter in den Sätzen fehlen
  - L präsentiert das Schreibblumenblatt „Schreibe sinnvolle Sätze."
  - mündlich den Sachtext Satz für Satz überarbeiten
- Aufg. 1: Satz für Satz in PA abwechselnd lesen
- Aufg. 2–3: eigenständige Bearbeitung in PA
- Aufg. 4: kleine Gruppen für Schreibkonferenz bilden (vgl. auch LHB, S. 155)
  - Schreibkonferenz durchführen (Sachtexte zum Rothirsch vorlesen, Rückmeldung und Überarbeitungstipps geben)

Hinweis: Für eine Schreibkonferenz sollten die einzelnen Punkte auf Karteikarten (Tippkarten) vorbereitet und mit einer entsprechenden Checkliste ausgegeben werden.

- Nachbereitung Aufg. 4: eigenen Sachtext mithilfe der Überarbeitungstipps überarbeiten

Differenzierung

Fördern:

- Aufg. 1: mit Lernpartner arbeiten
- Aufg. 3: Text auf DIN-A4-Größe zum Hineinarbeiten kopieren
- Aufg. 4: Überarbeitungskarten mit den Merkmalen eines Sachtextes zur Verfügung stellen

Fordern:

- Lernpartner für leistungsschwächere Kinder sein
- Aufg. 4: die Schreibkonferenz leiten

Ideen für die Weiterarbeit

- KV 103: die Informationen aus dem Sachtext zum Entwerfen eines Plakates oder für einen Vortrag nutzen
- aus den Sachtexten ein Tierlexikon zusammenstellen
- Lerngang in den Wald, ggf. mit einem Förster
- Sachunterricht:
  Informationen sammeln zum Vorkommen des Rothirsches und des Wolfes; Fragen klären (*Warum sind beide Tierarten in ihrer Existenz bedroht? Was kann zum Schutz der Tiere gemacht werden?*); gemeinsame Aktionen und Ausstellungen planen
- Literatur-Tipp:
  Holger Haag: Was lebt im Wald? (Kindernaturführer: entdecken, erkennen, erleben)
  ISBN: 9783440152454

Verweise

- Lesebuch 4: S. 98, 99, 104, 105, 106/107
- KV 103 (Einen Sachtext planen und schreiben; veränderbar)
- Meine Anoki-Übungshefte, Wald 3/4

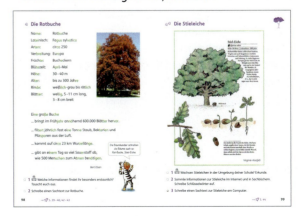

Seite 44

Lernziele/Kompetenzen

- die Computertastatur kennenlernen
- Rechtschreibhilfen am Computer nutzen lernen
- einen Text (Sachtext) am Computer schreiben
- Texte am Computer formatieren
- Teile einer Schreibhilfe anwenden (Schreibblume)

Anregungen für den Unterricht

- Einstieg mit Aufg. 1: Text an der interaktiven Tafel mit einem Textverarbeitungsprogramm schreiben
  Hinweis: Zum Schreiben von Sachtexten sollte man einen Computerraum in der Schule zur Verfügung haben. Zur Einführung kann im Klassenraum auch eine interaktive Tafel genutzt werden. Hierzu ist es sinnvoll, wenn die Kinder in Kino-Sitzordnung vor der Tafel sitzen.
  – Kinder äußern sich, warum der Text rot unterschlängelt ist
  – Kinder bringen zur Auflösung ihr Vorwissen ein
- Vorbereitung Aufg. 2–3: Kinder machen sich mit den Grundfunktionen eines Textverarbeitungsprogramms vertraut
  Hinweis: Hierzu ist es optimal, wenn jedes Kind an einen Computer sitzen kann. Die Kinder sollen den Satz aus Aufg. 1 in den Computer eingeben und verschiedene Formatierungsmöglichkeiten im Menü des Textverarbeitungsprogramms ausprobieren. Hierzu muss die L nochmals darauf hinweisen, dass die Texte mit der Maus markiert werden müssen.
  – Kinder verfassen kleinen Text am PC und probieren verschiedene Formatierungsmöglichkeiten aus
  – Gespräch über die Erfahrungen beim Formatieren des Textes führen
  – L: *Wozu muss ein Text formatiert werden?*
  – mögliche Antworten: für bessere Lesbarkeit, zur Strukturierung des Textes, zum Hervorheben wichtiger Wörtern bzw. Begriffe
- Aufg. 3: eigenständige Bearbeitung
  Hinweis: Nach dem eigenen Ausprobieren versuchen die Kinder nun, die richtige Funktion herauszufinden, die die jeweilige Änderung des Textes hervorgerufen haben.
  Das Schreiben am PC und die zielgerichtete Nutzung der Maus erfordert viel Übung. Die Kinder sollten regelmäßig kleine Texte aus dem Unterricht am Computer schreiben und formatieren. Für den Umgang mit der Maus gibt es auch Übungsprogramme für den PC.

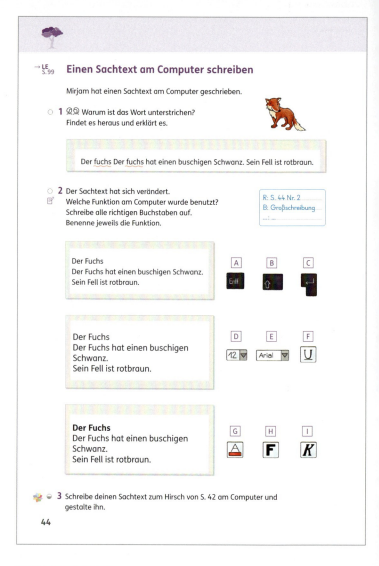

Differenzierung

Fördern:

- Aufg. 2: richtige Taste zur Formatierung bereits ankreuzen, Kinder probieren diese Funktionen am Computer; mit einem Lernpartner arbeiten
- Aufg. 3: nur Teile/Abschnitte des eigenen Sachtextes am Computer schreiben

Fordern:

- Aufg. 3: Sachtext durch passende Bilder ergänzen, entsprechend in den Text einsetzen und formatieren

Ideen für die Weiterarbeit

- Sachunterricht: weitere Sachtexte zu Tieren und Pflanzen des Waldes schreiben und formatieren; aus diesen Texten ein kleines Waldlexikon zusammenstellen
- Literatur-Tipp:
  Lukas Jansen: Der Computer-Führerschein – 3. und 4. Klasse
  ISBN: 9783834432827

Verweise

- Lesebuch 4, S. 99
- Mein Medienheft 3/4, S. 4–15

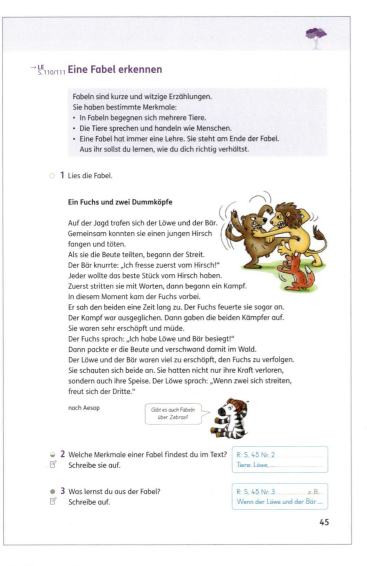

Seite 45

Lernziele/Kompetenzen

- die Textgattung „Fabel" kennenlernen
- einen Text anhand von Merkmalen als Fabel erkennen
- die „Lehre" aus einer Fabel ziehen

Anregungen für den Unterricht

- Einstieg mit typischen Fabeltieren: L zeigt Bilder von Fuchs, Löwe und Bär
  - Kinder äußern sich zu zugeschriebenen Charaktereigenschaften der Tiere:
    der Löwe – König der Tiere
    der Bär – bärenstark
    der Fuchs – schlau
- **Hinweis:** Hiermit wird Vorwissen abgefragt – dies hilft zum Verständnis der Geschichte.
  - L nennt die Überschrift der Fabel „Ein Fuchs und zwei Dummköpfe" und zeigt das Bild von AH-S. 44
  - Kinder stellen Vermutungen zur Geschichte an
  - Fabel gemeinsam lesen, anschließend spontan dazu äußern
  - Methodenkasten gemeinsam lesen
  - L: *Woran erkennt man an der Fabel „Ein Fuchs und zwei Dummköpfe", dass die Fabel eine Fabel ist?*
  - Kinder äußern sich mündlich dazu, ggf. unter Verweis auf Punkte des Methodenkastens

- Aufg. 1: die Fabel nochmals in EA still lesen
- Aufg. 2: Merkmale einer Fabel im Text suchen und notieren, z. B. Tiere oder wörtliche Rede
- Vorbereitung Aufg. 3: zur Vorentlastung Gespräch über das aus einer Fabel zu Lernende führen
  - den Begriff „Lehre" erläutern (*Die Lehre besteht meist aus einem Satz. Aus ihr sollst du lernen, wie du dich richtig verhältst.*)
- Aufg. 3: Kinder formulieren zunächst mündlich verschiedene Lehren und schreiben dann die ihrer Meinung nach richtige Lehre auf

Differenzierung

Fördern:

- Aufg. 1–2: mit einem Lernpartner arbeiten
  - vor dem Lesen die Dialoge farbig markieren lassen (*Was sagt der Bär, was der Löwe und was der Fuchs?*)
- Aufg. 3: mündlich lösen
- KV 104/1, 3: verändern: Text in Silbendruck vorgeben
- KV 104/4 verändern: Lehren zur Auswahl geben
  ☐ Lügen lohnt sich nicht.   ☐ Lügen ist toll.
  ☐ Sag nie die Wahrheit.

Fordern:

- Lernpartner für leistungsschwächere Kinder sein
- die Fabel mit eigenen Worten wiedergeben/nacherzählen
- KV 104/2 verändern: Lehre frei formulieren lassen

Ideen für die Weiterarbeit

- Fabel als Rollenspiel: mit Tiermasken und passenden Kostümen gestalten
- Fabel als Hörspiel: mit verteilten Rollen lesen, passende Geräusche erzeugen, aufnehmen
- Kunst:
  Fabel als Bildergeschichte bzw. Comic gestalten
- Literatur-Tipp:
  Anne Braun, Isolde Stangner: Fabeln für die Grundschule 1–4
  ISBN: 9783123105388

Verweise

- Lesebuch 4: S. 110, 111
- KV 104 (Die Lehre einer Fabel erkennen; veränderbar)
- Meine Anoki-Übungshefte, Texte schreiben 4, S. 66/67

Seite 46

Lernziele/Kompetenzen
- einen Text sinnerfassend lesen
- unbekannt Wörter erkennen und klären
- einen Text in Sinneinheiten aufteilen
- Zwischenüberschriften formulieren
- einen Text mithilfe von Zwischenüberschriften wiedergeben

Anregungen für den Unterricht
- Einstieg im Sitzkreis: L zeigt Bilder aus der Steinzeit (vgl. Literatur-Tipp)
  - Kinder äußern sich und bringen Vorwissen ein
  - Leben heute mit dem in der Steinzeit vergleichen
- Vorbereitung Aufg. 1: Bilder betrachten und Vermutungen zum Text anstellen
- Aufg. 1: Text gemeinsam im Plenum oder in EA lesen
  - ggf. in PA unbekannte Wörter markieren
- Aufg. 2: ggf. in PA in Sachbüchern oder im Internet Erklärung für unbekannte Wörter finden
  - Erklärungen zusammentragen, Gespräch über eventuelle Unterschiede in den Erklärungen führen
- Aufg. 3: eigenständige Bearbeitung
  - im Plenum: die unterschiedlichen Zwischenüberschriften vortragen
- Aufg. 4: Vortrag in PA üben, im Plenum vorführen
  Hinweis: Die Zwischenüberschriften helfen den Kindern, den Text in Sinneinheiten zu gliedern.
- zur Festigung und weiteren Übung Aufgaben im Trainingsheft auf S. 67 durchführen

Differenzierung
Fördern:
- Aufg. 1: im Lesetandem lesen
  - mit einem Lernpartner die unbekannten Wörter markieren
- Aufg. 2: in PA möglich
  - Erklärung der unbekannten Wörter vorgeben, Kinder geben dann Erklärungen mit eigenen Worten wieder
- Aufg. 3: Zwischenüberschriften zum Zuordnen vorgeben (Zuordnungsübung)
- Aufg. 4: mit leistungsstarkem Lernpartner vortragen, ggf. Zwischenüberschriften vorlesen, Partner führt Erklärungen aus
- KV 105/1 verändern: Text in Silbendruck und unbekannte Wörter bereits markiert vorgeben

Fordern:
- Aufg. 3: den Text mit eigenen Worten zusammenfassen und aufschreiben
- Aufg. 4: Lernpartner für leistungsschwächere Kinder sein

- KV 105/Zusatz: mithilfe des Textes einen kurzen Vortrag erarbeiten, ggf. eine Präsentation am Computer erstellen

Ideen für die Weiterarbeit
- auf dem Schulgelände oder an einer Grillhütte gemeinsam selbst ein Feuer ohne Streichholz oder Feuerzeug machen
- ein Plakat zur Nutzung des Feuers erstellen
- Kunst:
  Feuerbilder mit verschiedenen Kunsttechniken herstellen
- Sachunterricht:
  Lerngang in ein Steinzeitdorf
- Literatur-Tipp:
  Doris Rübel: Wir entdecken die Steinzeit (Wieso? Weshalb? Warum?, Band 37)
  ISBN: 9783473327546

Verweise
- Lesebuch 4: S. 112/113, 114
- Zebra 4 Trainingsheft, S. 67
- KV 105 (Zwischenüberschriften formulieren; veränderbar)

Seite 47

Lernziele/Kompetenzen
- aus einer Tabelle gezielt Informationen entnehmen
- sich in einer Tabelle zurechtfinden
- Höhen- und Zeitangaben erkennen
- Vorwissen über Vulkane einbringen
- mithilfe der gefundenen Informationen einen Lückentext ergänzen

Anregungen für den Unterricht
- Einstieg: L zeigt Bilder von Vulkanen und deren Ausbrüchen (vgl. auch Literatur-Tipp)
  - Kinder äußern sich und bringen ihr Vorwissen dazu ein
  - L: *Gibt es auch Vulkane in Deutschland?* – Ja, aber keine aktiven.
- Aufg. 1: gemeinsam die Tabelle betrachten
  - Kinder äußern sich zu den Inhalten
  - Erläuterungen zu Höhen- und Altersangaben geben, z. B.: *1664 war vor ca. 350 Jahren.*
- Aufg. 2: eigenständige Bearbeitung
  - anschließend den Text mit eigenen Worten wiedergeben

Differenzierung

Fördern:
- Aufg. 1–2: in PA möglich
- Aufg. 2: Abschnitte zu den einzelnen Vulkanen in unterschiedlichen Farben markieren

Fordern:
- Lernpartner für leistungsschwächere Kinder sein
- eigene Texte zu weiteren Vulkanen mithilfe von tabellarisch aufbereiteten Informationen verfassen

Ideen für die Weiterarbeit
- Sachunterricht:
  Lerngang zu einem ehemaligen Vulkan in Deutschland machen
  Unterrichtseinheit zu „Pompeji" gestalten; Durchführung eines Thementages zu Pompeji (*Wie haben die Menschen zur damaligen Zeit gelebt?*), Gestaltung einer Ausstellung
- Kunst:
  Bilder zu Vulkanen gestalten
  einen Vulkan selbst bauen (Anleitung im Lesebuch 4, S. 115), eine Ausstellung zu den Vulkanen gestalten
- Literatur-Tipp:
  Manfred Baur: Vulkane. Feuer aus der Tiefe (WAS IST WAS, Band 57)
  ISBN: 9783788620448
  Maja Nielsen: Vulkane: Feuer und Asche über Pompeji (Hörbuch)
  ISBN: 9783836948746

Verweise
- Lesebuch 4: S. 114, 115, 116/117
- Meine Anoki-Übungshefte, Lesen 4, S. 46/47

Seite 48

Lernziele/Kompetenzen
- individuelle Kenntnisse und Kompetenzen an bereits erarbeiteten Aufgabenstellungen anwenden
- eine Fabel sinnentnehmend lesen
- die Merkmale einer Fabel erkennen
- einen Text (Sachtext) überarbeiten

Anregungen für den Unterricht
- Einstieg: L erklärt Inhalt und Zweck der „Das-kann-ich-schon"-Seite
  Hinweis: Die Kinder dürfen zeigen, was sie schon alles können. Es geht nicht um eine Leistungsmessung im strengen Sinne.
- gemeinsam Aufgabenformate besprechen und inhaltliche Fragen klären:
  – Aufg. 1: Fabel lesen, Merkmale einer Fabel suchen und notieren
  – Aufg. 2: Sachtext lesen, abschreiben und Sachtext überarbeiten
- Aufg. 1–2: eigenständige Bearbeitung
- ggf. Rückmeldung bei Schwierigkeiten (unbekannte Wörter im Text, Textverständnis insgesamt, beim Erkennen der Lehre der Fabel usw.)
- ggf. Reflexion im Plenum: *Welche Aufgabe fiel euch besonders leicht? Bei welcher Aufgabe gab es Schwierigkeiten?*
- Weiterarbeit mit ausgefüllten Seiten erklären:
  – ggf. nutzen für Lerngespräche
  – Sammlung in eigenem Portfolio
  – Selbsteinschätzung der Kinder
- zur Festigung und weiteren Übung Aufgaben im Trainingsheft auf S. 68 durchführen

Differenzierung

Fördern:
- Aufg. 1–2: mit Lernpartner arbeiten
- Aufg. 1: ggf. Merkmale einer Fabel als Tippkarten an die Hand geben
- Aufg. 2: Text auf DIN-A4-Größe zum Hineinarbeiten kopieren

Fordern:
- Aufg. 1: Lernpartner für leistungsschwächere Kinder sein (Texte vorlesen)
- Aufg. 1: Fabel mit eigenen Worten zusammenfassen
- Aufg. 2: Text richtig abschreiben

Ideen für die Weiterarbeit
- ggf. Lerngespräche mit den Kindern zur Seite führen
- darauf aufbauend ggf. Förderplan entwickeln
- als Dokumentation in einem Portfolio sammeln

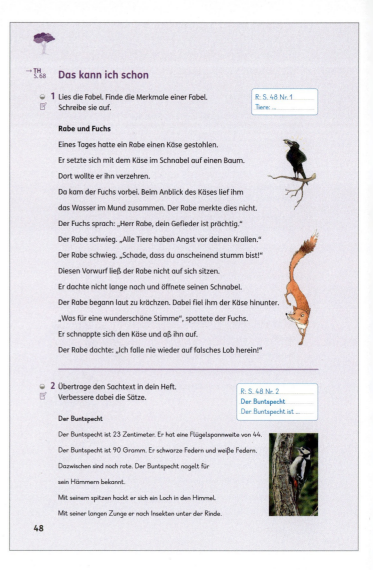

- zur Unterstützung bei Elterngesprächen heranziehen
  Hinweis: Bei der Dokumentation sowie bei Lern- oder Elterngesprächen sollten die Hilfen, die Kindern ggf. gegeben wurden, klar und deutlich dokumentiert und benannt werden, da sonst der wirkliche Lernstand im Vergleich zu anderen nicht mehr gegeben ist und falsche Eindrücke entstehen können.

Verweise
- Lesebuch 4: S. 98, 99, 104, 105, 106/107, 110, 111
- Zebra 4 Trainingsheft, S. 68
- AH Lesen/Schreiben 4: S. 43, 45
- Meine Anoki-Übungshefte:
  – Lesen 4
  – Texte schreiben 4

Märchen-Zauber-Zeitmaschinen

Die Kapitelauftaktseite des fünften Kapitels soll einen abwechslungsreichen und motivierenden Einstieg in das neue Thema ermöglichen. Es werden Bilder und Texte über vergangene Zeiten zu entdecken sein, Redensarten früher und heute, Märchen, Sagen und Fantasiegeschichten. Alles Themen, die die Fantasie der Kinder anregen. Weiter enthält das Kapitel Texte zu Erfindern und ihren Erfindungen, im Comic wie in der realen Welt. Egal ob großer oder kleiner Erfinder, wichtig ist die Botschaft, dass man seine Träume, Wünsche und Ideen versuchen sollte zu verwirklichen.

Die Kapiteleinstiegsseite zeigt eine Illustration mit allen Protagonisten des Kapitels. Die Kinder sollen über die Bilder in das Thema hineingenommen werden. Dabei kommen eigene Vorerfahrungen und Präferenzen zum Vorschein und werden in den Fokus gerückt.

Seite 122/123

Lernziele/Kompetenzen
- ein Bild genau betrachten (Wimmelbild)
- Wort-Bild-Zuordnungen treffen
- einzelne Szenen beschreiben
- einen Text sinnentnehmend lesen (Gedicht)
- über einen Text (Gedicht) sprechen
- Inhalte zuhörend verstehen
- lebendiges Vorstellen beim Hören von Texten entwickeln
- einen Bildausschnitt szenisch darstellen
- sich zu einem Thema informieren
- Sprachbildung:
  - Wörter zu einem Oberbegriff finden
  - Nomen mit passendem Artikel sowie Verben und Adjektive in der richtigen Form verwenden
  - Wortschatz mithilfe der Wörtersonne erweitern

Anregungen für den Unterricht
- Einstieg im Halbkreis vor dem Whiteboard: mit KI über das Bild der Auftaktseite sprechen
  - Personen, Szenen und Dinge, die die Kinder (er-)kennen, sammeln bzw. Vermutungen darüber anstellen
  - L umreißt die Themen des Kapitels:
    Wie lebten die Menschen im Mittelalter?
    Was sind Fantasiegeschichten und Sagen?
    Was tun Erfinder?
  - im Stuhlkreis eigene Gedanken artikulieren, z. B. mit „Erzählstein"
- Auftaktdoppelseite bearbeiten:
  - vor dem Hörtext alle Szenen auf einmal oder einzeln gemeinsam betrachten

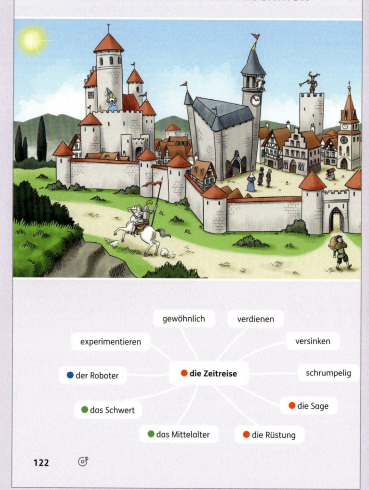

- Szenen kurz verbalisieren (*Was gibt es alles auf dem Bild zu sehen? Was machen die Figuren?*)
- Text (Gedicht) lesen und Bilder dazu in Beziehung setzen
- Hörtext ankündigen, Erwartungen der Kinder einholen und sammeln
- Hörtext ggf. mehrfach anhören
- nach dem Hörtext die Aufgaben der Zebra-Werkstatt lösen

Hörtext: In einer mittelalterlichen Stadt

In der mittelalterlichen Stadt ist einiges los. Der Küchenjunge im Märchen Dornröschen hat die Nase voll und verlässt die Stadt. Er macht sich auf den Weg in eine bessere Zukunft.
So ergeht es auch Kadmos, der einer Kuh folgt, die ihm zeigt, an welcher Stelle er eine neue Stadt gründen kann. Auch er versucht sein Glück an einem neuen Ort. Bevor er allerdings sein Glück findet, muss er erst den Drachen töten.
Till Eulenspiegel zieht es schon seit Jahren quer durchs Land. Im Moment bewacht er die Burg eines Grafen, allerdings eher schlecht als recht. Er denkt vor allen Dingen an sich selbst und dass es ihm gut geht.
Nur der Ritter kann es kaum erwarten zurückzukehren. Denn auf ihn wartet schon sehnsüchtig seine Liebste. Sie steht auf der Burgmauer und sieht ihm entgegen, lacht und winkt ihm zu. Die beiden freuen sich auf ihr Wiedersehen. Am nächsten Tag treffen sie einige Bürger der Stadt. Die Männer haben,

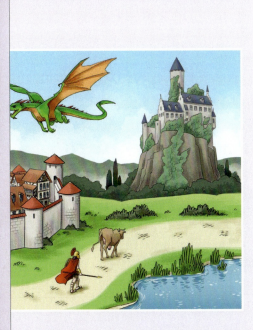

Vielleicht

Vielleicht hast du morgen ein Königreich,
vielleicht und vielleicht auch nicht.
Und wenn du es nicht hast, weine nicht gleich,
du hast ja dieses Gedicht.

Frantz Wittkamp

123

während der Abwesenheit des Ritters, ein neues Rathaus bauen lassen. Leider haben sie dabei die Fenster vergessen. Was sollen sie jetzt tun?
Schade, dass die Glühbirne erst viele Jahre später erfunden wurde. Habt ihr eine Idee, was sie tun können?
Wir können ja mal Franz fragen, wo ist der eigentlich? Könnt ihr ihn entdecken?

Zebra-Werkstatt zur Kapitelauftaktseite

Werkstatt „ich":

Wo möchtest du gerne dabei sein? Erzähle.
Hinweis: Leistungsstärkere Kinder begründen ihre Entscheidung und beziehen das Wortmaterial der Wörtersonne ein.
• Weiterführende Fragen:
  Welche Märchen und Sagen kennst du?
  Was würdest du gerne erfinden?

Werkstatt Maske:

Sucht euch einen Ausschnitt aus. Spielt nach.
Hinweis: Für diese Aufgabe sollten Gruppen von drei bis max. vier Kindern gebildet werden. Gut ist es, ein paar Requisiten zur Auswahl zu haben.

Werkstatt Monitor:

Suche im Internet nach weiteren Informationen.
Hinweis: Die Fragestellung kann konkretisiert werden, z. B.: *Wer sind die Figuren? Was zeichnet sie aus?*

Werkstatt Sonne:

Schreibe die Wörtersonne in dein Heft.
Ergänze weitere Wörter zum Kapitelthema.
Hinweis: Diese Aufgabe eignet sich auch gut als PA oder GA. Für weitere Hinweise vgl. LHB, S. 127.

Differenzierung

Fördern:
• Kinder zum genauen Beobachten durch gezielte Fragen anregen: *Siehst du das Gebäude, vor dem die Männer stehen? Was stimmt nicht? Was trägt der Küchenjunge mit sich?*
• in PA: Wörter zu den Bildern sammeln
• Sätze mit den Wörtern der Wörtersonne bilden
• KV 106/1 verändern: Textkomplexität verringern, Textteile farbig markieren
• KV 107/1 verändern: Anfangsbuchstaben im Suchsel fetten

Fordern:
• Wörtersonnen zu den einzelnen Figuren erstellen
• eine Geschichte zu einer Szene schreiben
• eine Personen-/Figurenbeschreibung schreiben
• KV106/2 verändern: eigene Fragen zum Text formulieren
• KV 107/1 verändern: eigenes Suchsel erstellen

Ideen für die Weiterarbeit
• Lektürearbeit zu den Schildbürgern oder Till Eulenspiegel
• Theater:
  eine Geschichte/Sage szenisch umsetzen
• Sachunterricht:
  Recherche über das Leben früher/im Mittelalter
• Kunst:
  einzelne Szenen abzeichnen und mit Sprechblasen zu einem Comic gestalten

Verweise
• DUA: Hörtext
• KV 106–107 (Leseverständnis; veränderbar)
• Lesebuch 4, S. 216 (Lese-Rallye)

Lesetraining
Seite 148/149

Lernziele/Kompetenzen
- mehrsilbige Wörter sinnentnehmend lesen
- Wörter ohne Wortgrenzen sinnerfassend lesen (Wörterschlangen)
- in Wortreihen thematisch nicht passende Begriffe („Störenfriede") erkennen
- vom Wort zum Satz immer schneller lesen (Treppensatz)
- falsche Wörter („Stolperwörter") in einem Satz erkennen
- einen Text im Lesetandem lesen

Anregungen für den Unterricht
- **Einstieg zu S. 148**:
  - durch silbisches Sprechen von Sätzen („Roboter-Sätze") und Wörter klatschen für den silbischen Aufbau der Wörter sensibilisieren
- gemeinsame Leseübung: Wörterschlange an die Tafel heften
  - Kinder trennen die „Schlange" an den richtigen Stellen (Lücke zwischen Wortkarten herstellen)
  - Kinder lesen gemeinsam laut vor (rhythmisches Sprechen)
  - bei jeder Wortgrenze einmal auf den Tisch klopfen
  - Wörterpyramide an die Tafel schreiben, z. B.:
    1. Zeile: Der
    2. Zeile: Der Ritter
    3. Zeile: ...
    (Kinder ergänzen das nächste Wort)
  - abschließend die fertige Wörterpyramide von mehreren Kindern schnell vorlesen lassen
- Vorbereitung Aufg. 1: Aufgabenformat anhand eines weiteren Beispiels an der Tafel besprechen und auf den „Störenfried" hinweisen
  - ggf. Begriff „Störenfried" klären

  Hinweis: L sollte darauf hinweisen, dass der Weg zur nächsten Silbe mit dem Finger nachgespurt werden kann.
- Aufg. 1: eigenständige Bearbeitung
- Nachbereitung Aufg. 1: „Störenfriede" benennen (*Gegenteil, Dübel, Hubschrauber, Gabelstapler, Wüstensand*)
- Vorbereitung Aufg. 2: auf die Wörterpyramide an der Tafel verweisen
  - darauf hinweisen, dass es um ein zügiges Lesetempo geht
- Aufg. 2: in PA möglich
  - ggf. auf die Klassenuhr hinweisen
  - alternativ: zur Kontrolle/Steigerung Stoppuhren ausgeben

- **Einstieg zu S. 149**:
  - Satzstreifen mit Stolperwörtern an die Tafel heften
  - ein Kind liest Satz mit Stolperwort vor
  - Kind liest Satz ein zweites Mal mit Stolperwort vor, die anderen Kinder klopfen beim Stolperwort auf den Tisch/stehen auf o. Ä.
  - Kind liest Satz ein drittes Mal mit richtigem/korrigiertem Wort vor
- Vorbereitung Aufg. 3: bekanntes Aufgabenformat von den Kindern erklären lassen
- Aufg. 3 in PA: Lesetraining abwechselnd lesen, Stolperwörter benennen
- Vorbereitung Aufg. 4: Methode „Im Lesetandem lesen" aus Klasse 2 und 3 wiederholen:
  - zwei Kinder auswählen, die die Methode demonstrieren; jeweilige Leserolle durch ein Kärtchen kennzeichnen („Trainer"/„Sportler")

  Hinweis: Bei der Zusammenstellung des Lesetandems sollte stets darauf geachtet werden, dass der „Trainer" in der Lage ist, den Text sicher zu lesen, damit der „Sportler" problemlos geführt werden kann.
  - Trainer gibt Startzeichen, Kinder beginnen mit dem Tandemlesen; beide Möglichkeiten durchspielen:
    1. Sportler liest ohne Fehler, gibt dann Zeichen und liest alleine weiter
    2. Sportler macht Fehler, Trainer gibt Zeichen, Sportler verbessert entweder allein oder Trainer verbessert, beide

○ **3** Finde die Fehler. Lies die Sätze richtig vor.

Der Ritter lebt auf großem Floß.
Das Burgfräulein legt Geld auf die hohe Tante.
Die Diebe machen sich aus dem Stau.
Der Küchenjunge hat Pech und findet eine neue Arbeit.

○ **4**  Lest im Lesetandem.

Einen kleinen Propeller auf den Rücken setzen
und los geht's, wir fliegen.
Oder einfach zwei große Flügel aus Vogelfedern
hintendrauf schnallen und abheben.
Das wäre es doch!

Vielleicht würden wir dann in Baumhäusern,
auf Bergspitzen oder in riesigen Türmen leben
anstatt auf dem Boden?
Das gäbe einen ganz schönen Verkehr in der Luft.
Ob wir dann auch Luftampeln
und Wolkenzebrastreifen hätten?

Aber das ist ja nur eine Spinnerei.
Denn mit einem Propeller allein,
klappt es nur bei „Karlsson vom Dach".

Isabelle Auerbach, Yvonne Weindel

149

- Aufg. 3: eigene Stolperwörtersätze ausdenken und aufschreiben

Hinweis zum Stolperwörterlesen: Stolperwörter finden ist ein gängiges Aufgabenformat und wird in vielen Testungen verwendet. Es geht vor allen Dingen um sinnhaftes Lesen und um das Leseverständnis. Auch die Lesegenauigkeit spielt hier eine wichtige Rolle, diese sollten die Kinder regelmäßig trainieren, um ihre Lesekompetenz weiter zu steigern.

Ideen für die Weiterarbeit

- regelmäßig Blitzleseübungen durchführen
- ggf. auch bisher noch nicht gelesene Texte und Lektüre anbieten
- feste Lesezeiten in der Kl verabreden
- Vorlesebuch der Kl wird von L und Kindern abwechselnd vorgelesen
- Kinder werden Lesepaten für jüngere Schüler
- Vorleseprojekt mit Vorschulkindern durchführen

Verweise

- Lesebuch 2, S. 30/31 (Methodenseiten „Im Lesetandem lesen")
- Zebra-Erklärfilm (Klasse 2) „Im Lesetandem lesen" (per Code m69xm3 unter Lehrwerk-Online, www.klett.de)

lesen gemeinsam weiter; dies wiederholt sich, außer der Sportler liest länger ohne Fehler: dann weiter wie bei 1.
- Abschluss: sich mithilfe von Fragen an den Text über das Textverständnis austauschen; Fragen ggf. auf einem Arbeitsblatt oder als Kärtchen vorgeben
- Aufg. 4: eigenständige Bearbeitung im Lesetandem

Differenzierung

Fördern:
- Aufg. 1: Bedeutungen der Wörter klären
  - Wörter an die Tafel schreiben und Trennstriche setzen
  - „Störenfriede" markieren
  - „Störenfriede" erklären, gemeinsam für restliche Wörter Oberbegriff finden
- Aufg. 2: in PA lesen, gemeinsam/chorisch sprechen
- Aufg. 3: Sätze auf Satzstreifen schreiben, Stolperwörter markieren
- Aufg. 4: mit Lernpartner arbeiten

Fordern:
- Lernpartner für leistungsschwächere Kinder sein: individuelle Lesephasen als „Helfer"-Kind beginnen
- Aufg. 1: eigene Wörterschlangen mit „Störenfried" erfinden
- Aufg. 2: in PA eigene Satzpyramide entwickeln, Satzpyramide abwechselnd aufbauen

Ein Referat planen und vortragen
Seite 150/151

Lernziele/Kompetenzen
- die Methode „Ein Referat planen und vortragen" kennenlernen und anwenden
- Informationen zu einem Thema recherchieren
- die Methode „Experten befragen" anwenden
- einen Text sinnentnehmend lesen
- wichtige Inhalte in einem Text erkennen
- Schlüsselwörter aus einem Text herausschreiben
- Informationen in Unterthemen gliedern
- stichwortartig die Informationen der Unterthemen auf Karteikarten zusammenfassen
- einen Vortrag mithilfe von Karteikarten üben
- ein Referat mithilfe von Stichwörtern halten
- ein Referat ansprechend gestalten und dabei die Kriterien beachten

Anregungen für den Unterricht
- Einstieg in der normalen Sitzordnung: L hält ein kurzes, übertrieben schlechtes Referat
  – Impuls: *Welche Tipps habt ihr für mich?*
  – Kinder nennen Punkte, die zu verbessern sind
  – mithilfe dieser Punkte eine „Positivliste" gemeinsam erarbeiten

Hinweis: Da es um die Erarbeitung einer Methode geht, sollte gemeinsam vorgegangen werden. Zuerst müssen sich die Kinder damit befassen, wie ein Thema gefunden wird:
Kann ich es frei wählen?
Gibt es Vorgaben?
Welche Auswahl habe ich?
Was interessiert mich und die anderen?
Soll das Referat alleine, zu zweit oder in einer Gruppe geplant und gehalten werden?

Im Anschluss sind die Recherchewege zu besprechen und zu erörtern:
Suche ich die Informationen im Internet, in Sachbüchern oder frage ich Experten?

Experten können ganz unterschiedliche Menschen sein, z. B. Fachleute im Museum, Lehrkräfte mit bestimmtem Fachwissen, Menschen, deren Beruf sie zum Experten macht (z. B. Elektriker beim Thema „Strom"), Menschen aus dem Umfeld mit einer besonderen Begabung, z. B. ein Vater, der eine Hobby-Werkstatt in der Garage hat und dort regelmäßig Metall schweißt usw.

Vor dem Halten des Referates sind Tipps für ein gutes Referat wichtig. Diese sollten gemeinsam festgelegt werden:
Wie sollte der Vortrag gestaltet werden?
Worauf muss ich achten?
Was kann ich tun, um ihn interessant zu gestalten?
Was sollte ich besser nicht tun?

Ein Referat planen und vortragen
Wenn ich ein Referat halten möchte, gehe ich so vor:

Ich sammle Informationen zu meinem Thema in Büchern oder im Internet. Ich kann auch einen Experten fragen.

Ich ordne meine Informationen und gliedere sie in Unterthemen.

Ich schreibe jedes Unterthema auf eine eigene Karteikarte und notiere mir Stichwörter dazu.

Ich übe meinen Vortrag mit Hilfe der Karteikarten.

Das Recherchieren nach Sachinformationen, das Finden und Nutzen von Schlüsselwörtern, das stichwortartige Zusammenfassen von Informationen und das Einteilen in Unterthemen fällt vielen Kindern am Anfang schwer. Das Erlernen dieser Methode benötigt deshalb eine schrittweise Anbahnung und konsequente Anwendung.

- Methodenerarbeitung „Ein Referat planen und halten": Arbeitsschritte anhand der Bilder nachvollziehen
  – Bild 1: ein Thema wählen, z. B. Erfindung der Glühbirne (Thomas Alva Edison); Rechercheweg besprechen und auswählen; Texte lesen und wichtige Wörter benennen
  Hinweis: Das Textverständnis ist Voraussetzung für das Filtern und Sortieren von Informationen.
  – Bild 2: Schlüsselwörter in den Texten zum Thema „Erfindung der Glühbirne"/„Das Leben des Erfinders" finden und gemeinsam klären; Informationen gemeinsam sortieren und gliedern; Karteikarten als Hilfsmittel bereitstellen
  – Bild 3: Karteikarten nutzen und beschriften; mögliche Unterthemen gemeinsam besprechen; Unterthemen ggf. farbig absetzen und sortieren (nummerieren)
  Hinweis: Hier sollte besonders darauf geachtet werden, dass die Kinder tatsächlich aussagekräftige Stichwörter notieren, also weder zu viel oder zu wenig noch zu „detailverliebt" schreiben.

– Bild 4: mit den Karteikarten und gegliederten Schlüsselwörtern einen kurzen Vortrag üben (einen Satz als Einstiegssatz zum Vortrag überlegen; einzelne Sätze zu den Schlüsselwörtern/Unterthemen in der richtigen Reihenfolge vortragen üben); vor dem Referat mithilfe einer Checkliste Vortrag prüfen *(Sind alle Informationen vollständig enthalten? Stimmt die Reihenfolge der Themen? Sind die Informationen für den Zuhörer interessant?)*

Hinweis: Bei der Vorbereitung eines Vortrages helfen die Karteikarten mit den Schlüsselwörtern, die wichtigsten Inhalte eines Textes zusammenzufassen. Die Karteikarten können während des Vortrags gut als Gedächtnisstütze, als Formulierungshilfe oder zum Ablesen genutzt werden.
Der Vortrag sollte zuerst alleine vor einem Spiegel, dann mit einem Partner geübt werden. Dabei sollten die Kinder die Tipps zum Vortrag beherzigen. Diese könnten beispielsweise als kleine Kärtchen am Spiegel klemmen (Zuhörer ansehen, nicht ablesen, deutlich sprechen, Bilder verwenden, unbekannte Wörter erklären). Der Partner hört zu und meldet zurück, welche Tipps umgesetzt wurden und welche noch beachtet werden sollten.

Differenzierung

Fördern:
- Themen entsprechend des individuellen Leistungsvermögens auswählen (Inhalt, Umfang und Anspruch)
  – Textverständnis durch gezielte Fragen überprüfen
  – ggf. schwierige oder unbekannte Wörter klären
- bei Kindern mit besonderem Förderbedarf: Unterthemen und Schlüsselwörter vorgeben
  – zunächst auf Wiedergabe des Textinhalts beschränken; Ablesen erlauben

Fordern:
- Texte entsprechend des individuellen Leistungsvermögens auswählen (Inhalt, Textumfang und Textanspruch)
- eigenständig am Text arbeiten, z. B. Unterthemen selber festlegen, Schlüsselwörter alleine bestimmen
- Referat mithilfe der Karteikarten frei formulieren
  – ggf. als Power-Point-Präsentation vorbereiten

Ideen für die Weiterarbeit
- Tipps zum Halten eines Referates visualisieren
- Thema „Feedback" besprechen und anbahnen
- Feedback-Methoden einführen und anwenden, z. B. Zielscheibe oder Tor (vgl. z. B. „Methoden des Schüler-Feedbacks" unter www.isb.bayern.de)
- Medien:
  Visualisierungsmöglichkeiten ausprobieren (mit Plakaten, Fotos, Bilder passend gestalten)
- fächerübergreifend:
  Methode „Ein Referat planen und vortragen" anwenden (z. B. im Sachunterricht – Länder- oder Tiersteckbriefe erstellen)

Verweise
- Lesebuch 4: S. 144/145, 146, 147
- Zebra-Erklärfilm
  „Ein Referat planen und vortragen"
  (per Code unter Lehrwerk-Online, www.klett.de)
- AH Lesen/Schreiben 4: S. 56, 57, 58

Seite 49

Lernziele/Kompetenzen
- einen Text sinnentnehmend lesen
- falsche Wörter („Stolperwörter") in einem Text erkennen
- Redensarten kennenlernen
- Redensarten erklären

Anregungen für den Unterricht
- Einstieg im Sitzkreis:
  - L legt sechs Karten mit Teilsätzen von Redensarten auf den Boden, z. B.: *jemandem auf der Nase rumtanzen; jemandem etwas aus der Nase ziehen; jemandem an der Nase herumführen – jemand macht, was er will/jemand hört nicht; jemand fragt intensiv nach; jemanden anlügen/austricksen*
  - Kinder finden die Teile, die zusammengehören
  - Kinder lesen die vollständigen Sätze
  - Kinder erklären/klären die Bedeutung der Redensarten
  - Kinder finden mehr Redensarten und erklären sie
  - L liest weitere Redensarten vor und erklärt deren Bedeutung
- Vorbereitung Aufg. 1: Kinder suchen zum Oberbegriff „Zeit" Einheiten, Wörter, Geschichten
- Aufg. 1: in EA oder PA möglich
  - L: *In jedem Satz passt ein Wort nicht. Dieses Wort muss aufgeschrieben werden. Lies genau.*
  - ggf. mehrfach lesen
- Aufg. 2: eigenständige Bearbeitung
  - L: *Lies erst alle Teilsätze, überlege dann und ordne zu. Kontrolliere, ob du alles zuordnen konntest.*
- in PA oder im Plenum: Ergebnisse vergleichen
  - alternativ: Lösungsblätter im Raum hinterlegen und nach Bearbeitung anbieten

Differenzierung
Fördern:
- Aufg. 1: Text gemeinsam lesen oder vorlesen, falsche Wörter deutlich betonen
- Aufg. 2: mit einem Lernpartner arbeiten
- KV 108/1 verändern: beide möglichen Wörter farbig markieren (visuelle Unterstützung)
- KV 108/2 verändern: Teilsätze als Satzstreifen kopieren, ausschneiden und zum handelnden Ausprobieren/Tun nutzen
- KV 108/3 verändern: Redensarten vorgeben und nur die Bedeutung recherchieren

Fordern:
- Aufg. 3: weitere Redensarten finden und die Bedeutung klären
- Ursprung der Redensarten recherchieren

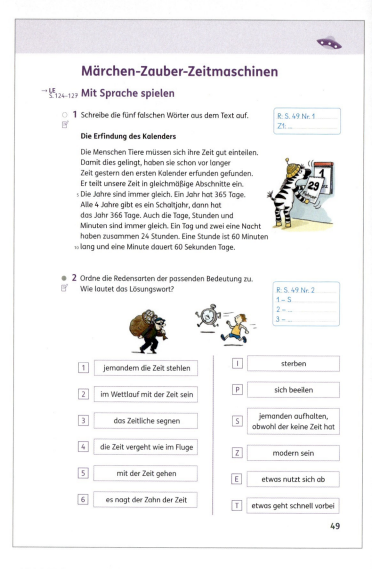

- KV 108/3 verändern: weitere Redensarten und ihre Bedeutung recherchieren. Lösungen der Kl präsentieren (Vortrag, Plakat, Satzstreifen)

Ideen für die Weiterarbeit
- eigene Stolperwörtertexte ausdenken und aufschreiben
- Kunst:
  Bilder zu den Redensarten gestalten und beschriften
- Mathematik:
  Aufgaben zum Thema Zeit erfinden, z. B.: *Wie viele Tage sind 8 Wochen?*

Verweise
- Lesebuch 4: S. 124, 125, 126, 127
- KV 108 (Mit Sprache spielen; veränderbar)
- Zebra 4 Forderblock, S. 38
- Meine Anoki-Übungshefte, Lesen 4: S. 39, 46/47

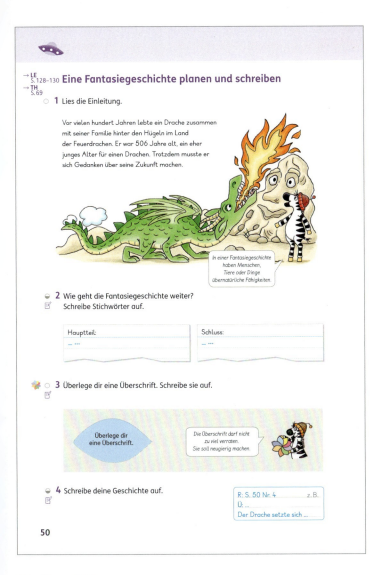

Seite 50

Lernziele/Kompetenzen

- Merkmale einer Fantasiegeschichte kennen
- Hauptteil und Schluss einer Fantasiegeschichte planen
- eine Fantasiegeschichte schreiben
- Teil einer Schreibhilfe anwenden (Schreibblume)
- eine passende Überschrift finden

Anregungen für den Unterricht

- Einstieg: L liest eine Fantasiegeschichte vor
  - Kinder malen frei dazu
  - gemeinsam die gezeichneten Fantasiewesen betrachten und deren besondere Fähigkeiten beschreiben
  - Gespräch über den Unterschied zwischen Fantasie und Wirklichkeit/Realität führen
  - Fantasiewesen und ihre übernatürlichen Fähigkeiten in der Literatur sammeln/zusammentragen, z. B. *Harry Potter* oder *Die Schule der magischen Tiere*
- Vorbereitung Aufg. 1: Bild betrachten und Vermutungen äußern
  - Hinweis von Zebra Franz lesen und besprechen
- Aufg. 1–2: eigenständige Bearbeitung
- Vorbereitung Aufg. 3: auf blaues Blütenblatt der Schreibblume eingehen
- Aufg. 3–4: eigenständige Bearbeitung
  - ggf. sich in PA gegenseitig beraten
  Hinweis: Die Kinder dürfen ihre Geschichte der Kl vorlesen. Die besonderen Merkmale einer Fantasiegeschichte werden dabei von den Zuhörern herausgearbeitet. Es wird kontrolliert und besprochen, ob die Geschichte alle Teile enthält (Überschrift, Einleitung, Hauptteil und Schluss).
- zur Festigung und weiteren Übung Aufgaben im Trainingsheft auf S. 69 durchführen

Differenzierung

Fördern:

- Aufg. 1: mit Lernpartner arbeiten
- Aufg. 2: Stichwörter an der Tafel sammeln oder Ideen/Wörter vorgeben
- Aufg. 3: in PA oder GA möglich
- Aufg. 4: Textbausteine/Sätze/Satzanfänge vorgeben
  - alternativ: Textbausteine/Sätze sortieren und in die richtige Reihenfolge bringen
  Hinweis: Die Kinder dürfen eigene Wesen mit übernatürlichen Fähigkeiten erfinden oder aus der Literatur bekannte Wesen nutzen (ist ggf. leichter).
- KV 109/1 verändern: Schlüsselwörter markiert vorgeben
- KV 109/2 verändern: nur ein Bild für den Hauptteil vorgeben, ggf. Stichwörter ergänzen

Fordern:

- Lernpartner für leistungsschwächere Kinder sein: vorlesen, Stichwörter als Idee/Hilfe für leistungsschwächere Kinder auf Karten schreiben, Geschichte überprüfen
- die vollständige Fantasiegeschichte am Computer schreiben, formatieren und mit Bildern gestalten
- KV 109/2 verändern: leeres Kästchen vorgeben, mit eigener Lösungsidee füllen (zeichnen) und passenden Text dazu schreiben

Ideen für die Weiterarbeit

- als Klassenlektüre Fantasiegeschichten lesen/vorlesen
- Tiergeschichten schreiben
- Kunst:
  Fantasiewesen zeichnen und Figurenbeschreibung dazu anfertigen

Verweise

- Lesebuch 4, S. 128–130
- Zebra 4 Trainingsheft, S. 69
- KV 109 (Eine Fantasiegeschichte planen und schreiben; veränderbar)

Seite 51

Lernziele/Kompetenzen
- einen Text sinnentnehmend lesen
- aus der Sicht (Perspektive) einer anderen Person erzählen
- Teil einer Schreibhilfe anwenden (Schreibblume)
- aus der Sicht (Perspektive) einer anderen Person schreiben
- eine passende Überschrift finden
- die Methode „Eine Schreibkonferenz durchführen" anwenden
- einen eigenen Text überarbeiten

Anregungen für den Unterricht
- Einstieg: zwei bis drei Satzstreifen (die ersten Sätze von AH-S. 51 oder ausgedachte) an Tafel heften
  - Kinder lesen die Sätze vor
  - gemeinsam besprechen, welche Figur den Satz sagt (entweder zu Aufg. 1 Bildkarten Drache/Prinzessin/König oder eigene zur Verfügung stellen/erstellen)
  - Name der Figuren daneben schreiben, Sätze in Sprechblasen malen
  - Sätze erneut mit Betonung vorlesen lassen
  - dann Perspektive wechseln, gleiche Sätze mit entsprechend geänderter Betonung vorlesen
  Hinweis: Ein Drache spricht anders als eine Prinzessin, ein König anders als eine Königin. Darauf sollte geachtet werden.
- Aufg. 1: in EA oder PA möglich
- Vorbereitung Aufg. 2–4: auf pinkfarbenes Blütenblatt der Schreibblume eingehen
  - ggf. an Beispielen aus der Literatur verdeutlichen (Ich-Erzähler, allwissender Erzähler)
- Aufg. 2 – 4: eigenständige Bearbeitung
- Vorbereitung Aufg. 5: ggf. die Durchführung einer Schreibkonferenz wiederholen
- Aufg. 5: Schreibblume zu Hilfe nehmen und auf Perspektivwechsel achten
- in GA oder im Plenum: Geschichten vortragen
- zur Festigung und weiteren Übung Aufgaben im Trainingsheft auf S. 70 durchführen

Differenzierung
Fördern:
- Aufg. 1: Text im Lesetandem lesen
  - in Vorbereitung auf Aufg. 3 Wörter markieren, die verändert werden müssen
- Aufg. 2–4: mit Lernpartner arbeiten
  - alternativ: nur Aufg. 2–3 bearbeiten
- KV 110/1–2 verändern: Satzanfänge anbieten, Stichwörter an der Tafel sammeln, Geschichte mündlich vorbesprechen und Sätze formulieren

Fordern:
- Aufg. 1: Lernpartner für leistungsschwächere Kinder sein: Text vorlesen oder im Tandem lesen
- Aufg. 2: weitere mögliche Perspektiven erfinden
- KV 110 verändern: Geschichte mit Hauptteil und Schluss schreiben
  - Geschichte am PC schreiben und gestalten

Ideen für die Weiterarbeit
- Märchen-/Fantasielektüre zusammenstellen
- Märchen aus der Sicht einer anderen Person/Nebenfigur schreiben, z. B. aus der Sicht eines Zwerges (Schneewittchen)
- Rollenspiel: Geschichten der Kinder szenisch umsetzen
- Kunst: Geschichten als Comic zeichnen (Erzähler farbig malen, die anderen Figuren mit Bleistift zeichnen)

Verweise
- Lesebuch 4, S. 128–130
- Zebra 4 Trainingsheft, S. 70
- KV 110 (Aus der Sicht einer anderen Person schreiben; veränderbar)
- Meine Anoki-Übungshefte, Texte schreiben 4, S. 72/73

→ LE S.131 **Fragen zu einem Text beantworten**

1 Lies den Text. Beantworte die Fragen.

R. S. 52 Nr. 1
A: Wenn jemand ...
B: ...

Redensarten aus der Ritterzeit

Wenn jemand eingebildet oder hochnäsig ist, dann sagen wir manchmal, dass er uns **von oben herab behandelt** oder wir sagen: **Er sitzt auf einem hohen Ross.** Im Mittelalter saßen die Ritter und die reichen Leute oft hoch oben auf ihrem Pferd und haben von dort aus mit ihren Bediensteten gesprochen.

Im Mittelalter mussten die Menschen ihr Badewasser erst vom Brunnen holen, es dann über dem Feuer erwärmen und anschließend in einen großen Bottich schütten. Das war ziemlich aufwändig. Deshalb badete einer nach dem anderen in dem Wasser. Erst wenn der Letzte der Familie fertig war und das Wasser schon kalt und schmutzig war, wurde es weggeschüttet. Der Letzte hatte das schlechteste Wasser und musste es auch noch entsorgen – **er musste alles ausbaden.** Daher kommt die Redewendung: **Alles ausbaden müssen.**

A Was bedeutet es, wenn jemand auf einem hohen Ross sitzt?
B Woher holten die Menschen ihr Badewasser?
C Wie wurde das Wasser erwärmt?
D Warum war das Baden für den Letzten der Familie nicht so angenehm? Begründe.

52

Seite 52

Lernziele/Kompetenzen
- einen Text sinnentnehmend lesen
- Antworten zu Fragen im Text finden und aufschreiben
- Antworten zu Fragen schriftlich formulieren
- Fragen mithilfe eines Textes beantworten
- Redensarten verstehen und erklären können

Anregungen für den Unterricht
- Einstieg mit Gespräch über das Thema „Redensarten": verschiedene Sätze mit Redensarten gemischt an die Tafel hängen/schreiben
  - L: *Was sind Redensarten? Kennt ihr welche an der Tafel? Was bedeuten sie?*
  Welche davon verwendet ihr oder eure Familie?
  Was, glaubt ihr, bedeuten die Redensarten? Sind die Bedeutungen heute die gleichen wie früher?
- Aufg. 1: Text und Fragen gemeinsam lesen
  - unbekannte Wörter klären (*hochnäsig, Ross*)
  - Text nacherzählen lassen, auch in PA möglich
  - Absatz 1 und 2 getrennt besprechen
  - Antworten zu den Fragen im Text suchen, ggf. Schlüsselwörter notieren
  - Antworten im ganzen Satz mündlich formulieren
  - Fragen anschließend eigenständig bearbeiten
- in PA: Ergebnisse vergleichen
  - alternativ: Lösungsblätter im Raum hinterlegen und nach Bearbeitung anbieten

Differenzierung

Fördern:
- Aufg. 1: Absatz 1 und 2 trennen, aufteilen
  - ggf. Text im Lesetandem ein weiteres Mal lesen
  - Text kopieren, Fragen und passende Antworten im Text unterschiedlich farbig markieren
  - keine ganzen Sätze schreiben, nur farbig markierte Textteile abschreiben
- KV 111/1 verändern: mit einem Lernpartner arbeiten
  - Textkomplexität verringern
  - passende Textteile und Fragen farbig markiert vorgeben (Zuordnungsübung)

Fordern:
- Aufg. 1: weitere Redensarten aufschreiben und Bedeutung klären und erklären
  - passende Fragen dazu ausdenken und aufschreiben
- KV 111/1 verändern: andere Redensarten finden, aufschreiben und Fragen dazu formulieren
  - passende Bilder dazu zeichnen

Ideen für die Weiterarbeit
- weitere Redensarten recherchieren
- Sachunterricht:
  Sachbücher aus der Ritterzeit/Mittelalter zur Verfügung stellen, Kinder formulieren Fragen zu den Texten, Fragen gemeinsam beantworten
- Kunst:
  Redensarten bildlich umsetzen und untertiteln
- Literatur-Tipp:
  Rolf Bernhard Essig: Da wird der Hund in der Pfanne verrückt. Die lustigen Geschichten hinter unseren Redensarten
  ISBN: 9783446233812

Verweise
- Lesebuch 4, S. 131
- KV 111 (Fragen zu einem Text beantworten 3; veränderbar)
- Zebra Forderblock 4, S. 38

Seite 53

Lernziele/Kompetenzen
- einen Lückentext sinnentnehmend lesen und sinnvoll füllen
- Sachinhalte recherchieren

Anregungen für den Unterricht
- Aufg. 1, 3: Klassenplakat und kleine Klebezettel für die Begriffe aus der Ritterzeit vorbereiten
  - Plakat gestalten, Klebezettel nach und nach ergänzen

Differenzierung
Fördern:
- Aufg. 3: Bücherkiste zum Thema zur Verfügung stellen
  - ggf. passende Seiten bereits mit Klebezetteln markieren

Fordern:
- Aufg. 1, 3: Plakate in PA oder GA mit Begriffen und eigenen Erklärungen füllen

Ideen für die Weiterarbeit
- einen Ausflug in eine Ausstellung über die Ritterzeit organisieren
- Bücherkiste zum Thema bereitstellen
- Sachunterricht:
  Sachfilm über das Mittelalter/Ritter schauen
- Sport: Ritterkampf in der Sporthalle durchführen
  - Kinder balancieren auf einer umgedrehten Bank
  - als Lanze dient jeweils ein Kissen
  - wer den anderen zuerst von der Bank gestoßen hat, hat gewonnen

Verweise
- Lesebuch 4, S. 132/133

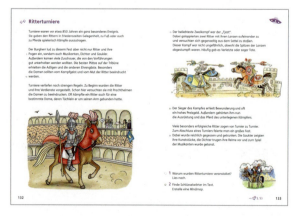

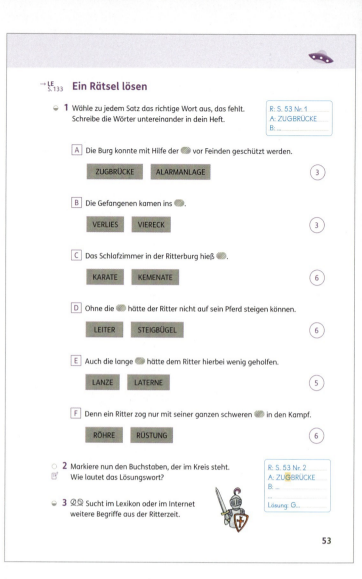

→ LE S.140-143 **Eine Sage erkennen**
→ TH S.71

> Sagen sind besondere Erzählungen.
> Ursprünglich wurden sie nur mündlich weitergegeben.
> Erst viel später begann man, Sagen aufzuschreiben.
> Du erkennst Sagen an folgenden Merkmalen:
> • Sie handeln von berühmten Persönlichkeiten, von Helden, Göttern oder fantastischen Wesen.
> • Sagen finden an Orten statt, die es wirklich gibt.
> • Sagen spielen zu einer bestimmten Zeit.
> • Durch Sagen werden Bräuche, Sehenswürdigkeiten oder die Entstehung von Orten erklärt.

○ **1** Lies die Sage über Europa.

Europa

Vor etwa 3.000 Jahren lebte eine Prinzessin namens Europa. Sie war wunderschön. Europa liebte die Natur und die Tiere. Als der Göttervater Zeus von ihrer Schönheit erfuhr, wollte er sie unbedingt kennenlernen.

Er wusste, wie sehr sie Tiere liebte und verwandelte sich in einen prächtigen Stier. So traf Zeus auf Europa. Sie bewunderte seine schöne Gestalt und kam näher. Als sie sich auf seinen Rücken setzte, sprang er auf und raste mit ihr davon. Europa war verzweifelt und schrie um Hilfe. Aber schon bald beruhigte sie sich wieder. Sie fasste den Stier an den Hörnern und ritt mit ihm bis zur heutigen Insel Kreta. Das liegt in Griechenland.

Dort verwandelte sich der Stier zurück in Zeus. Sie verliebten sich unsterblich ineinander und gründeten eine Familie. Der Erdteil, auf dem sie lebten, wurde nach ihrem Namen benannt – Europa.

54

Seite 54/55

Lernziele/Kompetenzen

• die Merkmale einer Sage kennenlernen
• die Merkmale einer Sage in einem Text erkennen und notieren (Textstellen)
• Textstellen den passenden Merkmalen einer Sage zuordnen
• weitere Sagen recherchieren
• stichwortartige Erzählkarten anlegen
• eine Sage mithilfe von Erzählkarten nacherzählen

Anregungen für den Unterricht

• Einstieg: die Sage von Kadmos z. B. aus dem Lesebuch 4 den Kindern vorlesen
  – Vermutungen zum Text anstellen:
    Wo könnte Kadmos' Schwester sein? Was könnte mit ihr passiert sein?
• Methodenkasten gemeinsam lesen und besprechen
  – die einzelnen Merkmale in unterschiedlichen Farben markieren
  – alternativ: auf Tippkarten herausschreiben
• Aufg. 1: die Sage über Europa gemeinsam lesen
  – unbekannte Wörter gemeinsam klären (z. B.: *Göttervater, Zeus*)
• Aufg. 2: die Merkmale im Text finden und entsprechend notieren
  – auch in PA möglich
  – darauf hinweisen, dass keine ganzen Sätze abgeschrieben werden sollen
  – in PA oder im Plenum: Lösungen vorlesen, sich zu den Lösungen austauschen

Hinweis zu Aufg. 4: Diese Aufgabe eignet sich gut als HA in PA oder GA. Es sollten nach Möglichkeit Bücher zum Thema zur Verfügung stehen. Besonders motivierend ist es, wenn Sagen aus der eigenen Region gefunden und behandelt werden.

• Aufg. 5: Karteikarten zur Verfügung stellen
  – Schlüsselwörter suchen und aufschreiben lassen, auf die Reihenfolge achten
  – das Nacherzählen zunächst in PA üben, einander Tipps geben
  – dann vor einer größeren Gruppe oder der Kl die Sage nacherzählen
• zur Festigung und weiteren Übung Aufgaben im Trainingsheft auf S. 71 durchführen

Differenzierung

Fördern:

• Aufg. 1: Text vorlesen oder im Lesetandem lesen
• Aufg. 2–3: mit Lernpartner arbeiten
  – Merkmale und passenden Antworten vorgeben
• Aufg. 4: kurze, einfache Sagen zur Verfügung stellen
• Aufg: 5: Karten nummerieren und vorstrukturieren in Einleitung, Hauptteil und Schluss
  – Schlüsselwörter komplett oder teilweise vorgeben
  – Aufgabe in GA durchführen
  – ein Kind übernimmt nur die Einleitung, nächstes Kind den Hauptteil, drittes Kind den Schluss
• KV 112/1 verändern: im Lesetandem lesen
• KV 112/2 verändern: Merkmale markiert vorgeben (Zuordnungsübung)
  – alternativ: Lösungszettel im Klassenraum auslegen und zur Kontrolle Schleichdiktat durchführen
  – letzte Zeile löschen
• KV 113/2 verändern: zu ändernde Wörter durchgestrichen vorgeben
  – ggf. Ersatzwörter zur Auswahl geben (Auswahlübung)

Fordern:

• Aufg. 1–3: Lernpartner für leistungsschwächere Kinder sein: Text vorlesen oder im Lesetandem lesen; Textstellen gemeinsam suchen
• Aufg. 4: weitere Sagen recherchieren und die Merkmale herausarbeiten
  – Internetrecherche, z. B.:
    Suche eine Sage, in der Tiere eine wichtige Rolle spielen./Suche eine Sage, in der ...

- eine eigene Sage ausdenken und aufschreiben
  – Schreibkonferenzen zu den eigenen Sagen durchführen
- KV 112/Zusatz: Recherche im Internet zur Frage *Welches tatsächliche Ereignis in Hameln steckt hinter der Sage?*
  – Lösung der Kl präsentieren
- KV 113/2 verändern: Aufg. löschen, gleich in der Ich-Perspektive schreiben
- KV 113/Zusatz: als Stehgreifspiel/Rollenspiel gestalten

Ideen für die Weiterarbeit

- Sagen und Märchen vergleichen, über Gemeinsamkeiten und Unterschiede reflektieren
- Comics zur Sage schreiben und zeichnen
- weitere Sagen aus der eigenen Region kennenlernen
- Sagen nach Regionen und Zeit unterscheiden, kategorisieren
- Sachunterricht:
  Thema Europa behandeln; Kontinente und Länder kennzeichnen, Informationen beschaffen, Ländersteckbriefe erstellen,
  Europakarte aufhängen und die Orte aus den Sagen markieren
  Zeitstrahl anbringen und markieren, wann welche Sage spielte
- Literatur-Tipp:
  Ulrike Sauerhöfer, Angelika Lukesch: Die schönsten Märchen und Sagen
  ISBN: 9783480233991
  Anne Suess: Die schönsten Sagen und Legenden für Kinder
  ISBN: 9783849907532

Verweise

- Lesebuch 4: S. 138/139, 140, 141–143
- Zebra 4 Trainingsheft, S. 71
- KV 112 (Eine Sage erkennen; veränderbar)
- KV 113 (Eine Sage in der Ich-Perspektive gestalten; veränderbar)
- Meine Anoki-Übungshefte, Lesen 4, S. 42/43

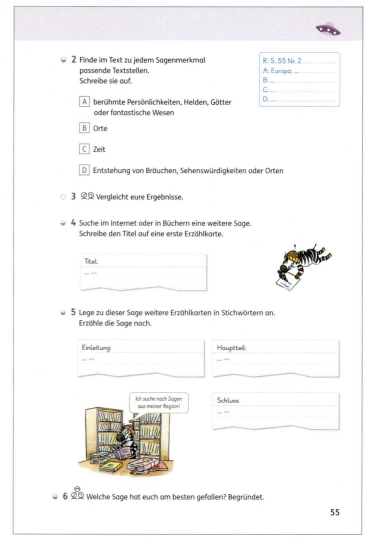

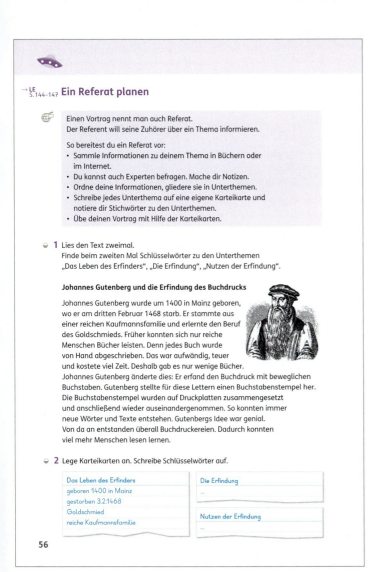

Seite 56

Lernziele/Kompetenzen

- die Methode „ein Referat planen" kennenlernen und anwenden
- einen Text sinnentnehmend lesen
- Schlüsselwörter erkennen und markieren
- Wörter im Textzusammenhang verstehen
- einen Text gliedern und nach Themen ordnen
- Karteikarten mit Stichwörtern anlegen

Anregungen für den Unterricht

- Vorbereitung in einer Kunststunde davor: Stempelkissen und Druckkästen mit einzelnen Lettern besorgen (Material Klasse 1) und mit den Kindern ihre Namen auf ein Plakat stempeln
  – als Klassenplakat aufhängen
- Einstieg im Sitzkreis mit Plakat in der Mitte:
  – L legt Stempelkissen, einzelne Lettern und Papier dazu
  – L: *Schreibe nun zwanzigmal Deinen Namen. Drucke dann zwanzigmal Deinen Namen.*
  – anschließend: *Worin liegt der Unterschied?* (Antwort: Schreiben ist anstrengender, Drucken leichter/Schnelligkeit bzw. Tempo); *Was ist besser?* (kann unterschiedlich ausfallen); *Was geht schneller?* (Drucken)
  – Klassengespräch über den Nutzen dieser Erfindung führen

- Aufg. 1: Text gemeinsam lesen
  – anschließend unbekannte Wörter klären
  – Schlüsselwörter vorschlagen und begründen lassen
  – Text ein zweites Mal eigenständig lesen
  – Schlüsselwörter im Text suchen und herausschreiben
- Methodenkasten gemeinsam lesen und besprechen
  – Begriffe „Referat"/„Referent" klären, ggf. auf Vorwissen zurückgreifen (*Wie hast du bisher deine Vorträge für die Klasse vorbereitet?*)
- Aufg. 2: eigenständige Bearbeitung
  – auch in PA möglich
  – Karteikarten/Zettel zur Verfügung stellen
  Hinweis: Zur visuellen Unterscheidung kann jedes Unterthema in einer anderen Farbe geschrieben werden.

Differenzierung

Fördern:

- Aufg. 1: Text im Lesetandem lesen oder vorlesen lassen, Text ggf. kopieren, vorbereiten:
  – Schlüsselwörter vorgeben und farblich nach Unterthemen unterscheiden
- Aufg. 2: Unterthemen farblich so markieren, dass sie zu Aufg.1 passen (Zuordnungsübung)

Fordern:

- Aufg. 1: Erfindung beschreiben/erklären
- abschließend ein Referat über Gutenberg planen und halten

Ideen für die Weiterarbeit

- Klassenplakat erstellen mit einer Anleitung für die Planung, Erstellung und Durchführung eines Referates
- Erfinder und ihre Erfindungen sammeln
- Sachfilme zu Erfindungen schauen
- sich zur Teilnahme am Wettbewerb „Schüler experimentieren" informieren, ggf. anmelden/teilnehmen
- Sachunterricht:
  Forscherwerkstatt mit Aufgaben einrichten
- Kunst:
  eigene „Maschinen" erfinden und zeichnen wie z. B. die Knackwurst-Bring-Anlage aus dem *Sams*

Verweise

- Lesebuch 4: S. 144/145, 146, 147
- Zebra-Erklärfilm
  „Ein Referat planen und vortragen"
  (per Code unter Lehrwerk-Online, www.klett.de)

Seite 57

Lernziele/Kompetenzen
- ein Referat zu einem Thema planen und halten
- ein Referat ansprechend gestalten und dabei die Kriterien beachten
- verschiedene Medien zur Informationsbeschaffung nutzen
- das freie Sprechen üben
- verschiedene Hilfsmittel zur Visualisierung nutzen
- auf die Zuhörer achten

Anregungen für den Unterricht
- Einstieg über ein Plakat zum Thema „Erfinder und ihre Erfindungen":
  - L: *Was ist der Unterschied zwischen einem Plakat und einem Referat? Worauf musst du beim Referat/Vortrag achten?*
  - L schreibt die Tipps/Ideen der Kinder an die Tafel/ans Whiteboard
  - ggf. dazu Inhalte vom Lesebuch 4, S. 150/151 nutzen
  - Gedanken, Ängste und Unsicherheiten im Gesprächskreis im Vorfeld verbalisieren
- Vorbereitung Aufg. 1: Bilder und Sprechblasen lesen und besprechen
  - Unterschiede benennen und Vorschläge zu Tipps sammeln
- Aufg. 1: im ersten Schritt eigenständige Bearbeitung (Text lesen, Sätze vervollständigen und notieren)
  - anschließend Aufg. 1 gemeinsam lesen, besprechen und vergleichen
- Aufg. 2: eigenständig Bearbeitung
  - auch in PA möglich

  Hinweis: Hierzu kann man die Themen frei wählen lassen oder begrenzen. Hilfreich ist eine Bücherkiste mit entsprechender Lektüre. Die Recherche im Internet ist eine schöne Gelegenheit für leistungsstärkere Kinder. Aber Achtung, die Informationsflut ist sehr groß und kann überfordern, Tipps zu Kinderseiten sollten entsprechend gegeben werden.
  - in PA oder GA: von Ergebnissen berichten, vergleichen bzw. sich gegenseitig Begriffe erklären
- Vorbereitung Aufg. 3: zum Üben vor einer Kleinstgruppe vortragen

Differenzierung
Fördern:
- Aufg. 1: Satzergänzungen/Begründungen zum Zuordnen vorgeben (Zuordnungsübung)
- Aufg. 2: mit Lernpartner arbeiten
  - Unterthemen und Schlüsselwörter vorgeben
  - genaue Angaben zu Internetseiten machen, geeignete Texte/Bücher zur Verfügung stellen

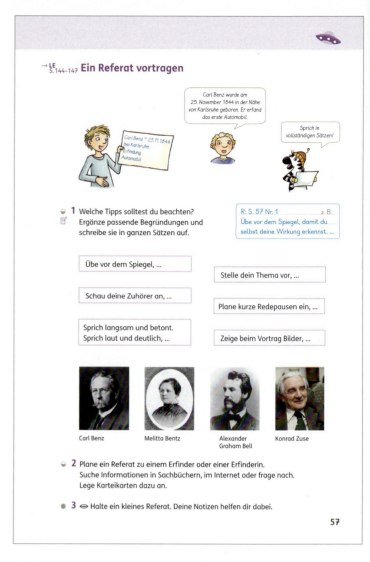

Fordern:
- Lernpartner für leistungsschwächere Kinder sein
- Aufg. 2–3: selbstständige Recherche und Erarbeitung

Ideen für die Weiterarbeit
- Gespräch zum Thema „Ein Referat vortragen" führen (Präsentationen): *Wozu sind Referate gut? Was macht dabei Spaß, was fällt leicht? Was fällt schwer, was macht dir Sorge?*
- Referate in verschiedenen Fächern halten:
  - Deutsch: Buchvorstellung
  - Sachunterricht: Städte in Deutschland
  - Kunst: Künstler und ihre Werke
  - Theater: Vorträge vor einer Gruppe üben
  - Medien: Referate auf Tonband/Film aufnehmen, Eigenwahrnehmung trainieren

Verweise
- Lesebuch 4: S. 144/145, 146, 147, 150/151
- Mein Medienheft 3/4: S. 16–27, 40–51

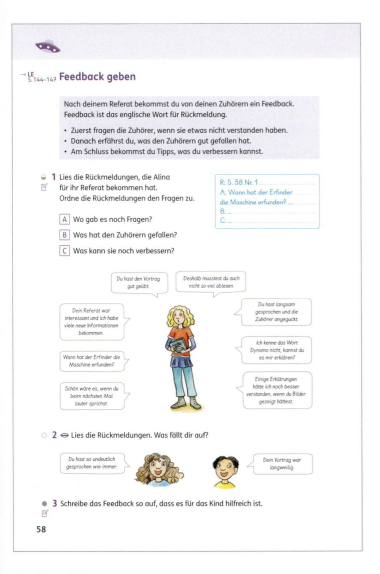

Seite 58

Lernziele/Kompetenzen
• die Methode „Feedback geben" kennenlernen
• Feedbackabläufe kennen
• konstruktive Rückmeldungen geben
• Rückmeldungen anderer einschätzen/bewerten

Anregungen für den Unterricht
• Einstieg im Halbkreis um die Tafel: in der Mitte der Tafel Foto eines Kindes hängen
  – L: *Dieses Kind hat ein Referat zu einem europäischen Land gehalten.*
  – Gespräch über die Interessen der Kinder führen: *Welche Länder kennst du? Was interessiert dich? Worüber würdest du gerne ein Referat halten/eine Präsentation vorbereiten?*
  – Rückmeldungen der Kinder sammeln
  – L: *Stellt euch vor, das Referat ist jetzt zu Ende und ihr meldet dem Kind zurück, wie euch der Vortrag gefallen hat. Über welche Aussagen würde sich das Kind freuen? Was möchte es nicht hören?*
  – Aussagen der Kinder ungeordnet auf Kärtchen schreiben und an die Tafel heften
  – Kärtchen gemeinsam sortieren: links vom Kind, worüber es sich freut, rechts vom Kind, was es nicht gerne hören möchte
  – rechte Seite näher betrachten, Aussagen nochmals gemeinsam lesen, über Gefühle sprechen (*Wie fühlst du dich, wenn du so etwas hörst?*)
  – Gespräch über Kritik führen: *Sollten wir Kritik weglassen, um niemanden zu verletzen? Wofür könnte Kritik gut und wichtig sein? Was können wir tun? Wie übt man Kritik, die hilft, ohne den anderen zu verletzen?*
  – Aussagen auf der rechten Tafelseite gemeinsam zu hilfreicher Kritik umformulieren
  – Methodenkasten gemeinsam lesen und besprechen
• Aufg. 1–3: eigenständige Bearbeitung
• Nachbereitung Aufg. 3: hilfreiche/förderliche Feedback-Aussagen der Kinder auf Karten schreiben und zu den anderen an die Tafel heften

Differenzierung

Fördern:
• Aufg. 1–2: im Lesetandem lesen
• Aufg. 1: Rückmeldungen gemeinsam zuordnen
• Aufg. 3: Sätze vorformulieren und zuordnen lassen

Fordern:
• Lernpartner für leistungsschwächere Kinder sein
• Aufg. 1: Lösungsblatt für leistungsschwächere Kinder erstellen
• Aufg. 3: eigene Feedback-Vorschläge auf Karten schreiben und an die Tafel heften

Ideen für die Weiterarbeit
• Klassenplakat erstellen mit Feedbackregeln, Lob und hilfreichen Tipps
• Sachunterricht:
  Kinder erstellen ein Länderplakat und erhalten ein Feedback
• fächerübergreifend:
  Referate halten, Feedback geben/erhalten
  schriftlichen Feedbackbogen gemeinsam entwickeln und am PC gestalten
• weitere Feedbackmethoden einführen und ausprobieren, z. B. Daumenprobe, Zielscheibe, Tor (vgl. z. B. „Methoden des Schüler-Feedbacks" unter www.isb.bayern.de)

Verweise
• Lesebuch 4: S. 144/145, 146, 147

Seite 59

Lernziele/Kompetenzen
- individuelle Kenntnisse und Kompetenzen an bereits erarbeiteten Aufgabenstellungen anwenden
- Lesekompetenz steigern
- einen Text sinnentnehmend lesen
- die Sicht (Perspektive) wechseln
- aus der Sicht (Perspektive) einer anderen Person erzählen
- Rückmeldungen anderer einschätzen/bewerten (Feedback geben)

Anregungen für den Unterricht
- Einstieg: L erklärt Inhalt und Zweck der „Das-kann-ich-schon"-Seite
  Hinweis: Die Kinder dürfen zeigen, was sie schon alles können. Es geht nicht um eine Leistungsmessung im strengen Sinne.
- gemeinsam Aufgabenformate besprechen und inhaltliche Fragen klären:
  – Aufg. 1: Text lesen
  – Aufg. 2–3: in die Ich-Perspektive wechseln, Wörter entsprechend austauschen; den Text in der Ich-Perspektive lesen
  – Aufg. 4: Text lesen und Rückmeldungen passend markieren
- Aufg. 1–4: eigenständige Bearbeitung
- ggf. Reflexion im Plenum: *Welche Aufgabe fiel euch besonders leicht? Bei welcher Aufgabe gab es Schwierigkeiten?* (Textverständnis, Wörter für die Ich-Perspektive richtig verändern, Feedback einschätzen)
- Weiterarbeit mit ausgefüllten Seiten erklären:
  – ggf. nutzen für Lerngespräche
  – Sammlung in eigenem Portfolio
  – Selbsteinschätzung der Kinder
- zur Festigung und weiteren Übung Aufgaben im Trainingsheft auf S. 72 durchführen

Differenzierung
Fördern:
- Aufg. 1: Text vorlesen oder im Lesetandem lesen
- Aufg. 2–3: mit einem Lernpartner arbeiten
  – Text Zeile für Zeile nochmals lesen
- Aufg. 4: Text vorlesen oder im Lesetandem lesen
  – Bearbeitung in PA

Fordern:
- selbsttätiges Erarbeiten der Seite
- Kontrolle der Ergebnisse in PA durch Vergleiche
- Lernpartner für leistungsschwächere Kinder sein: vorlesen, Tandem-Lesen („Trainer" und „Sportler")

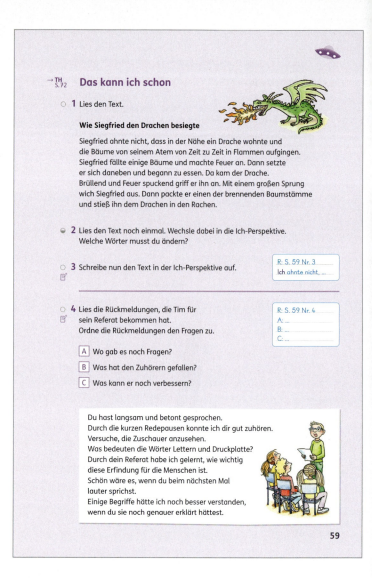

Ideen für die Weiterarbeit
- „Das-kann-ich-schon"-Seiten zur Auswertung des individuellen Lernstandes nutzen
- ggf. Lerngespräche mit den Kindern dazu führen
- darauf aufbauend ggf. Förderplan entwickeln
- als Dokumentation in einem Portfolio sammeln
- zur Unterstützung bei Elterngesprächen heranziehen
  Hinweis: Bei der Dokumentation sowie bei Lern- oder Elterngesprächen sollten die Hilfen, die Kindern ggf. gegeben wurden, klar und deutlich dokumentiert und benannt werden, da sonst der wirkliche Lernstand im Vergleich zu anderen nicht mehr gegeben ist und falsche Eindrücke entstehen können.

Verweise
- Lesebuch 4: S. 128–130, 138/139, 140, 141–143, 144/145, 146, 147, 150/151
- Zebra 4 Trainingsheft, S. 72
- Meine Anoki-Übungshefte, Lesen 4

Leseabenteuer und Medienrummel

Das sechste Kapitel setzt sich mit der Entwicklung der Medien und mit deren vielfältigen Nutzung auseinander. Die Kapitelauftaktseite versucht einen Eindruck darüber zu vermitteln, wie die Entwicklung in den letzten Jahrzehnten bzw. Jahrhunderten vorangeschritten ist. Dabei lässt sich auch die rasante Entwicklung in den letzten dreißig Jahren feststellen. Viele Medien, die heute selbstverständlich sind, sind noch gar nicht so lange auf dem Markt. Daran lassen sich Gespräche über die Zeit vor dem Internet anschließen. Dieses Medium spielt in diesem Kapitel eine zentrale Rolle. Wie haben die Leute sich mitgeteilt, Nachrichten weitergegeben, Briefe geschrieben, als es das Internet noch nicht gab? Wie lange dauert es heute, bis eine Nachricht beim Empfänger ist? Auch der kritische Umgang z. B. mit sozialen Netzwerken muss dabei thematisiert werden. Als weiteren Schwerpunkt hat dieses Kapitel die Methode „Einen Text szenisch umsetzen". Es wird darüber informiert, wie ein Film entsteht, anhand literarischer Texte werden Szenen herausgearbeitet und die Kinder angeleitet, dies eigenständig zu tun.

Seite 152/153

Lernziele/Kompetenzen
- sich an Gesprächen beteiligen, Meinungen äußern und gelten lassen
- Medien erkennen, benennen und über deren Nutzung nachdenken
- sich mit der Entwicklung der Medien auseinandersetzen
- Mediennutzung im privaten und schulischen Umfeld erforschen
- sich kritisch mit dem Medium „Internet" und sozialen Medien auseinandersetzen
- den Bezug zur eigenen Lebenswelt herstellen
- einen Text (Gedicht) sinnentnehmend lesen
- lebendige Vorstellung beim Hören von Texten entwickeln
- zu einem Bildausschnitt schreiben
- sich zu einem Thema informieren
- Sprachbildung:
  - Nomen mit passendem Artikel verwenden
  - Adjektive und Verben passend und in der richtigen Form verwenden
  - Wortschatz mithilfe der Wörtersonne erweitern

Anregungen für den Unterricht
- Einstieg im Sitzkreis mit verschiedenen Dingen zum Thema „Medien" als stummen Impuls (Walkman, MP3-Player, Kassettenrecorder, CD-Player, altes Radio, Handy, Tablet, Tageszeitung, Zeitschrift)
  - Kinder äußern sich frei
  - L: *Welche Geräte kennst du? Welche haben deine Eltern/Großeltern genutzt? Was haben alle Gegenstände gemeinsam? Was sind die Unterschiede?*
- Auftaktdoppelseite bearbeiten:
  - vor dem Hörtext Zeitstrahl betrachten, Familienmitglieder nach Alter einordnen lassen
  - Zeitabschnitte besprechen, Vorwissen der Kinder erfragen
  - Begriffe der Wörtersonne dem Bild zuordnen
  - Text (Gedicht) vorlesen und besprechen, dabei Begriff „Medienrummel" diskutieren
  - Hörtext ankündigen, Erwartungen der Kinder einholen und sammeln
  - nach dem Hörtext die Aufgaben der Zebra-Werkstatt lösen

Hörtext: Medien früher und heute

Pia hat im Sachunterricht gerade das Thema „Medien früher und heute". Als Hausaufgabe soll sie drei Familienmitglieder oder Menschen aus ihrem Umfeld befragen. Diese sollen unterschiedlich alt sein. Das Thema lautet: „Wie hast du in deiner Kindheit Musik oder Geschichten gehört?"
Als Erstes klingelt Pia bei ihrer Nachbarin Tante Tilly. Die ist 80 Jahre alt. „In meiner Kindheit gab es die ersten Radios. Wir waren glücklich, denn mein Vater hatte der Familie eines zu Weihnachten gekauft. Wenn wir Musik hören wollten, saßen

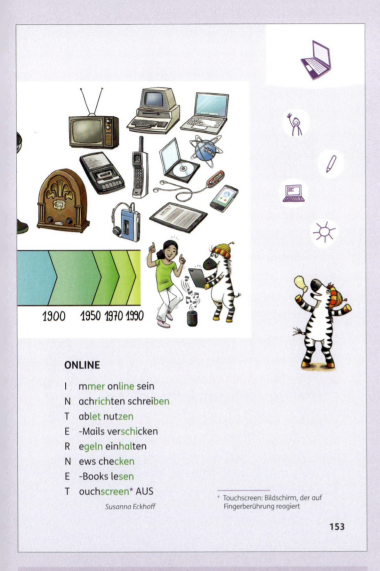

ONLINE

I mmer online sein
N achrichten schreiben
T ablet nutzen
E -Mails verschicken
R egeln einhalten
N ews checken
E -Books lesen
T ouchscreen* AUS

Susanna Eckhoff

* Touchscreen: Bildschirm, der auf Fingerberührung reagiert

153

wir alle davor. Manchmal gab es auch ein Fußballspiel oder eine Reportage. Wir mussten uns immer auf ein Programm einigen. Mein Bruder hat meistens gewonnen."
Als Nächstes fragt sie ihren Vater. Er ist 1975 geboren. „Ich hatte als Kind einen Kassettenrecorder. Dafür gab es Kassetten mit Geschichten und Liedern. Die Kassette hatte zwei Seiten. Wenn eine Seite fertig war, musste man die Kassette umdrehen. Es gab auch einen Kassettenrecorder zum Mitnehmen, den Walkman."
Nun geht sie zu ihrer Kusine. Die ist 20 Jahre alt.
„Ich hatte als Kind ganz viele CDs. Später bekam ich einen MP3-Player geschenkt. Und heute höre ich Musik über mein Smartphone!"
„Franz und ich hören meine Musik mit unserem Tablet und der Bluetoothbox!" antwortet Pia.

Zebra-Werkstatt zur Kapitelauftaktseite

Werkstatt „ich":

Welche Medien kennst du? Wer benutzt welches Medium? Erzähle.
Kind: *Mein Opa liest immer die Tageszeitung.*
Hinweis: Leistungsstärkere Kinder formulieren eine Begründung, warum diese Medien genutzt werden.

Werkstatt Stift: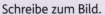

Schreibe zum Bild.
Hinweis: Leistungsstärkere Kinder schreiben eine Geschichte: „Das Leben in der Zeit vor dem Internet".

Werkstatt Monitor:

Suche im Internet nach weiteren Informationen.
Hinweis: Die Kinder wählen ein Medium aus und recherchieren dazu.

Werkstatt Sonne:

Schreibe die Wörtersonne in dein Heft.
Ergänze weitere Wörter zum Kapitelthema.

Differenzierung
Fördern:
- Kinder zum genauen Beobachten durch gezielte Fragen anregen: *In welcher Zeit wurde das Radio erfunden?*
- Gedicht im Lesetandem lesen
- Wortmaterial begrenzen
- KV 114/1 verändern: Textkomplexität verringern
- KV 114/2 verändern: Fragen vereinfachen, Lösungswörter zur Auswahl bereitstellen
- KV 115 verändern: Zeitstrahl auf zwei Abschnitte oder nur das Jahr 2000 bis heute verkleinern

Fordern:
- Rechercheaufgaben: *Wer machte das Smartphone für alle Menschen zugänglich? Wie wurden Nachrichten vor 40 Jahren verschickt?*
- Hörtext als Rollenspiel nachspielen
- KV 114/2 verändern: eigene Fragen zum Text formulieren
- KV 115 verändern: Zeitstrahl erweitern

Ideen für die Weiterarbeit
- Rechercheaufgabe: *Was wird durch das Internet einfacher? Welche Probleme gibt es erst, seit es das Internet gibt?*
- Kunst:
Wie sieht die Zukunft aus? – Zeichnungen oder Collagen erstellen

Verweise
- DUA: Hörtext
- KV 114–115 (Leseverständnis; veränderbar)
- Lesebuch 4, S. 217 (Lese-Rallye)

Lesetraining
Seiten 178/179

Lernziele/Kompetenzen

- mehrsilbige Wörter aufbauen und flüssig lesen (Worttreppe)
- Wortbausteine (Vorsilben) beim Lesen richtig einsetzen
- Sätze sinnentnehmend lesen
- Lesetempo steigern
- einen Text im Lesetandem lesen

Anregungen für den Unterricht

- **Einstieg zu S. 178:**
  - Spiel „Wortschlangen bilden" spielen: erstes Nomen vorgeben, der Nächste hängt weiteres Nomen an; Wörter müssen Sinn ergeben (z. B.: *Tee – Teebeutel – Teebeutelschnur*)
- Aufg. 1: Worttreppe in EA still erlesen, dann immer schneller laut lesen
  Hinweis: Wenn die ganze Kl laut lesen übt, kann man die Kinder bitten zu „murmeln".
- Vorbereitung Aufg. 2: Vorsilben wiederholen
  - Verb an die Tafel schreiben
  - L: *Welche Vorsilben fallen dir ein? Welche ergeben Sinn?*
  - Vorsilben notieren, passende Vorsilben mit Verb verbinden
- Aufg. 2: zuerst die Sätze bis zu den Silben lesen
  - sich für richtige Silbe entscheiden
  - Satz vollständig mit richtiger Silbe lesen
  - richtige Sätze im Lesetempo steigern

- **Einstieg zu S. 179:**
  - mit Vorbereitung Aufg. 3
  Hinweis: Diese Aufgabe kann man vorher gut als schriftliche Aufgabe stellen. Dafür gibt man drei kurze Sätze vor. An der Tafel oder auf einem Arbeitsblatt versuchen die Kinder in EA oder PA, die Verben zu vertauschen.
  Arbeitsauftrag: *Wie viele neue Sätze kannst du bilden? Schreibe sie auf.*
- Aufg. 3: erst alleine still lesen, dann in PA abwechselnd
  - zwischen Satz und dem Wort *aus* immer eine kurze Pause machen
  - Lesetempo steigern
- Aufg. 4: Partner für Lesetandem vorab bestimmen
  - eigenständige Bearbeitung im Lesetandem
  Hinweis: Bei der Zusammenstellung des Lesetandems sollte stets darauf geachtet werden, dass der „Trainer" in der Lage ist, den Text sicher zu lesen, damit der „Sportler" problemlos geführt werden kann (vgl. auch LHB, S. 128).

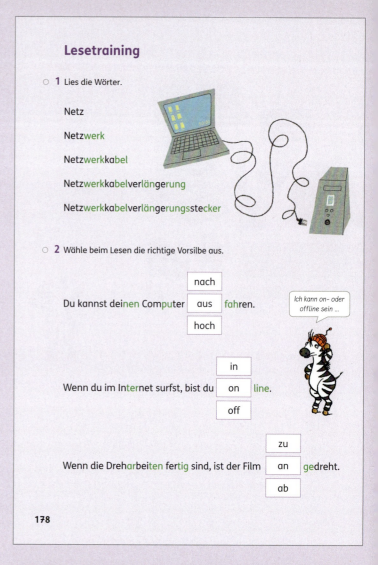

Differenzierung

Fördern:

- Aufg. 1: Wortbausteine auf Karten schreiben
  - Wort Stück für Stück zusammensetzten
  - wenn Wort flüssig gelesen wird, das nächste anhängen
  - unbekannte Wörter mit Partner klären
- Aufg. 2: Sätze abtippen
  - falsche Silben durchstreichen
  - alternativ: nur richtige Silbe vorgeben
- Aufg. 3: Sätze auf Arbeitsblatt kürzen
  - auf zwei oder drei kurze Sätze beschränken, z. B.: *Das Handy klingelt. Der Drucker druckt. Die Tastatur klappert.*
- Aufg. 4: nur die ersten fünf Zeilen lesen
  - Lesepfeil (Zebra Klasse 2) als Hilfsmittel nutzen

Fordern:

- Aufg. 1: *Wer findet das längste sinnvolle Wort?*
  - zusammengesetzte Wörter suchen und für ein Spiel der Woche auf Karteikarten schreiben
- Aufg. 2 in PA: weitere Wörter mit Vorsilbe finden und daraus einen Satz bilden
  - mehrere Silben zur Auswahl geben
  - Partner versucht zu lösen
- Aufg. 3: mehr Kombinationsmöglichkeiten finden (hier nur drei gedruckt)
  - alternativ: neue Sätze bilden und Verben vertauschen

○ **3** Lies die Sätze so schnell wie möglich.

Das Handy klingelt, der Drucker druckt, die Tastatur klappert, der Bildschirm strahlt, das Kind sitzt   aus

Das Handy strahlt, der Drucker klappert, die Tastatur sitzt, das Handy druckt, das Kind klingelt   aus

Das Handy sitzt, der Drucker klingelt, die Tastatur strahlt, der Bildschirm klappert, das Kind druckt   aus

○ **4** Lest im Lesetandem.

Filmkritik

Lina und Jesse waren gestern im Kino. Sie haben den neuesten Film ihrer Lieblingshelden gesehen.
Nun schreiben sie eine Filmkritik für die Schülerzeitung.
Darin bewerten sie den Film. In der Filmkritik schreiben sie, wer die Hauptdarsteller sind und um was es geht. Außerdem beschreiben sie, was ihnen gut gefallen hat und was nicht.
Sie beurteilen, ob sie die Geschichte gut verstanden haben und wie die Schauspieler gespielt haben. Außerdem bewerten sie die Gestaltung des Films (Spannungsaufbau, Musik, spezielle Effekte).
Ihre Mitschüler können nun entscheiden, ob sie den Film auch sehen möchten.

179

- Aufg. 4 in PA:
  - Fragen zum Tandem-Text stellen
  - Antworten geben, sich Fragen stellen lassen
  - freie Lesezeit anbieten

Ideen für die Weiterarbeit

- Wettbewerb „Wort der Woche": *Welche 4. Klasse findet das längste Wort bzw. die längste Wortschlange?*
- Gedichte mit Vertauschungen finden und auswendig lernen
- für Aufg. 3 in Kunst Comicgeräusche als Bild darstellen („klingel" „druck", „klapper", „Strahl", „sitzt")
  - Vertauschungen bildlich darstellen

Verweise

- Lesebuch 2, S. 30/31 (Methodenseite „Im Lesetandem lesen")
- Zebra-Erklärfilm (Klasse 2) „Im Lesetandem lesen"
  (per Code m69xm3 unter Lehrwerk-Online, www.klett.de)

Einen Text szenisch umsetzen
Seite 180/181

Lernziele/Kompetenzen
- die Methode „Einen Text szenisch umsetzen" kennenlernen und anwenden
- die Methode „einen Dialog schreiben" kennenlernen
- aus einem literarischen Text eine Szene entwickeln
- Spielideen und -anweisungen entwickeln
- sich in den Zuschauer hineinversetzen können
- die Bedeutung von Sprache und Bewegung in einer Szene wahrnehmen und einsetzen
- passende Requisiten für eine Szene auswählen

Anregungen für den Unterricht
Hinweis: In der vierten Klasse haben die Kinder im Laufe ihrer Grundschulzeit eventuell schon ein kleines Stück aufgeführt oder etwas präsentiert. Im Rahmen des Deutschunterrichtes beschäftigen sie sich mit dem „darstellenden Spiel". Nun wird aus einer Textvorlage ein kleines Stück entwickelt. Als Einstieg eignet sich ein kurzer Witz, den die Kinder erst einmal in PA ohne Anleitung vorspielen dürfen. Sie dürfen sich selbst einen Witz aussuchen oder einen auswählen, den die L vorbereitet hat.

- Methodenerarbeitung „Einen Text szenisch umsetzen": Arbeitsschritte anhand der Bilder nachvollziehen
  - Bild 1: einen Text aus einer Sammlung auswählen, einen Textausschnitt aus einem Lieblingsbuch auswählen, einen Text aus dem Lesebuch auswählen; Fragen beantworten (handelnde Personen, Ort des Geschehens usw.)
    Hinweis: Es bietet sich an, den Kindern eine Vorlage zu erstellen, in die sie die Ergebnisse eintragen können (z. B. KV 118).
  - Bild 2: die wörtliche Rede im Textausschnitt als Dialog aufschreiben
    Hinweis: In manchen Texten findet man die indirekte Rede, die man dann in direkte Rede umschreiben muss. Zu Anfang bieten sich Texte an, die wörtliche Rede enthalten, welche eins zu eins abgeschrieben werden kann.
  - Bild 3: Rede und Spiel szenisch planen
    Hinweis: Nachdem die Kinder aufgeschrieben haben, was die Personen sagen, sollen sie jetzt am Rand ergänzen, WIE die Personen etwas sagen, sich mit Gefühlen und Ausdruck auseinandersetzen. Außerdem sollen sie sich Regieanweisungen überlegen, wenn diese erforderlich sind (wie sich die Personen bewegen usw.; vgl. dazu auch KV 119).
  - Bild 4: das Spiel szenisch ausgestalten
    Hinweis: Für eine Aufführung braucht man den richtigen Raum, eventuell Kulisse und vor allem Requisiten. Diese sollen nun überlegt und festgehalten werden. Anschließend wird die Aufführung geplant, Ort und Zeit werden festgelegt, Aufgaben und Rollen verteilt, und schon während der Proben kann die „Werbetrommel" gerührt werden.

Differenzierung
Fördern:
- Teilbereich der Methode übernehmen, z. B. Requisiten organisieren
  - dafür in GA Liste der benötigten Dinge erstellen
- kurze Witze mit einer Frage und einer Antwort anbieten, daran die Methode üben:
  - Lesepate liest Text vor
  - Fragen stellen: *Wie viele Personen spielen mit? An welchem Ort spielt die Szene? Wann spielt die Szene? Was brauchst du für die Aufführung?*
  - Fragen können mündlich beantwortet werden, Partner schreibt auf
- bei Aufführungsplanung Übernahme von gut zu bewältigenden Aufgaben, z. B. Requisiten bereitlegen und Kulisse vorbereiten
  - ggf. durch die L gesteuert

Verweise
- Lesebuch 4, S. 171–173
- Zebra-Erklärfilm „Einen Text szenisch umsetzen"
  (per Code unter Lehrwerk-Online, www.klett.de)
- AH Lesen/Schreiben 4: S. 65, 66, 67

Fordern:
- Textausschnitt oder Kapitel aus dem Lieblingsbuch auswählen
- längere Dialoge schreiben
- indirekte Rede in direkte Rede umschreiben
- zum Regisseur ernennen
  Hinweis: Wenn es sich anbietet, können auch ein leistungsstärkeres und ein leistungsschwächeres Kind gemeinsam den Regiestuhl besetzen. Dies setzt allerdings voraus, dass beide Kinder gut miteinander arbeiten können.
- ein Stück von der Planung bis zur Aufführung in Eigenarbeit übernehmen

Ideen für die Weiterarbeit
- Aufführungstag/-abend/-nachmittag mit Gästen organisieren:
  – Einladung schreiben
  – erarbeitete Szenen vorspielen
  – Moderator führt durch die Veranstaltung
- Szenen auf Schulfest/-veranstaltung aufführen
- an Wettbewerb teilnehmen
- Szenenbuch der Kl erstellen

Seite 60

Lernziele/Kompetenzen

- die Textgattung „Bericht" kennenlernen
- die Methode „Einen Bericht planen" kennenlernen und anwenden
- Merkmale eines Berichtes kennenlernen
- W-Fragen als Merkmale kennen
- ein Bild genau betrachten
- einen Bericht mithilfe von Fragen und in Form von Stichwörtern planen
- Berichte in den Medien kennenlernen

Anregungen für den Unterricht

- Einstieg: ein Arbeitsblatt mit einem aktuellen Bericht aus einer Tageszeitung oder aus dem Internet vorbereiten
  Hinweis: Der Bericht muss die im Methodenkasten erwähnten Merkmale enthalten. Auch sollte nicht vergessen werden, die Quelle des Berichtes auf dem Arbeitsblatt zu vermerken.
  - Bericht im Klassenverband lesen
  - anschließend Antworten auf die W-Fragen unterstreichen
    Was geschah? – orange
    Wo hat das Ereignis stattgefunden? – rot
    Wer war beteiligt? – grün
    Wann geschah das Ereignis? – blau
  - Antworten an der Tafel notieren
  - danach Methodenkasten gemeinsam lesen und besprechen: *Was fällt dir auf? Vergleiche mit dem, was wir unterstrichen haben.*
  - „Wie"-Frage muss ergänzt werden
  - Kinder unterstreichen entsprechende Textstelle auf dem Arbeitsblatt
  - die 5 „W"s untereinanderschreiben, als Hilfestellung Buchstabe W fetten (**W**as? **W**o? **W**ann? **W**er? **W**ie?)
- Aufg. 1: Bild genau betrachten, Einzelheiten herausarbeiten
  - im Plenum Ereignis mündlich erzählen
- Vorbereitung Aufg. 2: W-Fragen mündlich beantworten
- Aufg. 2: eigenständige Bearbeitung
  - im Plenum: Ergebnisse vergleichen

Differenzierung

Fördern:

- Aufg. 1: mit Lernpartner arbeiten
  - W-Fragen herausarbeiten
  - W-Fragen auf Karten vorbereiten, Antwort auf die Rückseite schreiben
  - Checkliste für die 5 „W"s anbieten
- Aufg. 2: Antwort von den Karten ins Heft übertragen
- KV 116/1 verändern: Kasten in der Mitte entfernen, Thema vorgeben, Stichwortsammlung vorgeben

Fordern:

- Aufg. 1: Bilder aus Zeitungen und Zeitschriften anbieten, die sich für einen Bericht eignen
  - Kind wählt selbstständig aus
- eigenen Bericht zu einem Ereignis planen
- Bericht für Schüler- oder Klassenzeitung über letzten Schulausflug schreiben

Ideen für die Weiterarbeit

- Klassenzeitung erstellen/Schülerzeitung mit Berichten aus dem Alltag der Kinder erstellen
- einen Bericht für die Homepage schreiben

Verweise

- Lesebuch 4: S. 156, 157, 158
- KV 116 (Einen Bericht planen und schreiben; veränderbar)
- Meine Anoki-Übungshefte, Texte schreiben 4: S. 21, 37

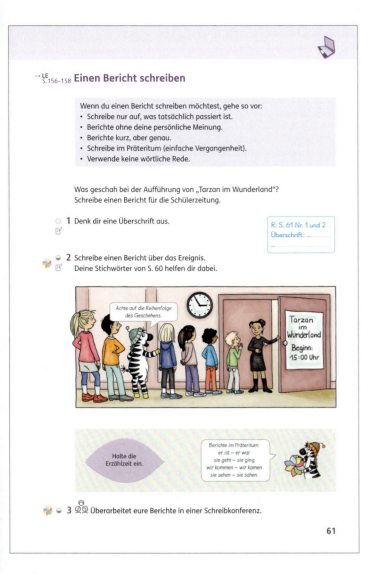

Seite 61

Lernziele/Kompetenzen

- die Methode „Einen Bericht schreiben" kennenlernen und anwenden
- Merkmale eines Berichtes kennen und anwenden
- sich eine passende Überschrift ausdenken
- aus Stichwörtern einen vollständigen Text formulieren (Bericht)
- Teil einer Schreibhilfe anwenden (Schreibblume)
- Erzählzeit einhalten
- Reihenfolge einhalten
- die Methode „Eine Schreibkonferenz durchführen" anwenden
- einen eigenen Text (Bericht) überarbeiten

Anregungen für den Unterricht

- Einstieg: die Merkmale eines Berichtes anhand eines Beispiels an der Tafel wiederholen (W-Fragen)
- Vorbereitung Aufg. 1–2: stichpunktartig Ablauf des Ereignisses an der Tafel festhalten
  – dafür Aufzeichnungen von AH-S. 60 heranziehen
  Hinweis: Die Kinder brauchen Hilfestellung, wenn es darum geht, den Ablauf so genau wie möglich darzustellen.
  – wiederholen, was eine gute Überschrift ausmacht (macht neugierig, aber verrät nicht zu viel; ggf. auf Schreibblume verweisen)
  – auf violettes Blütenblatt der Schreibblume eingehen
- Aufg. 1–2: nach Vorentlastung eigenständige Bearbeitung
- Aufg. 3: leistungsgemischte Gruppen bilden
  – alternativ: die Kinder, die nacheinander fertig werden, zu Schreibkonferenz-Gruppen zusammensetzen (dann eher homogene Gruppen)
  – L: *Achtet auf die Tipps in den Methodenkästen.*
  – alternativ: Tipps auf Karten an Kinder verteilen, jeder achtet auf sein Merkmal
  Hinweis: Die Aufg. 3 kann auch erst nach Abschluss der AH-S. 62 bearbeitet werden. Dann kann eine Checkliste als Hilfestellung verwendet werden.

Differenzierung

Fördern:

- Aufg. 1: Überschriften zur Auswahl anbieten
- Aufg. 2: mit Lernpartner arbeiten
  – KV 116 als Planungshilfe nutzen
  – KV 116/2 verändern: Vorschläge für Satzanfänge ergänzen
  – Reihenfolge mit Partner festlegen
- Aufg. 3: geeignete Rolle je nach Leistungsvermögen übernehmen

Fordern:

- Aufg 1–2: Bericht mit Überschrift zu eigenem Thema schreiben

Ideen für die Weiterarbeit

- Berichte zu aktuellen Schulveranstaltungen/Wettbewerben/Nachmittagskursen/Sportarten schreiben und veröffentlichen
- Kunst:
  Bild zu einem Bericht malen; Fotocollage erstellen, z. B. Kalenderbild mit Landschaft, selbstgezeichnete Figuren einkleben; ein Cover für Klassen- oder Schülerzeitung gestalten

Verweise

- Lesebuch 4: S. 156, 157, 158
- KV 116 (Einen Bericht planen und schreiben; veränderbar)
- Meine Anoki-Übungshefte, Texte schreiben 4: S. 26/27, 32/33, 44/45

Seite 62

Lernziele/Kompetenzen

- Merkmale eines Berichtes kennen und an einem Text überprüfen
- Fehlerstellen finden
- eine Checkliste nutzen
- Textstellen für einen sachlichen Bericht umformulieren
- die Methode „Eine Schreibkonferenz durchführen" anwenden
- einen Bericht überarbeiten und richtig schreiben

Anregungen für den Unterricht

- Einstieg mit Text aus Aufg. 1: gemeinsam lesen (pro Satz ein Kind)
  - auf Hinweis von Zebra Franz verweisen, Rückmeldungen der Kinder abwarten
  - Fehlerstellen benennen lassen
- Aufg. 2: in EA oder PA möglich
  - im Plenum: Ergebnisse vergleichen, Fragen beantworten (*Was ist gut gelungen, was ist weniger gut gelungen?*)
  Hinweis: Die Textstellen, die geändert werden müssen, können zusätzlich im Text unterstrichen werden, um Kindern Hilfestellung für Aufg. 3 zu geben. Es sollte an dieser Stelle schon besprochen werden, welche Möglichkeiten es gibt, Fehler zu korrigieren (weglassen/umformulieren).
- Aufg. 3: Bericht abschreiben
  - direkt beim Abschreiben Fehlerstellen korrigieren
  Hinweis: Beim Schreiben sollte nach der Checkliste vorgegangen werden, da im Beispieltext einige Angaben fehlen, die ergänzt werden müssen. Stellen, die nicht in einen Bericht gehören, können im Beispieltext durchgestrichen werden.
- Aufg. 4: leistungsgemischte Gruppen bilden
- zur Festigung und weiteren Übung Aufgaben im Trainingsheft auf S. 73 durchführen

Differenzierung

Fördern:

- Aufg. 1: Text abtippen und dabei vereinfachen, nur ein bis zwei Fehlerstellen einbauen (z. B. Gefühle und wörtliche Rede)
  - ohne Zeitenwechsel
  - im Lesetandem lesen
  - Fehlerstellen unterstreichen
- Aufg. 2: KV 116 als Checkliste anbieten
  Hinweis: Die Kinder können Informationen aus dem Text eintragen oder beim Fehlen von Informationen diese ergänzen.
- Aufg. 3: mit Lernpartner arbeiten
  - Schreibblume als Hilfestellung nutzen
  - KV 116 mit Satzanfängen nutzen (vgl.)
- Aufg. 4: Rolle in Schreibkonferenz zuweisen oder „Helfer"-Kind an die Seite stellen

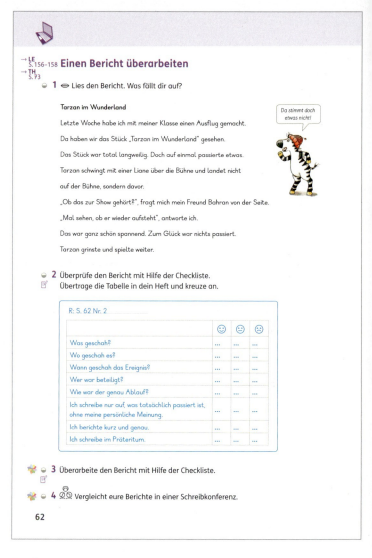

Fordern:

- Lernpartner für leistungsschwächere Kinder sein
- Seite eigenständig bearbeiten

Ideen für die Weiterarbeit

- Merkheft einführen, in das alle Methodenkästen abgeschrieben werden (eigenes Nachschlagewerk)

Verweise

- Lesebuch 4: S. 156, 157, 158
- Zebra 4 Trainingsheft, S. 73
- Zebra 4 Forderblock, S. 46
- Meine Anoki-Übungshefte, Texte schreiben 4, S. 32/33

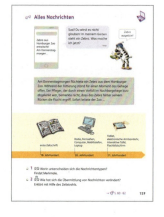

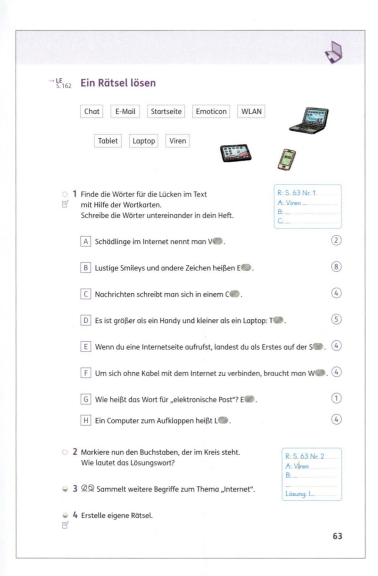

Seite 63

Lernziele/Kompetenzen

- Fachbegriffe zum Thema „Internet" und ihre Bedeutungen kennenlernen
- Rätselformen kennen
- Fachbegriffe selbsttätig sammeln

Anregungen für den Unterricht

- Aufg. 1: ein Beispiel gemeinsam lösen
  – anschließend in EA oder PA möglich
  – L: *Behalte das Lösungswort für dich!*

  Hinweis zu Aufg. 2: In welcher Form die Wörter gesammelt werden, legt die L fest, z. B. auf Karten oder in eine Wörterwolke schreiben. Hier bietet sich auch die kooperative Lernform „Platzdeckchen" (in der Mitte: *Internet*) oder eine Wörtersonne an.

  Die Kinder können Wörter in Büchern, im Internet oder auch in „Mein Medienheft 3/4" suchen.

- Nachbereitung Aufg. 3: Wörter zum Thema „Internet" zusammentragen und Bedeutungen für Kl klären

Differenzierung

Fördern:

- auf separatem Arbeitsblatt: Sätze auf Satzstreifen schreiben, Wortkarten ergänzen, Satzstreifen und Wortkarten ausschneiden, zuordnen und aufkleben lassen (handelndes Tun)

Fordern:

- Gitterrätsel erstellen: von Lösungswort ausgehen, z. B.:
  – Lösungswort „Maus" = Rätsel zum Thema „Computer"
  – entsprechend Fachbegriffe und passende Fragen suchen

Ideen für die Weiterarbeit

- Kreuzworträtsel in Zeitschriften finden und ausschneiden
- Kreuzworträtsel am Computer erstellen (https://www.schulraetsel.de)
- Kreuzworträtsel am Computer lösen
- Rätselbücher mitbringen und ausstellen
- „Rätsel des Tages" einführen
- Rätselwoche in der Schule initiieren
- Rätselpausen veranstalten
- Web-Tipp:
  Die Kreuzworträtsel-Seite
  www.kidsweb.de

Verweise

- Lesebuch 4, S. 162
- Mein Medienheft 3/4

Seite 64

Lernziele/Kompetenzen
- Merkmale von Werbeanzeige kennenlernen
- sich kritisch mit Werbung auseinandersetzen
- sich eine Meinung bilden
- unterschiedliche Formen der Werbung kennenlernen
- die Gestaltung eines Plakates bewerten (Filmwerbung)
- ein Werbeplakat gestalten

Anregungen für den Unterricht
- Einstieg: Trailer zu einem aktuellen Kinderfilm zeigen
  - anschließend Umfrage per Handzeichen: *Wer würde sich den Film angucken?*
  - Begründungen sammeln
  - ggf. „Trailer" als Sonderform der Kinowerbung/Filmbewerbung besprechen
  - Elemente aus der Werbung aufgreifen: *Was macht dich neugierig? Was hat dir am besten gefallen? Kennst du noch andere Werbung für einen Film? Wo hast du sie gesehen?* → zu Plakat hinführen
- Vorbereitung Aufg. 1: Plakat zu Film als großen Ausdruck oder über Smartboard genau betrachten
  - L: *Was fällt dir auf?*
  - Merkmale/Auffälligkeiten zusammentragen (große Schrift, große Figuren, auffälliges Motiv/„Hingucker" u. Ä.)
- Aufg. 1: eigenständige Bearbeitung
  - anschließend Auswertung im Plenum: *Was hast du aufgeschrieben? Begründe.*
- Aufg. 2: in EA oder PA möglich
  - nochmals auf Tipps am linken Seitenrand hinweisen

  Hinweis: Auch das Motto „Weniger ist mehr!" kann den Kindern zur Bearbeitung der Aufgabe an die Hand gegeben werden (vgl. auch KV 117).
  Im Anschluss können die Hefte für einen „Galerierundgang" ausgelegt werden. Danach kann das beste Plakat prämiert und ggf. groß kopiert und ausgestellt werden. Bei der Bewertung zählen die Punkte auf der linken Seite.
  Im Anschluss kann ein Wettbewerb mithilfe der KV 117 gestartet werden.

Differenzierung

Fördern:
- Aufg. 1: mit Lernpartner arbeiten
- Aufg. 2: Tipps auf Wortkarten schreiben und auf drei Punkte beschränken (große Schrift, auffällige Farben, großes Bild)
  - mehrere Titel zur Auswahl vorgeben

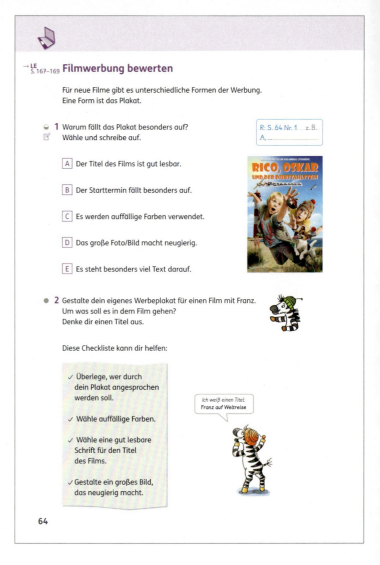

Fordern:
- Aufg. 1: Plakatwettbewerb organisieren, Jury zusammenstellen
- Aufg. 2: Film für Lieblingsbuch/Lieblingsfigur ausdenken und Plakat dazu entwerfen
- weiterführende Informationen zu Werbeplakaten im Internet recherchieren
- Tricks der Werbeindustrie recherchieren

Ideen für die Weiterarbeit
- Kunst:
  Werbeplakate für verschiedene Veranstaltungen entwerfen und erstellen, dabei Kriterien beachten

Verweise
- Lesebuch 4, S. 167–169
- KV 117 (Filmwerbung bewerten; veränderbar)
- Meine Anoki-Übungshefte, Texte schreiben 4: S. 40, 41, 68

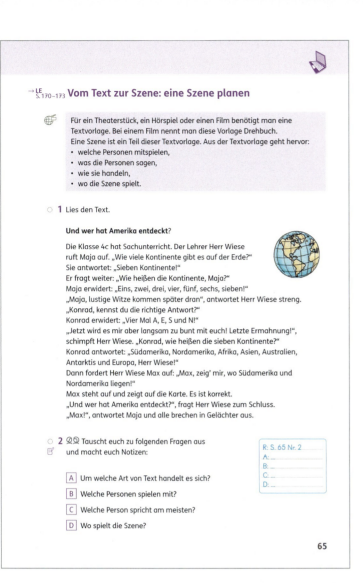

- ggf. darauf hinweisen, dass Witz auch eine Textvorlage ist
- Aufg. 1: in EA still oder im Plenum laut lesen
- Aufg. 2: in PA durchführen, im Anschluss Ergebnis vergleichen

Differenzierung

Fördern:
- Aufg. 1: Text im Lesetandem lesen
  - alternativ: Text abtippen, mehr Platz zwischen den Zeilen zwecks Übersichtlichkeit lassen
  - vorbereitende Aufgabe: *Unterstreiche die wörtliche Rede mit Bleistift.*
  - ggf. anderen Text zur Verfügung stellen mit nur zwei Personen, die sich unterhalten (Viele Witze sind so aufgebaut.)

Fordern:
- Aufg. 1: Witz weiterschreiben (*Wie geht die Stunde weiter?*)
- Szene aus einer anderen Unterrichtsstunde ausdenken und aufschreiben

Ideen für die Weiterarbeit
- KV 118: Aufg. 1–3 bearbeiten
- andere für Rollenspiel/wörtliche Rede geeignete Witze oder Textausschnitte suchen, wörtliche Rede markieren, als Szene gestalten und spielen
- Literatur-Tipp:
  Erhardt Dietl: Erhard Dietls Kichererbsen. Die besten Witze zum Schieflachen und Weitersagen. ISBN 9783401501710

Verweise
- Lesebuch 4: S. 170, 171–173, 180/181
- Zebra-Erklärfilm „Einen Text szenisch umsetzen" (per Code unter Lehrwerk-Online, www.klett.de)
- KV 118 (Vom Text zur Szene; veränderbar)

Seite 65

Lernziele/Kompetenzen
- die Methode „Vom Text zur Szene: eine Szene planen" kennenlernen und anwenden
- die Bedeutung einer Szene kennenlernen
- einen Text sinnerfassend lesen
- einem Text gezielt Informationen entnehmen (handelnde Personen, Ort)
- wörtliche Rede erkennen und zuordnen können
- Satzzeichen der wörtlichen Rede wiederholen
- einen Text gliedern
- Vorbereitungen für einen Dialog treffen

Anregungen für den Unterricht
- Einstieg: kurze Witze austeilen
  - in PA nach kurzer Vorbereitungszeit vorspielen (nur freiwillig Präsentation)
  - anschließend im Plenum beispielhaft an einer Präsentation Fragen aus Methodenkasten stellen: *Welche Personen spielen mit? Wo spielt die Szene?*
- Vorbereitung Aufg. 1: Methodenkasten gemeinsam lesen
  - Begriff „Szene" klären (mögliche Definition: *Eine Szene ist ein kleiner Teil einer Geschichte bzw. ein kleiner Ausschnitt daraus. Eine Szene hat auch einen Anfang, einen Mittelteil und ein Ende.*)

Seite 66

Lernziele/Kompetenzen
- die Methode „Vom Text zur Szene: einen Dialog schreiben" kennenlernen und anwenden
- einen Text für ein szenisches Spiel vorbereiten
- eine Textvorlage zu einem Dialog umschreiben
- eine Handlung festlegen
- der wörtlichen Rede einen Gefühlsausdruck zuordnen
- Regieanweisungen kennenlernen

Anregungen für den Unterricht
- Einstieg: Text von AH-S. 65 mit der Kl spielen
  - Rollen aus dem Text verteilen („Herr Wiese" kann von L oder Kind gespielt werden)
  - Begleitsätze der wörtlichen Rede weglassen
  - die ersten beiden Sätze durch Erzähler sprechen lassen oder weglassen
  - anschließend L: *Was ist ein „Dialog"?*
  - darauf hinweisen, dass Dialog aus wörtlicher Rede besteht
  - anhand der gespielten Szene Begriff „Dialog" gemeinsam definieren
  - anschließend Methodenkasten gemeinsam lesen

  Hinweis zu Aufg. 1: Der Begleitsatz steht im Dialog immer vor der wörtlichen Rede. In Drehbüchern wird der Name übrigens mittig über die wörtliche Rede geschrieben, auf Redezeichen wird verzichtet:
  Herr Wiese
  Wie viele Kontinente gibt es? Maja?
- Aufg. 1: eigenständige Bearbeitung
  - in PA oder im Plenum: Ergebnisse vergleichen
- Vorbereitung Aufg. 2: Begriff „Regieanweisung" besprechen (*Regieanweisungen geben an, wie die Personen etwas sagen oder wie sie sich bewegen sollen.*)

  Hinweis: Teilweise stehen die „Gefühlswörter" schon in den Redebegleitsätzen, z. B.: *„... Letzte Ermahnung!", schimpft Herr Wiese.*
- Aufg. 2: in EA oder PA möglich

Differenzierung
Fördern:
- Aufg. 2: Adjektive für Gefühle auf Kärtchen zur Auswahl bereitstellen, passende Kärtchen der wörtlichen Rede zuordnen
- KV 118/3–4 verändern: Personen schon eintragen
- KV 118/5 verändern: ggf. Wortkarten mit Adjektiven an die Hand geben

Fordern:
- Text erweitern mit eigenen Ideen
- Dialog weiterschreiben
- Darstellung des Dialoges wie im Drehbuch

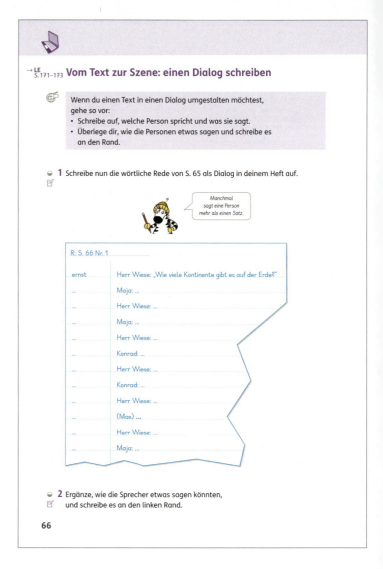

- freie Textauswahl, dazu Dialog schreiben
- KV 119 eigenständig bearbeiten

Ideen für die Weiterarbeit
- eine Aufführung mit selbstgeschriebenen Szenen planen
- ein kurzes Theaterstück in zwei bis drei Szenen mit der Kl schreiben

Verweise
- Lesebuch 4: S. 170, 171–173, 180/181
- Zebra-Erklärfilm „Einen Text szenisch umsetzen" (per Code unter Lehrwerk-Online, www.klett.de)
- KV 118 (Vom Text zur Szene; veränderbar)
- KV 119 (Ein Drehbuch schreiben; veränderbar)
- Meine Anoki-Übungshefte, Texte schreiben 4, S. 70/71

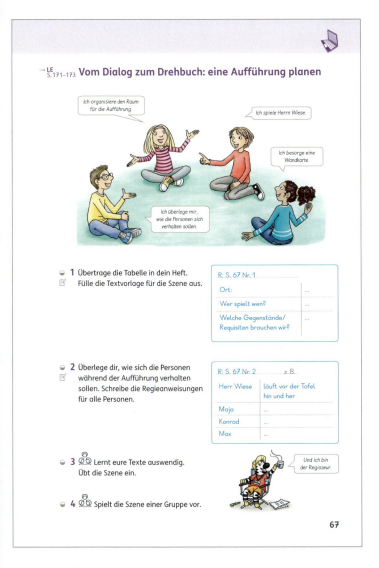

Seite 67

Lernziele/Kompetenzen

- eine Szene für eine Aufführung vorbereiten
- verschiedene Aspekte der Vorbereitung kennenlernen und in eigener Planung umsetzen
- Berufe und Aufgaben beim Film kennenlernen
- sich in die Rolle des Zuschauers versetzen
- darstellerische Elemente aus einer Textvorlage zu Regieanweisung entwickeln
- einen Aufführungsort und dessen Ausstattung festlegen
- eine Szene vorspielen

Anregungen für den Unterricht

- Einstieg im Plenum/Sitzkreis: Mindmap für eine Aufführung erstellen
  – organisatorische Teilaspekte als Oberbegriffe benennen oder von Kindern finden lassen
  (Rolle, Requisiten, Werbung usw.)
- Vorbereitung AH-S. 67: Vierer-Gruppen bilden, ggf. Kärtchen mit Aufgaben oder Rollen vorbereiten
  – Bild mit Gruppe betrachten
  Hinweis: Die Kinder sollen die Aufgaben in den Sprechblasen auf ihr eigenes Stück übertragen und eventuell schon Aufgaben verteilen.
- Aufg. 1: in GA erarbeiten, jedes Gruppenmitglied schreibt im eigenen Heft mit
  Hinweis: Es geht um die Szene, die auf den AH-S. 65 und 66 erarbeitet wurde.
- Vorbereitung Aufg. 2: Begriff „Regieanweisung" klären oder wiederholen (*Wozu braucht man Regieanweisungen?* – hilft dem Schauspieler bei der Umsetzung, macht das Stück für den Zuschauer lebendig)
- Aufg. 2: Ideen für Regieanweisungen in GA sammeln, sich einigen und eintragen
  – die anderen Bestandteile in der richtigen Reihenfolge bearbeiten
- Aufg. 3: ein PA möglich
- Aufg. 4: Ergebnis präsentieren
  Hinweis: Es kann damit auch eine Aufführung vor der Parallelklasse oder den Eltern geplant werden.

Differenzierung

Fördern:

- Rollenkärtchen vorbereiten, z. B.:
  Ich organisiere die Requisiten.
  Ich male ein Plakat.
  – ggf. Rollenverteilung in der GA etwas steuern
- Arbeit zu reduzierter Textvorlage hier fortführen (vgl. LHB, S. 227–228; Rollen bei Aufg. 2 dann neu/anders, dafür Blanko-Tabelle zum Überkleben vorbereiten)
- Aufg. 4: ggf. als Statist agieren (nur mit Zustimmung; Begriff „Statist" vorher klären), z. B. als weiterer Schüler ohne Sprechrolle

Fordern:

- andere Elemente der Aufführungsplanung zusätzlich bearbeiten (z. B. Werbung)
- Einladungskarte schreiben
- andere Textvorlage als Grundlage für die AH-Seite nutzen (vgl. LHB, S. 227–228)

Ideen für die Weiterarbeit

- eine Aufführung planen, Eltern einladen und Ergebnisse präsentieren
- Generalprobe für Parallelklasse gestalten
- Kunst:
  Werbeplakate anfertigen
- an (schulinternem) Wettbewerb mit Jury teilnehmen

Verweise

- Lesebuch 4: S. 170, 171–173, 180/181
- KV 118 (Vom Text zur Szene; veränderbar)
- KV 119 (Ein Drehbuch schreiben; veränderbar)
- Meine Anoki-Übungshefte, Texte schreiben 4, S. 70/71

Seite 68

Lernziele/Kompetenzen
- einen Text sinnentnehmend lesen
- die Methode „Unbekannte Wörter klären" anwenden
- unbekannte Wörter mithilfe des Internets, eines Lexikons oder durch Nachfragen klären

Anregungen für den Unterricht
- Einstieg mit Gespräch: sich über verfilmte Bücher austauschen
  - L: *Welche Filme kennt ihr, die zuerst als Buch da waren?*
  - Rückmeldungen der Kinder sammeln (z. B.: *Das doppelte Lottchen, Die fünf Freunde, Ronja Räubertochter, Wo die wilden Kerle wohnen*)
- Vorbereitung Aufg. 1: Text gemeinsam lesen
  - L: *Welche Wörter konntet ihr euch gut merken? Kennt ihr deren Bedeutung?*
  Hinweis: Die Kinder werden sich vermutlich die Wörter gut merken, die aus dem Englischen kommen, wie z. B. *Story* oder *Casting*, da diese anders/fremd klingen.
- Aufg. 1: Wörter aussuchen
  - darauf hinweisen, dass nur einzelne Wörter unterstrichen werden sollen
- Aufg. 2: in EA oder PA möglich
  Hinweis: Die Kinder sollten verschiedene Bücher, Lexika oder einen Computer mit Internetanschluss zur Verfügung haben.
- Aufg. 3: eigenständige Bearbeitung
  Hinweis: Die Erklärung kann vorab auf einem Schmierzettel von den Recherchemedien abgeschrieben werden und dann in Kurzform ins Heft übertragen werden.
- Nachbereitung Aufg. 4: unbekannte Wörter mit Definition in klasseneigenem Fremdwörterbuch sammeln (z. B in einem für alle frei zugänglichen Karteikasten mit verschiedenen Fächern zu verschiedenen Themen)
- zur Festigung und weiteren Übung Aufgaben im Trainingsheft auf S. 74 durchführen

Differenzierung

Fördern:
- Aufg. 1: Text abtippen und dabei kürzen, Kind arbeitet mit gekürztem Text
  - alternativ: Text im Lesetandem lesen
  - „Trainer" fragt nach einzelnen Wörtern, sind diese nicht bekannt, wird markiert
- Aufg. 2–3 in PA: sich auf drei Wörter einigen
  - parallele Suche in EA
  - anschließend vergleichen/abgleichen
  - Erklärung auf Schmierzettel vorschreiben
  - Erklärung abschreiben

- KV 120/1 verändern: Text kürzen (nach „… es krank machen" enden)
- Aufg. 4: eigenständige Bearbeitung oder in PA

Fordern:
- im Internet weitere Begriffe zum Thema „Film" recherchieren
- Karteikarten anfertigen mit Begriff vorne, Erklärung auf der Rückseite
- Text aus Aufg. 1 weiterschreiben

Ideen für die Weiterarbeit
- ein eigenes Minidrehbuch zu einem Lieblingstext schreiben
- einen Videofilm zu einer Szene drehen
- Web-Tipp:
  KinderFilmWelt – Tipps und Material
  www.kinderfilmwelt.de

Verweise
- Lesebuch 4: S. 174/175, 176
- Zebra 4 Trainingsheft, S. 74
- KV 120 (Unbekannte Wörter klären; veränderbar)
- Mein Medienheft 3/4, S. 50

Seite 69

Lernziele/Kompetenzen

- die Methode „Einen offiziellen Brief schreiben" kennenlernen und anwenden
- adressatenbezogen schreiben
- die Bestandteile eines offiziellen Briefes kennen
- Unterschiede zwischen persönlichem und offiziellem Brief kennen
- Beispiele für den Einsatz eines offiziellen Briefes kennen
- einen offiziellen Brief schreiben

Anregungen für den Unterricht

- Einstieg: nächsten Ausflug in ein Museum ankündigen
  - Kinder sollen eine Anfrage formulieren (Preis für 23 Kinder und 2 Erwachsene, freie Termine erfragen)
  - mündlich Vorschläge für Formulierungen sammeln
  - in PA einen Brief verfassen
  - L liest zwei Briefe vor, einen persönlichen und einen offiziellen
  - Frage: *Welche Unterschiede habt ihr festgestellt?*
  - Briefe visualisieren an Tafel oder als Arbeitsblatt, Unterschiede markieren
- Vorbereitung Aufg. 1: Methodenkasten gemeinsam lesen
  - Kinder vergleichen Punkte mit ihrem Brief, ergänzen und verbessern direkt auf dem Arbeitsblatt oder im Heft

- Aufg. 1: eigenständige Bearbeitung
  - L: *Lies den Text im Sternenkasten, nur so kannst du die Aufgabe vollständig lösen. Den Brieftext darfst du dir ausdenken.*
- zur Festigung und weiteren Übung Aufgaben im Trainingsheft auf S. 75 durchführen

Differenzierung

Fördern:

- Aufg. 1: auf DIN-A4-Format vergrößern
  - Empfängeradresse und Brieftext anbieten
  - Kinder schneiden aus und kleben an die richtige Stelle
- KV 121 verändern: Textbausteine zur Auswahl vorgeben (Zuordnungsübung)

Fordern:

- Blankovorlage für offiziellen Brief austeilen
- Anfragemöglichkeiten für Ausflüge sammeln
- offizielle Briefe an Ausflugsziele schreiben und anfragen
- eigene Bewerbung für Castingshow verfassen
- KV 121 verändern: Hinweise zu Elementen eines Briefes löschen

Ideen für die Weiterarbeit

- Ausflüge für das vierte Schuljahr planen und Anfragen von Kindern verfassen lassen
- einen Besuch bei einer Firma in der Umgebung organisieren (Thema „Berufe")

Verweise

- Lesebuch 4, S. 177
- Zebra 4 Trainingsheft, S. 75
- KV 121 (Einen offiziellen Brief schreiben; veränderbar)
- Meine Anoki-Übungshefte, Texte schreiben 4: S. 48, 49

Seite 70

Lernziele/Kompetenzen

- individuelle Kenntnisse und Kompetenzen an bereits erarbeiteten Aufgabenstellungen anwenden
- ein Bild genau betrachten
- einen Bericht planen
- Merkmale einer Textgattung kennen und anwenden (W-Fragen für Bericht)
- einen Text sinnentnehmend lesen
- einem Text gezielt Informationen entnehmen (handelnde Personen)
- wörtliche Rede erkennen
- einen Dialog schreiben

Anregungen für den Unterricht

- Einstieg: L erklärt Inhalt und Zweck der „Das-kann-ich-schon"-Seite
  Hinweis: Die Kinder dürfen zeigen, was sie schon können. Es geht nicht um eine Leistungsmessung im strengen Sinne.
- gemeinsam die Aufgabenformate besprechen und inhaltliche Fragen klären:
  – Aufg. 1: Bild genau betrachten, W-Fragen beantworten
  – Aufg. 2: Text lesen, wörtliche Rede erkennen, Dialog mit Regieanweisungen schreiben
- Aufg. 1–2: eigenständige Bearbeitung
- ggf. Rückmeldung bei Schwierigkeiten (Verständnisschwierigkeiten/Antworten auf W-Fragen, Textverständnis, Erkennen der wörtlichen Rede, in einen Dialog umschreiben)
- Nachbereitung Aufg. 2: ggf. Dialoge vorlesen/spielen
- Weiterarbeit mit ausgefüllten Seiten erklären:
  – ggf. für Lerngespräche nutzen
  – Sammlung in eigenem Portfolio
  – Selbsteinschätzung der Kinder
- zur Festigung und weiteren Übung Aufgaben im Trainingsheft auf S. 76 durchführen

Differenzierung

Fördern:

- Aufg. 1–2: mit Lernpartner arbeiten
- Aufg. 1: Karten mit Antworten auf W-Fragen zum Zuordnen und Abschreiben vorbereiten
- Aufg. 2: Text kopieren, den Personen Farben zuordnen, wörtliche Rede mit der entsprechenden Farbe unterstreichen lassen
  – klären, wie oft „Frau", wie oft „Verkäufer" spricht
  – Reihenfolge festlegen
  Hinweis: Hier kann auch ein kürzerer Witz angeboten werden, der nur aus einer Frage und einer Antwort besteht.

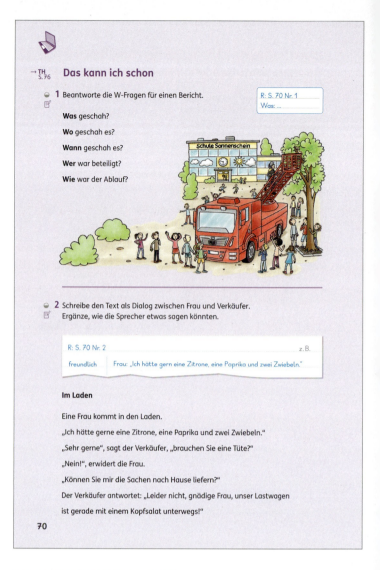

Ideen für die Weiterarbeit

- ggf. Lerngespräche mit den Kindern zur Seite führen
- darauf aufbauend ggf. Förderplan entwickeln
- als Dokumentation in einem Portfolio sammeln
- zur Unterstützung bei Elterngesprächen heranziehen
  Hinweis: Bei der Dokumentation sowie bei Lern- oder Elterngesprächen sollten die Hilfen, die Kindern ggf. gegeben wurden, klar und deutlich dokumentiert und benannt werden, da sonst der wirkliche Lernstand im Vergleich zu anderen nicht mehr gegeben ist und falsche Eindrücke entstehen können.

Verweise

- Lesebuch 4: S. 156, 157, 158, 170, 171–173, 180/181
- Zebra 4 Trainingsheft, S. 76
- Meine Anoki-Übungshefte, Texte schreiben 4

Von Winterfreuden und Sommerdüften

Das letzte Kapitel des Lesebuchs und des AH Lesen/Schreiben 4 sind anders aufgebaut als die anderen Kapitel. Die Texte sind dem Lauf der Jahreszeiten angepasst. Deshalb startet das Kapitel zum Schuljahresbeginn mit Texten zum Herbst, um dann mit Winter- und Frühlingstexten fortzufahren und mit Sommertexten zu enden.

Auf der Kapitelauftaktseite sind Fotos eines Kirschbaums in den verschiedenen Jahreszeiten sowie eine Baumscheibe mit Jahresringen zu sehen. Die Bilder dienen als Anknüpfungspunkt, um sich die Veränderungen der Natur in den Jahreszeiten bewusst zu machen.

Hinweis: Für die Unterrichtsplanung ist es sinnvoll, sich zu Beginn des Schuljahres das ganze siebte Kapitel anzuschauen und schon dann zu notieren, wann und passend zu welchem Thema man die jahreszeitlichen Texte im Unterricht einsetzen möchte. Auch für die zu erlernenden Methoden und Arbeitstechniken bieten die Seiten des Kapitels zusätzliches Übungsmaterial.

Seite 182/183

Lernziele/Kompetenzen
- sich auf Bildern orientieren (Fotos)
- Wort-Bild-Zuordnungen treffen
- einen Text (Gedicht) sinnentnehmend lesen
- den Inhalt eines Gedichts analysieren und Bezug zu den Bildern und der Wörtersonne finden
- Inhalte zuhörend verstehen
- zu einem Bild (Foto) schreiben
- sich mithilfe geeigneter Medien zu einem Thema informieren
- Sprachbildung:
  - Nomen, Verben und Adjektive unterscheiden lernen und in der richtigen Form verwenden
  - Wortschatz mithilfe der Wörtersonne erweitern

Anregungen für den Unterricht
- Einstieg: vier Fotos eines Baumes (nicht Kirschbaum, ein Foto für jede Jahreszeit) ungeordnet an die Tafel hängen/in den Sitzkreis legen
  - ordnen lassen
  - Baum begründet bestimmen lassen
  - L: *Zu welcher Jahreszeit gefällt dir der Baum besonders gut und warum?*
- Auftaktdoppelseite bearbeiten:
  - vor dem Hörtext alle Fotos gemeinsam betrachten
  - Unterschiede zu den vorher gezeigten Fotos aufzählen lassen (anderer Baum, ungewöhnliche Perspektive)

– Assoziationen zum Foto auf der rechten Seite sammeln
– Hörtext ankündigen, Erwartungen der Kinder einholen und sammeln
– Hörtext ggf. mehrfach anhören
– nach dem Hörtext die Aufgaben der Zebra-Werkstatt lösen
– Text (Gedicht) lesen und in Bezug zu Fotos und Hörtext stellen
– über Titel des Gedichts sprechen

Hörtext: Der Kirschbaum

Ein Kirschbaum sieht im Laufe eines Jahres ganz unterschiedlich aus. Im Frühling sprießen tausende weißer oder rosafarbener Blüten. Von Weitem sieht das manchmal auch fast wie Schnee aus. Erst nach und nach wachsen wieder grüne Blätter. Leckere rote Kirschen trägt der Baum dann im Sommer. Sind die Kirschen geerntet und aufgegessen, klopft der Herbst an die Tür. Die Blätter färben sich von grün über gelb-orange bis braun und fallen herunter. Oft weht sie auch ein kräftiger Wind vom Baum. Im Winter ist der Kirschbaum kahl. Seine Zweige und Äste sind höchstens von Raureif oder Schnee bedeckt.

Kirschbäume können bis zu 90 Jahre alt werden. Der Stamm wird jedes Jahr ein bisschen dicker. Wenn man ihn durchsägt, kann man für jedes Jahr einen neuen Jahresring erkennen. Ist der Baum gesund und bekommt viel Wasser und Nähr-

Sekundenkleber klebt Sekunden

Sekundenkleber klebt Sekunden.
Erst zu Minuten, dann zu Stunden.
Und so entstehen mit der Zeit
auch Jahre und die Ewigkeit.

Frantz Wittkamp

183

stoffe, ist der Ring breiter als in schlechten Jahren. Forscher können so aus altem Holz viel herauslesen und sogar feststellen, in welchem Jahr ein Baum gefällt wurde. Wie alt war der Kirschbaum auf dem Bild?

Zebra-Werkstatt zur Kapitelauftaktseite

Werkstatt „ich":

Welche Jahreszeit magst du am liebsten?
Kind: *Ich mag am liebsten den Sommer.*
Hinweis: Leistungsstärkere Kinder begründen, warum diese Jahreszeit besonders mögen.

Werkstatt Stift:

Schreibe zum/zu einem Bild.
Hinweis: Die Kinder beschreiben den Kirschbaum zu einer Jahreszeit möglichst genau. Hierfür kann es – auch im Sinne der Sprachbildung – sinnvoll sein, die einzelnen Teile des Baumes im Vorfeld nochmal zu benennen (*Stamm – Zweig – Ast – Krone – Blüte – Knospe – Blatt – Frucht*).
- Weiterführende Fragen:
  Welche unterschiedlichen Kirschbäume kennst du?

Werkstatt Monitor:

Suche im Internet nach weiteren Informationen.
Hinweis: Die Kinder können alleine oder in GA entweder weitere Informationen zum Kirschbaum suchen oder sich über einen anderen Baum im Laufe der Jahreszeiten informieren. Der Zugang zum Internet oder Sachbüchern ist dafür obligatorisch.

Werkstatt Sonne:

Schreibe die Wörtersonne in dein Heft.
Ergänze weitere Wörter zum Kapitelthema.

Differenzierung

Fördern:
- Kinder zum genauen Beobachten anregen: *Welche Farbe haben die Kirschblüten? In welcher Jahreszeit hat der Kirschbaum keine Blätter?*
- in PA: Wörter zu den Bildern sammeln
- Hörtext jeweils zu einem Foto besprechen
- Gedicht im Lesetandem lesen
- KV 122/1 verändern: Textkomplexität verringern
- KV 123/2 verändern: Maßeinheiten ergänzen

Fordern:
- zu einem anderen Baum Informationen sammeln
- mit den Informationen einen Sachtext schreiben
- KV 122/2 verändern: eigene Fragen zum Text formulieren
- KV 123/1 verändern: zwei Lücken pro Satz füllen
Lösung KV 123:
30/ 90/ 5–10/ 21,71/ 4/ 62.200/ 100.000

Ideen für die Weiterarbeit
- einen Baum im Jahreslauf mehrmals „besuchen" und dabei betrachten, beschreiben, evtl. abmalen
- Literatur-Tipp:
  Irmgard Lucht: Die grüne Natur-Uhr
  ISBN: 9783770700684

Verweise
- DUA: Hörtext
- KV 122–123 (Leseverständnis; veränderbar)
- Lesebuch 4, S. 218 (Lese-Rallye)

Lese-Rallye 1–7

Die Lese-Rallye ermöglicht es den Kindern, sich am Ende eines jeden Kapitels nochmals intensiver mit den Kapitelseiten zu beschäftigen. Mit kindgerechten Suchaufträgen üben sie, Illustrationen oder Textausschnitte genau zu betrachten und im Detail wiederzuerkennen. Die Fragen zu einzelnen Texten in zwei Schwierigkeitsstufen trainieren außerdem das sinnentnehmende Lesen.

Der Aufbau der Lese-Rallye ist zu jedem Kapitel gleich und den Kindern bereits aus dem Lesebuch 2 und 3 bekannt. Die Rallye gliedert sich in zwei Bereiche.

Der erste Bereich umfasst fünf Aufgaben der Leseniveaustufe eins. In Aufgabe 1 werden jeweils drei Suchaufträge zu Bildausschnitten/Texten gestellt. Es schließen sich drei Aufgaben mit Seitenangaben zum sinnentnehmenden Lesen an. In der fünften Aufgabe werden die Kinder aufgefordert, eine Lieblingsseite im jeweiligen Kapitel zu benennen und ihre Entscheidung mit eigenen Worten mündlich zu begründen. Hier kann weitergearbeitet werden: Die Kinder schreiben auf, warum sie diese Seite gewählt haben, malen ein Bild oder basteln beispielsweise etwas Passendes dazu.

Der zweite Bereich trägt die Überschrift „Fragen für Lese-Profis" und enthält je eine Aufgabe der Leseniveaustufe zwei und drei zum sinnentnehmenden Lesen. Es werden keine Seitenangaben gemacht.

Die Aufgaben der Lese-Rallye sollten gemeinsam im Klassenplenum erarbeitet und besprochen werden, wenn die Kinder sie noch nicht aus der Klasse 2 und 3 kennen. Auch zur Differenzierung und zur eigenständigen Bearbeitung nach einem Kapitel eignen sich die Aufgaben jederzeit.

Um mit einem Kapitel vertraut zu werden, kann die Lese-Rallye auch vor der Behandlung eines Kapitels durchgeführt werden. Dann bietet es sich an, dass die Lehrkraft nach der Kapiteleinführung mithilfe der Kapitelauftaktseite den Kindern die Möglichkeit gibt, ohne Zeitdruck durch die Kapitelseiten zu blättern. Im Anschluss wird nun Aufgabe 5 bearbeitet: Einige Kinder erzählen, welche Seite ihnen spontan am besten gefallen hat und berichten von ihren Erwartungen an das Kapitel oder an die darin enthaltenen Geschichten.

Die Lieblingsseiten mit Geschriebenem, Gemaltem oder Gebasteltem können in einem Lese-Rallye-Buch gesammelt oder zu einem Portfolio zusammengestellt werden.

Lese-Rallye

1 Suche diese Ausschnitte.
  Zeige sie einem Partner.

2 Welche Erfindung stammt von den alten Ägyptern?
  Lies nach auf Seite 6.

3 Wie heißt die kleinste Schule des Bundeslandes Hamburg?
  Lies nach auf Seite 8.

4 Wie lernen sich Oskar und Rico kennen?
  Lies nach auf Seite 15.

5 Was ist deine Lieblingsseite?
  Zeige sie und erkläre, warum.

Fragen für Lese-Profis!

6 Wovor haben die Kinder im Schwimmunterricht Angst?
  Lies nach in der Geschichte *Eine Klasse für sich – Haifischalarm*.

7 Warum kritzelt Odd Botschaften an die Toilettenwand?
  Lies nach in der Geschichte *Der Antwortzettel*.

212

Seiten 212–218

Lernziele/Kompetenzen

- sich in einem Kapitel bzw. Buch orientieren
- genaues Betrachten von Illustrationen und genaues Lesen
- eine Lieblingsseite benennen und die Entscheidung mündlich oder schriftlich begründen
- Fragen zu einem Text beantworten
- Antworten durch Textstellen belegen
- Querlesen/Diagonallesen trainieren

Anregungen für den Unterricht

Hinweis: Ist die Lese-Rallye aus Klasse 2 und 3 bekannt, können viele Aufgaben aus der Erinnerung bearbeitet werden. Sie können zum ersten Kapitel im Plenum (Klassengespräch) oder auch als GA durchgeführt werden. Es bietet sich an, zur GA leitende Fragen (zur Kopie der Seite) in die Gruppen zu geben:
  – *Wo findet ihr die Bildausschnitte 1, 2, 3?*
  – Fragen 2 bis 4 kopieren; Platz für Notizen zu Vermutungen lassen
  – Rückmeldung ins Plenum

Nachfolgende Anregungen sind eine Ideensammlung, wenn die Rallye nicht bekannt sein sollte.

Ideen zu Aufgabe 2 bis 4:
- zunächst Vermutungen aus dem Gedächtnis aufschreiben
- in EA oder PA: Text nochmals lesen und Fragen beantworten, mündlich oder schriftlich
- Zeilen notieren, in denen die Lösung jeweils steht (Hinweis auf die Bedeutung der Zeilenzähler)
- Antworten mit den Vermutungen vergleichen
- im Plenum, in GA oder PA: Ergebnisse vergleichen

Ideen zu Aufgabe 5:
- Kinder erzählen von ihren Lieblingsseiten
  Hinweis: Es sollte immer auf eine nachvollziehbare Begründung geachtet und diese ggf. eingefordert werden, um Beliebigkeit zu vermeiden und das Reflexionsvermögen zu schulen. Oft ist es günstiger, dass die Begründungen zuerst geschrieben werden, da Kinder gelegentlich dazu neigen, einfach „nachzuplappern".
- Kinder beschreiben Lieblingsseite als Rätsel, Kl rät;
  – im Anschluss Auswahl der Seite begründen
- in PA: Partner wählen jeweils eine Lieblingsseite, erzählen sich gegenseitig davon und begründen die eigene Wahl
- Lieblingsseite der Kl vorstellen und vorlesen
- Umfrage zu Lieblingsseite starten
  – als Diagramm auswerten

Ideen zu Aufgabe 6 bis 7:
- zunächst Vermutungen aus dem Gedächtnis aufschreiben
- in EA oder PA: Text nochmals lesen und Fragen beantworten
- Seitenzahl und Zeilen notieren, in denen die Lösung jeweils steht
- Antworten mit den Vermutungen vergleichen
- im Plenum, in GA oder PA: Ergebnisse vergleichen

Lösungen zu den Lese-Rallyes
Hinweis: Die Kinder sollten ihre Antworten in Sätzen formulieren. Im Folgenden werden hier die Lösungen teilweise nur in Stichpunkten angegeben. Sie dienen lediglich zur Information für die L.

Kapitel 1:
- Aufg. 1:
  – *Geistesblitze und Lerngewitter* (S. 2)
  – *Schaltzentrale Gehirn* (S. 14)
  – *Abenteuer im Museum* (S. 18)
- Aufg. 2: *Hieroglyphen*
- Aufg. 3: *Zwergschule, Inselschule Neuwerk*
- Aufg. 4: *Sie treffen sich zufällig auf der Straße.*
- Aufg. 6: *vor Piranhas* (S. 25)
- Aufg. 7: *Er ist wütend, die anderen haben ihn geärgert.* (S. 27)

Ideen zu Aufgabe 1:
- Aufgabe im Sitzkreis (mit Lesebuch) gemeinsam bearbeiten
  – L betrachtet mit Kl die drei Bilder und lässt sie genau beschreiben (*Ich sehe …; Ich vermute, das ist ein Ausschnitt …*)
  – Kinder vermuten, wo sie die Bilder bereits gesehen haben
  – die drei Bilder im Lesebuch suchen und mit Klebezettel markieren
  Hinweis: Es sollte darauf geachtet werden, dass wirklich jedes Kind die Bilder findet. Bei Bedarf können die Kinder in PA arbeiten.
- im Plenum: Ergebnisse vergleichen
- Themen des Kapitels mithilfe der Bilder nochmals wiederholen:
  – Bilder betrachten; sich mit Partner über die Themen austauschen
  – weiterführende Fragestellungen:
  Was hat dir im Kapitel besonders gefallen? Warum?
  Ich mag …/Mir gefällt …
  Welchen Text würdest du einem anderen Kind gerne vorlesen?
  Gibt es einen Text, den du besonders lustig/spannend/traurig… fandst? Warum?
- Bilder als Rätsel einsetzen:
  – L beschreibt: *Ich sehe …*
  – Kl errät Bildausschnitte (später auch umgekehrt oder Kind beschreibt, Kl errät)

Kapitel 2:
- Aufg. 1:
  - Herzchen-Brot (S. 39)
  - Das unsichtbare Buch (S. 47)
  - Lustige Sportarten (S. 56)
- Aufg. 2: *Sie schreibt einen Liebesbrief.*
- Aufg. 3: *Adern, die das Blut vom Herzen weg in den Körper pumpen*
- Aufg. 4: *Kugel, Teufelchen*
- Aufg. 6: *Er ist neu in der Klasse* (S. 46/47)
- Aufg. 7: *Eine orange Pflanze wächst dort, wo der Fuchs immer lag.* (S. 53)

Kapitel 3:
- Aufg. 1:
  - Die Vorstadtkrokodile (S. 66)
  - Mit Jakob wurde alles anders (S. 76)
  - Kinderarbeit (S. 81)
- Aufg. 2: *Schiffchen aus Papier falten, besondere Dinge sehen*
- Aufg. 3: *über die Aufnahme von Kurt in die Bande*
- Aufg. 4: *Der Papa hat dort als Arzt gearbeitet.*
- Aufg. 6: *Ein Motorboot fuhr sich auf einer Sandbank fest und musste freigeschleppt werden.* (S. 84)
- Aufg. 7: *Er entschuldigt sich dafür, dass seine Generation den Planeten nicht im besten Zustand hinterlassen wird.* (S. 87)

Kapitel 4:
- Aufg. 1:
  - Mein Baum mit zwei Köpfen (S. 97)
  - Rätselhafte Spuren (S. 109)
  - Einen Vulkan selbst bauen (S. 115)
- Aufg. 2: *Sie spricht mit ihrem Baum.*
- Aufg. 3: *mit Harztropfen (sie ertränkt damit den Borkenkäfer)*
- Aufg. 4: *Joki hat Sanja ausgelacht.*
- Aufg. 6: *Der Feuervogel gab das Feuer einem kleinen Mädchen.* (S. 113)
- Aufg. 7: *Er wollte den Vulkanausbruch aus der Nähe sehen.* (S. 116)

Kapitel 5:
- Aufg. 1:
  - Märchen-Zauber-Zeitmaschinen (S. 122)
  - Was ist eigentlich Zeit? (S. 127)
  - Kadmos – eine griechische Sage (S. 143)
- Aufg. 2: *Das Obst in der Schale wird schrumpelig.*
- Aufg. 3: *sich beeilen*
- Aufg. 4: *(individuelle Antwort der Kinder)*
- Aufg. 6: *Weil er Hunger hatte und nichts zu essen bekam.* (S. 137)
- Aufg. 7: *das Rathaus ohne Fenster* (S. 139)

1 Suche diese Ausschnitte.
Zeige sie einem Partner.

2 Was lernt Benjamin von Josef?
Lies nach auf Seite 64 und 65.

3 Worüber stimmt die Krokodilbande ab?
Lies nach auf Seite 68.

4 Warum haben Davids Eltern in Nigeria gewohnt?
Lies nach auf Seite 73.

5 Was ist deine Lieblingsseite?
Zeige sie und erkläre, warum.

Fragen für Lese-Profis!

6 Von welchem schwierigen Einsatz berichtet der Seenotretter?
Lies nach im Text *Anderen helfen – die Seenotretter*.

7 Welche Botschaft sendet Alexander Gerst aus dem All?
Lies nach im Text *Alexander Gersts Botschaft aus dem All*.

214

Kapitel 6:
- Aufg. 1:
  - Was ich mit Wörtern machen kann (S. 155)
  - Musikstunde bei Frau Schütz (S. 165)
  - Vom Buch zum Film (S. 175)
- Aufg. 2: *Dort tritt man digital mit anderen Menschen in Kontakt.*
- Aufg. 3: *Überfall auf einen Handyladen*
- Aufg. 4: *Nickname, Daten schützen, misstrauisch sein und Erwachsene informieren*
- Aufg. 6: *die Bedienung der digitalen Tafeln* (S. 164)
- Aufg. 7: *wer welchen Spielstein nimmt* (S. 172)

Kapitel 7:
- Aufg. 1:
  - Erde und Sonne nachbauen (S. 185)
  - November (S. 198)
  - Wie Ostern bei uns ins Wasser fiel (S. 201)
- Aufg. 2: *weil der Sommer schön ist, die Sonne scheint, draußen spielen, Schwimmbad planschen*
- Aufg. 3: *wohin die Tiere wandern, wie viel Kilometer sie zurücklegen*
- Aufg. 4: *Sie steckt in ihrem eigenen Kalender.*
- Aufg. 6: *Sie überlebt den Winter, sie gründet einen neuen Wespenstaat und sie legt Eier.* (S. 202)
- Aufg. 7: *Er tut so, als würde ihm die Arbeit Spaß machen.* (S. 207/208)

Differenzierung

Vorschläge zu Aufgabe 1:
- mit Lernpartner Bilder besprechen
- Seitenzahlen zu den Bildausschnitten notieren
- zu den Bildern einzelne Wörter, Sätze oder kleine Geschichten schreiben (Gucklochmethode)
- in PA: Geschichten zu den Bildern erzählen
- „Bildumgebung" der Bildausschnitte sehr präzise beschreiben oder zeichnen
- weitere Bilder aus dem Kapitel in PA beschreiben und finden
- ein Detail aus einem Bild benennen, die richtige Frage dazu formulieren
- weitere Aufgabe: *Wie oft kommt Franz in diesem Kapitel vor? Zähle nach.*

Vorschläge zu Aufgabe 2 bis 4:
- sinnentnehmendes Lesen im Plenum
- in PA lösen: ein Kind stellt die Frage, der Partner liest die Antwort dazu vor
- Stopp-Lesen: Text laut vorlesen; bei der Lösungsstelle „Stopp"-Zeichen machen (z. B. Hand heben oder auf den Tisch klopfen)
- weitere Fragen zu den einzelnen Texten oder Illustrationen finden, auf Karteikarten sammeln (Lösung zur Selbstkontrolle auf der Rückseite) und der Kl zur Verfügung stellen
  - für leistungsstarke Kinder: Antworten vorgeben, Kinder müssen dazu die richtigen Fragen stellen
  Hinweis: In dem Fall stehen die Fragen auf der Rückseite.

Auch diese Art von Aufgaben sollten im Plenum geübt werden.
- Karteikarten farbig voneinander unterscheiden, Kinder entscheiden selbst über Aufgabentyp (leichtere/schwerere)

Beispiele zu Kapitel 1:
- Welche Frage stellt Franz? (S. 4) → *Kannst du das lesen?*
- Was fanden Forscher vor ungefähr 200 Jahren? (S. 6) → *einen dreisprachigen Stein*
- Ungefähr 100 Kilometer. (S. 8) → *Wie weit ist Neuwerk von Hamburg entfernt?*
- Welchen zusätzlichen Unterricht hatte Konrad in der dritten Klasse bei den Thomanern? (S. 9) → *Klavier, Chorsingen, Stimmbildung und Musiktheorie*
- Der Würfel. (S. 11) → *Wer kann nichts sehen, obwohl er 21 Augen hat?*
- Wie heißt der Planet, der der Sonne am nächsten ist? (S. 13) → *Merkur*
- Was hat Emil vergessen? (S. 20) → *seinen Rucksack*
- Was macht Franz auf der S. 22? (S. 22) → *Er schreibt eine Entschuldigung/einen Brief.*
- Herr Hitzel. (S. 24) → *Wie heißt der Lehrer in der Geschichte „Eine Klasse für sich – Haifischalarm"?*

Beispiele zu Kapitel 2:
- Frank liebt Anne. (S. 35) → *Wen liebt Frank?*
- Wo landet Idas zerknüllter Liebesbrief? (S. 37) → *in ihrem Schulrucksack*
- Vollkornbrot, Frischkäse, Paprikapulver. (S. 39) → *Welche Zutaten benötigt ihr für Herzchen Brot?*
- Wer hat in dem Gedicht das Licht ausgemacht? (S. 40) → *Papa*
- Ulla ist die Beste im Sport. Was kann sie, was kein anderer schafft? (S. 42) → *Sie klettert am Seil bis zur Decke.*
- Eichhörnchen und Fuchs. (S. 52) → *Welche beiden Tiere haben zusammen im Herbst die Blätter gejagt?*
- Was tun Vater und Sohn auf dem zweiten Bild? (S. 55) → *Springseil springen*
- Wie weit ist der Weltrekord im Kirschkern-Weitspucken? (S. 57) → *21m 71cm*

Beispiele zu Kapitel 3:
- „Niemand darf wegen seiner Behinderung benachteiligt werden." In welchem Gesetz steht das und seit wann? (S. 69) → *im Grundgesetz, seit 2002*
- Weiß, Grau und Schwarz. (S. 70) → *Welche Buntstiftfarben gibt Luzie ihrem kleinen Bruder?*
- Er heißt Luano. (S. 74) → *Wie heißt der Halbbruder von Jakob?*

- Warum will Emma nicht zur Schule gehen? (S. 79) → *Sie versteht sich nicht mit den anderen Kindern und hat keinen Spaß am Unterricht.*
- Warum sind einige Staaten gegen manche Kinderrechte? (S. 80) → *Weil einige Kinderrechte ganz schön teuer sind, z. B. Schulen für alle zu bauen. Nicht alle Staaten haben dafür genug Geld.*
- Sie klettert an Kletterwänden. (S. 83) → *Welches Hobby hat Nora schon seit einigen Jahren?*
- Was ist mit den Gletschern in Neuseeland in den letzten 20 Jahren passiert? (S. 87) → *Sie sind wesentlich kleiner geworden.*

Beispiele zu Kapitel 4:
- Welches Tier siehst du auf dem Foto rechts oben? (S. 92) → *einen Wolf*
- „Bäume dienen vielen Zwecken..." Welchen? (S. 95) → *vermindern die Erosion, Holz für Hausbau, spenden Schatten, schützen vor Regen und man kann sich anlehnen*
- Was ist heute mit Bettina los? (S. 96) → *Ihr Baum ist gestorben, sie ist traurig.*
- So viel wie 500 Menschen am Tag zum Atmen brauchen. (S. 98) → *Wie viel Sauerstoff produziert eine Rotbuche an einem Tag?*
- Woran erkennst du, dass ein Nadelbaum krank ist? (S. 100) → *Er lässt seine Nadeln fallen.*
- Er reist nach Borneo. (S. 103) → *Wohin reist Benni?*
- Einen Hasen. (S. 106) → *Welches Tier erbeutet der Wolf?*
- Was ist der Unterschied zwischen Magma und Lava? (S. 114) → *Magma sind geschmolzene Steine tief unten in der Erde, an der Erdoberfläche nennt man das Magma dann Lava.*

Beispiele zu Kapitel 5:
- Was kann man mit der Zukunft nicht machen? (S. 125) → *verschieben*
- In welcher Jahreszeit haben die Bauern, früher viel gearbeitet und wenig geschlafen? (S. 127) → *im Sommer*
- Wer wollte nach Indien segeln und entdeckte dabei Amerika? (S. 129) → *Christoph Kolumbus*
- Wie heißt der Wettkampf, bei dem sich zwei Reiter versuchen gegenseitig vom Pferd zu stoßen? (S. 133) → *Tjost*
- 14 Jahre. (S. 134) → *Wie lange dauerte Maximilians Ausbildung zum Ritter?*
- Für den Grafen von Anhalt. (S.136) → *Für wen arbeitete Till als Turmbläser?*
- Welche Berufe kommen in der Geschichte der Schildbürger vor? (S. 134/139) → *Schweinehirte, Schneider, Hufschmied*
- Was macht Franz auf der Seite 140? → *Er paddelt auf einer Luftmatratze.*
- Was kann der Roboter von Daniel Düsentrieb? (S. 144) → *Gedanken lesen*

1 Suche diese Ausschnitte. Zeige sie einem Partner.

2 Woran erkennst du, dass die Zeit vergeht? Lies nach auf Seite 126.

3 Was bedeutet „einen Zahn zulegen"? Lies nach auf Seite 131.

4 Welche der vorgestellten Erfindungen beeindruckt dich besonders? Lies nach auf Seite 146 und 147. Erkläre, warum.

5 Was ist deine Lieblingsseite? Zeige sie und erkläre, warum.

Fragen für Lese-Profis!

6 Warum bläst Till Eulenspiegel am Anfang nicht die Trompete? Lies nach in der Geschichte *Till Eulenspiegel*.

7 Wodurch wurden die Schildbürger berühmt? Lies nach in der Geschichte *Die Schildbürger bauen ein Rathaus*.

216

- 10 bis 14 Jahre. (S. 147) → *Wie alt müssen Kinder sein, die am Wettbewerb „Schüler experimentieren" teilnehmen wollen?*

Beispiele zu Kapitel 6:
- Was kann man mit Wörtern alles machen? (S. 155) → *im Mund umdrehen, aus der Nase ziehen, abschneiden, brechen*
- Falsche Nachrichten. (S. 156) → *Was sind „fake news"?*
- Wie konnte es passieren, dass ein Zebra aus dem Zoo flüchtete? (S. 157) → *Gehege stand offen, Pfleger war abgelenkt*
- Was bedeutet das Wort „Server"? (S. 162) → *Diener*
- Er heißt Bruda Berlin. (S. 165) → *Wie heißt der Rapper?*
- Was denkt der Vater, der mit seinem Sohn an Renato vorbeigeht? (S. 168) → *seltsames Kind*
- 47. (S. 173) → *Wie viel ist sieben mal acht weniger neun?*
- Welche Aufgaben hat ein Requisiteur? (S.175) → *Gegenstände, Kostüme besorgen, Räume ausstatten*

Beispiele zu Kapitel 7:
- Was dauert 365 Tage? (S. 184) → *ein Jahr (Die Erde dreht sich in der Zeit um die Sonne.)*
- Welche Sommerspiele spielen Finn und Frieda? (S. 186) → *Federball, Frisbee, Fußball, Radschlagen …*
- Der „Große Abendsegler" ist was für ein Tier? (S. 190) → *Fledermaus*
- Wohin fällt der Schnee? (S.194) → *auf das Gras, ins Gesicht*

Hinweis: Wenn die Kinder alle Übungsarten kennen und auch Fragen und Antworten selbst formulieren, macht es ihnen großen Spaß, diese Übungen gemischt in der Gruppe alleine zu üben.

Vorschläge zu Aufgabe 5:
- in PA/GA gemeinsame Lieblingsseiten gestalten: abzeichnen, schreiben, basteln usw.
- Formulierungshilfen zum Begründen der eigenen Meinung sammeln und auf einem Plakat festhalten, z. B.:
Ich finde, dass ...
Meiner Meinung nach ...
Für mich ist ...
Ich mag S. ..., weil ...

Vorschläge zu Aufgabe 6 bis 7:
- Zusatzinformationen notieren, z. B. Name des Textes, Seite(n) und Zeilenangabe
- Finden der Lösungen als Wettbewerb oder auf Zeit durchführen

Hinweis: Es sollte darauf geachtet werden, dass nicht immer die gleichen „Profis" gegeneinander antreten und die anderen Kinder sich zurückgesetzt fühlen.

- Omlett. (S. 195) → *Was kannst du aus dem Eigelb machen, das bei dem Rezept nicht benötigt wird?*
- Was tun die Menschen beim Karneval in Venedig? (S. 197) → *Sie verlassen das Haus nur verkleidet.*
- Zwei große Baumstämme. (S. 200) → *Was schleifte Onkel Michael an?*
- Badenixen. (S. 211) → *Wer liegt am Baggersee auf der Liegewiese in der Sommerbrise?*

Gerne spielen die Kinder auch **einfache Übungen zur Orientierung** im Buch:
- erste Übungsform: *Wie heißt das Wort?* (z. B.: auf Seite 36, Absatz 2, 3. Zeile, 5. Wort)
Hinweis: Wichtig ist, dass die Angaben langsam gesprochen werden. Antworten können zuerst im Plenum, später auch als Antwort wie bei einem Rätsel notiert werden. Auch Kinder sollten Aufgaben formulieren. Diese Art der Übung trainiert die Begriffe „Zeile", „Absatz", „Strophe" u. Ä. spielerisch und fördert die Übersicht im Lesebuch.
- zweite Übungsform: *Mein Wort steht auf der Seite 43 im ersten Absatz; es hat 6 Buchstaben und beginnt mit E.*
Hinweis: Diese Übung fördert die Fertigkeit des überfliegenden Lesens mit spielerischen Elementen.
- dritte Übungsform: *Wo steht auf der Seite 42 zum ersten (zweiten) Mal das Wort „Spiel"?* (in der Antwort Absatz und Zeile nennen sein)

Ideen für die Weiterarbeit

- Leseabend oder -nacht im Klassenraum veranstalten:
  - Zebra Lese-Rallye bearbeiten (Schuljahresende)
  - Lesespurhefte oder -bücher lesen

  Hinweis: Lesespuren fördern auf motivierende Art das sinnentnehmende Lesen. Ausgangspunkt ist eine Art Karte zum Lesetext mit mehreren Stationen. Über kleinere Textbausteine erhalten die Kinder Informationen zum Weg auf der Karte und gelangen über die verschiedenen Stationen zum Ende der Geschichte. Lesen die Kinder ungenau, werden sie zunächst in die Irre geleitet, haben aber immer wieder die Möglichkeit, auf den richtigen Weg zurückzukommen. Lesespuren können auch online gelöst oder sogar von Kindern für andere Kinder erstellt werden.

- Literatur-Tipps:
  Sven Rook: Einfache Lesespurgeschichten Deutsch. Logisches Denken und sinnentnehmendes Lesen ab der 1. Klasse fördern
  ISBN: 9783403078951
  Sven Rook: Differenzierte Lesespurgeschichten Deutsch. Logisches Denken und sinnentnehmendes Lesen in den Klassen 2 bis 4 fördern
  ISBN: 9783403074465

- Ganzschrift einführen
  Hinweis: Bei der Auswahl sollte darauf geachtet werden, dass das Buch sowohl für Mädchen und Jungen geeignet ist als auch thematisch einen Lebensweltbezug für die Kinder bereithält. Es sollte zudem über ausreichend didaktisches und literarisches Potenzial verfügen. Dies kann sowohl bei einem aktuellen Werk als auch bei einem Kinderbuchklassiker gegeben sein. Grundsätzlich ist es ratsam, die Kinder in die Entscheidung einzubeziehen, z. B. indem eine Auswahl an Büchern zur Abstimmung gestellt wird. Bei der Auswahl können die Auswahllisten zum Deutschen Jugendliteraturpreis oder Leseempfehlungen der Stiftung Lesen helfen. Zur Dokumentation der Ganzschriftlektüre kann ein Lesetagebuch oder eine Leserolle erstellt werden.

- zur Nachbearbeitung der Ganzschriftlektüre eine eigene Lese-Rallye gestalten:
  - Kinder in Gruppen einteilen
  - Kapitel lesen, Fragen erstellen (Bildausschnitt suchen, Fragen zu Inhalt)
  - Fragen durch Kl beantworten

- Alternative 1: Lese-Rallye zu einer Kinderzeitschrift oder einem ausgewählten Kinder(sach)buch gestalten: Lieblingsseiten wählen, darüber berichten, Plakate gestalten und Wahl begründen
  Hinweis: Kinderzeitschriften sind in der Regel sehr beliebt. Leider verwirrt das Layout vieler dieser Magazine eher die jungen Leser. Um sich besser in einer Zeitschrift orientieren zu können, kann eine Lese-Rallye durch ein solches Heft helfen.

1 Suche diese Ausschnitte.
Zeige sie einem Partner.

2 Warum wollen Finn und Frieda den Herbst aufhalten?
Lies nach auf Seite 186 und 187.

3 Was erfährst du über Tierwanderungen?
Lies nach auf Seite 190 und 191.

4 Was erlebt Julia?
Lies nach auf Seite 193.

5 Was ist deine Lieblingsseite?
Zeige sie und erkläre, warum.

Fragen für Lese-Profis!

6 Was ist das Besondere an einer Wespenkönigin?
Lies nach im Text *Stell dir vor, du wärst ... eine Wespe*.

7 Wie überlistet Tom Ben?
Lies nach in der Geschichte *Tom streicht einen Zaun*.

- Alternative 2: Lese-Rallye zu einem Buch aus der Klassen- oder Schulbücherei gestalten
  - gut auch klassenübergreifend zu gestalten
  - in GA Buch kapitelweise lesen
  - Fragen erstellen und sammeln
  - Rallyes mit Parallelklasse austauschen und starten
  - Ergebnisse abschließend vergleichen/ausstellen

- Kunst:
  Bilder/Gemälde betrachten, Ausschnitte suchen/finden (puzzeln)

- Englisch:
  „Ich sehe was, was du nicht siehst" auf Englisch spielen; Satzanfänge/Satzstrukturen vorgeben

- Sachunterricht:
  Fotos von Umgebung machen, Kinder suchen die Ausschnitte suchen
  - Alternative: in PA Details des Schulhofs zeichnen, Partner muss sie finden
  - Fotorallye durch den Stadtteil veranstalten

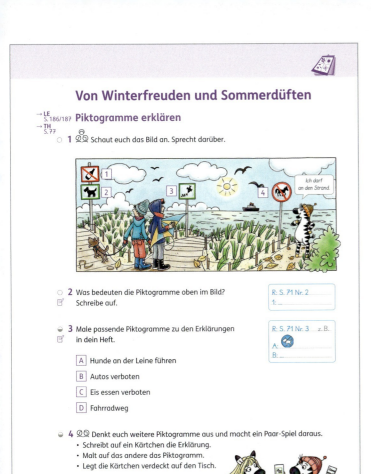

Seite 71

Lernziele/Kompetenzen

- Piktogramme lesen
- Piktogramme erklären
- Piktogramme darstellen
- eigene Piktogramme entwickeln
- Bedeutung von Bildsprache erkennen

Anregungen für den Unterricht

- Einstieg im Stuhlkreis: L hat verschiedene Piktogramme vorbereitet
  - Gespräch über Bedeutung, Gemeinsamkeiten und Unterschiede der Piktogramme
  - ggf. Begriff „Piktogramm" klären
  - Vorwissen der Kinder aktivieren
  - Piktogramme sortieren, z. B. nach Geboten und Verboten oder Bereichen (Straßenverkehr u. Ä.)
  - Suchauftrag für Schulgebäude/-gelände: Piktogramme finden und abzeichnen, Bedeutung aufschreiben
  - im Sitzkreis vergleichen, Gespräch über Sinn und Unsinn von Ge- und Verboten führen (kritische Betrachtung/Reflexion)
- Aufg. 1: Bild von AH-S. 71 ggf. auf Whiteboard zeigen
  - über das Bild und die Piktogramme sprechen
- Aufg. 2–4: eigenständige Bearbeitung
- Aufg. 4: Karteikarten/Kärtchen zur Verfügung stellen
  - in PA oder im Plenum: Piktogramme besprechen und bewerten
- Nachbereitung Aufg. 4: Bild/Wort-Paarspiel mit den Karten von Aufg. 4 spielen
- zur Festigung und weiteren Übung Aufgaben im Trainingsheft auf S. 77 durchführen

Differenzierung

Fördern:

- Aufg. 1: gemeinsam Piktogramme betrachten und besprechen, farbig markieren (rot = verboten, grün = erlaubt)
- Aufg. 2: Erklärung/Bedeutung der Piktogramme zum Zuordnen auf Kärtchen schreiben
- Aufg. 3: Piktogramme vom Einstieg den Kindern zur Verfügung stellen
- KV124/1 verändern: Ge- und Verbote farbig kennzeichnen
- KV 124/2–3 verändern: nur die Piktogramme zeichnen lassen und Erklärungen schon eintragen/vorformulieren (Zuordnungsübung)

Fordern:

- Aufg. 4: Kinder basteln Piktogramme-Paarspiele
  - ggf. nach Spezialgebieten einteilen, z. B. im Straßenverkehr, in der Schule, im Zoo usw.
- Zooplan zeichnen, Piktogramme einzeichnen, Bedeutung erklären (ähnlich wie Landkarte mit Legende; vgl. dazu auch KV 124)
- eigene Piktogramme entwerfen für die Bereiche: Schule, Sporthalle, Spielplatz u. Ä.

Ideen für die Weiterarbeit

- Kunst:
  eigene Piktogramme für den Stunden- bzw. Tagesplan entwerfen
- Sport:
  Piktogramme-Paarspiel als Laufspiel (Piktogramme als Kartenpaare auf der Hallenfläche suchen)
- Sachunterricht:
  Piktogramme im Straßenverkehr für die Fahrradprüfung kennenlernen
- einen Ausflug in den Zoo planen und dort Piktogramme finden, zeichnen, erklären und neu erfinden

Verweise

- Lesebuch 4: S. 186, 187
- Zebra 4 Trainingsheft, S. 77
- KV 124 (Piktogramme erklären; veränderbar)
- Meine Anoki-Übungshefte, Lesen 4, S. 68/69

Seite 72

Lernziele/Kompetenzen
- einen Text sinnentnehmend lesen
- Gefühle mit einem Text assoziieren
- einen Text (Gedicht) für einen Vortrag vorbereiten
- Markierungen für sinnvolle Betonung setzen
- einen Text (Gedicht) betont vortragen
- über einen Text Gefühle ausdrücken
- konstruktive Rückmeldung geben und bekommen (Feedback)

Anregungen für den Unterricht
- Einstieg mit Gespräch über das Thema „Einen Text mit Betonung vortragen":
  - L: *Welche Texte eignen sich besonders? Welche Texte eignen sich nicht?*
  - in PA: Gedicht lesen und Abschnitte/Strophen einteilen
  - L gibt Betonung/Ausdruck auf Karten vor, z. B. flüstern, schnell sprechen, rufen, wütend oder traurig vortragen u. ä.
  - Kinder betonen, die anderen raten: *Es war lustig./Es war …*
- Aufg. 1: in EA oder PA möglich
  - ggf. Fragen zum Textverständnis klären
- Aufg. 2–3: eigenständige Bearbeitung
  Hinweis: Es sollte nichts vorgegeben und ganz unterschiedliche Lösungen zulassen werden.
- Aufg. 4–5: in PA, GA oder im Plenum möglich
  Hinweis: Hier sollte besonders darauf geachtet werden, dass hilfreiches und wertschätzendes Feedback gegeben wird. Auf der AH-S. 58 haben die Kinder diese Methode bereits kennengelernt und geübt.
- Aufg. 4–5: eigenständige Bearbeitung
- Nachbereitung Aufg. 5: ein Klassenplakat mit Tipps für einen Textvortrag gestalten
- zur Festigung und weiteren Übung Aufgaben im Trainingsheft auf S. 78 durchführen

Differenzierung

Fördern:
- Aufg. 1: mit Lernpartner arbeiten
- Aufg. 3: entweder Wörter zum Markieren markiert vorgeben oder die Pausen (Striche) einzeichnen
- Aufg. 3: auf eine Strophe beschränken
  Hinweis: Das Vortragen eines Textes kann auch an anderen kurzen und einfachen Gedichten, die als Grundlage vorbereitet sein sollten, geübt werden.

Fordern:
- Lernpartner für leistungsschwächere Kinder sein
- KV 125 nutzen (weitere Gedichte oder andere Texte recherchieren, aufschreiben und betont vortragen)

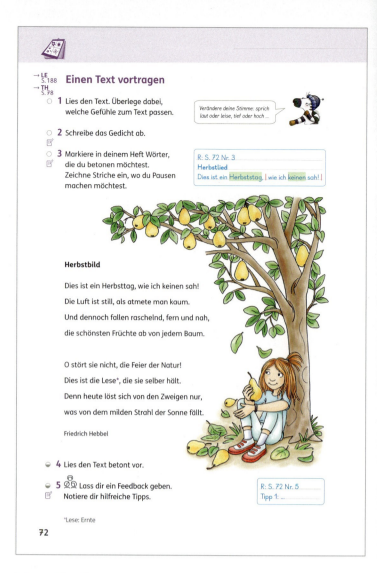

Ideen für die Weiterarbeit
- Klassenkartei mit Gedichten anlegen
- weitere Texte vorbereiten und betont vortragen
- Vorlesewettbewerb veranstalten
- Eltern zum Vorlesenachmittag einladen
- Lesenacht veranstalten
- Theaterstück einüben und aufführen
- Literatur-Tipp:
  Hans-Dieter Bunk: Gedichte für die Grundschule 1–4
  ISBN: 9783123105005

Verweise
- Lesebuch 4, S. 188
- Zebra 4 Trainingsheft, S. 78
- KV 125 (Ein Gedicht vortragen; veränderbar)

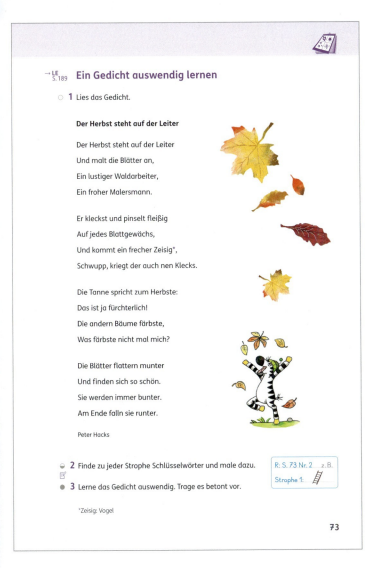

Seite 73

Lernziele/Kompetenzen

- ein Gedicht auswendig lernen
- Lernhilfen kennen und anwenden
- Schlüsselwörter erkennen und markieren
- zu Schlüsselwörtern malen
- ein Gedicht betont vortragen

Anregungen für den Unterricht

- Einstieg: L bereitet ein kurzes Gedicht vor, die Satzstreifen mit jeweils einer Gedichtzeile an die Tafel heften
  - Kinder lesen den Text vor
  - Kinder finden Schlüsselwörter und markieren sie
  - Kinder malen ein passendes Bild/Symbol daneben
  - mit der nächsten Zeile ebenso verfahren, bis Gedicht vollständig an der Tafel steht, Schlüsselwörter markiert und Bilder zu sehen sind
  - die Kl übt das Gedicht, Freiwillige tragen es mithilfe der Bilder auswendig vor
  (Tafel mit Text teilweise oder ganz umdrehen/zuklappen)
- Aufg. 1: Gedicht in EA still für sich lesen
  - alternativ: Gedicht mehrmals im Plenum lesen
  - Textverständnis ggf. durch gezielte Fragen sichern (*Zu wem spricht die Tanne?* – „Herbste" – *Wer ist das?* – der Herbst)
- Aufg. 2: Schlüsselwörter notieren, dazu malen und dann in PA vergleichen
  - anschließend passende Bilder zeichnen
  Hinweis: Es sollen keine ganzen Bilder entstehen, sondern lediglich einzelne Figuren, Dinge oder Symbole gezeichnet werden. Sie dienen als Gedankenstütze. Dafür ist es ratsam, sie auf Papierstreifen oder Karten zu übertragen, um sie ggf. für den Vortrag nutzen zu können.
- Aufg. 3: eigenständige Bearbeitung (Übungsphase)
  - in PA oder im Plenum: Gedicht vortragen, ggf. Gedankenstützen nutzen
- Nachbereitung Aufg. 3: Feedback geben üben

Differenzierung

Fördern:

- Aufg. 1: Text im Lesetandem lesen
  - auf ein bis zwei Strophen beschränken
- Aufg. 2: die Schlüsselwörter gemeinsam suchen
- Aufg. 3: Gedankenstütze/Bilder beim Vortrag nutzen
  - auf ein bis zwei Strophen beschränken

Fordern:

- Aufg. 1–3: Lernpartner für leistungsschwächere Kinder sein: Text vorlesen oder im Tandem lesen, beim Finden der Schlüsselwörter unterstützen, Gedicht gemeinsam vortragen
- Aufg. 3: Gedicht frei vortragen
- weitere Gedichte suchen, bearbeiten und vortragen

Ideen für die Weiterarbeit

- Klassenkartei mit Gedichten anlegen und nutzen
- Musik:
  Lieder mithilfe dieser Methode bearbeiten, auswendig lernen und vortragen
  Lieder und Gedichte mit Bewegungen als Gedankenstütze üben und umsetzen

Verweise

- Lesebuch 4, S. 189

Seite 74

Lernziele/Kompetenzen
- die Textform „Comic" kennen und nutzen
- ein Bild genau betrachten
- sich in Figuren hineindenken
- einen Comic schreiben (wörtliche Rede/Dialoge)
- eine Überschrift finden

Anregungen für den Unterricht
- Einstieg: Gespräch über das Thema „Comics" führen
  - L: *Liest du Comics? Wenn ja, welche? Was sind deine Lieblingscomics? Begründe.*
- Bücherkiste mit Comics der Kl zur Verfügung stellen
- Lesezeit für Comics einführen
- Aufg. 1: Bilder genau betrachten
  - in PA: Gedanken austauschen *(Wer ist zu sehen? Wo spielt die Geschichte? Wann spielt sie? Was passiert?)*
  - Ideen zur wörtlichen Rede/zum Dialog sammeln
  - dann eigenständige Bearbeitung
- Aufg. 2: ggf. auf Schreibblume hinweisen
  Hinweis: Die Überschrift wird nicht zu Beginn festgelegt, sondern am Ende.
- in PA oder im Plenum: Ergebnisse vergleichen

Differenzierung

Fördern:
- Aufg. 1: gezielte Fragen/Aufgaben zum Bild stellen
  - *Welche Personen/Dinge sind auf dem Bild zu sehen?*
  - *In welcher Situation spielt die Geschichte?*
  - *Wie fühlen sich die Personen?*
  - *Was könnten die Personen sagen?*
  - alternativ: Sprechblasen zur Auswahl und Zuordnen vorgeben (Zuordnungsübung)
- Aufg. 2: ggf. Comic/Sprechblasen vorlesen lassen und gemeinsam eine Überschrift finden
- KV 126/1 verändern: Sprechblasen zur Auswahl und Zuordnen vorgeben (Zuordnungsübung)
  - mit Lernpartner arbeiten

Fordern:
- Lernpartner für leistungsschwächere Kinder sein
- Aufg. 1–2: eigenständige Bearbeitung
- den Comic um weitere, eigene Bilder ergänzen (im Heft oder auf separatem Blatt Papier)
- KV 126 verändern: nur das Gerüst zur Verfügung stellen
  - Kinder zeichnen und schreiben alle Inhalte selbst

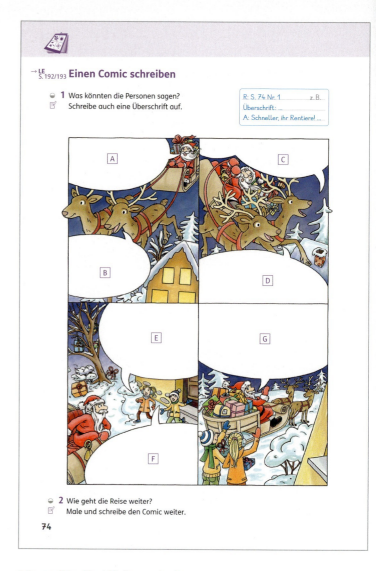

Ideen für die Weiterarbeit
- Leserolle/Buchvorstellung mit Comics
- Personenbeschreibungen zu Comicfiguren verfassen
- Wortschatzerweiterung/Wortfelder zu den Sprechblasen erstellen: Geräusche, Gedanken, Ausrufe u. Ä.
- Kunst:
  Comicfiguren (nach-)zeichnen
  Bild/Wort-Paarspiel gestalten (auf einer Karte die Comicfigur, auf der anderen Karte einen typischen Spruch, z. B. von Obelix, Garfield usw.)

Verweise
- Lesebuch 4, S. 192/193
- KV 126 (Einen Comic schreiben: veränderbar)

Seite 75

Lernziele/Kompetenzen

- einen Text sinnentnehmend lesen
- Schlüsselwörter finden und markieren
- Textform Gedicht und Erzähltext unterscheiden
- einen Text umschreiben (Gedicht in Erzähltext)
- einen Text mit eigenen Worten wiedergeben
- die Methode „Eine Schreibkonferenz durchführen" anwenden
- einen eigenen Text überarbeiten

Anregungen für den Unterricht

- Einstieg im Sitzkreis: L liest das Märchen *Die Bremer Stadtmusikanten* vor
  - Kinder erzählen den Inhalt mit ihren eigenen Worten nach
  - dabei Schlüsselwörter finden und aufschreiben
  - L liest ein Gedicht zu *Die Bremer Stadtmusikanten* vor
  - beide Textformen im Unterrichtsgespräch miteinander vergleichen:
  Was ist gleich? (Figuren/Akteure, Inhalte)
  Was ist anders? (Erzähltext vs. Reimform, Textlänge, Wortwahl)
- Aufg. 1–2: in EA oder PA möglich
- Nachbereitung Aufg. 2: Schlüsselwörter in PA oder im Plenum vergleichen
- Aufg. 3: eigenständige Bearbeitung
- Aufg. 4: Gruppen für die Schreibkonferenz bilden
  - die Schreibblume nutzen
  - ggf. die überarbeiteten Texte vortragen

Differenzierung

Fördern:

- Aufg. 1: Text im Lesetandem lesen
- Aufg. 2: Schlüsselwörter gemeinsam finden
  - alternativ: Schlüsselwörter bereits vorgeben
- Aufg. 3: Satzanfänge zum Vervollständigen anbieten
- Aufg. 4: Differenzierung bei der Verteilung der Schreibblumenblätter für die Schreibkonferenz vornehmen

Fordern:

- Aufg. 1: Lernpartner für leistungsschwächere Kinder sein: Text vorlesen oder im Tandem lesen
- weitere Gedichte in Erzähltexte umschreiben
  - alternativ: Erzähltext in Gedicht umschreiben (besonders anspruchsvoll)
  - dafür z. B. *Rumpelstilzchen sucht Freunde* oder *Hänsel und Gretel* als Vorlage nutzen (vgl. Literatur-Tipp)

Ideen für die Weiterarbeit

- den Text aus Aufg. 1 in eine Bildergeschichte oder einen Comic umwandeln
- einen eigenen Erzähltext unter Anwendung der Schreibblume schreiben
- Reimwörter finden und ein Gedicht verfassen
- Vorträge üben: ein Kind liest den Erzähltext vor, das andere Kind das Gedicht
  - Feedback geben
- Literatur-Tipp:
  Hans-Dieter Bunk: Märchen für die Grundschule 1–4
  ISBN: 9783123104985
  Hans-Dieter Bunk: Gedichte für die Grundschule 1–4
  ISBN: 9783123105005

Verweise

- Lesebuch 4, S. 194

Seite 76

Lernziele/Kompetenzen
- Stichwörter sinnentnehmend lesen
- Bild-Wort-Zuordnungen treffen
- Reihenfolge von Vorgängen beachten und einhalten
- eine Anleitung (Bastelanleitung) mithilfe von Stichwörtern schreiben
- den Imperativ anwenden

Anregungen für den Unterricht
- Einstieg mit Sachfilm zum Thema „Vögel im Winter" in Deutschland
  - Probleme und Möglichkeiten bei der Futtersuche besprechen
- KV 127 zur Einstimmung einsetzen: Sitzkreis bilden, in der Mitte die Materialien, wie auf KV beschrieben, auslegen (Backblech, Backpapier, Ausstecher, Fett usw.)
  - L: *Wie können wir damit den Vögeln helfen?*
  - Ideen sammeln und Vorgehen besprechen
  - Anleitung KV lesen, bearbeiten und dann Futterplätzchen herstellen

  Hinweis: Vögel dürfen nur gefüttert werden, wenn wir einen strengen Winter haben und sie unsere Unterstützung benötigen.

  Hinweis: Das Tun steht bei Bastelanleitungen im Vordergrund, deshalb sollte diese Aufgabe in jedem Fall praktisch umgesetzt werden. Da es leichter ist, die Futterplätzchen herzustellen als den Eispalast, bietet es sich in diesem Fall an, mit der KV zu beginnen.
- Aufg. 1–3: eigenständige Bearbeitung
- in PA oder im Plenum: Anleitungen vorlesen, Austausch zu den Anleitungen

Differenzierung

Fördern:
- Aufg. 1: Bilder gemeinsam betrachten und besprechen/klären, was zu sehen ist
- Aufg. 2: Stichwörter vorlesen oder im Tandem lesen, Bilder nummerieren
- Aufg. 3: Satzanfänge vorgeben
  - alternativ: nur die Stichwörter aufschreiben

Fordern:
- Aufg. 1–3: Lernpartner für leistungsschwächere Kinder sein: Stichwörter vorlesen oder im Tandem lesen, bei der Zuordnung der Stichwörter unterstützen
- KV 127 verändern: Stichwörter entfernen, Anleitung nur anhand der Bilder schreiben
  - alternativ: auch Bilder entfernen, KV nur als Gerüst für eigene Bastelidee und Anleitung zur Verfügung stellen

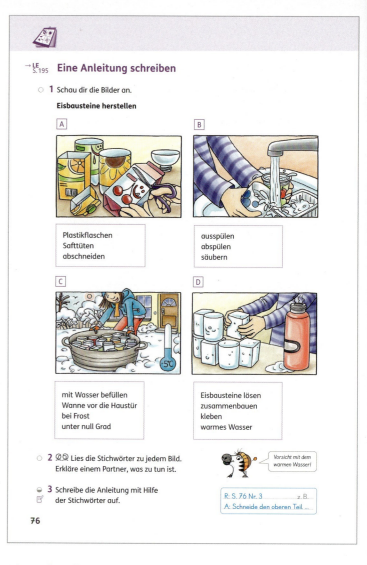

Ideen für die Weiterarbeit
- Rezeptbuch für Weihnachten erstellen: Rezepte schreiben, Rezeptbuch der Kl herstellen und zu Weihnachten an die Eltern verschenken
- Rezepttexte prüfen und bewerten
- Rezepte lesen und praktisch umsetzen
- Eispalast bauen (wenn der Winter nicht kalt genug ist, als Alternative Sandburgen mit ähnlicher Vorgehensweise bauen)
- Kunst:
  Bastelanleitungen lesen und praktisch umsetzen

Verweise
- Lesebuch 4, S. 195
- KV 127 (Eine Anleitung schreiben; veränderbar)
- Meine Anoki-Übungshefte, Texte schreiben 4: S. 28/29, 30/31, 38, 39, 60/61

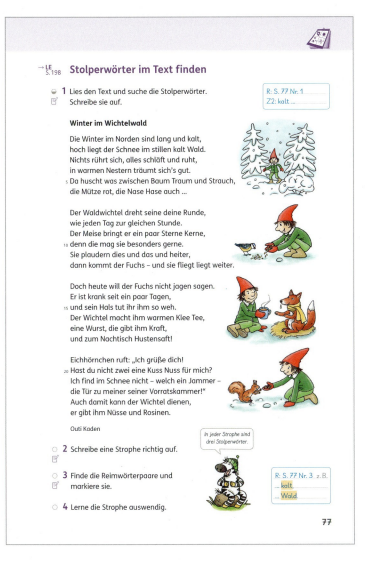

Seite 77

Lernziele/Kompetenzen
- einen Text sinnentnehmend lesen
- falsche Wörter („Stolperwörter") in einem Satz erkennen
- genaues Lesen üben
- Reimwörter finden und markieren
- eine Strophe auswendig lernen

Anregungen für den Unterricht
- Einstieg im Stuhlkreis: Gegenstände, Bilder und Wortkarten, die im Gedicht in Aufg. 1 vorkommen, in die Mitte des Kreises legen, z. B.
  Gegenstände: Mütze, Kerne, Stofftier Fuchs, Teebeutel, Hustensaft
  Bilder: Wald, Strauch, Meise
  Wortkarten: Schnee, Rosinen
  – Dinge gemeinsam betrachten und kategorisieren (*Was passt zusammen? Was passt nicht zusammen und warum?*)
- Spiel „Was ist anders?": 15 Dinge liegen in der Mitte
  – Kinder merken sich die Dinge
  – Augen schließen, L entfernt etwas/vertauscht etwas/ergänzt etwas
  – L: *Was fehlt? Was wurde vertauscht? Was ist dazugekommen?*

- Vorbereitung Aufg. 1: auf Hinweis von Zebra Franz verweisen (je Strophe drei Stolperwörter)
  – ggf. Begriff „Stolperwörter" klären
- Aufg. 1: in EA oder PA möglich
  – zuerst den gesamten Text lesen
  – beim zweiten Lesen die Stolperwörter herausschreiben
  – im Plenum: Ergebnisse vergleichen
- Aufg. 2: eigenständige Bearbeitung
  – ggf. Zahl vorgeben (drei Reimpaare je Strophe)
  – Text laut sprechen und betonen
- Aufg. 3: Gedächtnisstützen zum Auswendiglernen anwenden (vgl. LHB, S. 245)

Differenzierung

Fördern:
- Aufg. 1–2: Text im Lesetandem lesen, Stolperwörter gemeinsam finden, Reimwörter gemeinsam finden
  – Lösungsblatt hinter der Tafel zur Selbstkontrolle bereithalten
- Aufg. 3: nur ein bis zwei Strophen ins Heft schreiben

Fordern:
- Lernpartner für leistungsschwächere Kinder sein
- Aufg. 3: Bilderstreifen zum Auswendiglernen herstellen und den anderen Kindern zur Verfügung stellen (vgl. AH-S. 73)
- Gedicht auf ein Schmuckblatt schreiben und illustrieren

Ideen für die Weiterarbeit
- Gedicht auswendig und gut betont vortragen
- weitere Gedichte lernen und vortragen
- Reimwörter finden, Reimwörterpaare bilden und kleine Zweizeiler, Gedichte schreiben
- Gedichtwerkstatt/ Stationsbetrieb gestalten
- Theater:
  ein Gedicht szenisch umsetzen
- Sachunterricht:
  Steckbrief/Referat zu den Tieren des Gedichts erarbeiten und vortragen (Meise, Fuchs, Eichhörnchen; Aufgabe durch andere Waldtiere erweitern)

Verweise
- Lesebuch 4, S. 198

Seite 78

Lernziele/Kompetenzen
- einen Text sinnentnehmend lesen
- den Wortschatz erweitern
- ein Parallelgedicht schreiben
- ein Gedicht vortragen

Anregungen für den Unterricht
- Einstieg über eine Fantasiereise:
  - ruhige Musik laufen lassen
  - bequeme Sitzhaltung einnehmen, Augen schließen (wenn von den Kindern gewünscht)
  - L erzählt den Kindern eine Frühlingsgeschichte
  - L erzählt von der Mutter, vom Vater und von dem Jungen und dem Mädchen, was sie tun und erleben (aus Aufg. 1)
  - L beschreibt den Frühling für alle fünf Sinne
  - Kinder schildern nach der Fantasiereise ihre Gedanken (*Was sehen, riechen, fühlen und hören sie im Frühling/in der Geschichte?*)
  - L: *Kann man den Frühling auch schmecken?*
  - Gedanken im Gesprächskreis verbalisieren
- Aufg. 1–2: eigenständige Bearbeitung
  - zuerst den Text mehrmals lesen
  - in PA oder im Plenum: Ergebnisse vergleichen bzw. sich gegenseitig Vorschläge machen
- Aufg. 3: eigenständige Bearbeitung
  - Vortrag zunächst in PA üben
  - dann vor (Klein-)Gruppe oder Kl vortragen

Differenzierung

Fördern:
- Aufg. 1: Text vorlesen oder im Lesetandem lesen
- Aufg. 2: auch in PA möglich
  - nur ein bis max. zwei Wörter pro Strophe austauschen
  - Wörtersammlung mit neuen Wörtern gemeinsam erarbeiten oder den Kindern zur Verfügung stellen
  - ein vorbereitetes Parallelgedicht als Schleichdiktat abschreiben lassen

Fordern:
- Aufg. 1–2: Lernpartner für leistungsschwächere Kinder sein: Text vorlesen oder im Lesetandem lesen, gemeinsam Wörter notieren, die ausgetauscht werden sollen
- Parallelgedicht zu einer anderen Jahreszeit schreiben, z. B. zum Herbst

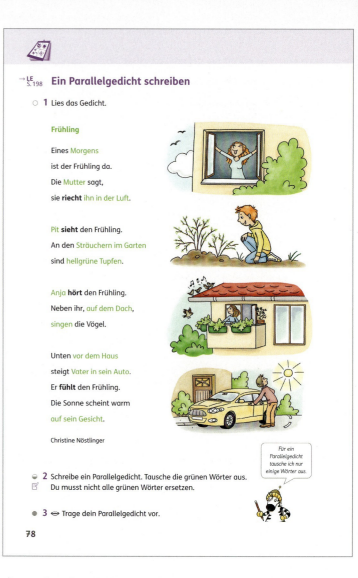

Ideen für die Weiterarbeit
- Parallelgedichte zu verschiedenen Jahreszeiten schreiben
- Wortschatzerweiterung: passende Wörter zu den Jahreszeiten finden, passende Wörter zu den Sinnen finden und als Schreibhilfe notieren
- Sachunterricht:
  Werkstatt/Stationsbetrieb zu den fünf Sinnen gestalten
  Kalender thematisieren (*Wann beginnt und endet der Frühling?*)
  Wetterbeobachtung im Frühling anstellen
- Kunst:
  Jahreszeitenbilder gestalten

Verweise
- Lesebuch 4, S. 198
- Zebra 4 Forderblock, S. 49

Seite 79

Lernziele/Kompetenzen

- Sätze sinnentnehmend lesen
- Satz-Bild-Zuordnungen treffen
- Informationen geordnet in eine Tabelle eintragen
- Details (Name, Arbeitsgerät, Lieblingsessen) den Gebäuden zuordnen
- Sätze (Informationen) in einer logischen Reihenfolge umsetzen
- Informationen einer Tabelle entnehmen, um Fragen zu einem Text zu beantworten

Anregungen für den Unterricht

- Einstieg im Halbkreis mit Logical: ein großes Bodenplakat mit vier Spalten vorbereiten (z. B. auf Packpapier)
  - L liest Logical Stück für Stück vor
  - Kinder schreiben/malen jede Information mit dickem Stift auf das Plakat, z .B.:
    L: *Das Kind ganz rechts heißt Laura.* – Kinder schreiben „Laura" in die rechte Spalte
  - Logical auf diese Weise Stück für Stück erarbeiten und gemeinsam lösen
  - auf Hinweis von Zebra Franz bzgl. der Reihenfolge verweisen
  - gemeinsame Strategie entwickeln, z. B. erledigte Sätze abhaken
- Vorbereitung Aufg 1: Bild betrachten und Details besprechen
- Aufg. 1–3: in EA oder PA möglich
- Nachbereitung Aufg. 1–3: Lösungsblatt zur Kontrolle vorbereiten
  - alle von den Kindern ausgefüllten AH-Seiten nebeneinander hängen
    Hinweis: Sie müssten alle gleich aussehen.

Differenzierung

Fördern:

- Aufg. 1–3: mit Lernpartner arbeiten
- in einer Kleingruppe gemeinsam mit leistungsstärkeren Kindern ein Bodenbild legen/zeichnen (wie in der Vorübung), das Logical so Schritt für Schritt gemeinsam lösen
- KV 128/1–2 verändern: Text vollständig ausgefüllt ausgeben und in PA lösen

Fordern:

- Lernpartner für leistungsschwächere Kinder sein
- KV 128 verändern: Kinder entwickeln ein eigenes Logical ohne Vorgaben
  Hinweis: Die KV 128 ist eine Differenzierung nach oben.

Ideen für die Weiterarbeit

- Rätselecke einrichten, verschiedene Rätsel zur Verfügung stellen
- „Rätsel der Woche" einplanen, mit Lösung und Siegerehrung am Ende einer Woche
- Logical-Arbeitskartei für die Freiarbeit anbieten

Verweise

- Lesebuch 4, 200/201
- KV 128 (Genau lesen: Logical; veränderbar)
- Meine Anoki-Übungshefte, Lesen 4: S. 4/5, 20/21, 39/40, 60/61

Seite 80

Lernziele/Kompetenzen
- einen Text genau lesen
- eine Anleitung verstehen und umsetzen
- Vermutungen anstellen und überprüfen
- einen Versuch protokollieren

Anregungen für den Unterricht
- Einstieg im Sitzkreis: das Material für den Versuch in Aufg. 1 in die Mitte legen (Pflanztöpfe, Erde usw.)
  - L: *Wir machen einen Versuch. Was könnte das sein? Habt ihr eine Idee?*
  - Kinder stellen Vermutungen an
  - Vorwissen zum Pflanzen aktivieren
- Aufg. 1: Anleitung gemeinsam lesen und Arbeitsschritte mithilfe der Utensilien visualisieren
- Aufg. 2: eigenständige Bearbeitung
  - im Plenum: Vermutungen vergleichen
- Aufg. 3: in PA oder im Plenum als gemeinsamer Versuch möglich
  - in PA oder im Plenum verabreden, wer die Pflanzen in den nächsten Tagen mit Wasser besprüht und die Erde feucht hält
  - L und Kinder verabreden, in welchem Abstand sie das Ergebnis kontrollieren (ca. eine Woche lang)
- Vorbereitung Aufg. 4: ggf. klären, was „protokollieren" bedeutet
- Aufg. 4: eigenständige Bearbeitung
  - im Plenum: Ergebnisse vergleichen und besprechen
- zur Festigung und weiteren Übung Aufgaben im Trainingsheft auf S. 79 durchführen

Differenzierung

Fördern:
- Aufg. 1–4: Text vorlesen oder im Lesetandem lesen
  - wichtige Informationen/Schlüsselwörter im Text gemeinsam suchen und herausschreiben
  - Vermutungen gemeinsam formulieren und aufschreiben
  - alternativ: drei Vermutungen zur Auswahl vorgeben
  - Ergebnis gemeinsam betrachten, verbalisieren und aufschreiben
  - alternativ: Wörter/Wortsammlung vorgeben

Fordern:
- Aufg. 1: Lernpartner für leistungsschwächere Kinder sein: Text vorlesen oder im Tandem lesen
- Aufg. 3–4: Versuch betreuen, Erde feucht halten
  - Tagesprotokoll anlegen
  - Ergebnis in einer Zeichnung dokumentieren
  - Fotos zur Dokumentation machen

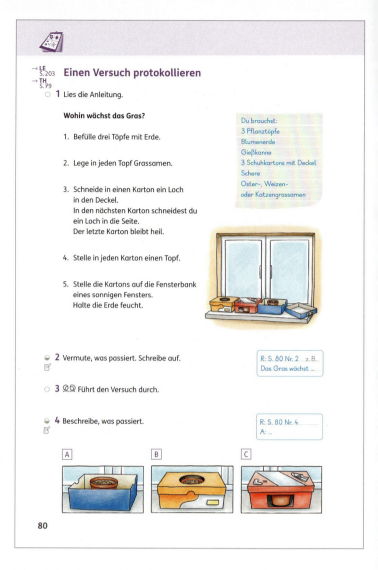

Ideen für die Weiterarbeit
- Sachunterricht:
  weitere Versuche in der Klasse durchführen (Anleitung lesen, Versuch durchführen, Vermutungen anstellen, Versuch protokollieren, Ergebnis sichern)
  verschiedene Protokolle führen, z. B. Aktivitäten des Tages, Wetter, „Wie viel trinken wir pro Tag?"

Verweise
- Lesebuch 4, S. 203
- Zebra 4 Trainingsheft, S. 79

Seite 81

Lernziele/Kompetenzen

- Wortschatz erweitern
- kreativ mit Sprache umgehen
- Nomen, Verben, Adjektive unterscheiden
- Sätze mit vorgegebenen Wörtern bilden
- Oberbegriffe finden und festlegen
- Spielregeln festlegen
- Spielregeln einhalten

Anregungen für den Unterricht

- Einstieg: das Alphabet an die Tafel schreiben
  - einige Kinder tragen ihren Namen hinter dem passenden Buchstaben ein
  - Lücken füllen mit anderen Namen (nicht aus der Kl)
    Hinweis: So entsteht ein Namens-ABC als Vorbereitung auf die AH-Seite und als Anregung für weitere ABCs.
- Vorbereitung Aufg. 1: gemeinsam Aufgabenformat besprechen und inhaltliche Fragen klären (alle Wortarten sind erlaubt)
- Aufg. 1: in EA oder PA möglich
- Nachbereitung Aufg. 1: Ergebnisse als gemeinsames Frühlings-ABC an der Tafel festhalten
  - alternativ: spielerische Kontrolle nach den Regeln von „Stadt – Land – Fluss": mehrere Kinder mit dem gleichen Begriff = 5 Punkte, als einziger diesen Begriff = 10 Punkte und als einziger diese Lücke gefüllt = 20 Punkte
- Aufg. 2: ggf. als kleinen Wettbewerb gestalten (*Wer findet den Satz mit den meisten Frühlingswörtern?*)
  - L: *Je länger der Satz ist, desto mehr Frühlingswörter kannst du verwenden!*
- zur Festigung und weiteren Übung Aufgaben im Trainingsheft auf S. 80 durchführen

Differenzierung

Fördern:

- Aufg. 1: Bildkarten, Fotos, Wimmelbilder zur Unterstützung auslegen
- Aufg. 2: Sätze gemeinsam schreiben
  - mehrere kurze Sätze formulieren
  - mindestens ein Frühlingswort pro Satz
- KV 129/1 verändern: Wortkarten vorgeben, Wortarten farbig unterscheiden (Zuordnungsübung)

Fordern:

- Lernpartner für leistungsschwächere Kinder sein
- selbsttätiges Erarbeiten der Seite
  - Zeit stoppen (*Wer schafft es ohne Lücken?*)
- weitere ABCs entwickeln, z. B. Sportarten, Städte, Länder usw. und aufschreiben
- KV 129/2: mit der Tabelle der KV in einer Kleingruppe „Stadt – Land – Fluss" spielen (Themen, Begriffe selber festlegen)

Ideen für die Weiterarbeit

- verschiedene ABCs entwickeln
- mit dem Wörterbuch arbeiten
- Sachunterricht:
  ABC zu Sachthemen entwickeln, z. B. Länder in Europa, Länder der Welt
- Kunst:
  Buchstabenbilder malen (ähnlich wie Anlauttabelle)
- Sport:
  Alphabet durcheinander in der Halle auslegen, Kinder müssen die richtige Reihenfolge ablaufen (Ausdauer)
  - alternativ: bestimmte Buchstaben/Buchstabenfolgen so schnell wie möglich holen (Sprint)

Verweise

- Lesebuch 4, S. 204/205
- Zebra 4 Trainingsheft, S. 80
- KV 129 (Mit Sprache spielen – Wörter sammeln; veränderbar)

Seite 82/83

Lernziele/Kompetenzen
- eine Abschlusszeitung planen
- ein Cover am Computer gestalten
- eine Themenauswahl treffen
- einen Artikel schreiben
- Teile einer Schreibhilfe anwenden (Schreibblume)
- die Methode „Eine Schreibkonferenz durchführen" anwenden
- einen eigenen Text (Artikel) überarbeiten
- Fragen zu sich beantworten (Steckbrief)

Anregungen für den Unterricht
- Einstieg: verschiedene Zeitungen/Zeitungstypen zur Ansicht mitbringen
  – Zeitungen gemeinsam analysieren
    Titel
    Format (*Wie groß?*)
    Umfang (*Wie viele Seiten?*)
    Rubriken (*Welche? Wie viele?*)
    Schlagzeilen
    Fotos
    Aufteilung Text – Bilder
    Schrift (Schriftgröße, Schriftart, Schriftfarbe)
- Aufg. 1: als eine Redaktionssitzung gestalten, miteinander die Fragen klären
  – bei Bedarf weitere Fragen vorschlagen, besprechen und und klären
  – L unterstützt Entscheidungsprozess und die Abstimmung
- Aufg. 2: Cover-Vorschläge in EA oder in PA am PC gestalten
  – anschließend gemeinsame Abstimmung und Wahl des Covers
- Aufg. 3: Themenvorschläge notieren
  – anschließend Karten mit den Themen/Rubriken beschriften und an die Tafel heften
  – dann Abstimmung (*Was bleibt draußen? Was kommt rein? Und in welcher Reihenfolge?*)
- Aufg. 4–5: in PA oder GA möglich
- Aufg. 6: Gruppen für Schreibkonferenz bilden
  – auf Schreibblume verweisen
- Aufg. 7: eigenständige Bearbeitung
  – auch als HA möglich
  – abschließend alle Steckbriefe kopieren und zu einem Erinnerungsbuch zusammenfügen
- Abschluss: KV 130 für das Verfassen einer Abschlussrede nutzen
  – KV 130/1: für eine möglichst vollständige Übersicht von allen Kindern bearbeiten lassen
  – KV 130/2: ggf. an eine kleine Gruppe delegieren, die die Ergebnisse zusammenfasst und präsentiert

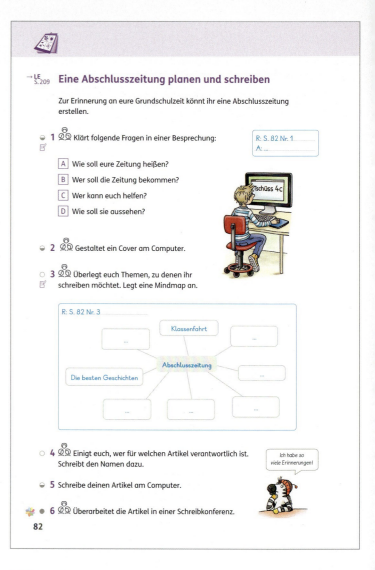

Differenzierung

Fördern:
- Aufg. 2: in PA erarbeiten
- Aufg. 3–5: Schlüsselwörter zu den Themen sammeln und zur Verfügung stellen
  – Satzanfänge vorgeben
  – Kinder zeichnen, malen zu den Texten der anderen Kinder
- KV 130 verändern: Bilder/Plakate zu der Abschlussrede gestalten

Fordern:
- Aufg. 2, 4: Lernpartner für leistungsschwächere Kinder sein: Schreib- und Malprogramme bzw. ggf. auch Textverarbeitungsprogramme erklären, bei der Umsetzung helfen
- Aufg. 3–5: eigenständig einen Artikel schreiben und am PC umsetzen
- Aufg. 6: mithilfe der Schreibblume den eigenen Text überarbeiten, Schreibkonferenz durchführen
- KV 130: Abschlussrede schreiben und Abschlussrede halten

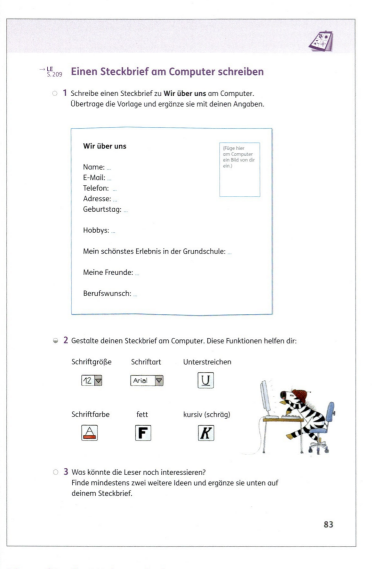

Ideen für die Weiterarbeit

- Fotos zur Erinnerung machen und auf die Steckbriefe kleben
- das Abschlussfest planen und durchführen
- ein Abschlussbuffet planen und organisieren
- Einladungskarte zum Abschiedsfest planen, gestalten und ausdrucken
- Kunst:
  Zeitungscover zeichnen/grafisch gestalten/drucken
  Wimpelkette basteln
  Dekoration für das Fest herstellen
- Theater:
  ein Abschlussstück einüben und aufführen (kleine Szenen aus der Grundschulzeit vorspielen)

Verweise

- Lesebuch 4, S. 209
- KV 130 (Eine Abschlussrede planen und schreiben; veränderbar)

Seite 84

Lernziele/Kompetenzen
- über die Zukunft nachdenken
- über die Vergangenheit nachdenken
- eigene Gefühle wahrnehmen
- eigene Wünsche verbalisieren
- Wünsche für andere formulieren

Anregungen für den Unterricht
- Einstieg: L spricht über das Abschlussfest und richtet dann den Blick auf die Zeit danach
  - über die Pläne für die Sommerferien sprechen
  - L: *Denkt an eure Zeit nach den Sommerferien … Worauf freut ihr euch, macht euch etwas Sorgen?*
  - gemeinsamer Erzählkreis mit Erzählstein
  Hinweis: Hier sollte genügend Zeit eingeplant werden, um allen Kindern Raum zu geben, denn der Wechsel von der Grundschule auf eine weiterführende Schule bedeutet auch den ersten (oder zweiten) großen Einschnitt und Abschied für die Kinder.
- Aufg. 1 Bild gemeinsam betrachten
  - Abschlussfest auf dem Bild mit dem eigenen Abschlussfest vergleichen
  - Höhepunkte nacherzählen, Gefühle äußern
- Aufg. 2–3: eigenständige Bearbeitung
  Hinweis zu Aufg. 4: Diese Aufgabe ist sehr persönlich. Wer möchte, teilt den anderen seine Ergebnisse mit, wer nicht möchte, behält sie für sich.
- KV 131 zum Ausdruck gegenseitiger Wertschätzung und Wünsche nutzen: KV persönlich gestalten und an ein Kind seiner Wahl verschenken
  - auch mehrere KVs sind möglich
  Hinweis: Es ist Aufgabe der L darauf zu achten, dass jedes Kind mindestens eine KV geschenkt bekommt (ähnlich wie bei der „Warmen Dusche" z. B. Namen verlosen und festlegen).
  - KV ggf. in der Mitte teilen
  - Kinder sammeln verschiedene Abschnitte von verschiedenen Kindern
  Hinweis: Die KV kann auch von der Kl genutzt werden, um den Fachlehrern und Erziehern ein „Abschiedsgeschenk" zu machen.

Differenzierung
Fördern:
- Aufg. 1–2: mit Lernpartner arbeiten
  - Ereignisse gemeinsam formulieren, mögliche Schlüsselwörter dazu an der Tafel notieren
- Aufg. 3: ggf. nur in Stichworten antworten
- KV 131 verändern: Wortkarten anbieten
  - Erinnerungen und Wünsche malen

Fordern:
- selbsttätiges Erarbeiten der Seite
- Aufg. 3: sich weitere Fragen über die Zukunft ausdenken und auf Karten schreiben
  - den anderen und sich selbst stellen
- KV 131 verändern: die Inhalte der KV in eine Grußkarte umsetzen und diese individuell gestalten

Ideen für die Weiterarbeit
- Aufsatz über die Zukunft „Mein Leben als Erwachsener" schreiben
- Kunst: Zeitleiste/Zeitstrahl mit Fotos und Zeichnung erstellen, z. B. Jahr
  2010 bei der Geburt als Baby (Foto)
  2016 bei der Einschulung (Foto)
  2020 am Ende von Klasse 4 (Foto)
  2040 als Erwachsener (Zeichnung)

Verweise
- Lesebuch 4, S. 209
- KV 131 (Über die Vergangenheit und die Zukunft nachdenken; veränderbar)